城乡建设发展系列

中国城市规模体系演进研究

王英杰◎著

THE STUDY OF THE EVOLUTION OF URBAN SIZE SYSTEM IN CHINA

中国经济出版社
CHINA ECONOMIC PUBLISHING HOUSE
北 京

图书在版编目(CIP)数据

中国城市规模体系演进研究 / 王英杰著. --北京 : 中国经济出版社，2022.9

ISBN 978-7-5136-7060-9

Ⅰ. ①中… Ⅱ. ①王… Ⅲ. ①城市建设-研究-中国 Ⅳ. ①F299.2

中国版本图书馆 CIP 数据核字(2022)第 153101 号

责任编辑 叶亲忠
责任印制 马小宾
封面设计 华子图文

出版发行 中国经济出版社
印 刷 者 河北宝昌佳彩印刷有限公司
经 销 者 各地新华书店
开　　本 710mm×1000mm 1/16
印　　张 19.75
字　　数 340 千字
版　　次 2022 年 9 月第 1 版
印　　次 2022 年 9 月第 1 次
定　　价 98.00 元
广告经营许可证 京西工商广字第 8179 号

中国经济出版社 **网址** www.economyph.com **社址** 北京市东城区安定门外大街 58 号 **邮编** 100011
本版图书如存在印装质量问题，请与本社销售中心联系调换(联系电话：010-57512564)

前言
PREFACE

改革开放以来，中国的城镇化进程快速推进。1978—2014 年中国城镇化率从 17.92%提升到 54.77%，城市人口从 1.72 亿增加到 7.71 亿，城市数量从 193 个增加到 658 个，并且城市的人口规模各异，它们共同构成了中国城市规模体系。随着中国城市数量增加和规模扩大，中国城市规模体系如何演进？中国城市规模体系是否服从 Zipf 法则、Gibrat 法则与 DPLN 分布，三个城市规模体系如何演进？如果中国城市规模体系与标准的 Zipf、Gibrat 或 DPLN 城市体系存在偏差，原因何在？这是本书所研究的主要问题。

2008 年全球金融危机爆发后，世界经济增长乏力逐渐导致中国经济进入新常态，GDP 增速从 2007 年的 14.2%降至 2014 年的 7.4%。以往由出口和投资拉动的经济增长方式难以为继，中国经济增长的动力逐渐转向供给侧，因而，城镇化成为未来拉动中国内需和经济增长的主要动力之一。虽然中央政府制定和实施新型城镇化战略，强调本地城镇化和小城镇化的重要性，但是中国大城市化特征在逐渐增强，大城市总人口占地级市总人口的比重从 1995 年的 48.7%增加到 2014 年的 69.91%，市辖区人口从 1995 年的 63.02%增加到 2014 年的 78.84%。同时，随着各地区城市群的形成与发展，客观上需要一些区域核心城市规模不断扩大，带动区域经济协调发展，这凸显出研究中国城市规模体系演进与布局的现实意义。城市规模和空间结构分布是城市经济学研究领域的两个主要问题，这使得本书具有重要的理论意义。

世界城市化进程继续推进、新型城镇化战略实施、新常态下中国经济发展方式转型和大城市与小城市发展模式之争是研究中国城市体系的背景。首先，本书分析了不同时期世界、发达地区与欠发达地区、不同收入国家、洲际城市人口和不同规模城市数量的分布，并在此基础上，考察了中国的城市化进程和城市规模分布状况。其次，本书运用新经济地理理论考察了城市体系服从 Zipf 法则与 Gibrat 法则的形成机制。再次，本书利用 1990—2013 年中国地级市数据，分别从自然因素、工资差异和集聚经济三个视角分析了城市规模影响因素，并通过城市总人口、市辖区人口、非农人口和建成区面积四个指标考察城市规模，对中国城市规模体系是否服从 Zipf 法则、Gibrat 法则和 DPLN 分布进行检验。最后，本书从政治因素、公共服务因素和集聚经济因素三个方面解释中国城市规模体系出现偏差的原因。主要研究发现如下：

第一，本书主要回顾了西蒙-克鲁格曼模型、葛拜斯模型、罗斯-汉斯伯格和怀特模型以及艾克霍特模型，探讨了城市规模体系服从 Zipf 法则与 Gibrat 法则的形成机制。西蒙-克鲁格曼模型认为，城市规模体系服从 Zipf 法则需要很长时间，并且城市规模初始差异是十分重要的，它主要由各城市的地理特征差异所决定。葛拜斯模型和罗斯-汉斯伯格和怀特模型均是假定城市规模变化满足 Gibrat 法则，城市规模体系会自动服从 Zipf 法则，不过，二者对城市初始规模的差异解释不同，葛拜斯模型认为城市规模差异主要是由各城市产业冲击不同造成的；罗斯-汉斯伯格和怀特模型强调生产永久性冲击和 AK 模型对 Gibrat 法则形成的重要性。艾克霍特模型将地区外部性作为 Gibrat 法则形成的主要机制，一旦地区外部性的形式满足 Zipf 法则，整个城市规模体系会满足 Gibrat 法则。因而，在理论上，Zipf 与 Gibrat 城市规模体系是可以相互演进的。

第二，农业和战争是城市兴起的驱动力，王权和宗教也是影响城市规模的重要因素，河流的运输功能在城市发展中扮演重要角色。进入工业社会以来，城市职能和产业结构对城市规模的影响在增强，经济集聚因素逐渐成为城市规模的主要决定因素。从自然因素看，自然因素对城市人口规模仍有较强的解释力，降水量、日照时数、1 月份平均气温、7 月份平均气温、地形、粮食产量、距海岸线距离和海拔能解释不同城市的人口规模差异；城市地域规模受自然因素影响较弱，主要受地形、距海岸线距离和粮食产量的影响。从工资差异看，不论短期效应还是长期效应，在全国层面，城乡工资差异、教育水平和城市环境均能增强城市和市辖区对迁移人口的吸引力。分地区来看，尽管短期内工资差异在东部、中部和西部地区均对城市迁移人口产生正向影响，但是该效应在中部和西部地区并不具有统计显著性；长期内工资差异仅对西部地区城市迁移人口产生正向影响，对东部和中部地区城市迁移人口产生负向影响。引入房地产市场后，房价显著地阻碍市辖区人口规模的不断扩大。从集聚经济因素看，在全国层面，短期内制造业专业化程度提高，降低了城市总人口规模和市辖区人口规模，但能增加非农人口规模；在长期内，均显著降低了城市人口规模。城市产业多样化程度对城市总人口的短期效应为正，长期效应则相反；在短期和长期内均降低了市辖区人口规模，提高了非农人口规模。在分地区层面，短期内制造业专业化程度的提高，降低了东部地区的城市规模；对中部地区的影响并不具有统计显著性；不过，显著降低了西部地区的城市总人口规模，并增加了非农人口规模。长期内，制造业专业化程度提高，会降低三大地区的城市总人口规模和非农人口规模；在东部地区和中部地区对市辖区人口产生正向影响；在西部地区产生相反影响。短期内产业多样化程度提高对三大地区的城市总人口和非农人口均产生正向影响；对中部和西部地区市辖区人口产生负向影响。长期内产业多样化程度提高对东部地区城市人口规模产生正向影响；对中部和西部地区的城市人口规模产生不利影响。此外，本书还利用交通拥堵指数考察通勤成本对城市规模的影响，发现全天拥堵延时指数和高峰拥堵延时指数的增大，均会对市辖区人口产生不利影响。并且，在考虑通勤成本之后，城市专业化程度的提高会继续扩大市辖区人口规模。

第三，中国城市规模体系并不满足 Zipf 法则与 Gibrat 法则。在全国层面，无论是城市总人口、市辖区人口、非农人口还是建成区面积衡量的城市规模体系均不满足 Zipf 分布，但是在上尾部分，中国城市规模能较好地用 Zipf 分布进行描述，并且在多数年份中国城市规模帕累托分布的幂指数大于 1。同样，中国城市规模体系也无法用 Gibrat 法则准确描述，从截面图形看，它能在中间部分很好地拟合城市规模实际分布，在上尾部分和下尾部分会产生较大偏差。利用面板数据进行的 Gibrat 分布检验显示，2000—2013 年中国城市规模 Gibrat 分布的 β_0 系数要小于 1990—1999 年的 β_0 系数，这表明，第二个时期中国城市规模体系与 Gibrat 分布更为接近。分地区来看，三大地区城市总人口、市辖区人口、非农人口和建成区面积帕累托分布的幂指数几乎均大于 1，不满足 Zipf 法则。三大地区 Gibrat 分布的 β_0 系数很少为 0，只有 2000—2013 年中部地区城市总人口和非农人口的 β_0 系数为 0，这表明，多数情况下 Gibrat 分布描述中国城市规模分布存在一定偏差。另外，本书还分别检验了 1990—2013 年、1990—1999 年和 2000—2013 年三个时间段各省的城市规模体系是否服从 Gibrat 分布，结果并不支持 Gibrat 分布。同样，对这三个时间段长三角、珠三角、京津冀和长江中游城市群的城市规模进行 Gibrat 分布检验，结论亦不支持 Gibrat 分布，不同时间段各城市群 Gibrat 分布的 β_0 系数均不为 0。

第四，DPLN 分布兼具 Gibrat 分布与 Zipf 分布的特征，在中间部分，具有 Gibrat 分布的形式；在上尾和下尾部分，满足帕累托分布特征。因而，本书亦对中国城市规模体系是否契合 DPLN 分布进行检验，通过绘制各年 DPLN 分布的图像和最大似然估计法证明：DPLN 分布并不能完美描绘中国城市规模分布，但能较好地描述 2000 年以后市辖区人口和建成区面积的实际分布。城市总人口和非农人口用 LN 分布（Gibrat 分布）描述更为合适。

第五，由于三种城市体系并不能很好地拟合中国城市规模分布，故研究造成中国城市规模体系偏差的原因是十分必要的。本书从政治因素、集聚经济因素和公共服务因素三个方面进行解释。同时，鉴于政府在中国城市化进程中扮演的重要角色，本书突出强调了政治因素和公共服务因素对城市规模偏差的解释。具体来看，不论是在短期内，还是在长期内，这三大因素均能对全国层面城市规模 Zipf 分布偏差和 Gibrat 分布偏差进行较好的解释。分地区来看，这三类因素对东部、中部和西部地区城市规模的短期影响和长期影响存在较为明显的差异。短期内，制造业专业化程度和产业多样化程度主要对中部地区的市辖区人口偏差和建成区面积偏差产生正向影响，对其他地区的城市总人口偏差和非农人口偏差产生负向影响；长期内，这个效应正好相反。考虑到（无论是 Zipf 分布偏差，还是 Gibrat 分布偏差）城市规模偏差正负值可能导致的各变量实际效果的差异，本书还利用面板 Logit 模型对城市规模偏小的状况进行了检验，发现在全国层面和分地区层面，城市规模 Zipf 分布偏小的主要原因是政治因素和部分集聚经济因素；城市规模 Gibrat 分布偏小几乎不受政治因素的显著影响，工资水平、对外开放程度、公共交通状况、城市环境和是否为省会以上城市对它有显著影响。最后，探讨了 DPLN 分布的偏差问题，发现城市总人口按照（I-rank+1）/I 法生产的分位概率与其累积密度函数图像存在矛盾，并且城市总人口 DPLN 分布的累积密度函数图像存在一个下降的过程，因而，它可能不适合用 DPLN 分布进行描述。

字母符号对照表

a 为常数

$a_+(.)$表示正外部效应

$a_-(.)$表示负外部效应

b 为常数

c 为企业生产的平均成本

C 为常数

c_{ti}表示消费品数量

D 表示农业人口

$E(.)$表示期望值或期望函数

$f(.)$为一个函数，$f'(.)$为其对应的导数

F 表示固定成本

$F(.)$表示生产函数，$F'(.)$为其对应的导数

$g(.)$表示增长率

h_{it}，H 均表示人力资本

h_{it}^h表示城市的人均住房面积

i 为一个序列，表示 1，2，3，…

I 表示城市数量

j 为一个序列，表示 1，2，3，…

k_{it}，K 均表示物质资本

l_{it}为劳动时间

L_{it}表示有效劳动时间

M 表示城市土地存量

N 表示企业数量

$N1$ 表示城市总人口

$N2$ 表示市辖区人口

$N3$ 表示非农人口

$N4$ 表示建成区面积

N_0 表示家庭人口数

$P(.)$为一个概率分布函数

P_{it}表示价格水平

p_{it}^M表示土地价格

p^s 表示城市人口增长的概率

r_{it}^k表示物质资本的回报率

r_{it}^h表示人力资本的回报率

$rank$ 表示位序

$R(\varphi)$表示租金函数

S 表示城市规模

S1 表示城市总迁移人口

S2 表示市辖区迁移人口

S_{it}^0表示初试城市规模

S_{it}^{im}表示新迁移到城市人口

S^g 是城市人口增加的数量

t 表示时间

t^c 表示通勤成本

T_{it}是财产所有者对劳动者的转移支付

$u(.)$表示消费者效用函数

$\bar{u}$ 表示市场均衡时效用水平

$V(.)$为间接效用函数

w 为工资

x 为投资占扣除通勤成本后净产出的比例

X_j 表示投资量

y 是企业产出

Y_{it}是城市产出

Y 是总产出

z 表示城市位置

α 为常数

β 为常数

α_0 表示 Gibrat 法则的常数项

β_0 表示 Gibrat 法则的参数

θ 表示企业位置

σ，$\sigma(.)$ 均表示某种波动或标准差

$\tau_{it}^{(.)}$ 表示财产所有者的转移支付

ρ 为常数

δ 是消费者折现系数

π 表示圆周率

υ 表示制造业工人与农业人口之比

ξ_i 表示人口规模为 S_i 的城市数量占比

γ 表示城市规模增长率

ζ 表示城市人口死亡率

$\bar{\varphi}$ 表示城市半径

φ_{tj} 是企业雇佣的劳动力数量

$\Phi(.)$ 表示标准正态分布的累积分布函数

$\Phi^c(.)$ 表示 $\Phi(.)$ 的余函数，用 $1-\Phi(.)$ 衡量

目 录
CONTENTS

第一章 绪论

改革开放以来，中国城镇化进程快速推进。城镇化率从 1978 年的 17.92%提升到 2014 年的 54.77%，城市人口从 1.72 亿增加到 7.71 亿，城市数量从 193 个增加到 658 个，并且城市的人口规模各异。例如重庆、上海、北京等人口超过 1000 万的超大城市，成都、天津、武汉等人口为 500 万~1000 万的特大城市，贵阳、南阳、厦门等人口为 100 万~500 万的大城市，通辽、宣城、嘉峪关等人口小于 100 万的中小城市，它们构成的城市规模体系具有怎样的形式？城市规模与其位序之间的关系怎样，是 Zipf 分布类型、Gibrat 分布类型，还是 DPLN 分布类型？Zipf 分布表示城市规模与位序存在特殊的序列关系。Gibrat 分布表示城市规模增长与其位序是成比例的，亦可以演进出城市规模与位序的关系，Eeckhout（2004）的研究成果推导了二者相互推演的关系。DPLN 分布是 Zipf 分布与 Gibrat 分布的结合体，在上尾部分和下尾部分均满足帕累托分布，在中间部分满足 Gibrat 分布。那么，这三种类型的城市规模体系是否能契合中国城市规模分布？中国城市规模体系是否满足 Zipf 法则且城市规模的增长满足 Gibrat 法则，或者同时服从 DPLN 分布？如果中国城市规模体系与三种理论的城市体系存在一定的规模偏差，如何进行解释？新经济地理理论倡导的集聚经济因素能否有效解释中国城市规模偏差的原因？政府在中国城镇化进程中扮演重要角色，政治因素和公共服务因素对中国城市规模偏差产生怎样的影响？这是本书研究的主要问题。

第一节 选题背景

一、世界城镇化进程是研究中国城市规模体系的历史背景

近 300 年来，城镇化是人类文明的一大奇迹，并且，城市的功能趋于综

合型，金融、贸易、服务、文化、娱乐等功能得到发展，城市集聚能力日益增强，成为推动地区和国家经济发展的动力之源。城镇化是人口向城镇集中的过程，这个过程表现为两种外在形式：一是城镇数目的增多，二是各城市内人口规模不断扩大。

首先，世界城镇化率快速提高。自城镇出现[苏美尔的加泰土丘，被认为是世界第一个城市，出现于公元前 7800 年到公元前 5700 年(约翰·里德，2010)]到公元 1700 年的漫长时期，世界城镇化率长期处于 3%以下。工业革命开启了人类城镇化的新时期，1950 年世界城镇化率达到 29.2%。“二战”后，随着发展中国家工业化和城镇化的发展，全球城镇化水平迅速提升，到 2014 年，全球城镇化率达到 53.86%，其中发达国家城镇化率为 75%~80%，发展中国家城镇化率为 48.4%，全球约有 38.8 亿人生活在城镇(UN，2015)。相比较而言，直到 1949 年，中国的城镇化率一直低于 11%；1949—1978 年，中国的城镇化率也仅仅上升了不到 7 个百分点，为 17.92%；改革开放后，随着中国经济的高速发展，城镇化水平稳步提升，根据中国国家统计局公布的数据，2014 年城镇化率为 54.77%(按常住人口计算)；如果按照户籍人口统计，仅为 36.7%。

其次，大城市数量急剧增加。根据 20 世纪 70 年代末的统计，全世界约有 162 个百万人口以上的大城市，其中人口超过 200 万的有 66 个，超过 500 万的有 18 个，超过 1000 万的有 4 个[经济地理，1981(2)]。到 2005 年，全球超过百万人口的城市达到 360 个，其中人口超过千万的城市达到 24 个，人口超过 500 万的城市有 55 个，178 个城市的人口超过 200 万(陈启尤，2005)。具体到中国，1978 年中国城市为 193 个，小城镇数量为 2173 个；到 2011 年末，中国有 657 个城市，建制镇 19683 个，其中有 30 个城市的常住人口超过 800 万，13 个城市的人口超过 1000 万。

最后，大城市的人口膨胀。1850 年，伦敦是世界上最大的城市，人口达到 232 万；之后的 50 年，伦敦仍然是世界上最大的城市。1900 年，伦敦的人口超过 658 万。1920 年世界第一大城市从伦敦变为纽约，当时纽约人口达到 849 万，超过伦敦 748 万的人口规模。20 世纪四五十年代，纽约是世界唯一超过 1000 万人口的大都市。2000 年，东京成为全球最大的城市，人口超过 2600 万。《华盛顿邮报》报道，2010 年全球人口规模最大的城市仍是东京，整个大东京都市圈的人口达到 3670 万。与之相比，中国人口规模最大的城市通常是政治中心或经济中心。1850 年至今，北京和上海分别在不同时期是中国最大的城市；北京的人口规模从 1850 年的 164.8 万降至 1875 年的 131

万，1908 年再降至 66.2 万；随着清末新政的实施，北京人口改变了长期持续萎缩的趋势；1908 年之后，北京人口逐渐增长，到 1932 年，人口规模重新超过 100 万。与北京相反，1840 年通商开埠后，上海人口经历了爆炸性增长，1900 年上海人口首次突破 100 万，成为当时中国第一大都市；至今上海都是中国的第一大都市，人口规模达到 2425.68 万(2014 年)。

二、新型城镇化道路是研究中国城市规模体系的政策背景

2011 年，约瑟夫·斯蒂格利茨(Joseph E. Stiglitz)预言了“中国的城镇化和以美国为首的科技革命将成为影响人类 21 世纪的两件大事”。新型城镇化道路的提出，无疑是中国特色社会主义的重要组成部分。党的十六大以来，在历次中国共产党代表大会和政府规划上，都突出城镇化战略对中国经济发展的重要意义。2003 年党的十六大提出的以大中城市与小城镇协调发展为初步内涵的“中国特色城镇化道路”，成为中国新型城镇化的雏形。《中共中央关于制定国民经济和社会发展第十一个五年规划的建议》(简称“十一五”规划)(2006)第一次将新型城镇化提升为“新四化”(工业化、城镇化、市场化、国际化)的重要组成部分，新型城镇化升级到国家战略层面。党的十七大报告(2007)要求，利用科学发展观推进新型城镇化，将新型城镇化表述为：坚持以人为本，以新型工业化为动力，以统筹兼顾为原则，推动城市现代化、城市集群化、城市生态化、农村城镇化，全面提升城镇化质量和水平，走科学发展、集约高效、功能完善、环境友好、社会和谐、个性鲜明、城乡一体、大中小城市和小城镇协调发展的城镇化建设路子。“十二五”规划(2011)提出，坚持中国特色城镇化道路，科学制定城镇化发展规划，促进城镇化健康发展。新型城镇化开始全面指导全国城乡建设。党的十八大报告(2012)在肯定先前城镇化实践成果的基础上，进一步指出“城镇化水平明显提高，城乡发展协调性增强”，肯定了新型城镇化、信息化、新型工业化和农业现代化的“新四化”道路，指明了中国新型城镇化的建设方向。党的十八届三中全会(2013)指出，城乡二元结构是制约城乡发展一体化的主要障碍。必须健全体制机制，形成以工促农、以城带乡、工农互惠、城乡一体的新型工农城乡关系，让广大农民平等参与现代化进程、共同分享现代化成果，推进城乡要素平等交换和公共资源均衡配置，完善城镇化健康发展体制。新型城镇化的核心是基本公共服务的城乡一体化、均等化。《国家新型城镇化规划(2014—2020 年)》(2014)成为中国首部城镇化规划，标志着中国的城镇化进程与信息化进程的结合。《国家新型城镇化规划(2014—2020 年)》提出要在 2020 年实

现1亿农业转移人口落户城镇，并且将大交通、大信息网络作为破解特大型城市发展“瓶颈”的措施和手段。

在强调城镇化战略的同时，逐步推进户籍制度改革，加快城镇化进程。《国务院关于进一步推进户籍制度改革的意见》(国发〔2014〕25号)的颁发进一步提出户籍制度改革的要求，促进有能力在城镇稳定就业和生活的常住人口有序实现市民化，稳定推进城镇基本公共服务常住人口覆盖。进一步调整户口迁移政策：全面放开建制镇和小城市落户限制；有序放开中等城市落户限制；合理确定大城市落户条件；严格控制特大城市人口规模；有效解决户口迁移重点问题。同时，切实保障农业转移人口及其他常住人口合法权益：完善农村产权制度；扩大基本公共服务覆盖面；加强基本公共服务保障。

三、新常态下经济发展方式转型升级是研究中国城市规模体系的现实背景

经济新常态到来，更加凸显了中国新型城镇化的重要性。中国发展仍处于重要战略机遇期，要增强信心，从当前中国经济发展的阶段性特征出发，适应新常态，保持战略上的平常心态。新常态的主要特点是：经济从高速增长转为中高速增长；经济结构不断优化升级；从要素驱动、投资驱动转向创新驱动；中国经济呈现出新常态；中国政治呈现出新常态；中国社会建设呈现出新常态。经过三十多年的改革开放，中国经济的高速发展时期即将结束。从1978年到2014年，中国国内生产总值的年均增速达到9.8%；但是自2008年以来，受到美国次贷危机的不利冲击，中国经济增速呈现下降趋势。从2007年到2014年中国的经济增速分别为14.2%、9.6%、9.2%、10.6%、9.5%、7.7%、7.7%和7.4%。进入2015年，中国经济增速下滑就更加明显。根据国家统计局最新发布的数据，2015年第一季度，中国国内生产总值增速为7%，低于上年同期的7.4%，“新常态”特征更为显现，经济结构转型和产业升级刻不容缓。美国全球性金融危机和欧洲债务危机的爆发，引发了中国出口的外需不足。传统依靠投资拉动的经济发展方式除了消耗大量能源、资源外，还引发了大量社会、环境和健康问题。国内外经济发展环境的变化，客观上要求中国经济发展的动力从要素驱动、投资驱动向消费驱动、创新驱动转变。新型城镇化战略的提出，使之成为中国经济长期发展的动力，也是“新常态”的必然要求。长江中游城市群(2015)成为中国践行《国家新型城镇化规划(2014—2020年)》的开端，可以预见，未来中原、哈长、西咸一体化

等城市群也会成为国土空间均衡开发、引领区域经济发展的重要增长极。当前中国已形成长江三角洲、珠江三角洲、环渤海地区、成渝城市群和长江中游城市群 5 大经济增长极，合计占到 2014 年国内生产总值的 50.4%，更加说明了城市群在中国经济未来发展中的重要作用。

四、大城市与小城市发展模式之争是研究中国城市规模体系的理论背景

在第八届北京国际科技博览会(2005)上，诺贝尔奖得主 James Mirrlees 指出，一个城市的规模不一定能够决定国家发展的趋势，关键在于每一个个体单位的发展程度。时任国家发改委地区司副司长高广生对于 Mirrlees 的观点持肯定态度。他认为，多年以来中国对大中城市的发展比较重视，但是对县域经济的发展重视不够；中国要实现现代化，必须要发展一大批中小城市。与之相反，中科院可持续发展研究组组长、中科院首席科学家牛文元强调，中国城市首位度比较低，对经济发展贡献较低，城镇化率更是不足，因而，有必要进一步加快大城市的发展。Au 和 Henderson(2006)利用中国数据证实了实际工资与城市规模的“倒 U 形”关系；虽然城市的集聚经济提高了劳动者的工资水平，但是中国以户籍制度为核心的限制移民措施，导致中国的城市规模仍然较小，远未达到最优的城市规模。柯善咨和赵曜(2014)从产业结构的视角，重新证实了 Au 和 Henderson(2006)的结论——中国的城市规模小于最优规模；他们计算得出中国城市平均最优人口规模为 629 万(当服务业就业人数与制造业就业人数之比为 1.44 时)，并且最优城市规模从东部、中部到西部地区依次递减。不同学者关于中国城市最优规模的争论，更加凸显在中国的新型城镇化道路中，研究中国城市最优规模的理论意义。

《全国城镇体系规划(2010—2020 年)》(2010)确定了北京、上海、广州、天津和重庆五大国家中心城市，后来又确定了武汉和郑州的国家中心城市地位。这也引发了其他区域性中心城市，沈阳、杭州、南京、西安等在制定城市规划时，力争在不远的将来或更长时期内成为国家中心城市。这些城市的常住人口均超过 800 万(2013 年数据)，可以预见，未来这些城市将成为人口超过一千万的超级都市，这不禁让人疑惑：中国需要多少个国家中心城市？又需要多少个区域性中心城市？国务院发布的《国家新型城镇化规划(2014—2020 年)》指出，当前中国城镇化进程存在如下问题：大量农业转移人口难以融入城市社会，市民化进程滞后；“土地城镇化”快于人口城镇化，建设用地粗放低效；城镇空间分布和规模结构不合理，与资源环境承载能力不匹配；

城市管理服务水平不高，“城市病”日益突出；自然历史文化遗产保护不力，城乡建设缺乏特色；体制机制不健全，阻碍了城镇化健康发展。在这样的现实背景下，本书研究不同时期内中国城市数量变化、城市规模的分布以及地理空间分布变化、不同地域（地区、省域和城市群）范围下城市规模的时空变化，运用中国数据验证最优城市规模理论，并分析最优理论规模与实际规模差异产生的原因，具有重要的现实意义；同时，本书的研究结论也为中国的新型城镇化战略实施提供重要的政策参考。

第二节　研究意义

在某种程度上，城市规模扩张是一国经济发展过程中的必然现象。从经济史角度看，在北宋时期，作为世界上最富庶国家的首都，东京汴梁（今开封）拥有超过 100 万的人口；工业革命时期，英国伦敦人口超过 230 万（1850 年）；第二次科技革命期间，美国的国内生产总值超越英国，成为世界第一经济强国，当时纽约的人口达到 849 万（1920 年），取代伦敦成为世界第一大都市；“二战”后，日本经济飞速发展，成为世界第二经济强国，东京人口也达到 1140 万（1970 年）。改革开放以来，深圳是中国城市规模变化最大的城市，从 33 万[1978 年整个宝安县（现为深圳宝安区）的人口]人口的小城市发展为超过千万的超级都市（2013 年常住人口为 1062.89 万）。但是，发展中国家大城市的快速发展，如墨西哥城、里约热内卢、孟买等，也会引起交通拥堵、环境污染、社会治安混乱、贫民窟等问题。这都给中国的城镇化发展带来了许多启示，也使得研究中国城市规模问题具有重要的理论和现实意义。

一、有助于完善新经济地理学的理论基础

在现有的经济地理学理论中，研究城市规模的理论主要包括杜能的农业区位理论、廖什的工业区位理论、克里斯塔勒的城市区位论、阿隆索模型、中心-外围理论、齐普夫定理、基于外部性的城市规模理论等，它们的共同特点在于基于通勤成本和外部规模经济研究集聚经济现象对于城市规模的影响。但是在实证方面，通勤成本的衡量是困难的；本书借助高德交通大数据，衡量各城市的交通拥堵指数，研究它对城市规模的影响，进一步夯实新经济地理学的基础。

二、有助于为中国的新型城镇化战略提供理论借鉴，推进中国城市的协调发展，优化城市的空间布局

正如本书在背景部分所介绍的，除了上海、北京、广州、天津、重庆、武汉和郑州七个国家中心城市，沈阳、南京、杭州、西安也在各自的城市规划中提出要成长为国家中心城市，这引发对于国家中心城市和区域中心城市数量和位置的争论，因此，本书研究中国城市规模的空间分布，分析不同地区的地理区位和环境承载力，结合当地的经济条件、人口因素等，优化中国城市空间布局，能更好地促进城市的经济发展和区域经济的协调发展。同时，这对地方政府制定合理的城市发展规划，具有重要参考价值。

三、有助于地区经济发展方式转变，促进产业结构调整与升级

新型城镇化战略的实施目的是改变中国由要素驱动、投资驱动的经济发展方式。“新常态”的到来使中国经济进入中高速增长时期，城镇化成为扩大内需的重要手段，成为未来中国经济持续发展的动力，在中国经济由要素驱动、投资驱动转化为内需驱动的过程中发挥重要作用。新型城镇化的过程是大量中小城镇和大城市兴起的过程，这为中国东部发达地区的产业转移提供了良好的契机，促进东部地区的产业升级；同时，也有助于实现不同产业在东部、中部、西部地区的合理布局，推进东部、中部、西部地区的协调发展。当然，城市作为集聚经济产生的中心地带，研究哪些集聚经济因素影响城市规模有助于更准确地进行城市定位。此外，从政治因素、集聚经济因素和公共服务因素研究城市规模偏差问题，有助于发现哪些因素导致实际城市规模偏小，从而使地方政府的产业政策更具针对性。

四、有助于缓解城镇化进程中的“大城市病”，缓和“土地城镇化”与“人口城镇化”之间的矛盾

根据 OECD 的统计，2014 年中国有 15 个城市的人口规模超过 1000 万（15 个城市分别是上海、广州、北京、深圳、武汉、成都、重庆、天津、杭州、西安、常州、汕头、南京、济南、哈尔滨），这在世界上是绝无仅有的。中国的大城市也出现了“大城市病”，如交通拥堵、环境质量下降、水资源短缺、住房价格上涨过快、部分城市的社会治安混乱等问题，迫切需要对大城市人口进行分流，缓解“大城市病”带来的城市管理压力。另外，“土地城镇化”与“人口城镇化”之间的矛盾突出。正如《国家新型城镇化规划（2014—2020 年）》

中所指出的，截至2014年底，按照常住人口统计，中国的城镇化率为52.5%；按照户籍人口统计，中国的城镇化率为35.3%；两者之间相差17.2个百分点，涉及2.34亿进城农民及其家属的利益。逐步放开小城市、中等城市甚至大城市的落户条件，成为解决这个难题的关键。针对当前限制大城市人口规模的政策，从城市最优规模和空间分布均衡的视角研究中国城市规模是偏大还是偏小的问题，有助于该难题的解决。同时，本书对城市人口规模偏差和地域规模偏差的研究，会对“土地城镇化”与“人口城镇化”的关系有新的认识，从而为政府制定适合的城市发展政策与城镇化政策提供借鉴。

第三节　文献回顾

国内外学者关于城市规模的研究，涉及的内容相当广泛，如城市规模与企业或住宅区位选择、城市规模与经济集聚、城市规模与资产价格波动、城市规模与产业多样性、城市规模与收入差距、社会公平、环境治理等，但这些不是本书关注的重点，本书会着重回顾城市本质、起源与衰落，城市规模衡量和空间分布，城市最优规模，城镇化进程与发展战略选择，劳动力流动、户籍限制与城市规模，城市规模的影响因素六个方面文献。

一、城市本质、起源与衰落

城市是什么？它是如何产生的？又经历了哪些过程？有什么功能？它起什么作用？为达到哪些目的？刘易斯·芒福德（1988）试图通过回答这一系列问题来探讨城市的本质。城市的表现形式是如此之多，以至于芒福德不得不感慨，“人类用了5000多年的时间，才对城市的本质和演变过程获得了一个局部的认识，也许要用更长的时间才能完全弄清楚它那些尚未被认识的潜在特征”。在中国古代，“城”主要用于保护民众安全；“市”是古代进行交易的固定场所，这在《谷梁传·隐公》、《墨子·七患》和《说文》等著作中均有提及。

城市是人类文明的典型产物（约翰·里德，2010），正如英文中“City”一词与“Civilization”的联系。关于城市的内涵界定，更加强调城市的经济和社会功能。《不列颠百科全书》将城市解释为：“一个相对永久的、高度组织起来的人口集中的地方，比城镇和村庄的规模更大，也更为重要”。在维基百科中，城、市、都、城市或都市，是人口较为稠密、工业较为发达的地区，一般包括住宅区、工业区和商业区等功能分区，并且具备行政管辖功能。若一个城市已拓展到与其他城市接壤，此区域就会形成集合城市。

城市的兴起是一个漫长的过程。芒福德(1988)说，“要详细考察城市的起源，必须追溯其发展历史，从已经充分了解的那些城市建筑和城市功能开始，一直回溯到其最早的形态，不论这些形态在时间、空间和文化上距业已发现的第一批人类文化丘有多么遥远”。

当前，关于城市起源主要有以下六种：防御说、社会分工说、私有制说、阶级说、集市说和宗教说。鉴于部分学说不能准确给出其提出者，本部分不做详尽介绍，仅列出柴尔德(1950)在《城市革命》中给出的城市起源标准：①有限区域内集中了较多的人口；②手工业专门化；③剩余产品由中央权力机关支配；④存在公共祭祀建筑；⑤社会等级差异明显；⑥采用文字；⑦科学研究发轫；⑧自然主义艺术出现；⑨存在对外贸易；⑩栖居方式不再依赖血缘关系而定。高松凡等(1995)将这 10 条标准缩减为三条：①是多职能的复合体；②是人口、手工业、贸易、财富、建筑、公共设施集中的场所；③人口密度高，主要从事非农业的职业。

城市作为一个有机的生命体，其衰落是城市运动变化过程中一种普遍存在的现象(何一民，2007)。城市的衰落会有多种表现形式，总的来说，人口从中心城市甚至整个城市区域不断减少，并伴随着相应的社会、经济和环境问题。在古代社会和近代社会，这种表现十分突出，如苏美尔的乌尔，新航路开辟之后的威尼斯，中国古代的长安、洛阳、东京汴梁(现在的开封)等。马克思曾经考察过威尼斯的衰落，他将交通线路的改变导致的贸易优势丧失作为威尼斯衰落的主要原因。城市的衰落可能持续很长时间，随着衰落城市的社会、经济和环境变化，文化的衰落甚至文明的衰落都成为可能。阿诺德·汤因比在其巨著《历史研究》(2010)中首次提出了文明衰落观，文明具有政治、经济、文化三个因素，其中文化是一个社会的精髓；文明都会经历起源、生长、衰落、解体和死亡五个过程。文明的生长并不是无止境的，只要应战抵不过挑战，文明就可能在其生长的任何一点上衰落下来。作为文明重要载体的城市，其衰落也可能导致文明的衰落。奥斯瓦尔德·斯宾格勒(Oswal Spengler)在《西方的没落》(2008)中也透露了这种思想。他认为文化是循环的，文明会在历经新生、繁荣之后，最终没落衰亡。

现代经济学对城市衰落的重新关注，缘于“荷兰病”(the Dutch Disease)的提出。1977 年英国《经济学家》杂志匿名发表了一篇名为“荷兰病”的文章，引发了学术界对资源型产业繁荣导致产业结构变化问题的关注。一方面，资源型产业部门的繁荣带来“挤出效应”，导致其他部门的衰落(McKinnon，1976；Gregory，1976；Hoel，1981；Ellman，1981)。另一方面，“荷兰病”对不同国家的影响不同。如 Flemming(1982)，Roed-Larsen(2003)，Auty (1993)，Kronenberg (2004)分别对英国石油业、挪威石油业、8 个石油输出国(尼日利亚、墨西哥、印度尼西亚、马来西亚等)和转型国家的资源诅咒进行了研究，发现对各国造成不同的影响：挪威比较成功地摆脱了“荷兰病”，而英国、发展中国家普遍存在“荷兰病”。Richard Auty(1993)提出了一个比“荷兰病”更具有经济学含义的名词——资源诅咒。Sachs 和 Warner(1995，1997，1999，2001)的 4 篇经典文献，极大地颠覆了传统经济学关于自然资源与经济增长关系的看法，以至于 Stevens(2003)提出，丰裕资源对一国经济增长的限制，甚至大于其有利条件。中国学者对于资源诅咒的关注比较晚。徐康宁和王剑(2006)将资源诅咒作为区域经济增长差异的重要原因。胡援成和肖德勇(2007)、邵帅和齐中英(2008)、刘长生等(2009)均发现我国在省级层面存在资源诅咒。郑长德(2006)、丁菊红和邓可斌(2007)则发现资源诅咒在统计上并不具有显著性。邵帅等(2013)研究发现，资源诅咒与经济增长有更为复杂的关系，认为二者存在“倒 U 形”曲线关系。杨莉莉等(2014)将空间计量方法用于研究中国省级层面资源诅咒问题，结果表明，资源诅咒与空间均衡在省级层面存在，并且各省之间存在条件收敛。具体到城市，邵帅(2010)通过考察 28 个煤炭城市发现，煤炭资源阻碍了这些城市的经济发展，资源诅咒效应明显。高洁等(2011)、杨志明(2013)也利用城市数据验证资源诅咒的普遍存在，但方颖等(2011)的研究不支持这个结论。关于“荷兰病”和资源诅咒的数理模型，可以参见 Corden 和 Neary (1982)、Corden (1984)、Matsuyama (1992)、Sachs 和 Warner(1995)、Larsen(2006)。当然，还有一些学者并不认可资源诅咒现象存在，如 Davis(1995)、SalaMartin(1997)、Alexeev 和 Conrad(2009)。

二、城市规模衡量和空间分布

城市规模和空间结构分布是城市经济学研究领域的两个主要问题。

城市规模主要是指城市的人口规模和地域规模，更广义的说法，还包含经济规模和消费潜力规模。各国因城市聚居人口不同，划分不同的城市标准。联合国将 2 万人作为小城市的人口下限，10 万人作为大城市的最低标准，超过 100 万人就是特大城市。方创琳(2014)在回顾“一五”到“十一五”城镇化政策基础上，提出了中国城市规模划分标准，并成为《关于调整城市规模划分标准通知》的雏形，将城市划分为五类七档。

城市规模的分布最早用帕累托分布来描述。奥尔巴克(Auerbach, 1913)、辛格(Singer, 1936)提出了这个假说，齐普夫(G. Zipf, 1949)证明了城市规模不仅可以用帕累托分布来描述，当幂指数为 1 时，表现为一种特殊的位序，这与实际城市规模分布是一致的。这种排序规模法被称为“位序法则”或“力量法则”(Power Law)或齐普夫定理。齐普夫定理一经提出，就饱受争议。Champernowne (1953)、Simon (1955)、Dobkins 和 Ioannides (1996)、Pumain 和 Moriconi-Ebrard (1997)、Gabaix (1999a, 1999b)、Gabaix 和 Ioannides (2004, 2008)、Cordoba(2008)、Gangopadhyay 和 Basu(2009)、Perz-Campuzano(2015)等研究支持齐普夫定理或帕累托定律。不过，其他一些研究，如 Jefferson (1939)、Berry (1961)、Richardson(1978)、Rosen 和 Resnick(1980)、Potter 和 Lyoyd-Evans (1998)及 Soo(2005)等学者的研究却没有支持位序法则。关于城市规模分布的动态变化，Jefferson(1939)最早指出，在大多数情形下，随着城市发展，一个很大城市的存在，使一国不可能产生中等规模城市，相反，只能产生小得多的城市。在城镇化不同发展时期，不同规模城市发展速度不同，在集中性城镇化阶段，大中城市发展较快；到了扩散性城镇化阶段，小城市发展速度较快(Berry, 1961)。不过，中国大城市在规模增长上速度很快，并且按照人口规模等级顺序逐渐下降(周春山和叶昌东, 2013)。后来的一些研究，关注政府政策对城市规模的影响，如 Anderson 和 Ge(2005)、Madrazo 和 Kempen(2012)、Peng 和 Thibodeau(2013)、Zhou 等(2013)等的研究。

Gibrat 法则是指对数正态分布，是另一种描述城市规模分布的方法。它最初被 Gibrat (1931)用来研究企业规模的动态分布问题。Eaton 和 Eckstein (1997)、Sutton(1997)、Eeckhout (2004, 2009)、González 等(2013)、Malevergne 等(2011)、Jiang 和 Jia (2011)等研究均支持城市规模服从 Gibrat 法则。在小样本下，城市规模变化服从 Gibrat 分布并非总是成立的，特别是在上尾部分和下尾部分。在大样本下，Gibrat 法则也受到 DPLN 分布的挑战，Reed (2002, 2004)提出了 DPLN 分布，它结合了 Zipf 分布与 Gibrat 分布的特征；在中间部分，它契合 Gibrat 法则；在上尾部分和下尾部分满足 Zipf 分布。该分布可以用来描述颗粒、收入分配、城市规模、网页数量等的分布。Giesen 等(2010)的研究表明，用 DPLN 分布拟合 8 个国家的城市人口分布状况，其中有 7 个国家的 DPLN 分布优于 LN 分布。并且，Giesen 和 Suedekum(2014)用 DPLN 分布研究了美国 1 万多个城市的建城时间与城市规模的关系，发现 DPLN 分布亦能较好地描述这个问题，并且建城越早的城市，人口规模越大。邓智团和樊豪斌(2016)利用中国城市样本数据验证了 DPLN 分布，亦支持该理论。

前面的文献表明 Zipf 分布与 Gibrat 分布可能存在某些联系，那么哪种分布更适合描述城市规模分布？许多研究表明，至少在理论上 Zipf 分布更适合。有关 Zipf 分布的形成机制，Simon(1955)最早进行了研究，他提出的 J 分布形式，更适合描述上尾密集的分布；在应用到城市规模时，要满足 Zipf 分布，需要城市形成的速度大于城市人口的增长速度，且当城市形成速度趋近于 0 时，Zipf 分布的幂指数趋近于 1。Krugman(1995)批评该模型缺乏经济含义，并运用新经济地理理论对 Simon 模型进行解释，试图论证为何 Zipf 分布的幂指数等于 1。他认为，由于地理环境的差异造成初始城市规模差异，一旦假定运输成本服从随机游走，就会满足 Simon 模型的条件，城市规模服从 Zipf 分布。但是，他们模型的一大缺陷是，城市数量必须是增长的，而且城市规模体系满足 Zipf 法则需要经历很长时间。朱英明(2008)利用产品质量解体模型分析了中国城市规模演化规律，发现城市间规模等级结构的变化要慢于产品流动，也间接说明这个问题。Gabaix(1999a，1999b)克服了这个缺陷，他假定城市数量是固定的，如果城市规模变化满足 Gibtat 法则，那么 Zipf 分布就会是一个自我实现过程。在这个过程中，城市初始规模差异主要是由产业波动造成的。Rossi-Hansberg 和 Wright(2007)用 Henderson(1974)的思想来解释 Zipf 分布，他们提出，在以下两种情况下，城市规模会服从 Zipf 分布：①社会生产不受物质资本影响，技术冲击会产生永久的经济波动；②生产退化为 AK 模型，技术冲击会造成永久产出波动。Eeckhout (2004)最大的贡献是利用地方外部性模型推导出 Gibrat 法则，至此，Zipf 法则与 Gibrat 法则在理论上可以相互推导。此外，Blank 和 Solomon(2000)及 Bengguigui 和 Blumenfeld-Lieberthal(2007)也建立了类似 Simon 模型的城市随机增长模型，其中，Bengguigui 和 Blumenfeld-Lieberthal(2007)的城市体系动态增长模型可以推导出各种城市规模分布情况。Rozenfeld 等(2011)在综合前人城市随机增长模型的基础上，推导出城市人口与面积的齐普夫定理。不过，更多的研究是关于齐普夫定理的估计方法改进，蒙特卡罗实验成为验证这个定理的新方法，在大样本条件下，进行多次实验，会使估计结果逐步接近真实误差(Gabaix & Ioannides，2004)；在小样本条件下，将城市位序减去 1/2 会得到更加符合实际值的结果(Gabaix & Ibragimov，2011)。其他的一些研究，如 Bee 等(2013)发现，尽管美国的城市规模服从对数正态分布，但是服从帕累托分布与选择的样本有很大关系。

本书研究的城市空间分布是指不同规模的城市在不同地区、国家甚至大陆上的地理空间分布，与城市经济学研究的城市内部空间结构分布略有差异。

Berry（1961）、Denise Pumain 和 Frangois Moriconi－Ebrard（1997）、Deng 等（2008）、Zhou 等（2013）的研究涉及了不同国家和中国的城市空间分布问题，本书在此不再做详尽描述，会在第二章第四节和第五章做详尽介绍。

三、城市最优规模

最早的城市最优规模理论就是奥尔巴克（Auerbach，1913）、辛格（Singer，1936）提出的帕累托分布。1968 年，Gupta 和 Hutton 提出使用公共服务平均成本最小的方式来决定城市的最佳人口规模。不过，Evans（1972）认为最优城市规模就是企业生产成本最小时的人口规模。经济地理学从一个新的视角研究城市规模，基于杜能提出的土地竞租曲线来确定城市最优规模，Solow（1973）对此提出批评，认为参照城市边缘的地价确定地租，高估了城市中心地价；这样计算的城市最优规模是有偏误的。Henderson（1974）从理性经济人的视角出发，利用城市的规模收益率与土地产出率来确定城市规模。Arnott（1979）提出另一种城市最优规模决定方式，总社会福利或人均社会福利最大化时，城市的人口规模是最优的。Harvey（1981）则是通过社会平均成本曲线来确定城市最优规模，当社会平均收益等于社会平均成本时，城市规模达到最优。但是这些模型并未考虑城市的动态发展和空间因素，也招致许多批评。Fujita（1976）是首先从城市动态发展的角度研究城市规模的，尽管他利用索罗增长模型并未考虑经济的最优增长问题。Kanemot（1980）弥补了 Fujita（1976）的不足，推导出稳态下的城市最优规模。Fujita 等（1999）将空间动态化引入城市最优规模，利用城市实际工资方程探讨城市的最优规模变化，不过冰山成本在城市最优规模的变化中起着关键作用。Behrens 等（2014）、Davis 和 Dingel（2012）、Eecekout 等（2014）均是研究了基于人力资本要素的分类模型，将人力资本水平作为劳动力流动的重要因素，从而确定城市最优规模。

新经济地理学认为，集聚力与分散力是城市最优规模的决定因素（梁琦，2009）。集聚力包括高工资与收入、知识外部性、劳动力池、技能提升、市场潜力和消费经济性等；分散力是指大城市的交通拥堵、高房价或房租、高物价、环境污染等（梁琦，2013）。Segal（1976）较早地分析了集聚经济与城市规模之间相互促进的关系；Shukla 和 Stark（1985）从厂商的角度分析了集聚经济对城市规模的影响，Rahman（1990）根据胡佛（1936）提出地方化经济和城镇化经济（集聚经济的两种分类，现在也被称为地方专业化和城市专业化），通过同心圆的空间结构模型，验证了同时存在两种集聚形式时，城市规模会更大。Nakamura（1985）利用日本的数据得到与 Rahman（1990）的观点一致的结论；

Henderson(1986)和Glaser等(1992，1993)利用美国和巴西的数据却没有发现城市专业化对城市规模扩张的正向影响。不过从产业层面看，高科技产业的地方专业化对城市规模的扩张效应很低，传统产业的地方专业化对城市规模扩张的效应显著(Henderson et al.，1995)。相反，Batisse (2002)、Gao (2004)、李金滟和宋德勇(2008)及苏红键和赵坚(2011)利用中国县级的数据，却发现城市专业化不仅不能促进城市经济发展，还可能会限制城市规模的扩张。

González-Val(2011)首先对城市Zipf分布规模偏差问题进行研究，发现城市人均收入水平、就业在不同行业的分布以及教育水平差异对各城市的规模偏差做出有力解释。这些因素本质上可以看作经济集聚程度或者影响经济集聚的重要因素，教育水平甚至是分类模型和选择模型的核心因素(Behrens et al.，2014)。由于受教育年限的差异，劳动者人力资本水平存在差异，使得劳动者在大城市与小城市之间进行分离：人力资本较高的劳动者集中在大城市，人力资本较低的劳动者集中在小城市。此外，Soo(2005)的研究与城市规模Zipf分布偏差问题十分接近，他认为新经济地理因素无法很好地解释不同国家Zipf分布幂指数的差异，反而，政治因素能较好地解释这个问题。魏守华等(2015)基于Gibrat分布，从集聚经济角度解释了2011年中国287个地级市的理论最优规模和实际规模的偏差问题，发现当年规模偏大的城市有28个，规模合理的城市有77个，规模偏小的城市有182个。

四、城镇化进程与发展战略选择

城镇化(urbanization)，是指人口向城市集聚、城市规模扩大以及由此引起一系列经济社会变化的过程，其实质是经济结构、社会结构和空间结构的变化。中国的快速城镇化进程，直接影响了世界发展的格局(宁越敏，2014)。当前，人口和土地仍是中国城镇化的主要驱动因素(周春山和代丹丹，2015)，并且城镇化速度快、规模大，半城镇化特征显著，城镇化的区域差异明显，大城市群成为国家的经济核心区(宁越敏，2012)；这与顾朝林(2014)提出“城市发展将趋向于集群化和巨型化”的特征相一致。但是，这个过程中，也产生了许多问题：周一星(2016)指出，“快速城镇化中大规模的建设活动、人口结构调整、现代化生活需求的集聚变化等，导致了城镇面貌的趋同、文化同质或断裂的现象”；新区建设普遍超前，人口规模较小，造成基础设施严重浪费(方创琳和马海涛，2013)；城市群的选择受到强烈的政府主导，过多地迁就了地方利益，脱离了发育的基本标准(方创琳，2014)。顾朝林(2013)认为，城市问题所有的根源在于农村问题，城市去中心化策略的失败加剧了这些问题的产生；同时，单位制也是导致中国城市生产效率低下、城市空间僵化的原因之一（柴彦威等，2013）。新型城镇化背景下，社会网络化管理为解决城市内部矛盾提供了一种新形式（柴彦威和郭文伯，2015）；城市网络突破了城市间传统的克里斯塔勒垂直关系，覃成林和桑曼乘（2015）利用100家APS企业微观数据，构建东部和中部地区168个城市间的关联矩阵，验证了城市网络对地区经济增长的正向关系，且城市网络优势在京津冀、长三角和珠三角地区表现出更强的经济增长效应。

同时，城镇化发展战略饱受争议，特别是从政府政策角度。不管是出于规模经济还是政治需要或其他方面的考量，城市规模发展战略主要有三类：小城市战略、中小城市战略和大城市战略。这三种发展战略中，中小城市战略的支持者最多，Southall（1979）、Rondinelli（1980）、Renaud（1981）、UNCHS（1985）、Hardoy和Satterthwaite（1986）、Gugler（1988）、Watts（1996）等学者及组织从快速城镇化、经济、社会和政治转变以及宜居性的角度进行研究，认为中小城市战略是合适的。当然，也有持不同意见的学者，如McGee（1994）认为发展中国家不平衡的经济发展战略，只会促进大城市的过快膨胀，产生“大者恒大”的效应；鼓励大城市的发展对一国的长期经济发展更加有利。胡兆量（1984）最早在国内提出了“大城市人口超前发展的规律”；Au和Henderson（2006）、柯善咨和赵曜（2014）的研究却发现中国的城市规模过小，远未达到经济稳态时的最优规模。中国著名的社会学家、人类学家费孝通先生在《小城镇，大问题》（1983）中提出了小城镇理论。他认为小城镇是发展农村经济、解决人口出路的一大问题，“离土不离乡”和“离乡不离井”是解决我国人口问题的两条具体途径。改革开放以来，中国的劳动力流动规模不断扩大，从1990年的1983万人增加到2012年的2.79亿人。尽管在此期间，中国的中小城市得到快速发展，从129个增加到380个（1978—2010年），超过100万人口的大城市从29个增加到139个（1978—2010年）。实际上，并未大量出现以“离土不离乡”和“离乡不离井”为特征的小城镇。中国最大城市上海的人口规模从1104万增加到2302万（1978—2010年，2013年达到2415万人），这就形成所谓的“费孝通悖论”。秦尊文（2004）对这种“小城镇情结”进行了批评：（近50年的大城市发展政策限制）将不得已而为之的小城镇发展模式，视为中国城镇化的普遍规律是极其错误的，这也容易忽视大城市在经济发展过程中的重要作用。

在现有文献中，对城市规模的政府限制政策也饱受争议。霍华德（1898）

在《明日的田园城市》中提到了城市人口过分集中的问题，认为必须实行逆城镇化政策，限制人口向城市迁移。皮沃瓦洛夫(1976)和麦克·道格拉斯(1991)也是该项政策的支持者。在中国，户籍制度作为限制城市规模的重要手段，在学术界备受批评。中国对大城市规模的政策限制有超过50年的历史，即使2014年公布的《国家新型城镇化规划(2014—2020年)》，也是重点发展中小城市(合理放开300万以下人口城市的户籍限制)，严格限制500万以上城市的人口规模。这似乎再次印证了费孝通先生建议的小城镇论。

五、劳动力流动、户籍限制与城市规模

劳动力流动与城镇化的关系密切相关，从社会学看，劳动力流动是个体或群体行为，城镇化或城市规模是群体行动的结果。劳动力流动的经典理论始于W. Lewis(1954)的二元结构模型，拉尼斯-费景汉(1961)模型是在刘易斯模型的基础上加入了农业技术进步，强调工农业的平衡增长实现农村劳动力转移。哈里斯-托达罗模型(1969，1970)将预期因素引入了劳动力流动模型，其意义在于说明有必要缩小城乡就业机会不平等的差距，以免过度的人口迁移给城市的发展带来更多困难，任何影响城乡实际收入的政策都会影响劳动力迁移的过程，这个过程反过来又会改变各部门、各地区的经济活动和收入分配甚至人口增长方式(李桂平和李明生，2004)。

户籍限制是中国劳动力流动过程中不可回避的问题。1998年之后，中国深化住房商品化改革，使得购买城市住房成为落户城市的重要方式，赋予拥有城市住房特殊的含义，即劳动力从农村流向城市过程的结束。但是，2014年中国的户籍城镇化率与常住人口城镇化率相差17.2个百分点，户籍限制政策饱受争议。蔡昉等（2001，2003）、王小鲁(2002)、Cai(2003)、Hertel和Zhai(2006)、孙文凯等(2011)均发现，放松户籍限制，有助于推进中国的城镇化进程。Bosker等(2012)、Rupert和Wasmer（2012)、Xu(2014)均研究发现，放松户籍限制可能带来经济好处，但是会使中心-外围的城市体系更加明显，北京、上海、广州、重庆等大城市会不断强化自身在城市体系中的地位。陈钊等(2008)、刘晓峰等(2010)、Knight等(2011)提出“新二元结构”来形容当前中国的劳动力流动状况，认为户籍制度在“新二元结构”的形成中扮演重要的角色。同时，户籍制度也是导致中国的城市体系不服从帕累托分布的重要原因(梁琦等，2013)。当然，影响劳动力流动的因素还包括年龄、性别、教育水平等个人特征、移民政策、经济规模等，本书不再做详尽综述，关于这些方面的综述性研究可以参见蔡昉等(2003)、赵忠(2004)、盛来运

(2008)、周靖祥(2010)、陆铭(2011)等的研究。

六、城市规模的影响因素

在古代社会，影响城市规模的重要因素是粮食供给、水源、平原地形、是否为首都或贸易港口等(芒福德，1988)。工业革命以来，这些因素仍然影响城市规模的大小，但不再是决定城市规模大小的关键因素。产业结构特别是工业水平、交通条件成为工业革命早期影响城市规模大小和兴衰的重要因素，如伦敦、纽约、东京和上海的兴起。进入现代社会，地区生产总值、地区人口、贸易开放度是影响城市规模的较为重要的因素。许多研究成果均体现了这一点，如汪段泳和朱农(2007)、江静和刘志彪(2010)、王小鲁(2010)等。

经济地理学对城市规模的影响因素做出不同解释。除了市场需求之外，Marshall(1890)提出影响经济集聚的其他因素：分工、规模经济、外部性、技术外溢等。不过，规模经济、外部性和土地租金分别是决定城市规模的向心力和制约力(Richardson，1973；Henderson，1974)。Henderson(1996)进一步指出，城市规模取决于产业多样化引起的规模经济外部性，也就是通常所称的雅各布斯外部性(Jacobs，1969)。新经济地理学产生后，Fujita 和 Krugman(1992)利用垄断竞争框架下的循环累积因果效应解释城市集聚的原因，解释城市规模的动态变化。产业集聚被认为是促进城市规模扩张的重要因素，如Ciccone 等(1996)、Cingano 和 Schivardi(2004)、赵伟和张萃(2008)等。Duranton 和 Puga(2001)将产品生命周期引入集聚经济，发现规模越大的城市，越有利于企业进行模仿，使知识的传递速度更快，更加有利于创新。后来，劳动者的人力资本水平差异成为解释城市规模差异的一个重要理论。Henderson(1974)首次利用该理论解释城市规模的变化。他发现城市存在外部规模经济时，劳动者的收入依赖其人力资本水平，这就造成在给定厂商的选择区位后，劳动者为实现效用最大化，会选择留在城市或选择迁移，进而使得城市规模发生动态变化。Palivos 和 Wang(1996)通过将空间因素引入动态一般均衡模型，把人力资本作为经济集聚的主要原因，将交通成本看作阻碍城市无限扩张的重要原因。Fu(2007)进一步考察了人力资本在地区经济集聚过程中的重要作用：人力资本的存量水平、劳动力池效应、劳动力市场的雅各布斯外部性以及地方劳动力市场的厚度。这个思想被 Behrens 等(2014)、Davis 和 Dingel(2012)、Eecekout 等(2014)发展成劳动力流动的分类模型(sorting model)，用来解释城市规模扩张过程中“大者恒大”的现象。

规模报酬与交通成本对城市规模的影响，主要见 Fujita 和 Thisse(2003)的研究。他们在单中心模型中引入生产规模报酬递减，将工资水平定义为通勤成本与地租或房租之和，发现当城市人口规模增大时，城市的均衡效用水平下降，进而会引发劳动力向外迁移。虽然区域资源环境的承载力决定了区域产业集聚的规模和程度(朱英明等，2011)，但中国高速铁路的修筑给新经济地理学的研究提供了新的证据，高速铁路能够提高沿线城市的经济集聚水平；如果铁路沿线城市的经济集聚水平差异扩大，那么经济集聚格局趋向非均衡；高速铁路重塑了中国的经济空间，在总体上对工资、就业和经济增长产生正向影响，对三大地区影响并不一致，在东部地区的大中城市影响也保持为正，但对中西部中小城市的影响为负(覃成林和钟照辉，2014；董艳梅和朱英明，2014a，2014b)。

Arontt(1979a，1979b，1979c)是较早研究政府政策对城市规模影响的学者。他认为，城市规模取决于政府提供的公共物品数量、政府对市场的干预程度、政府对移民的控制程度以及对城市交通条件的改善等。关于国内政府政策对城市规模的限制，主要是户籍制度，在回顾城镇化进程与战略、劳动力流动、户籍限制与城市规模的文献中，已经做了详尽介绍，在此不再重复。此外，还有其他一些学者从城市功能与网络、政治权力、对外贸易、建城时间方面解释城市规模的变化，如 Cappllo 和 Camgni(2000)认为应该使用城市功能和城市网络基础确定城市规模，城市规模主要基于社会、经济和自然环境三大因素。Henderson 和 Becker(2000)从政治经济学视角解释城市规模等级体系。Krugman(1991，1993)和 Krugman 等(1996)均认为，发展中国家靠近贸易边界的城市会逐渐壮大。安虎森和邹璇(2008)从城市实际工资的角度，研究了农产品贸易与城市规模的互动关系。Giesen 和 Suedekum(2014)研究了美国城镇的建城时间与城市规模的关系，发现建城时间越早，城市规模越大。

通过对以上六个方面的文献进行回顾，可以发现，关于城市规模的齐普夫定理或帕累托分布，已经有许多文献从时间、空间等方面进行了分析，尽管许多实证研究支持齐普夫定理，亦有不少文献否定该假说。此外，关于 DPLN 分布的验证还是比较缺乏的；同时，在理论上具有普适性的 Zipf 分布是否能适用于中国城市规模体系？Gibrat 法则是否能够很好地解释中国城市规模的动态变化？对这些问题进行深入的研究，有助于更好地解释实际城市规模的分布。

在解释城市规模方面，“大者恒大”的假说是否适用？至少 Gibrat 法则未否定这种观点；初始城市规模的差异造成了城市发展过程中人口规模的差异，那么，哪些因素影响了城市规模？从经济史的角度看，城市衰落也是一种必然现象，这使得“大者恒大”的观点可能不适用于城市发展；在城市不断发展过程中，不同规模城市构成的城市规模体系如何演进？从新经济地理学的角度分析这个问题，有助于更深刻地理解城市发展问题。

在新经济地理学理论中，规模经济、外部性和知识外溢是经济集聚的主要原因，同时，产业集聚也被认为是影响城市规模的重要原因，因而，从集聚经济视角解释城市规模影响因素和城市规模偏差，均有助于深刻认识集聚经济对城市发展的重要意义，这也可能是城市规模体系满足 Zipf 法则和 Gibrat 法则的重要原因。

第四节 研究思路和框架

本研究基于发展经济学、新经济地理学、经济史和新制度经济学的相关理论，运用数理分析方法和计量分析方法对中国城市规模的空间分布和时空变化进行研究，探讨城市规模的影响因素，检验中国城市规模体系是否满足 Zipf 法则、Gibrat 法则和 DPLN 分布，以及造成城市体系偏差的原因。具体来看：

(1)本书从历史角度探讨城市起源，并从城市规模概念、度量和城市分类出发，分别从不同规模城市、发达地区与欠发达地区、不同收入国家和洲际四个视角分析了城市人口和数量在世界不同区域的分布。

(2)本书基于新经济地理理论，探讨了城市规模体系服从 Zipf 法则与 Gibrat 法则的理论机制，分别回顾了西蒙-克鲁格曼模型、葛拜斯模型、罗斯-汉斯博格和怀特模型以及艾克霍特模型。

(3)本书研究了城市规模的影响因素，并从自然因素、工资差异和集聚经济三个视角进行实证分析。

(4)本书分析了中国城市规模和数量的空间分布与时空变化，并利用 1990—2013 年地级市数据对中国城市规模体系是否服从 Zipf 法则、Gibrat 法则和 DPLN 分布进行验证；然后，进一步分析东部、中部和西部地区，省域和城市群内部城市规模与数量的时空变化，并探讨不同地域空间下城市规模体系的演进。

(5)本书探寻了中国城市规模体系与三个经验法则偏离的原因，分别从政治因素、集聚经济因素和公共服务因素三方面进行解释，为政府在新型城镇化过程中进行决策提供借鉴。

(6)最后是结论部分。

本书的逻辑框架如图 1-1 所示。

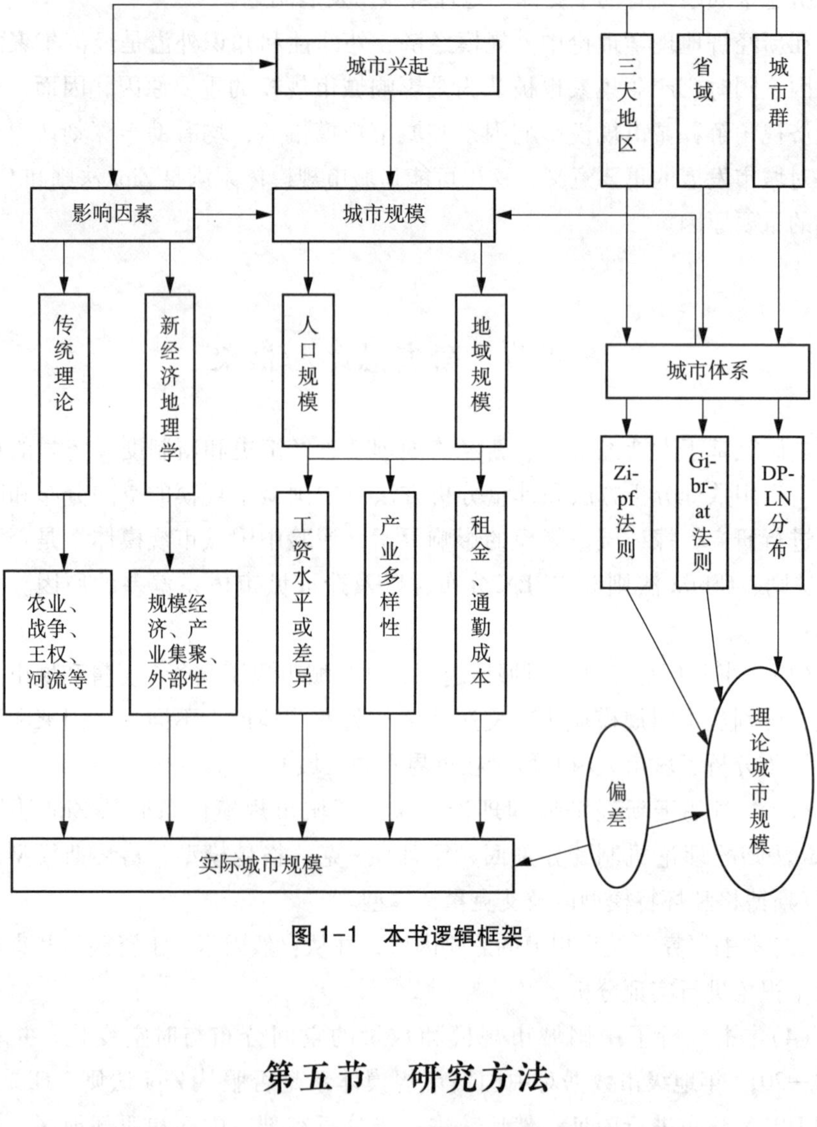

图 1-1　本书逻辑框架

第五节　研究方法

本研究在回顾现有文献的基础上，运用比较分析法、统计分析法、动态分析法和数理分析法，分析中国城市规模体系的空间分布和时空变化，并结合定量和定性分析城市规模的影响因素，探讨中国城市规模体系的分布状况，分析中国城市规模体系偏离 Zipf 法则、Gibrat 法则和 DPLN 分布的原因。

（一）通过回顾文献，多学科交叉研究

本研究通过回顾相关文献，分析城市规模的影响因素和城市体系满足 Zipf 法则与 Gibrat 法则的理论机制。从经济史的角度研究城市的兴起和城市规模的影响因素，同时，城市的兴衰是一个长期的历史过程；工业革命之后集聚经济在这个过程中扮演重要角色，需要借助新经济地理学的相关理论进行研究；此外，还需要结合数理经济学、发展经济学、区域经济学、城市经济学和计量经济学相关理论，完成研究任务。

（二）比较分析法

城镇化是人类文明的共有特征，比较分析世界各国和地区城市规模及数量的时空分布与变化，有助于为中国的新型城镇化道路提供经验参考。

（三）统计分析法

城市规模体系的空间分布和时空变化，涉及大量不同国家、地区的城市规模和地理特征等信息，利用统计分析总结一些有益经验，为中国的城镇化政策提供借鉴。

（四）动态分析法

城市规模体系的演进本身就是一个动态过程，特别是 Zipf 或 Gibrat 式城市体系的形成过程是比较缓慢的；同时，在这个过程中，城市的兴起与衰落也是长期的过程或需要一定时间，故用动态分析法能更准确地描述这个过程。

（五）数理分析法

城市规模体系服从 Zipf 法则与 Gibrat 法则需要运用数理方法进行分析，以夯实本书的经济学基础。

第六节 创新之处

本书创新之处主要有以下三点。

（一）研究方法创新

在现有的研究中，有关城市规模 DPLN 分布还是比较少见的；本研究利用中国城市数据，对城市规模是否服从 DPLN 分布进行验证，有助于反映中国城市规模体系的真实分布状况和实际城市规模的偏大偏小状况，为我国政

府制定城镇化政策提供参考；与现有研究常用的截面回归方法不同，在研究城市规模偏差问题时，采用了面板 Logit 方法。

（二）研究内容创新

与现有研究相比，本研究从城市总人口、市辖区人口、非农人口和建成区面积四个维度研究中国不同地区、省域和城市群范围内城市规模的空间分布、时空变化和影响因素，能够全面地研究城市规模体系分布问题。同时，在解释中国城市规模体系偏差问题时，突出强调了政治因素对中国城市规模偏差的影响，契合政府在中国城镇化进程中的重要地位。

（三）数据创新

本研究选取了 1990—2013 年中国地级市数据，可以从较长的时间序列中比较城市规模体系发生的变化。同样，在研究城市规模偏差问题时，本书亦利用了 1997—2013 年面板数据进行研究。

第二章

城市规模与城市分布时空演变

300多年来，全球城镇化的快速推进成为人类文明的一大奇迹。2014年全球生活在城市的人口达到38.8亿，世界城镇化率达到53.4%，其中，发达地区的城镇化率为77.8%；欠发达地区的城镇化率为48.4%。而在1800年，世界的城镇化率仅为5.1%。我们在惊叹之余，不禁要问，城市是如何兴起的？城镇化的过程是如何发生的？城市规模是如何衡量的？城市规模是如何随着时间和经济发展而变化的？这正是本章所研究的内容。

第一节　城市的出现与发展

一、城市出现

伴随着人类文明进程，在公元前3200年前后，美索不达米亚平原出现了人类最早的城市(Kim，2008，p.1)，农业与手工业的分工被认为是城市出现的前提(Paul Bairoch，1991)，① 并且城市通常出现在临近河流的平原地区，如美索不达米亚平原的乌尔和黄河流域的安邑和二里头。按照中文字面的解释，城市就是城堡加市场。自工业革命之后，城市的“城堡”功能逐渐削弱，“市场”功能逐渐增强。在英语中，城市被译作“City”，虽然无法与“Town”做出区分，但是许多城市都具有特定行政管理、法律或历史地位。正如列宁所指出的：“城市是经济、政治和人民的精神生活中心，是前进的主要动力。”②

城镇化过程是与工业化、经济发展联系在一起的。18世纪后期，爆发于英国的工业革命，为城市发展注入新动力，世界不同国家和地区出现许多新

① Paul Bairoch. City and Economic Development[M]. Chicago: University of Chicago Press, 1991.

② 列宁. 列宁全集(第23卷)[M]. 北京：人民出版社，1959.

兴城市，如约翰内斯堡、芝加哥、旧金山等。工业革命最重要的影响之一就是推动了人类的城镇化进程。

二、城镇化

城镇化、城市化、都市化，在英文中均译作“Urbanization”，当其所指的是镇及镇以上的各级居民点的城镇地区（Urban Place）时，就既包括 City，也包括 Town。城镇化是人口向城镇集中的过程，这个过程表现为两种外在形式：一是城镇数目的增多，二是城市人口规模不断扩大。

1800 年，全世界人口为 12.6 亿，城市人口比重只占 5.1%；到 2008 年，地球上已有一半的人口生活在城市；2014 年，世界的城镇化率为 53.4%，城市人口达到 38.8 亿（见图 2-1 和图 2-2）。目前，世界城市面积只占陆地面积的 3%，却居住着全球一半以上的人口，耗用全球生活用水总量的 60%，工业木材总用量的 76%，排放二氧化碳占全球排放总量的 78%。[①]

世界城镇化进程可以分为四个阶段：

1730—1850 年是第一阶段，这一时期城镇化进程主要集中在英国。英国成为世界上首个城市人口占比超过 50%的国家。同时，这也是世界殖民时代资本主义世界市场初步形成时期，工业革命的成果开始向世界其他地区扩散。

第二阶段大致从 1850 年到“二战”结束，欧洲和北美地区基本上实现了城镇化（见表 2-1 和表 2-2）。在近 100 年间，欧洲和北美地区城市人口总数从 3.04 亿增加到 7.2 亿，[②] 城镇化水平达到 55.1%。这意味着每年有 400 多万人口融入城镇化的浪潮之中。相比较而言，1950 年，世界城市人口已占到总人口的 29.8%，比 1850 年增加了 23.5 个百分点，其他地区的城镇化水平也有所提高。大洋洲、拉美和加勒比地区的城镇化率均超过世界的平均水平，亚洲和非洲的城镇化率远低于世界城镇化水平。其中大洋洲的城镇化率达到 61.6%，城市人口达到 800 万以上；拉美和加勒比地区的城镇化率达到 41.9%，城市人口为 7000 万左右；亚洲的城镇化率达到 17.4%，城市人口为 2.44 亿，仅次于欧洲；非洲的城镇化水平很低，仅为 14.7%，城市人口为 3200 万，还不及拉美和加勒比地区的一半。

---

① 王效科，等．城市生态系统长期研究展望[J]．地球科学进展，2009(8)．

② 1851 年，欧洲和北美的总人口数据来源于：GEOHIVE，http：//www.geohive.com/earth/his_history1.aspx.

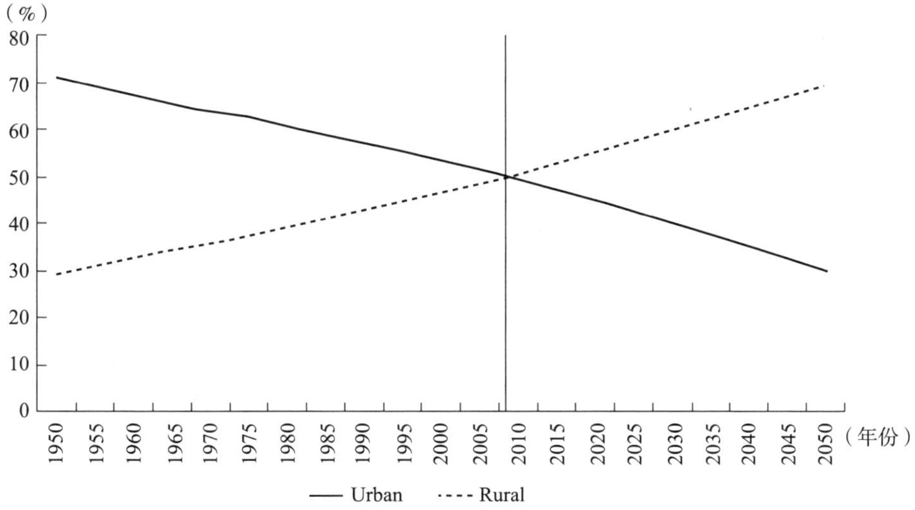

图 2-1　1950—2050 年世界城市和农村人口占总人口比重

数据来源：United Nations，http：//esa. un. org/unup/p2k0data. asp.

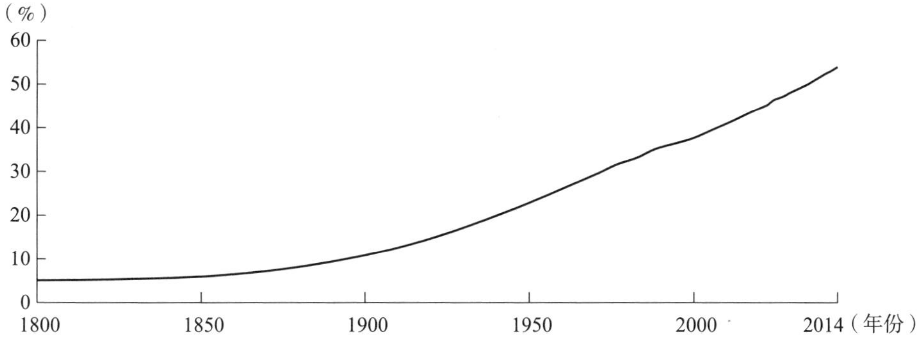

图 2-2　1800—2014 年世界城镇化率

数据来源：United Nations，World Urbanization Prospects(2000—2014)；1925 年之前的世界城镇化率数据来自 John V. Grauman，Orders of magnitude of the world's urban population in history，United Nations Population Bulletin，NO. 8-1976，P. 32。

表 2-1　1950—2030 年不同地区的城镇化率

地区	城镇化率(%)					增长率(%)	
	1950 年	1970 年	2000 年	2014 年	2030 年	1950—2000 年	2000—2030 年
北美	63. 9	73. 8	77. 4	81. 6	84. 5	0. 38	0. 3
拉美和加勒比地区	41. 9	61. 4	75. 4	82. 1	84	1. 18	0. 36
大洋洲	61. 6	72. 2	74. 1	71. 1	77. 3	0. 37	0. 14

续表

地区	城镇化率(%)					增长率(%)	
	1950 年	1970 年	2000 年	2014 年	2030 年	1950—2000 年	2000—2030 年
欧洲	52.4	67.3	73.4	73.5	80.5	0.68	0.31
亚洲	17.4	24.7	37.5	47.5	54.1	1.53	1.23
非洲	14.7	25.2	37.2	40	52.9	1.86	1.17

数据来源：United Nations，World Urbanization Prospects(2000—2014).

表 2-2　1985—2030 年不同地区的总人口和城市人口数量

地区	人口(百万)					增长率(%)	
	1950 年	1970 年	2000 年	2014 年	2030 年	1950—2000 年	2000—2030 年
总人口							
北美	172	243	314	358	396	1.21	0.77
拉美和加勒比地区	167	322	519	604	723	2.27	1.11
大洋洲	13	21	31	38	42	1.77	1.05
欧洲	548	676	727	742	670	0.57	-0.27
亚洲	1399	2397	3672	4342	4950	1.93	0.99
非洲	221	406	794	1137	1489	2.56	2.1
城市人口							
北美	110	180	243	292	335	1.59	1.07
拉美和加勒比地区	70	198	391	496	608	3.44	1.47
大洋洲	8	15	23	27	32	2.14	1.19
欧洲	287	455	534	545	540	1.24	0.04
亚洲	244	592	1376	2064	2679	3.46	2.22
非洲	32	102	295	455	787	4.42	3.27

数据来源：United Nations，World Urbanization Prospects(2000—2014).

第三阶段是 1950—2008 年，全世界基本上实现了城镇化。这期间，世界城市人口的比重由 1950 年的 29.8%上升到 2008 年的 50.5%，预计到 2030 年全世界的城镇化率将达到 60%(UN，2000)。这期间，发展中国家成为推动世界城镇化的主要力量，也是世界城镇化空前发展、加快扩散和迅速普及的阶段。“二战”结束以来，发达地区(主要包括西欧、北美、日本、澳大利亚和新西兰等)的城镇化率从 1950 年 54.9%上升到 2007 年 74.4%，城市人口从 4.3 亿增加到 9.1 亿。欠发达地区的城镇化率从 1950 年的 17.8%，飙升至 2007 年的 43.8%，2014 年为 48.4%；城市人口从 1957 年的 3 亿增加到 2007 年的

23.8 亿，增长了 7 倍左右，年均增长率约为 3.7%。其中，亚洲的城市人口从 2.44 亿增加到 16.45 亿，非洲的城市人口从 3200 万增加到 3.73 亿，拉美和加勒比地区的城市人口从 7000 万增加到 4.48 亿。

2008 年之后是第四阶段，全球人口总数的上限可能在 100 亿~110 亿，而城市人口的数量最多不会超过 85 亿，也就是说，世界城镇化率不会超过 85%。在世界城镇化率达到 50%以后，新增的城市人口仍将主要集中在发展中国家。1950 年到 2014 年，欠发达地区的城镇化率从 17.8%提升到 48.4%，年均增长率为 0.47%；城市人口从 3 亿增加到 29 亿，年均增长率达到 3.6%，远远超过其人口的增长速度(0.9%)和发达国家的城市速度(1.2%)。在未来的 100 年间，将会有近 50 亿的人口融入城市生活(Fuller & Romer，2014)。鉴于发达国家的城镇化进程基本完成，未来 50 亿人口的城镇化进程将主要集中在发展中国家，届时发展中国家的城市人口总数将是现在(29 亿)的 3 倍左右。

第二节　城市分类

城市分类是根据一定的分类原则划分城市的归属，以示城市之间的区别。城市主要是依照职能、人口规模、行政级别等标准进行划分。早在 1921 年，英国的奥隆索(M. Auronsseau)按照不同的职能分类体系，将城市分为六大类：一是行政职能城市，如首都和税收城镇等。二是防务类城市，如要塞城镇、驻军城镇、海军基地等。三是文化类城市，如大学城、大教堂城镇、艺术中心、朝圣中心、宗教中心等。四是生产类中心，如制造业城镇，包括采矿业城镇、捕鱼业城镇、森林城镇等；转运城镇，包括集市城镇、瀑布城镇、中转城镇、桥头城镇、潮限城镇、航运起点城镇。五是交通类城镇，如出口城镇、进口城镇、补给城镇等。六是娱乐类城镇，如疗养胜地、旅游胜地、度假胜地等。尽管奥隆索的分类存在很多城市功能的交叉重叠，但按照职能分类仍然是许多城市分类法的基础，如奥罗素分类法、哈里斯分类法、纳尔逊分类法、莫塞和斯科特分类法、马克斯韦尔分类法。其中奥罗素分类法是以城市的专门化职能作为分类依据的；哈里斯分类法是以工业和商业的就业占比作为主要分类依据；纳尔逊分类法则偏重于统计分析，便于比较各城市主要职能的差异；莫塞和斯科特分类法、马克斯韦尔分类法是多变量的城市职能分类法。

现实中，不同职能类型的城市种类更多，如钢铁工业城市马鞍山，纺织工业城市南通，汽车制造中心十堰，矿业城市大庆和大同，交通运输类型的则包括铁路枢纽型城市（蚌埠、株洲）、港口城市（大连、九江），商业城市（武汉），旅游城市（桂林、丽江），政治中心（堪培拉、巴西利亚），宗教中心（梵蒂冈、麦加、耶路撒冷），军事要塞（山海关、居庸关）。随着时间流逝、政治经济环境发生变化，某些城市的职能可能会发生变化，如山海关、居庸关的军事要塞功能受到极大削弱，甚至废弃；武汉具有部分行政、内河港口、旅游、铁路枢纽等职能，逐渐向综合性发展。

与职能分类相比，依照人口规模进行分类更为简便，联合国通常将 2 万人作为区分城市与镇的界限，人口 10 万以上的城市一般被认为是大城市，100 万以上的城市普遍被认为是特大城市。各国根据各自人口状况进行不同划分，2014 年国务院出台的《关于调整城市规模划分标准的通知》，将中国城市分为五类七档次：城区常住人口超过 1000 万的超大城市、城区常住人口 500 万~1000 万的特大城市、城区常住人口 100 万~500 万的大城市、城区常住人口 50 万~100 万的中等城市和城区常住人口 50 万以下的小城市。其中，大城市分为Ⅰ型大城市（人口 300 万~500 万的城市）和Ⅱ型大城市（人口 100 万~300 万的城市）；小城市分为Ⅰ型小城市（人口 20 万~50 万的城市）和Ⅱ型小城市（人口 20 万以下的城市）（见表 2-3）。

表 2-3　中国城市等级划分标准

城市类型	新城市标准
超大城市	城区常住人口超过 1000 万
特大城市	城区常住人口 500 万~1000 万
大城市	城区常住人口 100 万~500 万
中等城市	城区常住人口 50 万~100 万
小城市	城区常住人口为 50 万以下

资料来源：《国务院关于调整城市规模划分标准的通知》（国发〔2014〕51 号）；表中未列出Ⅰ型小城市（人口 20 万~50 万的城市）和Ⅱ型小城市（人口 20 万以下的城市）以及Ⅰ型大城市（人口 300 万~500 万的城市）和Ⅱ型大城市（人口 100 万~300 万的城市）。

另一种城市分类方法是依照行政等级进行划分。各国普遍存在首都、首府、市和县城市等级划分。在中国，主要包括直辖市、副省级市、地级市、县级市、省直管市（县）等五类，直辖市主要包括北京、天津、上海和重庆，副省级市如广州、宁波、青岛等，地级市如无锡、徐州等，县级市如温县、武陟等，省直管市（县）如仙桃、潜江、济源等。与此相比，中国还有另一类型的城市行政级别分级：准国级，如香港和澳门特别行政区；正省部级，包括四大直辖市；副省部级，包括15个副省级城市和18个副省级新区（国家级新区）；准副省部级，包括18个较大的市；正地厅司局级，主要是一般地级市；副地厅司局级，主要是省直管县级市；正县处级，主要是一般县级市，共计七类。当然，也将计划单列市纳入上述七类行政等级划分的城市。一、二、三、四、五线城市的划分方法综合了城市职能、人口以及经济发展水平等多种指标，① 2014年中国的一线城市有5个，分别是北京、上海、广州、深圳和天津；二线发达城市有8个，分别是杭州、南京、济南、重庆、青岛、大连、宁波和厦门；二线中等发达城市16个，分别是成都、武汉、哈尔滨、沈阳、西安、长春、长沙、福州、郑州、石家庄、苏州、佛山、东莞、无锡、烟台和太原；二线发展较弱城市7个，分别是合肥、南昌、南宁、昆明、温州、淄博和唐山。三线城市包括乌鲁木齐、贵阳、海口等61个城市；四线城市包括株洲、枣庄、许昌等107个城市；五线城市包括拉萨、克拉玛依、库尔勒等44个城镇；其他县市被认为是六线城市。

第三节 城市规模内涵与分布

一、城市规模内涵

城市规模是衡量城市大小的数量概念，主要是指城市的人口规模和地域规模，更广义的说法，还包含经济规模和消费潜力规模。通常城市人口规模是与城市等级相联系的，本书在第二节已经进行了描述，不再详细介绍。需要指出的是，城市人口规模有不同的衡量标准，在中国，城市人口规模有所辖县区人口与市辖区人口之分；有农业人口与非农业人口之分；有户籍人口与常住人口之分。从狭义上看，城市地域规模是指城市的建成区面积；从广义上看，城市地域规模泛指城市管辖区域的面积。城市的经济规模主要是指城市的经济产出规模，也就是地区生产总值（GDP）的大小。城市消费潜力规模主要是通过城市的社会消费品零售总额来衡量的。虽然城市规模内涵广泛，但是地域规模往往从属于人口规模，即通常城市人口规模越大，城市建成区面积越大。

---

① http：//blog.sina.com.cn/s/blog_416ba4c90102eb0c.html。

二、城市规模分布

人口分布是人口迁移过程在空间上的表现形式(周春山和边艳，2014)，一个地区和国家的不同规模的城市组合在一起，就构成了城市规模体系。城市规模体系服从什么样的规律？它是否可以用数学分布进行描述？答案是肯定的。它最早是用帕累托分布来描述的，奥尔巴克(Auerbach，1913)、辛格(Singer，1936)提出了这个假说，齐普夫(Zipf，1949)证明了城市规模不仅可以用帕累托分布来描述，并且当幂指数为1时，表现为一种特殊的位序，与实际城市规模分布相一致。这种排序规模法被称为“位序法则”或“力量法则”(Power Law)或齐普夫定理。作为一个经验法则，位序法则的检验通常需要将城市人口规模(S_i)从大到小进行排列，即：

$$S_1 \geqslant S_2 \geqslant S_3 \geqslant \cdots \geqslant S_i \geqslant \cdots \geqslant S_I \tag{2-1}$$

位序法则通常用以下幂指数函数进行表示：

$$rank = CS_i^{-q}，C \text{ 为常数}，q>0 \tag{2-2}$$

对式(2-2)取自然对数，可以得到：

$$\ln rank = \ln C - q\ln S_i \tag{2-3}$$

其中，$rank$ 表示某个城市在所有城市体系中的位序，S_i 表示第 i 位次城市人口规模，q 为参数。当 $q=1$ 时，式(2-2)退化为：

$$N_i = \frac{S_1}{rank} \tag{2-4}$$

并且满足，$\ln C = \ln S_1$，N_1 为首位城市规模，即 $N_1 = S_1$。

式(2-4)即表示齐普夫定理。

虽然许多研究支持城市人口规模服从幂指数法则，但齐普夫定理仍饱受质疑。从 Simon(1955)开始，齐普夫定理得到不断调整。Simon 假定城市人口规模的分布是服从 J 形式的，即：

$$f(i) = S_i = (a/i^k)b^i \tag{2-5}$$

其中 a，b 为实数。

将式(2-5)变为：

$$f(i) = A \times B(i，\rho+1) \tag{2-6}$$

其中，ρ 是常数，

$$B(i，\rho+1) = \int_0^1 \lambda^{i-1}(1-\lambda)^{\rho} i^{-(\rho+1)} d\lambda。$$

当 $\rho=1$ 时，标准化 $f(i)$，式(2-5)和式(2-6)会退化为：

$$f(i)=\frac{1}{i(i+1)},\ i=rank,\ \sum_{i=1}^{\infty}f(i)=1。 \tag{2-7}$$

并且满足：

$$\frac{f(2)}{f(1)}=\frac{1}{3},\ \frac{f(1)}{n}=\frac{1}{2} \tag{2-8}$$

Krugman(1996)主要是拓展了Simon(1955)的动态模型，城市规模与位序之间的弹性是：

$$\frac{dr}{dS_i}\frac{S_i}{r}=\frac{p^s-2}{1-p^s+1/S_i}\cong\frac{p^s-2}{1-p^s} \tag{2-9}$$

其中，$q=\frac{1}{1-p^s}$，p^s 是城市人口增加 S^g 的概率，$r=\log(rank)$。

Gibrat(1931)提出另一种分布方法：城市规模增长是成比例的，即城市规模体系服从对数正态分布，这被称为Gibrat法则，具体的分布形式是：

$$F(\ln S_i)=\int_{-\infty}^{\ln S_i}\frac{1}{\sqrt{2\pi}\sigma}e^{-\frac{(x-\mu)^2}{2\sigma^2}}d_x \tag{2-10}$$

根据式(2-10)，规模小于 S_i 的城市个数为：

$$F^*(\ln S_i)=\frac{I-i+1}{I}，其中 I 为城市总数。 \tag{2-11}$$

正如文献综述部分所指出的，许多研究支持齐普夫定理或帕累托定律(Champernowne，1953；Simon，1955；Dobkins & Ioannides，1996；Pumain & Moriconi - Ebrard，1999；Gabaix，1999a，1999b；Gabaix&Ioannides，2004，2008；Cordoba，2008；Gango-padhyay & Basu，2009；Rozenfeld et al.，2011；Enrique Perz-Campuzano，2015)；但是Rosen和Resnick(1980)及Soo(2005)的跨国研究却否定了齐普夫定理。Eeckhout（2004，2009）、González等(2013)、Sutton(1997)、Malevergne等(2011)、Jiang和Jia（2011)等的研究支持Gibrat法则。但是齐普夫定理与Gibrat法则的问题在于两种规则均是拟合了城市规模实际分布的一部分，具体来看，齐普夫定理在城市规模分布的上尾部分(the upper tail)拟合较好，在其他部分偏差较为严重；Gibrat法则更好地拟合了城市规模分布的中间部分。为了克服这种问题，Giesen等(2010)运用另一种城市规模分布——双帕累托对数正态分布(double Pareto lognormal distribution)进行研究，它的概率密度函数形式是：

$$f(S)=\frac{\alpha\beta}{\alpha+\beta}\left[A(\alpha,\ \nu,\ \tau)S^{-\alpha-1}\Phi\left(\frac{\log S-\nu-\alpha\tau^2}{\tau}\right)+S^{\beta-1}A(-\beta,\ \nu,\ \tau)\Phi^c\left(\frac{\log S-\nu+\beta\tau^2}{\tau}\right)\right] \tag{2-12}$$

其中，$A(\theta,\ \nu,\ \tau)=\exp(\theta\nu+\theta^2\tau^2/2)$，$\theta=\alpha,\ \beta$。

各参数的具体含义，详见第六章第一节。

Bengguigui 和 Blumenfeld-Lieberthal(2007)提出一种可以包含位序法则和其他城市规模分布规则的分布函数，具体形式如下：

$$\ln S_i=\ln S_1-H(q)d_0\left[b+H(q)\ln rank\right]^q \tag{2-13}$$

其中，当 $q\geqslant 1$ 时，$H(q)=1$；当 $q<1$ 时，$H(q)=-1$；当 $q=1$ 时，式(2-13)表示位序法则。

根据这种假设，当 $q\geqslant 1$ 时，式(2-13)为：$\ln S_i=\ln S_1-d_0\ (b+\ln rank)^q$；

当 $q<1$ 时，式(2-13)为：$\ln S_i=\ln S_1+d_0\ (b-\ln rank)^q$。

三、齐普夫定理的普适性

至少在理论上，齐普夫定理具有普适性；那么利用各国数据验证式(2-13)，比较 q 的值是否接近或等于 1。如果 $q=1$，说明齐普夫定理是普适的。利用不同国家不同年份的数据对式(2-13)回归得到的 q 的结果有所差异，但除非出现特别情况，如战争、瘟疫等灾难，城市的人口规模在短期内不会发生太大变化，因而，q 应当具有稳定性。本节给出了近些年的研究成果(见表 2-4)。

表 2-4　不同国家 Pareto 分布的 q 估计值

国家	年份	q	来源
美国	2000	1	Ioannides 和 Skouras(2013)
	2010	0.94	Bee 等(2013)
	2000	1.43	Devadoss 和 Luckstead(2016)
	2010	1.307	
德国	1925—1950	1.05～1.1	Bosker 等(2008)
	1940—1999	1.1～1.151	
世界大城市	2000	1.061	Luckstead 和 Devadoss(2014a)
	2005	1.161	
	2010	1.162	
墨西哥	1900—2000	0.761～1.159	Pérez-Campuzano 等(2015)
印度	2011	0.995～1.003	Devadoss 等(2016)

续表

国家	年份	q	来源
印度	1950—2010	0.38～1.16	Luckstead 和 Devadoss(2014b)
中国	1950—2010	0.26～1.13	
澳大利亚	1994—2011	0.408～0.768	Gómez-Déniz 等(2015)
新西兰	2007—2010	0.501～0.591	
中国	2008(地级市)	1.597	劳昕等(2014)
	2008(县级市)	1.309	
	1982—2010(非平衡)	0.813～0.964	余吉祥等(2013)
	1982—2010(平衡)	0.99～1.078	
	2000—2010	0.819～0.908	吕薇、刁承泰(2013)
	1994—2004	0.981～0.985	闫永涛、冯长春(2004)
	1990—1997	0.879～0.966	代合治(2001)

资料来源：作者整理。

从表2-4可以看出，很少国家的城市规模帕累托分布的 q 值恒等于1。许多研究都支持美国的城市规模分布服从齐普夫定理，就现有的研究来看，齐普夫定理在某些国家某些年份是成立的，它只是一种短期现象。并且，经济发达的人口大国，如美国和德国，城市规模分布的幂指数会略微大于1；经济发达的人口小国，如澳大利亚和新西兰，城市规模的幂指数则远远小于1。随着工业化和城镇化进程的推进，发展中国家，如墨西哥、印度、中国，城市规模分布的幂指数会逐渐趋近于1，然后逐渐大于1。现有研究中，中国城市规模 Pareto 分布的幂指数已经十分接近于1，其他城市相关领域也呈现出相似特征，例如省际入境游客满足位序-规模分布(陈刚强和许学强，2011)，因而用中国数据来验证齐普夫定理会更具有现实意义。

第四节 城市分布的时空变化

在本章第三节，讨论了城市规模服从帕累托分布、对数正态分布或者双帕累托对数正态分布，这些都是数学或统计学上的分布规律，那么城市在地理空间上是如何分布的，在不同时期内又会发生怎样的变化？这正是本节研究的内容。城镇化进程表现出两个明显的特征，城市数量的增加和城市规模的扩大。本节考察城市分布的时空变化，从世界城市人口的时空变化、世界城市数量和超大城市数量的变化三个视角进行研究，主要从发达地区与欠发达地区、不同收入类型国家和洲际分析不同规模城市人口的分布和城市数量的分布。

一、世界城市人口分布的时空变化

从城市人口数量看，1950 年世界的城镇化率为 29.4%；2014 年增长到 53.4%，仅增加了 1.82 倍。而世界城市人口数量的增长速度远远高于世界城镇化率的增长速度。1950 年到 2014 年，世界城市人口数量从 7.51 亿增加到 38.79 亿，增加了 5.16 倍，年均增长 4812 万。具体来看，1950 年到 1970 年，世界城市人口数量从 7.51 亿增加到 15.42 亿，年均增长 3955 万；1970 年到 2000 年，世界城市人口数量从 15.42 亿增加到 28.62 亿，年均增长 4400 万；2000 年到 2014 年，世界城市人口数量从 28.62 亿增加到 38.79 亿，年均增长 7264 万；由此，可以看出，1950—2014 年世界城镇化进程在逐渐加速（见表 2-5）。从城市人口的地区分布来看，1950 年，世界城市人口主要集中在欧洲、亚洲和北美地区，这三个地区分别占世界城市人口数量的 38%、32%和 15%，总计占到世界城市人口的 85%；城市人口分别为 2.87 亿、2.44 亿和 1.1 亿。1970 年，世界城市人口地区分布的一个显著变化就是欧洲和北美地区的城市人口占比在下降，总计下降了 5 个百分点，仅占世界城市人口数量的 42%；两个地区的城市人口分别是 4.55 亿和 1.8 亿，较 1950 年分别增长 1.68 亿和 7000 万。亚洲的城市人口数量占比提升 6 个百分点，达到 38%；城市人口比 1950 年增长 3.48 亿，达到 5.92 亿；拉美和加勒比地区的城市人口数量从 7000 万增长到 1.98 亿，占世界城市人口数量的比重达到 13%，比 1950 年提高了 4 个百分点；非洲的城市人口从 3200 万增长到 1.02 亿。2000 年，世界城市人口地理分布格局进一步发生变化，虽然欧洲和北美地区的城市人口数量比 1970 年分别增长了 7900 万和 6300 万，欧洲和北美地区的城市人口占比继续下降，比 1970 年下降 15 个百分点，仅为 27%。亚洲的城市人口占比持续提升，达到 48%；城市人口比 1970 年增长了 6.88 亿，达到 20.64 亿；拉美和加勒比地区的城市人口比 1970 年增加了 1.05 亿，占世界城市人口数量比重仅增加 1 个百分点，为 14%；非洲的城镇化进程是惊人的，城市人口比 1970 年增长了 1.93 亿，城市人口占比达到 10%。2014 年，世界城市人口地理分布格局比 2000 年略微有些变化，但总体趋势没有变化。亚洲和非洲的城市人口数量以及城市人口占比持续增长，分别为 20.64 亿和 4.55 亿，占世界城市人口的比重分别是 53%和 12%。欧洲的老龄化和人口负增长情况变得更为明显，城市人口仅增长了1200万，占世界城市人口比重下降5个百分点，仅为14%。北美地区的情况比欧洲乐观，其城市人口占世界的比重保持在8%不变，城市人口比2000年增加4900万，达到2.92亿。拉美和加勒比地区的城市人口增长了1.05亿，占世界城市人口比重略微下降，为13%。1950年到2014年，大洋洲的城市人口仅从800万增长到2700万，占世界城市人口比重均为1%(见表2-6)。

表2-5 1950—2030年世界不同地区的城市人口数量分布

地区	人口(百万)					增长率(%)	
	1950年	1970年	2000年	2014年	2030年	1950—2000年	2000—2030年
北美	110	180	243	292	335	1.59	1.07
拉美和加勒比地区	70	198	391	496	608	3.44	1.47
大洋洲	8	15	23	27	32	2.14	1.19
欧洲	287	455	534	545	540	1.24	0.04
亚洲	244	592	1376	2064	2679	3.46	2.22
非洲	32	102	295	455	787	4.42	3.27
城市人口总数	751	1542	2862	3879	4981		

数据来源：United Nations, World Urbanization Prospects(2000—2014).

表2-6 1950—2030年世界不同地区的城市人口占比分布 单位:%

地区	1950年	1970年	2000年	2014年	2030年
北美	15	12	8	8	7
拉美和加勒比地区	9	13	14	13	12
大洋洲	1	1	1	1	1
欧洲	38	30	19	14	11
亚洲	32	38	48	53	54
非洲	4	7	10	12	16

数据来源：United Nations, World Urbanization Prospects(2000—2014).

从上面的分析来看，随着“二战”后亚非拉民族解放运动的开展和殖民地国家的独立，亚非拉地区的工业化和城镇化进程推进，使得这三个地区的城市人口占比持续提升。这三个地区的城市人口增长是由地区总人口的迅速增长所导致的，在1970年之前，资本主义国家经历“黄金时代”，经济持续发展，城市人口不断增长，进而使欧洲和北美地区的城市人口占到37%的比重。20世纪70年代以来欧洲和北美地区进入“滞胀”时期，加之出现逆城镇化和人口老龄化现象，欧洲和北美地区的城市人口占比逐渐呈下降趋势；而这一时期，也是东亚经济起飞和拉美经济稳定的时期，工业化的成果在全球范围内得到扩散，因而亚非拉地区的城市人口占比不断提升。20 世纪 80 年代，中国、印度等新兴经济体国家的崛起，为全球经济的发展注入新的活力和提供了更广阔的市场，并且，这两个国家是世界人口最多的国家，因此亚洲城市人口占比不断提升也就不足为奇。之后，2008 年爆发的全球金融危机深深地拖累了美国和欧洲的经济，但中国和印度经济受到的影响较小，这也可能是亚洲城市人口占比持续提升的原因之一。

从不同城市规模看，1970 年，生活在 1000 万人口以上的城市的居民有 5500 万，占世界城市总人口比重为 4.07%；生活在 500 万~1000 万人口的城市居民有 1.06 亿，占世界城市人口比重为 7.85%；生活在 100 万~500 万人口的城市居民达 2.45 亿，占世界城市人口比重为 18.13%；生活在 100 万以上人口的大城市居民数量累计占到世界城市人口比重为 30.05%；生活在 50 万~100 万人口城市居民数量为 1.29 亿，占世界城市人口比重为 9.55%；生活在 30 万~50 万人口城市居民数量为 8700 万，占世界城市人口比重为 6.44%；生活在 30 万人口以下城市居民数量为 7.29 亿，占世界城市人口比重为 53.96%。与 1970 年相比，1990 年 1000 万人口以上城市、500 万~1000 万人口城市、100 万~500 万人口城市、50 万~100 万人口城市、30 万~50 万人口城市和 30 万以下人口城市居民分别为 1.53 亿、1.57 亿、4.59 亿、2.02 亿、1.57 亿和 11.56 亿，分别增加了 9800 万、5100 万、2.14 亿、7300 万、7000 万、4.27 亿，年均增速分别为 8.9%、2.4%、4.4%、2.8%、4% 和 2.9%。此外，1990 年 1000 万以上、500 万~1000 万、100 万~500 万、50 万~100 万、30 万~50 万和 30 万以下城市人口占比分别 6.7%、6.87%、20.1%、8.84%、6.87%和 50.61%，其中 1000 万以上、100 万~500 万和 30 万~50 万城市人口占比分别提高了 2.63 个、1.96 个和 0.43 个百分点；相应地，500 万~1000 万、50 万~100 万和 30 万以下城市人口占比下降了 0.97 个、0.7 个和 3.35 个百分点，这可以看出，人口向 100 万以上大城市集中的趋势明显。尽管 2014 年各类规模城市人口均显著增长，但是人口向大城市集中的趋势没有改变，1000 万以上、500 万~1000 万、100 万~500 万城市人口占比分别比 1990 年提升了 4.98 个、0.88 个和 1.22 个百分点，达到 11.68%、7.76%和 21.31%；与之相比，50 万~100 万城市人口占比仅提升了 0.51 个百分点，为 9.36%；30 万~50 万以及 30 万以下城市人口占比分别下降 0.22 个和 7.37 个百分点，降至 6.65%和 43.25%。根据联合国发布的《世界城镇化展望》(2014) 预测，2030 年世界城市人口将达到 50.58 亿，其中，1000 万以上城市人口为 7.3 亿，占到世界城市人口的 14.43%；500 万~1000 万城市人口为 4.34 亿，占到世界城市人口的 8.58%；100 万~500 万城市人口为 11.28 亿，占到世界城市人口的 22.3%；50 万~100 万城市人口为 5.09 亿，占到世界城市人口的 10.06%；30 万~50 万城市人口为 3.19 亿，占到世界城市人口的 6.31%；30 万以下城市人口为 19.38 亿，占到世界城市人口的 38.32%；这会进一步强化人口向大城市集中的趋势，30 万以下城市人口占比会逐渐减少，100 万以上大城市人口占比会逐步提升（见表 2-7）。

表 2-7　1970—2030 年世界不同规模城市人口数量与占比分布

城市规模	人口（百万）				人口占比（%）			
	1970 年	1990 年	2014 年	2030 年	1970 年	1990 年	2014 年	2030 年
城市人口	1351	2284	3880	5058	100	100	100	100
1000 万以上	55	153	453	730	4.07	6.70	11.68	14.43
500 万~1000 万	106	157	301	434	7.85	6.87	7.76	8.58
100 万~500 万	245	459	827	1128	18.13	20.10	21.31	22.30
50 万~100 万	129	202	363	509	9.55	8.84	9.36	10.06
30 万~50 万	87	157	258	319	6.44	6.87	6.65	6.31
30 万以下	729	1156	1678	1938	53.96	50.61	43.25	38.32

数据来源：United Nations，World Urbanization Prospects（2014），p. 78.

从发达地区和欠发达地区不同规模城市人口来看，发达地区的城市人口从 1970 年的 6.73 亿增长到 1990 年的 8.31 亿，到 2014 年，增至 9.8 亿，预计 2030 年会达到 10.54 亿。发达地区的城市人口占世界城市人口的比重在逐渐降低，从 1970 年的 49.85%降至 2014 年的 25.26%，预计 2030 年会减少到 20.84%（见表 2-8）。尽管如此，人口向大城市集中的趋势在发达地区也十分明显，特别是特大城市和超大城市。1000 万以上城市人口从 1970 年的 5500 万，增长到 2014 年 1.22 亿，净增长 6700 万；1000 万以上城市人口占发达地区城市人口总数的比重从 1970 年的 8.1%提升至 2014 年 12.4%，随着西方国家人口老龄化趋势和人口负增长问题日益突出，预计 2030 年这一比例会略微下降，减少 0.5 个百分点，降至 11.9%。500 万~1000 万城市人口占发达地区城市人口比重增加了 0.3 个百分点，从 1970 年的 6.7%增加至 2014 年的 7%，预计 2030 年会占到 8.7%；与之相应，500 万~1000 万城市人口从 1970 年的 4500 万增长到 2014 年的 6800 万，净增长 2300 万；预计 2030 年将达到 9200 万。需要指出的是，500 万~1000 万人口的城市发生十分明显的逆城镇化现象，1990 年仅比 1970 年增长 2 万人，占发达地区城市人口比重下降了 1 个百分点。发达地区100万~500万的城市人口从1970年1.24亿增长到2014年1.96亿，净增长7200万，与1000万以上城市人口净增长数相当；预计2030年，将增长到2.21亿。100万~500万城市人口占比从1970年的18.4%提升到1990年的20.8%，不过在2014年降到20%，预计2030年会回升至20.9%，与1990年的占比相当。50万~100万城市人口从1970年的6800万增长到2014年的8900万，净增长2300万，预计2030年将超过1亿。反而50万~100万城市人口占比下降了1个百分点，从1970年的10.1%降至2014年的9.1%。30万~50万的城市的人口变化过程与100万~500万城市类似，人口从1970年的4400万增长到2014年的7000万，净增长2600万，但占比从1970年的6.5%提升到1990年的7.4%，2014年却下降了0.2个百分点，降至7.2%。30万以下城市人口规模从1970年的3.38亿增长到2014年的4.35亿，占比从1970年的50.2%下降至2014年的44.3%，下降了5.9个百分点，预计在2030年会进一步下降3个百分点。

表2-8　1970—2030年发达地区和欠发达地区城市人口数量与占比分布

地区	城市规模	人口（百万）				人口占比（%）			
		1970年	1990年	2014年	2030年	1970年	1990年	2014年	2030年
发达地区	城市人口	673	831	980	1054	100	100	100	100
	1000万以上	55	78	122	126	8.1	9.4	12.4	11.9
	500万~1000万	45	47	68	92	6.7	5.7	7	8.7
	100万~500万	124	173	196	221	18.4	20.8	20	20.9
	50万~100万	68	76	89	102	10.1	9.2	9.1	9.7
	30万~50万	44	61	70	78	6.5	7.4	7.2	7.4
	30万以下	338	396	435	436	50.2	47.6	44.3	41.3
欠发达地区	城市人口	677	1453	2900	4004	100	100	100	100
	1000万以上	—	75	331	604	—	5.1	11.4	15.1
	500万~1000万	61	110	232	342	9	7.5	8	8.5
	100万~500万	121	287	630	907	17.9	19.7	21.7	22.7
	50万~100万	60	126	274	408	8.9	8.7	9.5	10.2
	30万~50万	44	96	188	241	6.5	6.6	6.5	6
	30万以下	391	761	1244	1503	57.8	52.3	42.9	37.5

数据来源：United Nations，World Urbanization Prospects（2014），p. 79.

欠发达地区城镇化最明显的特征就是城市人口增长很快，从1970年的6.77亿，增长到2014年的29亿，净增长22.23亿，净增长量是同期发达地区的7.24倍。预计2030年欠发达地区城市人口将再增长11.04亿，达到40.04亿。1970年到2014年，除30万以下城市人口从3.91亿暴增至12.44亿，净增长8.53亿外，惹人注目的是，1000万以上的超大城市人口净增长为3.31亿，100万~500万的大城市人口净增长5.09亿，使得它们占欠发达地区城市人口的比重分别占到11.4%和从17.9%提升到21.7%。500万~1000万的特大城市人口从1970年的6100万增长到2014年的2.32亿，净增长1.71亿，不过，它的城市人口的比重下降1个百分点，从9%降至8%。1970—2014年，50万~100万和30万~50万的城市人口分别增长2.14亿和1.44亿，达到2014年的2.74亿和1.88亿；与1970年相比，2014年50万~100万城市人口占比提升0.6个百分点，达到9.5%，30万~50万城市人口占比则保持不变，为6.5%。30万以下城市人口占比不断下降，从1970年的57.8%降至2014年的42.9%，预计2030年会进一步降至37.5%。分析发现，与发达地区类似，欠发达地区也表现出城市人口向大城市集中的趋势，100万以上大城市人口的占比从1970年的26.9%，提升到1990年的32.3%，2014年进一步提升至41.1%。但是城市人口向大城市集中的速度在逐渐下降，1970—1990年大城市人口增速为年均7.97%，快于1990—2014年的年均增速6.11%；不过，1970—1990年大城市人口占比的增速（年均0.27%）小于1990—2014年大城市人口占比的增速（年均0.352%）。

从不同收入类型国家来看（见表2-9），除1970年，高收入国家的城市人口规模均比发达地区的城市人口规模更大，从1970年的6.54亿增加到2014年的10.35亿，预计2030年将达到11.33亿。并且，城市人口在不同规模城市的分布与发达地区的分布十分相似。100万以上的大城市人口占高收入国家城市人口比重在稳步上升，从1970年的36.1%，提升至2014年的43.2%，提高了7.1个百分点；其中，1000万以上城市人口占比提升了3.4个百分点，500万~1000万以上城市人口提升了2.3个百分点，100万~500万城市人口占比仅提高了1.4个百分点。50万~100万、30万~50万的城市人口占比基本保持了稳定，平均为9.5%和6.9%；尽管1990—2014年30万以下城市人口增长了1.07亿，超过1970年发达地区城市人口的1/3，30万以下城市人口占比却在不断下降，从1970年的47.6%降至2014年的40.4%，下降了7.2个百分点，与100万以上大城市人口占比的提升幅度相当。

表 2-9　1970—2030 年不同收入类型国家城市人口数量与占比分布

国家	城市规模	人口(百万)				人口占比(%)			
		1970 年	1990 年	2014 年	2030 年	1970 年	1990 年	2014 年	2030 年
高收入国家	城市人口	654	835	1035	1133	100	100	100	100
	1000 万以上	55	88	122	126	8.4	10.6	11.8	11.1
	500 万~1000 万	50	53	104	131	7.7	6.4	10	11.6
	100 万~500 万	131	186	221	259	20	22.3	21.4	22.8
	50 万~100 万	64	80	98	113	9.7	9.6	9.5	9.9
	30 万~50 万	43	58	72	83	6.6	7	6.9	7.3
	30 万以下	311	369	418	422	47.6	44.2	40.4	37.2
中高收入国家	城市人口	389	793	1541	1958	100	100	100	100
	1000 万以上	—	41	172	284	—	5.2	11.2	14.5
	500 万~1000 万	37	49	135	169	9.6	6.2	8.8	8.6
	100 万~500 万	69	158	333	468	17.7	19.9	21.6	23.9
	50 万~100 万	35	62	166	225	9.1	7.8	10.8	11.5
	30 万~50 万	22	57	114	129	5.6	7.2	7.4	6.6
	30 万以下	226	426	620	683	58	53.7	40.3	34.9
中低收入国家	城市人口	256	532	1015	1477	100	100	100	100
	1000 万以上	—	23	131	262	—	4.4	12.9	17.8
	500 万~1000 万	18	48	62	83	7.2	9.1	6.1	5.6
	100 万~500 万	40	94	208	318	15.8	17.6	20.5	21.5
	50 万~100 万	25	47	81	128	10	8.8	8	8.6
	30 万~50 万	17	37	58	82	6.5	6.9	5.7	5.5
	30 万以下	155	284	476	605	60.6	53.3	46.9	40.9
低收入国家	城市人口	45	110	268	467	100	100	100	100
	1000 万以上	—	—	28	58	—	—	10.5	12.4
	500 万~1000 万	—	7	—	51	—	6	—	10.9
	100 万~500 万	4	22	64	83	9.8	19.7	23.9	17.8
	50 万~100 万	4	13	18	44	8.6	12.2	6.9	9.4
	30 万~50 万	6	6	15	25	12.8	5.1	5.4	5.3
	30 万以下	31	63	143	207	68.8	57	53.3	44.2

数据来源：United Nations，World Urbanization Prospects(2014)，p. 84；2010 年世界银行依据人均 GNI(Gross National Income) 划分四类经济体：高收入国家是指人均收入 12276 美元及以上者；中高收入国家是指人均收入为 3976~12275 美元；中低收入国家是指人均收入为 1006~3975 美元；低收入国家是指人均收入为 1005 美元或以下者。

1990 年中高收入国家的城市人口规模超过高收入国家的城市人口规模，此后不断扩大。城市人口从 1970 年的 3.89 亿增长到 2014 年 15.41 亿，净增长 11.52 亿，年均增长 2560 万；预计 2030 年将达到 19.58 亿。中高收入国家城市人口分布也表现出城市人口向大城市集中的特征，100 万以上城市人口占比从 1970 年的 27.3%提升到 2014 年的 41.6%，提升了 14.3 个百分点，比同期高收入国家的增幅高出 2 倍。与此同时，100 万~500 万城市人口从 1970 年的 6900 万增长到 2014 年的 3.33 亿。与高收入国家一致，30 万以下城市人口占比急速下降，从 1970 年的 58%降至 2014 年的 40.3%，减少了近 18 个百分点，高出高收入国家降幅的 2.5 倍以上。30 万以下城市人口增长了近 4 亿，2014 年达到 6.2 亿，与 100 万以上大城市人口规模相当；50 万~100 万以及 30 万~50 万人口城市人口占比并未下降，反而分别提升了 1.7 个和 1.8 个百分点，2014 年两类城市人口规模分别达到 1.66 亿和 1.14 亿。

中低收入国家城市人口分布呈现出更多欠发达地区的城市人口分布特征，虽然城市人口向大城市集中的趋势没有改变，但是特大城市的城市人口占比却从 1990 年之后下降了。1970 年到 2014 年，中低收入国家城市人口增长 7.59 亿，2014 年城市人口规模达到 10.15 亿，几乎等同于高收入国家城市人口规模。尽管 1970 年中低收入国家并没有 1000 万以上超大城市，但 2014 年中低收入国家的城市人口占比达到 12.9%，高于高收入国家超大城市人口占比（11.8%）和中高收入国家超大城市人口占比（11.2%）。100 万以上大城市人口占比从 1970 年的 23%提升至 2014 年的 39.5%，这一比例低于高收入国家和中高收入国家。不过，500 万~1000 万城市人口占比在 2014 年仅为 6.1%，低于高收入国家的 10%和中高收入国家的 8.8%。100 万以下的三类城市人口占比均出现了下降趋势，这是与高收入国家和中高收入国家不同的特征。中低收入国家 30 万以下城市人口占比从 1970 年的 60.6%降至 2014 年的 46.9%，减少了 13.7 个百分点，介于同期高收入国家降幅与中高收入国家降幅之间。1970—2014 年 50 万~100 万和 30 万~50 万城市人口占比分别下降 2 个和 0.8 个百分点。2014 年这两类城市人口规模仅为中高收入国家的一半，分别为 8100 万和 5800 万。

低收入国家的城市人口规模较小，1970 年仅为 4500 万，到 2014 年增至 2.68 亿；预计 2030 年城市人口将会比 2014 年翻一番，达到 4.67 亿。在 1970 年和 1990 年，低收入国家未形成 1000 万以上的超大城市，2014 年超大城市人口规模为 2800 万，占低收入国家城市人口的 10.5%。虽然在 1970 年和 2014 年低收入国家均未形成特大城市，且城市人口向 100 万以上大城市集中的趋势并未发生改变，1970 年大城市人口占比为 9.8%，2014 年提升至 23.9%，增幅达到 14.1 个百分点，高于其他三类国家。与中低收入国家一致，即 100 万以下三类城市人口占比下降很快，并且城市规模越小，降幅越大。50 万~100 万、30 万~50 万以及 30 万以下城市人口占比分别下降 1.7 个、7.4 个和 15.5 个百分点，2014 年这三类城市人口占比分别为 6.9%、5.4%和 53.3%。

最后，从城市人口在洲际的分布看（见表 2-10），非洲的城市人口规模从 1970 年的 8300 万增长到 2014 年的 4.55 亿，净增加 3.72 亿，年均增长 826.7 万，预计 2030 年将达到 7.7 亿。1970 年和 1990 年，非洲不存在 1000 万以上超大城市，但 2014 年超大城市人口为 4200 万，占非洲城市人口的比重为 9.3%，低于低收入国家的水平。另外，非洲呈现出低收入国家城市人口分布的许多特征，500 万~1000 万特大城市人口占比下降，100 万以下城市人口占比持续下降，100 万以上大城市人口占比不断提升。100 万以上大城市人口占比从 1970 年的 20.3%提升至 2014 年的 37%。1970—2014 年，500 万~1000 万城市人口占比下降了 3.6 个百分点，100 万~500 万城市人口占比提升了 11 个百分点。

表 2-10　1970—2030 年洲际城市人口与占比分布

大洲	城市规模	人口（百万）				人口占比（%）			
		1970 年	1990 年	2014 年	2030 年	1970 年	1990 年	2014 年	2030 年
非洲	城市人口	83	197	455	770	100	100	100	100
	1000 万以上	—	—	42	101	—	—	9.3	13.2
	500 万~1000 万	6	10	14	74	6.8	5	3.2	9.6
	100 万~500 万	11	46	112	160	13.5	23.5	24.5	20.8
	50 万~100 万	7	20	37	83	8.8	10.2	8.2	10.8
	30 万~50 万	6	16	31	42	7.4	8.3	6.8	5.5
	30 万以下	53	104	219	309	63.6	53	48	40.1
亚洲	城市人口	505	1036	2064	2752	100	100	100	10
	1000 万以上	39	85	277	457	7.6	8.2	13.4	16.6
	500 万~1000 万	31	98	201	258	6.1	9.4	9.7	9.4
	100 万~500 万	95	179	407	595	18.9	17.3	19.7	21.6
	50 万~100 万	40	78	197	283	7.9	7.6	9.6	10.3
	30 万~50 万	31	67	129	160	6.1	6.5	6.2	5.8
	30 万以下	269	529	852	1000	53.4	51.1	41.3	36.3

续表

大洲	城市规模	人口（百万）				人口占比（%）			
		1970 年	1990 年	2014 年	2030 年	1970 年	1990 年	2014 年	2030 年
欧洲	城市人口	414	506	545	567	100	100	100	100
	1000 万以上	—	—	33	35	—	—	6. 1	6. 3
	500 万～1000 万	23	26	11	12	5. 5	5. 2	2. 1	2. 2
	100 万～500 万	62	84	84	96	15	16. 5	15. 3	17
	50 万～100 万	47	53	59	61	11. 3	10. 5	10. 8	10. 7
	30 万～50 万	33	45	42	46	8	8. 8	7. 7	8. 2
	30 万以下	249	298	316	316	60. 2	58. 9	58	55. 7
拉美和加勒比地区	城市人口	164	314	496	595	100	100	100	100
	1000 万以上	—	41	70	103	—	13	14	17. 2
	500 万～1000 万	31	16	31	25	19. 1	4. 9	6. 3	4. 2
	100 万～500 万	23	69	122	163	13. 9	21. 8	24. 5	27. 4
	50 万～100 万	14	28	41	44	8. 4	8. 9	8. 2	7. 4
	30 万～50 万	8	16	31	41	5. 1	5. 2	6. 3	6. 9
	30 万以下	88	145	202	220	53. 5	46	40. 6	37
北美地区	城市人口	171	213	292	340	100	100	100	100
	1000 万以上	16	27	31	33	9. 5	12. 7	10. 6	9. 8
	500 万～1000 万	15	7	42	54	9. 1	3. 5	14. 4	16
	100 万～500 万	48	71	87	105	28. 3	33. 4	29. 9	31
	50 万～100 万	17	22	28	38	10. 2	10. 2	9. 7	11. 1
	30 万～50 万	9	12	23	26	5. 4	5. 7	7. 9	7. 7
	30 万以下	64	73	80	83	37. 6	34. 5	27. 5	24. 4
大洋洲	城市人口	14	19	27	34	100	100	100	100
	1000 万以上	—	—	—	—	—	—	—	—
	500 万～1000 万	—	—	—	10	—	—	—	30. 7
	100 万～500 万	5	10	15	8	38. 4	54. 8	55. 3	24. 1
	50 万～100 万	3	1	1	2	21. 9	4. 6	2. 1	5. 5
	30 万～50 万	—	1	2	3	—	4. 9	8	8. 2
	30 万以下	6	7	10	11	39. 7	35. 7	34. 6	31. 5

数据来源：United Nations，World Urbanization Prospects（2014），p. 87.

目前，亚洲是城市人口规模最大的大洲，亚洲城市人口占世界城市人口的比重从 1970 年的 37. 4%提高到 2014 年的 53. 2%，城市人口从 1970 年的

5.05亿增长到2014年的20.64亿，预计2030年将突破27亿。亚洲的城市人口分布表现出明显的中高收入国家特征，除了30万以下城市人口占比不断下降外，其他规模城市人口占比不断提升，特别是2014年1000万以上超大城市人口占比达到13.4%，高于中高收入国家的11.2%，生活在超大城市的人口达到2.77亿。1970—2014年500万~1000万、100万~500万、50万~100万和30万~50万城市人口占比分别提高3.6个、0.8个、1.7个和0.1个百分点，30万以下城市人口占比下降12.1个百分点，小于同期中高收入国家17.7%的降幅。

欧洲是城市人口占世界城市人口比重下降最快的大洲，1970年欧洲城市人口占比达到30.7%，2014年降至14%。在此期间，欧洲城市人口仅增长了1.31亿，表现出典型的高收入国家城市人口分布特征；不过，欧洲在1970年和1990年没有1000万以上超大城市，这是与高收入国家城市人口分布的差异之处。2014年欧洲是1000万以上超大城市人口占比最小的大陆（除大洋洲外），占比仅为6.1%，人口规模为3300万。1970—2014年500万~1000万城市人口占比下降了3.4个百分点，30万以下城市人口占比下降了2.2个百分点，这几乎与超大城市人口占比相当，导致其他类型城市人口占比几乎没有发生变化，100万~500万城市人口占比增加0.3个百分点，50万~100万和30万~50万城市人口占比分别下降0.5个和0.3个百分点。

2014年拉美和加勒比地区城市人口为4.96亿，与非洲城市人口相当，占到世界城市人口的12%左右。该地区城市人口分布最大的特征就是1000万以上城市人口占比很高，达到14%，这一比例是世界最高的。另外，该地区表现出明显的中高收入国家城市人口分布特征，1970—2014年500万~1000万城市人口占比下降了12.8个百分点，是六个大洲中下降幅度最大的地区。除了50万~100万城市人口占比略微减少0.2个百分点外，100万~500万和30万~50万城市人口占比分别增加10.6个和1.2个百分点。30万以下城市人口占比从1970年的53.5%降至2014年的40.6%，减少了12.9个百分点，小于同期中高收入国家17.7%的降幅。

北美地区城市人口规模仅大于大洋洲，1970—2014年城市人口从1.71亿增长到2.92亿，占到世界城市人口的6.7%。2014年1000万以上超大城市人口占比为10.6%，低于高收入国家超大城市人口占比1.2个百分点。该地区100万以上城市人口占比在2014年超过50%，达到54.9%，是人口向大城市集中基本实现的地区之一。30万以下城市人口占比从1970年的37.6%下降至2014年的27.5%，下降了10.1个百分点；50万~100万城市人口占比下降了

0.5个百分点，2014年为9.7%。1970—2014年，其他规模城市人口占比有不同程度的提升，其中，500万~1000万、100万~500万和30万~50万城市人口占比分别提高了5.3个、1.6个和2.5个百分点。

大洋洲是城市人口规模最小的地区，1970—2014年城市人口仅增长了1300万，达到2700万，仅相当于2014年世界最大的城市东京(3783万)人口规模的2/3。同时，大洋洲也是唯一没有1000万以上超大城市和500万~1000万特大城市的地区，2014年100万~500万和30万以下城市人口占到90%左右，分别为55.3%和34.6%。50万~100万城市人口占比从1970年的21.9%降至2014年的2.1%，减少了19.8个百分点，是所有地区中降幅最大的。

综上所述，城市人口向100万以上大城市集中是一个明显的趋势，并且城市人口规模在欠发达地区、中高收入国家和中低收入国家的规模远远大于发达地区、高收入国家和低收入国家；发达地区1000万以上超大城市人口占比略高于欠发达地区；相反，中低收入国家超大城市人口占比高于高收入国家和中低收入国家。欧洲和北美地区呈现出高收入国家城市人口分布的许多特征，不过，超大城市的人口占比小于高收入国家。亚洲、拉美和加勒比地区呈现出中高收入国家城市人口分布特征，但这两个地区的超大城市人口占比均超过13%，高于超大城市人口占世界城市人口的比重(11.7%)。非洲呈现出许多低收入国家城市人口分布特征，且超大城市人口占比低于低收入国家超大城市人口占比。大洋洲是一个以100万~500万和30万以下城市为主的地区，截至目前，尚未形成超大城市。

二、世界城市数量分布的时空变化

从城市数量看，1970年世界上超过1000万人口的城市有3个，500万~1000万人口的城市有15个；100万~500万人口的城市有126个，50万~100万人口的城市有186个，30万~50万人口的城市有227个。到1990年，世界上超过1000万人口的城市有10个，比1970年增加7个；500万~1000万人口的城市有21个，比1970年增加6个；100万~500万人口的城市有239个，比1970年增加113个；50万~100万人口的城市有294个，比1970年增加108个；30万~50万人口的城市有412个，比1970年增加185个。2014年，世界上超过1000万人口的城市有28个，比1990年增加18个；500万~1000万的城市有43个，比1990年增加22个；100万~500万人口的城市有417个，比1990年增加178个；50万~100万人口的城市有525个，比1990年增加231个，增长了近一倍；30万~50万人口的城市有679个，比1990年增加

267个。根据联合国发布的《世界城镇化展望》(2014)预测，到2030年，全球1000万以上人口的城市将达到41个；500万~1000万人口的城市将增加20个，达到63个；100万~500万人口的城市将增加到558个；50万~100万人口的城市将达到731个；30万~50万人口的城市将达到832个(见表2-11)。

表2-11　1970—2030年世界不同规模城市的数量分布

城市规模	1970年	1990年	2014年	2030年
1000万以上	3	10	28	41
500万~1000万	15	21	43	63
100万~500万	126	239	417	558
50万~100万	186	294	525	731
30万~50万	227	412	679	832

数据来源：United Nations，World Urbanization Prospects(2014)，p. 17.

从发达地区与欠发达地区来看，1970年全世界3个1000万人口以上的超大城市均位于发达地区。到2014年，发达地区的超大城市为7个；欠发达地区为21个，预计2030年，将会再增加13个，达到34个。1970年，500万~1000万人口的特大城市分别有6个位于发达地区，9个位于欠发达地区，到2014年分别增加了5个和23个；1970—2014年发达地区100万~500万人口和50万~100万人口的城市数量分别增加36个和34个；而欠发达地区分别增加了255个和305个，是发达地区的7.1倍和9倍。发达地区和欠发达地区30万人口以下城市数量分别从1970年的114个和113个增加到2014年的187个和492个，分别净增加73个和379个；欠发达地区净增加量是发达地区的5.2倍(见表2-12)。

表2-12　1970—2030年发达地区和欠发达地区城市数量分布

城市规模	发达地区			欠发达地区		
	1970年	2014年	2030年	1970年	2014年	2030年
1000万以上	3	7	7	—	21	34
500万~1000万	6	11	14	9	32	49
100万~500万	64	100	112	62	317	446
50万~100万	97	131	151	89	394	580
30万~50万	114	187	207	113	492	625

数据来源：United Nations，World Urbanization Prospects(2014)，p. 81.

从不同收入类型国家来看，1970 年，高收入国家拥有 3 个超大城市；2014 年发展成 7 个，这可以认为，发达地区的超大城市均位于高收入国家。预计到 2030 年，高收入国家仍只有 7 个超大城市。1970—2014 年，高收入国家 500 万~1000 万人口、100 万~500 万人口、50 万~100 万人口和 30 万~50 万人口的城市数量分别增加 9 个、45 个、52 个和 77 个，由此可见，城市规模越小，新形成的城市数量越多。中高收入国家、中低收入国家和低收入国家在 1970 年没有超大城市，到 2014 年分别拥有 11 个、8 个和 2 个。“城市规模越小，新形成的城市数量越多”这一特征在中高收入国家也十分明显，1970—2014 年 500 万~1000 万人口、100 万~500 万人口、50 万~100 万人口和 30 万~50 万人口的城市数量分别增加 14 个、130 个、188 个和 243 个。这一特征在中低收入国家和低收入国家不是那么明显，1970—2014 年 100 万~500 万人口的城市数量增加最多，分别是 89 个和 27 个。50 万~100 万人口的城市数量分别增加 79 个和 20 个；30 万~50 万人口的城市数量分别增加 110 个和 22 个。另外，超大城市主要集中在中高收入国家和中低收入国家，50 万~100 万人口、100 万~500 万人口和 500 万~1000 万人口的城市主要集中在高收入国家和中高收入国家，这两个地区三类城市数量分别占到世界的 81.4%、66.7%和 73%。不过，这一格局到 2030 年会有所改观，这两个地区三类城市除了 100 万~500 万人口城市数量的占比不变外，500 万~1000 万人口城市数量占比和 50 万~100 万人口城市数量占比均会降至 66%左右（见表 2-13）。

表 2-13　1970—2030 年不同收入类型国家城市数量分布

国家	城市规模	1970 年	2014 年	2030 年
高收入国家	1000 万以上	3	7	7
	500 万~1000 万	7	16	19
	100 万~500 万	67	112	129
	50 万~100 万	92	144	165
	30 万~50 万	113	190	219
中高收入国家	1000 万以上	—	11	17
	500 万~1000 万	5	19	23
	100 万~500 万	36	166	234
	50 万~100 万	51	239	319
	30 万~50 万	56	299	332

续表

国家	城市规模	1970年	2014年	2030年
中低收入国家	1000万以上	—	8	14
	500万~1000万	3	8	13
	100万~500万	20	109	152
	50万~100万	38	117	181
	30万~50万	43	153	213
低收入国家	1000万以上	—	2	3
	500万~1000万	—	—	8
	100万~500万	3	30	43
	50万~100万	5	25	66
	30万~50万	15	37	67

数据来源：United Nations，World Urbanization Prospects(2014)，p. 85.

从城市数量在洲际的分布来看，除了大洋洲，2014年非洲、亚洲、欧洲、拉美和加勒比地区及北美地区分布拥有3个、16个、3个、4个和2个超大城市，其中，亚洲的超大城市数量占到世界超大城市总数的一半以上，为57.1%。500万~1000万人口的特大城市也主要集中在亚洲，有28个，占到世界特大城市数量的65.1%，非洲、欧洲、拉美和加勒比地区及北美地区分别拥有2个、2个、4个和7个特大城市，大洋洲没有特大城市。100万~500万人口的城市中，亚洲占比52.3%，为218个；除了大洋洲有6个外，其他四个地区的数量相当，非洲、欧洲、拉美和加勒比地区及北美地区分别拥有50个、48个、59个和42个。非洲、拉美和加勒比地区及北美地区50万~100万人口的城市数量分别为52个、56个和40个，亚洲50万~100万人口的城市数量为288个，占到世界50万~100万人口城市总数的一半以上，为54.9%；大洋洲仅有1个城市人口介于50万与100万之间。30万~50万人口的城市仍主要分布在亚洲，有337个，占世界30万~50万人口城市总数的49.6%；欧洲30万~50万人口城市有113个，占比超过16%；30万~50万人口城市在非洲、拉美和加勒比地区的分布相当，分别为80个和83个；在北美地区和大洋洲分别有60个和6个。由此可知，当前有一半以上的城市主要分布在亚洲(见表2-14)。

表 2-14　2014 年洲际城市数量分布

城市规模	非洲	亚洲	欧洲	拉美和加勒比地区	北美地区	大洋洲
1000 万以上	3	16	3	4	2	—
500 万~1000 万	2	28	2	4	7	—
100 万~500 万	50	218	48	59	42	6
50 万~100 万	52	288	88	56	40	1
30 万~50 万	80	337	113	83	60	6

数据来源：United Nations，World Urbanization Prospects(2014)，p. 88.

总之，目前世界上城市仍以 100 万人口以下的中小城市为主，它们占到世界城市总数的 71.2%(无法统计出 30 万人口以下城市数量，可能会造成偏差)。不同类型的城市也主要集中在欠发达地区；超大城市主要集中在中高收入国家和中低收入国家，500 万~1000 万人口、100 万~500 万人口和 50 万~100 万人口的城市主要集中在高收入国家和中高收入国家。此外，在高收入国家和中高收入国家还表现出城市规模越小，新增城市数量越多的特征；在中低收入国家和低收入国家这一特征并不明显，这两个地区新增数量最多的城市在 100 万~500 万人口；并且，亚洲是所有类型城市主要分布地区，占到总数的一半以上。

三、超大城市的分布

在本节的最后，分析全球超大城市的分布。1970 年，世界上只有东京、大阪和纽约三个城市人口超过 1000 万，而且均位于发达地区的高收入国家，其中亚洲有 2 个，北美地区有 1 个。1990 年，全球有 10 个超大城市，其中发达地区有 4 个(东京、大阪、纽约和洛杉矶)，欠发达地区有 6 个(墨西哥城、圣保罗、孟买、布宜诺斯艾利斯、加尔各答和首尔)；并且高收入国家有 4 个(东京、大阪、纽约和洛杉矶)，中高收入国家 4 个(首尔、墨西哥城、圣保罗、布宜诺斯艾利斯)，中低收入国家 2 个(孟买和加尔各答)；这 10 个城市位于亚洲的有 5 个(东京、大阪、孟买、加尔各答和首尔)，位于北美地区的有 2 个(纽约和洛杉矶)，位于拉美和加勒比地区的有 3 个(墨西哥城、圣保罗、布宜诺斯艾利斯)，欧洲、非洲和大洋洲没有超大城市。2014 年，全球有 28 个超大城市，其中发达地区有 7 个(东京、大阪、纽约、洛杉矶、巴黎、伦敦和莫斯科[①])，欠发达地区有21个(新德里、孟买、加尔各答、上海、北京、天津、广州、深圳、重庆、雅加达、马尼拉、达卡、卡拉奇、伊斯坦布尔、开罗、金沙萨、拉各斯、墨西哥城、圣保罗、里约热内卢、布宜诺斯艾利斯)。高收入国家有7个(东京、大阪、纽约、洛杉矶、巴黎、伦敦和莫斯科)，中高收入国家有12个[②](上海、北京、天津、广州、深圳、重庆、墨西哥城、圣保罗、里约热内卢、布宜诺斯艾利斯、伊斯坦布尔和雅加达)，中低收入国家有7个(新德里、孟买、加尔各答、卡拉奇、达卡、马尼拉和开罗)，低收入国家有2个(金沙萨和拉各斯)。从超大城市在各大洲的分布来看，亚洲有16个，分别是上海、北京、天津、广州、深圳、重庆、东京、大阪、雅加达、马尼拉、新德里、孟买、加尔各答、达卡、卡拉奇和伊斯坦布尔；非洲有3个，分别是开罗、金沙萨和拉各斯；欧洲有3个，分别是巴黎、伦敦和莫斯科；拉美和加勒比地区有4个，分别是墨西哥城、圣保罗、里约热内卢和布宜诺斯艾利斯；北美地区有2个，分别是纽约和洛杉矶(见表2-15)。

表2-15　1970—2014年全球超大城市

年份	1970年	1990年	2014年
城市	东京、大阪、纽约	东京、墨西哥城、圣保罗、孟买、大阪、纽约、洛杉矶、布宜诺斯艾利斯、加尔各答、首尔*	东京、新德里、上海、墨西哥城、圣保罗、孟买、大阪、北京、纽约、开罗、莫斯科、洛杉矶、巴黎、伦敦、里约热内卢、布宜诺斯艾利斯、深圳、伊斯坦布尔、雅加达、天津、马尼拉、加尔各答、重庆、广州、金沙萨、卡拉奇、达卡、拉各斯

资料来源：作者整理；首尔带“*”，主要是20世纪90年代它的人口超过1000万，韩国政府实施了人口限制和疏散措施，导致2000年前后首尔人口降至950万左右。

从全球10大城市的分布来看，1975年有5个城市位于发达地区，分别是东京、纽约、大阪、洛杉矶和莫斯科；5个城市位于欠发达地区，分别是墨西哥城、圣保罗、布宜诺斯艾利斯、加尔各答和里约热内卢。其中，发达地区的5个城市均位于高收入国家，欠发达地区的4个城市均位于中高收入国家，1个城市(加尔各答)位于中低收入国家。同时，有3个城市(东京、大阪、加尔各答)位于亚洲，2个城市(纽约和洛杉矶)位于北美地区，4个城市(墨西哥城、圣保罗、布宜诺斯艾利斯和里约热内卢)位于拉美和加勒比地区，1个城市(莫斯科)位于欧洲。1990年这种分布状况发生较大改变，虽然有4个城

① 尽管俄罗斯属于中高收入国家，但是《世界城镇化展望》(2014)将俄罗斯列为发达地区。

② 中高收入国家与中低收入国家的超大城市数量与表2-14略有差异。

市(东京、纽约、大阪和洛杉矶)位于发达地区，且均属于高收入国家；其余6个城市位于欠发达地区，其中，4个城市(墨西哥城、圣保罗、首尔、布宜诺斯艾利斯)位于中高收入国家，2个城市(孟买和加尔各答)位于中低收入国家。但有一半城市位于亚洲(东京、大阪、首尔、孟买和加尔各答)，2个位于北美地区，3个位于拉美和加勒比地区。2014年这种分布格局进一步发生改变，发达地区的城市只剩下3个(东京、大阪和纽约)，其余7个均属于欠发达地区，其中中低收入国家有3个(新德里、孟买和开罗)，中高收入国家有4个(上海、北京、墨西哥城和圣保罗)。从洲际分布来看，亚洲的城市数量比1990年增加一个；拉美和加勒比地区有2个，非洲和北美地区各有一个。此外，1975—2014年东京都是世界第一大城市，人口从2660万增长到3783万，增长了42.2%；第10位的城市在1970年是莫斯科，有760万人口；2014年是开罗，人口达到1842万，增长了1.42倍。从第1位与第10位人口规模之比看，1970年和1990年人口规模之比均为3左右，到2014年降至2左右，可见超大城市，特别是欠发达地区的超大城市，人口膨胀的速度在加快。欠发达地区人口向大城市、超大城市集中的趋势愈加明显(见表2-16)。

表2-16　1975—2014年全球10大城市

1975年		1990年		2014年	
城市	人口(万)	城市	人口(万)	城市	人口(万)
东京	2660	东京	3253	东京	3783
纽约	1590	大阪	1839	新德里	2495
墨西哥城	1070	纽约	1609	上海	2299
大阪	980	墨西哥城	1564	墨西哥城	2084
圣保罗	960	圣保罗	1478	圣保罗	2083
洛杉矶	890	孟买	1244	孟买	2074
布宜诺斯艾利斯	870	加尔各答	1089	大阪	2012
加尔各答	790	洛杉矶	1088	北京	1952
里约热内卢	760	首尔	1053	纽约	1859
莫斯科	760	布宜诺斯艾利斯	1051	开罗	1842

数据来源：United Nations，World Urbanization Prospects(2001/2014).

第三章

城市规模体系的演进机制

第二章介绍城市人口规模的数学分布、城市人口和不同规模城市在发达地区与欠发达地区、不同收入类型国家和不同大洲的分布。既然城市规模(人口规模和地域规模)可能会形成某种体系，如 Zipf 法则、Gibrat 法则或 DPLN 分布，那么，这些城市规模体系的形成机制是什么？本章主要回顾新经济地理学的相关成果，探讨 Zipf 法则和 Gibrat 法则的形成机制。DPLN 分布的推导具有更强的数理特性，缺乏深刻的经济学内涵，本书在第六章进行推理。本章主要从西蒙-克鲁格曼模型、葛拜斯模型、罗斯-汉斯伯格和怀特模型以及艾克霍特模型，探讨城市规模体系如何演进出 Zipf 法则或 Gibrat 法则。

第一节　西蒙-克鲁格曼模型

西蒙-克鲁格曼模型由 Simon(1954)提出，Krugman(1996)赋予西蒙模型以经济含义。Simon 提出一种 J 分布形式，用来描述上尾密集或上尾很长的统计现象，具体的形式如下：

$$f(i)=(a/i^{k})b^{i} \tag{3-1}$$

其中，a，b 和 k 为正实数，当 i 很大时，b 趋近于 1。

将式(3-1)设定为$f(i)=AB(i,\ \rho+1)$形式，其中 A 和 ρ 为常数，$B(i,\ \rho+1)$服从 Beta 分布：

$$B(i,\ \rho+1)=\int_0^1 \lambda^{i-1}(1-\lambda)^{\rho}d_{\lambda}=\frac{\Gamma(i)\Gamma(\rho+1)}{\Gamma(i+\rho+1)}\quad (0<i;\ 0<\rho<\infty) \tag{3-2}$$

当 $i\to\infty$时，Gamma 分布满足：

$$\frac{\Gamma(i)}{\Gamma(i+k)}\sim i^{-\zeta} \tag{3-3}$$

其中，ζ 为大实数，并且大于 1；当式(3-3)用来描述词频、出版物和城市人口分布时，ζ 的值趋近于 2。

结合式(3-2)和式(3-3)，可以将 $B(i, \rho+1)$ 变形为：

$$f(i) \sim \Gamma(\rho+1) i^{-(\rho+1)} \tag{3-4}$$

易知，只有当 $\rho>0$ 时，ζ 大于 1；$\rho=1$ 时，$\zeta=2$。当第二种情况出现时，$f(i)$ 为：

$$f(i) = \frac{1}{i(i+1)}, \quad \sum_{i=1}^{\infty} f(i) = 1 \tag{3-5}$$

并且满足 $f(2)/f(1)=1/3$；$f(1)/n=1/2$。

式(3-4)是帕累托分布的分布形式，令式(3-4)乘以 i，可以得到：

$$i f(i) = \Gamma(\rho+1) i^{-\rho} \tag{3-6}$$

结合式(3-5)，$i f(i)=\dfrac{1}{i+1}$，为 Zipf 分布的特殊形式。

显然式(3-4)和式(3-6)并不保证城市规模总是满足 Zipf 法则，Krugman 对此进行了改进：他首先提出一个线性的城市选址模型，在整个经济中存在 $2D$ 的农业人口，他们均匀地分布在一条线上，并且每名农业人口的需求可以提供 υ 的制造业工人就业，因而，工业部门的总就业是 $2D/(1-\upsilon)^2$。假定制造业有 N 家企业，并且每家企业的规模相同，但是生产不同的产品。同时，N 足够大，使得每家企业的选址不会对地区的需求产生影响。每家企业生产单位产品的平均成本为 c，固定成本为 F，单位产品的运输成本为 t^c。假定经济中存在一个城市 z，一家代表性企业选址在 θ，总的运输成本为：

式(3-5)条件：$f(2)/f(1)=1/3$；$f(1)/n=1/2$

$$T=\frac{t^c \upsilon}{N}\left[\frac{1}{2}(D+\theta)^2+\frac{1}{2}(D-\theta)^2+2\frac{D}{1-\upsilon}\mid \theta-z \mid\right] \tag{3-7}$$

如果初始状态下，$z=0$，即所有的制造业均为中心地区；如果一个新企业布局在 z 的右侧 θ'，则向中心右侧消费者提供商品的运输成本是：

$$T=\frac{t^c \upsilon}{2N}\left[(\theta')^2+(D-\theta')^2\right] \tag{3-8}$$

根据式(3-8)，易知最优的企业选址在 $2D/3$ 处，运输成本为 $t^c \upsilon D^2/6N$。

考虑到线性城市分布模型的对称性，要在 $2D/3$ 处新建一个企业，需要满足：

$$t^c \upsilon D^2/3N>F \tag{3-9}$$

此时，

$$D^* =\sqrt{3FN/t^c \upsilon} \tag{3-10}$$

即整个经济中，新城市的形成主要源于很高的运输成本或较低的企业建造成本。

假定城市规模大于的 S 的数量为 $rank$，二者满足帕累托分布：

$$rank=CS^{-q}\text{，}C\text{ 为常数，}q>0 \tag{3-11}$$

对式(3-11)求导可以得到城市规模的概率密度函数：

$$r=-qCS^{-q-1} \tag{3-12}$$

其中，$r=\log(rank)$。

城市密度的弹性可以表示为：

$$\frac{dr}{dS}\frac{S}{r}=-q-1 \tag{3-13}$$

假定城市人口增加 S^g 的概率为 p^s，城市规模 S_i 的比例是 ξ_i，且基本保持不变。Krugman 指出，以下三个原因可能导致 ξ_i/S^g 变动：一是一个规模为 S_i-1 的城市出现人口扩张，导致 ξ_i 变大；二是一个规模为 S_i 的城市出现人口扩张，导致 ξ_i 变小；三是总人口增加，导致 ξ_i/S^g 变小。故当 S^g 增加时，ξ_i/S^g 的预期变化是：

$$\frac{Ed(\xi_i/S^g)}{dS^g}=\frac{1}{(S^g)^2}[(1-p^s)\xi_{i-1}(S_i-1)-(1-p^s)\xi_{i-1}S_i-\xi_i] \tag{3-14}$$

由于长期内城市人口的预期变化必须为 0，故稳态时，S_i 与 S_i-1 的关系是：

$$\frac{\xi_i}{\xi_{i-1}}=\frac{(1-p^s)(S_i-1)}{(1-p^s)S_i+1} \tag{3-15}$$

式(3-15)可以变形为：

$$\frac{\xi_i-\xi_{i-1}}{\xi_{i-1}}=\frac{p^s-2}{(1-p^s)S_i+1} \tag{3-16}$$

当 S_i 足够大时，可以将式(3-12)近似化简为：

$$\frac{\xi_i-\xi_{i-1}}{\xi_{i-1}}\cong\frac{dr/dS}{r}\cong\frac{p^s-2}{(1-p^s)S_i+1} \tag{3-17}$$

此时，城市密度的弹性可以重新写作：

$$\frac{dr}{dS_i}\frac{S_i}{r}=\frac{p^s-2}{1-p^s+1/S_i}\cong\frac{p^s-2}{1-p^s} \tag{3-18}$$

结合式(3-13)和式(3-18)，得到：

$$q=\frac{1}{1-p^s} \tag{3-19}$$

拓展后的西蒙-克鲁格曼模型更具有经济含义：它可以预言 Zipf 定律；当 $p^s=0$，即城市人口达到稳态时，城市规模体系会满足 Zipf 法则，此时 $q=1$。虽然规模经济或通勤成本提高可以促使新城市的形成，但是新城市出现导致整个城市规模体系逐渐实现 Zipf 定律可能需要持续几个世纪的时间，并不容易实现。因而，$q=1$ 与现有城市人口规模构成的城市体系有关，而非新城市出现后的城市体系演化。初始城市规模差异对城市规模体系满足 Zipf 体系具有重要影响，这显示出初始城市规模差异是如何造成的，克鲁格曼认为，这主要是由各城市的地理特征差异造成的，不同城市地理特征差异会造成各城市交通运输成本的不同，按照线性城市模型，这会导致各城市产品运输成本的不同，进而导致不同城市的比较优势差异，会促使城市发展出不同的产业，产生人口规模各异的城市，使得整个城市规模体系出现规模各异的城市。

第二节　葛拜斯模型

葛拜斯模型主要是由 Gabaix（1999a，1999b）提出的，他批评西蒙-克鲁格曼模型需要依赖城市数量的增长，使得城市体系满足 Zipf 法则。因而，他在城市数量固定的前提下，探讨 Zipf 城市体系的形成机制。

假定城市规模为 $\bar{S}$，则 Zipf 定律可以表示为：$P(\bar{S}>S)=CS^{-q}$，其对应的概率密度函数为 $p(S)$，则 $q(S)=-Sp'(S)/p(S)$。

城市数量为 N，将 S 标准化为 S^i，$i=1, 2, 3, \cdots, N$；满足：

$$S^i=\frac{S_i}{\sum_{i=1}^{N} S_i} \text{ 和 } \sum_{i=1}^{N} S^i=1$$

如果城市规模变化满足 $S_{t+1}^i=\gamma_{t+1}^i S_t^i$，至少在上尾部分成立；$\gamma_{t+1}^i$ 对应的分布函数是 $f(\gamma)$，$\sum_{i=1}^{N} S^i=1$ 要求 γ_{t+1}^i 的期望值满足 $E(\gamma)=1$，故存在 $\int_0^{\infty}\gamma f(\gamma)d\gamma=1$。

令 $G_t(S)=P(S_t>S)$，则满足：

$$\begin{aligned}G_t(S)&=P(S_t>S)=P(\gamma_{t+1}S_t>S)=E(1_{S_t>S/\gamma_{t+1}})=E[G_t(S/\gamma_{t+1})]\\&=\int_0^{\infty}G_t\left(\frac{S}{\gamma}\right)f(\gamma)d\gamma\end{aligned} \tag{3-20}$$

在稳态水平下，$G_t=G$，则式(3-20)可以化简为：

$$G(S)=\int_0^{\infty} G\left(\frac{S}{\gamma}\right) f(\gamma)\, d\gamma \tag{3-21}$$

结合$\int_0^{\infty}\gamma f(\gamma)\,d\gamma=1$，容易得到：$G(S)=\frac{C}{S}$为式(3-21)的一个特殊解，进而城市规模的分布满足Zipf定律。由于$S_{t+1}^i=\gamma_{t+1}^i S_t^i$假设，使得城市规模变化满足Gibrat法则，此时，城市体系服从Zipf定律会是一个自动实现过程。

当然，式(3-21)实现Zipf分布，还需要解决一个难题，即城市规模差异是如何产生的？对于葛拜斯模型而言，最重要的是研究Gibrat法则的形成机制。

首先，Gabaix假定经济中存在一个城市层面的冲击——住房冲击。城市i的人均住房量为h_{it}^h，消费水平为c_{it}的居民获得的效用水平为：$u(c_{it})=h_{it}^h c_{it}$。住房冲击可能源自政策冲击(如税收冲击、污染、治安、学校等)或自然冲击(地震、疾病)。

其次，城市居民死亡的概率是ζ，移民是城市规模增加的主要途径；城市工资水平是$w_{i,t}$，居民效用最大化时工资水平是：$u_t=h_{it}^h w_{i,t}$。城市i现有的居民是S_{it}^0，S_{it}^{im}是决定移民到城市i的年轻人数量，生产函数$F(S_{it}^0,\ S_{it}^{im})$规模报酬不变，则有$w_{it}=w_{it}^{im}=F'(S_t^0,\ S_t^y)$；根据居民效用调整函数，$S_{it}^{im}=S_{it}^0 F'^{-1}(u_t/h_{it}^h)$。城市$i$人口的增长率表示为：

$$\gamma_{it}=\frac{S_{it}^y-\zeta S_{it}^0}{S_{it}^0}=F'^{-1}(u_t/h_{it}^h)-\zeta \tag{3-22}$$

Gabaix认为，对γ_{it}产生冲击的因素可以分为三类，政策冲击(γ_p^{it})、地区冲击$\gamma_r^{it}(\gamma_r^{i,t})$和产业冲击($\gamma_{in}^{it}$)，因而，满足：

$$\sigma^2(S)=\sigma_p^2(S)+\sigma_r^2(S)+\sigma_{in}^2(S) \tag{3-23}$$

通常情况下，政策冲击和地区冲击表现出更为宏观的特征，各个城市受到的冲击是一致的，满足$\sigma_p^2(S)=\sigma_p^2$和$\sigma_r^2(S)=\sigma_r^2$，因而，城市层面受到的冲击主要为产业冲击，根据中心极限定理，满足$\sigma_{in}^2(S)=\sigma_{in}^2/S$。故式(3-23)可以变形为：

$$\sigma^2(S)=\sigma_p^2+\sigma_r^2+\sigma_{in}^2/S \tag{3-24}$$

显然，式(3-20)突出了大城市在分散经济风险中的作用，但是它并未清晰地表明Gibrat法则的形成机制。为此，Gabaix假定城市规模的变化服从布朗运动，即：

$$dS_t^i/S_t^i=\mu dt+\sigma dB_{i,t} \tag{3-25}$$

其中，$\mu=\gamma(S)-\bar{\gamma}$，$\gamma(S)$表示规模为 S 的人口增长率，$\bar{\gamma}$ 为其均值，$B_{i,t}$ 主要受到地区产业波动影响。易知，

$$S_t^i=S_0^i\exp(-\sigma^2 t/2+\sigma B_t) \tag{3-26}$$

定理 1 当 $S_t^i>S_{\min}^i$，并且 $dS_t^i=S_t^i\max(\mu dt+\sigma dB_{i,t},\ 0)$时；如果 $S_t^i<S_{\min}^i$，μ 小于 0。此时，整个城市体系会服从 Zipf 分布，并且 $q=1/(1-S_{\min}^i/\bar{S}^i)$，$\bar{S}^i$ 为城市体系的平均规模；当 $S_{\min}^i$趋近于 0 时，q 趋近于 1①。

证明如下：

假设 $s=\ln S$，并且 $ds=(\mu-\sigma^2/2)dt+\sigma dB_t$ 对任意 $s>s_{\min}$成立，根据 S 的分布函数：当 $s'>s_{\min}$时，$P(s>s')=e^{-q(s'-s_{\min})}$，即 $P(S>S')=(S'/S_{\min})^{-q}$成立；由于指数函数的方差不受 q 值大小的影响，满足：$E(S)=S$，则可以得到：

$$E[S]=\int_{S_{\min}}^{\infty} qS'^{-(q+1)}S_{\min}^q dS'=S_{\min}q/(q-1) \tag{3-27}$$

进而可以得到 $q=1/(1-S_{\min}/\bar{S})$；故 Zipf 定理成立。

定理 2 假定一个国家有 R 个地区，并且每个地区均满足定理 1，因此，每个地区的城市体系均会满足 Zipf 法则，并且 q 值也会相同；如果每个地区城市规模的增长（至少在上尾部分）服从 Gibrat 法则，整个国家的城市规模增长可以不满足 Gibrat 法则，则整个国家的城市体系也会呈现 Zipf 分布特征，并且整个国家城市体系 Zipf 分布的幂指数与每个地区的 q 值十分接近②。

根据定理 1 和定理 2，如果城市规模大于最小城市规模（可以假定为 0），并且城市规模的变化满足布朗运动，此时，意味着城市规模的变化会满足 Gibrat 法则，与城市初始规模无关。那么，根据式（3-21）的推导，整个地区的城市规模体系会服从 Zipf 法则。此时，整个国家所有地区的城市体系均满足 Zipf 法则，并且每个地区城市规模体系帕累托分布的 q 值均等于 1，如果所有城市构成的国家城市体系至少在上尾部分满足 Gibrat 法则，即上尾部分的城市规模增长是成比例的，与初始城市无关，并且长期内的增长率为 0，这意味着定理 1 在整个城市规模体系的局部是成立的。由于整个国家城市规模体系可能仅在上尾部分满足 Gibrat 法则，致使整个城市规模体系的帕累托分布幂指数 q 并不能等于 1，随着满足条件（上尾部分城市规模成比例增长）城市数量的增加，q 值会逐渐趋近于 1，故 Zipf 法则只在上尾部分成立。

---

① 该定理在 Gabaix（1999）原文中亦为定理 1。

② 该定理在 Gabaix（1999）原文中亦为定理 2。

第三节　罗斯-汉斯伯格和怀特模型

罗斯-汉斯伯格和怀特模型是 Rossi-Hansberg 和 Wright(2007)提出的，该模型强调城市最优规模是由集聚经济效应与拥挤成本相互作用产生的均衡结果，它的主要贡献之一就是构建了一个可以预言城市规模体系的一般均衡模型。

Rossi-Hansberg 和 Wright 构建了一个包含城市、企业、家庭和财产所有者的一般均衡模型。该模型的设定如下：

一、城市

参考 Henderson(1974)的研究，假定任何地方都可能成为城市选址。城市具有如下特征：一是城市为一个单中心结构，CBD 位于城市中心，其面积忽略不计；二是所有的工作均集中在 CBD，劳动者的通勤均是线性的，t^c 为单位距离的通勤成本；三是所有的居民均需要消费一单位的土地，为了使居民是异质的，假定租金随着总通勤成本的不同而不同；并且城市边缘的租金为 0。

假定城市半径为 $\bar{\varphi}$，与 CBD 距离为 z 的租金表示为：$R(\varphi)=t^c(\bar{\varphi}-\varphi)$。城市的总租金可以表示为：

$$TR=\int_0^{\bar{\varphi}} 2\pi\varphi R(\varphi)\,d\varphi=\frac{\pi t^c}{3}\bar{\varphi}^3 \tag{3-28}$$

如果城市总人口为 $\bar{S}$，则 $\bar{\varphi}=(\bar{S}/\pi)^{1/2}$，此时，式(3-28)可以变形为：

$$TR=\frac{b}{2}\bar{S}^{3/2},\ b=\frac{2t^c\sqrt{\pi}}{3} \tag{3-29}$$

总通勤成本可以表示为：

$$TCC=\int_0^{\bar{\varphi}} 2\pi\varphi t^c\varphi\,d\varphi=b\bar{S}^{3/2} \tag{3-30}$$

二、企业

t 期 j 行业代表性企业的生产函数为 C-D 形式，具体形式为：

$$y=\bar{A}_{jt}k_{jt}^{\beta_j}h_{jt}^{\alpha_i}(\varphi_{jt}l_{jt})^{1-\alpha_j-\beta_j} \tag{3-31}$$

其中，$\bar{A}_{jt}$为企业所在城市的全要素生产率，k_{jt}表示j行业企业生产所需的资本，h_{jt}表示j行业企业生产所需的人力资本，φ_{jt}表示企业生产所雇佣的劳动力，l_{jt}表示每个劳动者的工作时间。

假设城市存在一个行业生产的外部性，即满足：$\tilde{A}_{jt}=A_{jt}\tilde{H}_{jt}^{\gamma_j}\tilde{\Phi}_{jt}^{\varepsilon_j}$，其中$A_{jt}$表示$j$产业层面的生产冲击，$\tilde{H}_{jt}$和$\tilde{\Phi}_{jt}$分别表示$j$行业的总人力资本和总劳动。

企业生产最优化条件是：

$$
\begin{aligned}
& w_{jt}/p_{jt}=(1-\alpha_j-\beta_j)\tilde{Y}_{jt}/(l_{jt}\tilde{\Phi}_{jt}) \\
& (1-\tau_{jt}^k)r_{jt}^k/p_{jt}=\beta_j\tilde{Y}_{jt}/\tilde{K}_{jt} \\
& (1-\tau_{jt}^h)r_{jt}^h/p_{jt}=\alpha_j\tilde{Y}_{jt}/\tilde{H}_{jt}
\end{aligned}
\tag{3-32}
$$

其中，p_{jt}、w_{jt}、r_{jt}^k和r_{jt}^h分别表示价格水平、城市的工资水平、物质资本价格和人力资本价格；τ_{jt}^k和τ_{jt}^h表示财产所有者对物质资本和人力资本的补偿，以吸引企业和劳动力到城市i。$\tilde{Y}_{jt}$表示城市总产出，$\tilde{K}_{jt}$表示城市物质资本总量。

三、家庭

初始期每个家庭的人口数Φ_o，其对应的增长率是g_Φ；并且每个家庭成员均有等量的物质资本(K_{0j})和人力资本(H_{0j})。为了分散行业风险，劳动者可以在任一行业就业。

家庭部门的效用函数是：

$$
U=(1-\delta)E_0\left\{\sum_{t=0}^{\infty}\delta^t\Phi_t\left[\sum_{j=1}^{J}\ln\left(\frac{c_{jt}}{\Phi_t}\right)\right]\right\}
\tag{3-33}
$$

其中，δ为消费折现率，c_{jt}为包含所有产品的消费集，E_0表示折现到0期的期望函数。

家庭部门向j产业供给资本的量与该产业的资本存量成比例，可以用下式表示：

$$
K_{jt+1}=K_{jt}^{\varpi_j}X_{jt}^{1-\varpi_j}
\tag{3-34}
$$

其中，X_{jt}表示j行业的投资量，它由该行业的产品消费所决定。

劳动者的时间可以用来积累人力资本和进行劳动，假定劳动时间为l_{jt}，则人力资本积累函数是：

$$
H_{jt+1}=H_{jt}[B_j^0+(1-l_{jt})B_j^1]
\tag{3-35}
$$

同时，B_j^0 和 B_j^1 均大于1。

家庭部门的预算线可以表示为：

$$\sum_{j=1}^{J} p_{jt}[c_{jt} + X_{jt} + (ACC_{jt} + AR_{jt})\Phi_{jt}] \leqslant \sum_{j=1}^{J} (w_{jt}\Phi_{jt}l_{jt} + r_{jt}^k K_{tj} + r_{jt}^h H_{jt} + p_{jt}T_{jt}\Phi_{jt}) \tag{3-36}$$

其中，ACC_{jt}和AR_{jt}表示平均通勤成本和平均租金，T_{jt}表示财产所有者对劳动者的转移支付。

四、财产所有者

财产所有者拥有城市的土地，目的是实现租金-利润最大化。假设 t 时期 j 产业的城市数量为 I_{jt}，则每个城市的物质资本、人力资本和劳动分别是 K_{jt}/I_{jt}、H_{jt}/I_{jt}和 Φ_{jt}/I_{jt}，财产所有者选择对它们进行补贴 τ_{jt}^k、τ_{jt}^h和 T_{jt}，以实现租金-利润最大化：

$$\Pi = \max\left[\frac{3}{2}\left(\frac{\Phi_{jt}}{I_{jt}}\right)^{3/2} - T_{jt}\frac{\Phi_{jt}}{I_{jt}} - \tau_{jt}^k\frac{r_{jt}^k K_{jt}}{p_{jt} I_{jt}} - \tau_{jt}^h\frac{r_{jt}^h H_{jt}}{p_{jt} I_{jt}}\right] \tag{3-37}$$

约束条件是：

$$\begin{aligned} &(1-\tau_{jt}^k)r_{jt}^k/p_{jt} = \beta_j Y_{jt}/K_{jt} \\ &(1-\tau_{jt}^h)r_{jt}^h/p_{jt} = \alpha_j Y_{jt}/H_{jt} \\ &I_{jt} = (1-\alpha_j-\beta_j)\frac{Y_{jt}}{\Phi_{jt}} + T_{jt} - \frac{3}{2}\left(\frac{\Phi_{jt}}{I_{jt}}\right)^{\frac{3}{2}} \end{aligned} \tag{3-38}$$

其他财产所有者的竞争，会导致其利润为0，可以得到：

$$T_{jt} = \frac{b}{2}\left(\frac{\Phi_{jt}}{I_{jt}}\right)^{1/2} - \tau_{jt}^k\frac{r_{jt}^k K_{jt}}{p_{jt} I_{jt}} - \tau_{jt}^h\frac{r_{jt}^h H_{jt}}{p_{jt} I_{jt}} \tag{3-39}$$

五、均衡

要实现经济均衡，必须满足以下条件：一是家庭实现效用最大化；二是企业生产利润最大化；三是财产所有者租金-利润最大化；四是个人决策与总的决策保持一致；五是财产所有者自由进入，并且利润为0；六是市场出清，即满足：

$$c_{jt} + X_{jt} + b\Phi_{jt}^{3/2}I_{jt}^{-1/2} = Y_{jt} \text{ 且} \sum_{j=1}^{J}\Phi_{jt} = \Phi_t \tag{3-40}$$

根据上述条件，可以得到：

$$U=(1-\delta)E_0\left\{\sum_{t=0}^{\infty}\delta^t\Phi_t\left[\sum_{j=1}^{J}\ln\left(\frac{c_{jt}}{\Phi_t}\right)\right]\right\} \tag{3-41}$$

$$c_{jt}+X_{jt}+b\Phi_{jt}^{3/2}I_{jt}^{-1/2}\leqslant A_{jt}\left(\frac{K_{jt}}{I_{jt}}\right)^{\beta_j}\left(\frac{H_{jt}}{I_{jt}}\right)^{\alpha_j+\gamma_j}\left(\frac{\Phi_{jt}}{I_{jt}}\right)^{1-\alpha_j-\beta_j+\varepsilon_j}l_{jt}^{1-\alpha_j-\beta_j}I_{jt} \tag{3-42}$$

式(3-34)、式(3-35)、式(3-40)、式(3-41)和式(3-42)共同构成一个均衡系统。

根据一阶条件，可以得到：

$$I_{jt}=\left[\frac{2(\gamma_j+\varepsilon_j)}{b}\frac{Y_{jt}}{\Phi_{jt}}\right]^{-2}\Phi_{jt} \tag{3-43}$$

根据式(3-43)，可以得到总通勤成本：

$$TCC_{jt}=2(\gamma_j+\varepsilon_j)Y_{jt} \tag{3-44}$$

根据式(3-42)，剔除通勤成本的净产出为：

$$A_{jt}\left(\frac{K_{jt}}{I_{jt}}\right)^{\beta_j}\left(\frac{H_{jt}}{I_{jt}}\right)^{\alpha_j+\gamma_j}\left(\frac{\Phi_{jt}}{I_{jt}}\right)^{1-\alpha_j-\beta_j+\varepsilon_j}l_{jt}^{1-\alpha_j-\beta_j}I_{jt}-b\Phi_{jt}^{3/2}I_{jt}^{-1/2} \tag{3-45}$$

在稳态水平时，式(3-42)可以重新写作：

$$c_{jt}+X_{jt}\leqslant F_j\hat{A}_{jt}H_{jt}^{\hat{\alpha}_j}K_{jt}^{\hat{\beta}_j}\Phi_{jt}^{1-\hat{\alpha}_j-\hat{\beta}_j}l_{jt}^{\hat{\vartheta}_j}=\hat{Y}_{jt} \tag{3-46}$$

其中，$F_j=[1-2(\gamma_j+\varepsilon_j)]\left[\frac{2(\gamma_j+\varepsilon_j)}{b}\right]^{[2(\gamma_j+\varepsilon_j)]/[1-2(\gamma_j+\varepsilon_j)]}$，$\hat{A}_{jt}=A_{jt}^{1/[1-2(\gamma_j+\varepsilon_j)]}$，$\hat{\alpha}_j=\frac{\alpha_j+\gamma_j}{1-2(\gamma_j+\varepsilon_j)}$，$\hat{\beta}_j=\frac{\beta_j}{1-2(\gamma_j+\varepsilon_j)}$和 $\hat{\vartheta}_j=\frac{1-\alpha_j-\beta_j}{1-2(\gamma_j+\varepsilon_j)}$。

为了考察城市规模的变化，将式(3-43)进行变换：

$$\frac{b}{2}\left(\frac{\Phi_{jt}}{I_{jt}}\right)^{-1/2}=(\gamma_j+\varepsilon_j)\frac{Y_{jt}/\Phi_{jt}}{\Phi_{jt}/I_{jt}} \tag{3-47}$$

为了得到城市规模的增长率，可以将式(3-41)转换为间接效用函数形式：

$$V(\{H_{jt},\ K_{jt},\ A_{jt}\}_{j=1}^{J})=D_0+\sum_{j=1}^{J}[D_j^H\ln(H_{jt})+D_j^K\ln(K_{jt})+D_j^A\ln(A_{jt})] \tag{3-48}$$

假定在稳态水平时，投资与剔除通勤成本的净产出比值固定为 x_j，劳动者用于生产的时间固定为 l_j^*。则物质资本增长率可以表示为：

$$g_{K_{jt+1}}=\ln K_{jt+1}-\ln K_{jt}=(1-\varpi_j)[\ln x_j+\ln\hat{Y}_{jt}]-(1-\varpi_j)\ln K_{jt} \tag{3-49}$$

同时，人力资本增长率 $g_{H_j}=B_j^0+(1-l_j^*)B_j^1$；当 $\hat{\beta}_j<1$ 时，经济增长率可以表示为：

$$g_{\hat{Y}_j}=\frac{\hat{\alpha}_j g_{H_j}+(1-\hat{\alpha}_j-\hat{\beta}_j)g_{\Phi}}{1-\hat{\beta}_j} \tag{3-50}$$

由于企业的生产规模报酬不变，在稳态水平时，$g_{\hat{Y}_j}=g_{\Phi}$。

城市增长率可以表示为：

$$\ln\left(\frac{\Phi_{jt+1}}{I_{jt+1}}\right)-\ln\left(\frac{\Phi_{jt}}{I_{jt}}\right)=2(\ln A_{jt+1}-\ln A_{jt})-2(\hat{\alpha}_j+\hat{\beta}_j)(\ln\Phi_{jt+1}-\ln\Phi_{jt})+$$

$$2\hat{\alpha}_j\ln(B_j^0+(1-l_j^*)B_j^1)+2\hat{\beta}_j(\ln K_{jt+1}-\ln K_{jt}) \tag{3-51}$$

$$\ln\left(\frac{\Phi_{jt+1}}{I_{jt+1}}\right)-\ln\left(\frac{\Phi_{jt}}{I_{jt}}\right)=\frac{2\hat{\alpha}_j}{1-\hat{\beta}_j}(g_{H_j}-g_{\Phi})+2(\ln A_{jt+1}-\ln A_{jt})+$$

$$2(1-\varpi_j)\hat{\beta}_j(\ln A_{jt}-\sum_{v=1}^{\infty}\frac{(\varpi_j+(1-\varpi_j)\hat{\beta}_j)^{v-1}}{(1-(\varpi_j+(1-\varpi_j)\hat{\beta}_j))^{v-1}}\ln A_{jt-v}) \tag{3-52}$$

式(3-52)是城市规模动态变化的主要方程，根据葛拜斯模型，一旦城市规模变化满足 Gibrat 法则，城市体系会自动演变为 Zipf 分布。要使式(3-52)满足 Gibrat 法则，必须满足下列两个条件之一：

(1)企业生产不需要物质资本($\hat{\beta}_j=0$ 或 $\varpi_j=1$)，生产冲击是永久的。

(2)企业生产不需要人力资本($\hat{\alpha}_j=0$，$\hat{\beta}_j=1$)，并且资本折旧率为 100%($\varpi_j=0$)，生产冲击是暂时的。

定理 3　一旦城市规模变化服从于 Gibrat 法则，当最小城市规模趋近于 0 时，城市体系会形成 Zipf 分布①。

定理 4　当条件(1)、条件(2)和定理 3 均不成立时，城市规模增长率会向其均值收敛；如果技术水平是有界的，即 $A_{jt}\in[\underline{A}_j,\bar{A}_j]$ 恒成立，则存在一个独特的、不变的城市规模分布，使得上尾部分的帕累托分布幂指数等于 1②。这被称为定理 4。

定理 3 可以看作第二节定理 1 的另一个表述，要使定理 3 成立，则必须条件(1)或条件(2)成立。当条件(1)成立时，式(3-52)会退化：

$$\ln\left(\frac{\Phi_{jt+1}}{I_{jt+1}}\right)-\ln\left(\frac{\Phi_{jt}}{I_{jt}}\right)=2\hat{\alpha}_j(g_{H_j}-g_{\Phi})+2(\ln A_{jt+1}-\ln A_{jt})\quad(\hat{\beta}_j=0)\text{ 或}$$

$$\ln\left(\frac{\Phi_{jt+1}}{I_{jt+1}}\right)-\ln\left(\frac{\Phi_{jt}}{I_{jt}}\right)=\frac{2\hat{\alpha}_j}{1-\hat{\beta}_j}(g_{H_j}-g_{\Phi})+2(\ln A_{jt+1}-\ln A_{jt})\quad(\varpi_j=1)$$

---

① 该定理可以参见 Rossi-Hansberg & Wright(2007)原文中的定理 3。

② 该定理可以参见 Rossi-Hansberg & Wright(2007)原文中的定理 4。

当经济到达稳态时，这两个式子的右侧均为常数，即城市规模的增长是成比例的，满足 Gibrat 法则，根据定理 1，易知定理 3 成立。当条件(2)成立时，式(3-52)会退化为：

$$\ln\left(\frac{\Phi_{jt+1}}{I_{jt+1}}\right)-\ln\left(\frac{\Phi_{jt}}{I_{jt}}\right)=4(\ln A_{jt+1}-\ln A_{jt})\ (\hat{\alpha}_j=0,\ \hat{\beta}_j=1,\ \varpi_j=0)$$

易知，该式的右侧亦为常数；根据上文分析，定理 3 成立。

定理 4 表明，如果定理 3 不成立，城市规模增长率向其均值收敛，即在大样本下城市规模增长率会服从正态分布，如果技术波动的范围是有界的，那么城市规模的变化也是有界的，这可以选取一个特殊的城市规模体系，使得在上尾部分的一些城市规模变化保持一致，即定理 3 在局部成立。

第四节　艾克霍特模型

艾克霍特模型是由 Eeckhout(2004)提出的，该模型最大的贡献就是实现了由 Zipf 法则推导 Gibrat 法则的过程，证明整个城市体系服从对数正态分布。Eeckhout 构建了一个地区外部性模型，利用产出随机波动来推导 Gibrat 法则。

假设经济中存在地区外部性，一系列城市 $i\in I=\{1,\ \cdots,\ I\}$ 随机分布在整个地区，t 时刻 i 城市的人口用 S_{it} 表示，整个国家的总人口表示为：

$$S=\sum_{i=1}^{I}S_{it} \tag{3-53}$$

A_{it} 表示 t 时刻 i 城市生产技术水平，其运动方程如下：$A_{it}=A_{it-1}(1+\sigma_{it})$，其中，$\sigma_{it}$ 为城市层面的生产技术冲击，其均值为 0，并且相互独立，满足 $1+\sigma_{it}>0$。这意味着，在总体上，不会存在全国层面的技术进步。

企业是由一个劳动者构成的、独立的微型个体，其边际产出(y_{it})受到城市技术水平和地区正外部性[$a_+(S_{it})$]的影响，即 $y_{it}=A_{it}a_+(S_{it})$，地区正外部性的一阶导数大于 0，$a'_+(S_{it})>0$，这表明规模越大的城市，生产的外部性越强。劳动者的工资为 w_{it}，等于其边际产出。

劳动者的时间禀赋为 1，l_{it} 是其劳动时间，$1-l_{it}$ 是其闲暇时间，受到城市通勤成本的影响，劳动者的 l_{it} 并不是有效的生产时间，它受到城市拥堵产生的负外部性[$a_-(S_{it})$]影响，故劳动者的生产劳动可以定义为：$L_{it}=a_-(S_{it})l_{it}$，其中 $a_-(S_{it})\in[0,\ 1]$ 和 $a'_-(S_{it})<0$。

i 城市的土地总量为 M，土地价格表示为 p_{it}^M，每个居民消费的土地量

为 m_{it}。

消费者效用函数可以表示为：

$$u(c_{it},\ m_{it},\ l_{it})=c_{it}^{\alpha}m_{it}^{\beta}(1-l_{it})^{1-\alpha-\beta} \tag{3-54}$$

其中，c_{it}为其他消费品，α，β，$1-\alpha-\beta$ 均大于 0 并小于 1。

消费者的预算线为：

$$c_{it}+p_{it}^{M}m_{it}\leqslant w_{it}L_{it} \tag{3-55}$$

要在式(3-55)约束下实现式(3-54)的效用最大化，可以得到：

$$(P_{it}^{M})^{*}=\frac{\beta A_{it}a_{+}(S_{it})a_{-}(S_{it})S_{it}}{M}$$

$$w_{it}^{*}=A_{it}a_{+}(S_{it})$$

$$c_{it}^{*}=A_{it}a_{+}(S_{it})a_{-}(S_{it})$$

$$m_{it}^{*}=\frac{H}{S_{it}}$$

$$l_{it}^{*}=\alpha+\beta \tag{3-56}$$

劳动者和企业可以在城市间无成本地自由流动，故在均衡时，不同城市的消费者效用水平相同：即 $u^{*}(S_{it})=u^{*}(S_{jt})=\bar{u}$，将式(3-56)的结果代入式(3-54)，可以得到：

$$A_{it}a_{+}(S_{it})a_{-}(S_{it})S_{it}^{-\beta/\alpha}=A_{jt}a_{+}(S_{jt})a_{-}(S_{jt})S_{jt}^{-\beta/\alpha} \tag{3-57}$$

由于式(3-57)在所有城市均成立，可以设 $\Lambda(S_{it})=a_{+}(S_{it})a_{-}(S_{it})S_{it}^{-\beta/\alpha}$，$A_{it}\Lambda(S_{it})$为常数，因而，它的反函数 $\Lambda^{-1}(A_{it})$满足位序法则，且均大于 0。不妨设：

$$\Lambda^{-1}(A_{it})S_{it}=C_0\text{，}C_0\text{ 为一个正常数} \tag{3-58}$$

将 A_{it}的动态方程代入式(3-58)，可以得到：

$$\Lambda^{-1}(A_{it-1}(1+\sigma_{it}))S_{it}=C_0 \tag{3-59}$$

根据式(3-59)，S_{it}可以表示为：

$$S_{it}=1/\Lambda^{-1}(A_{it})\cdot C_0 \tag{3-60}$$

$$S_{it}=1/\Lambda^{-1}(A_{it-1})\cdot 1/\Lambda^{-1}(1+\sigma_{it})\cdot C_0=1/\Lambda^{-1}(1+\sigma_{it})\cdot S_{it-1} \tag{3-61}$$

如果设 $1/\Lambda^{-1}(1+\sigma_{it})=1+\varepsilon_{it}$，那么式(3-61)可以变形为：

$$S_{it}=(1+\varepsilon_{it})S_{it-1} \tag{3-62}$$

式(3-62)意味着城市规模变化是成比例的，服从 Gibrat 法则。由于式(3-58)表示城市规模分布的 Zipf 定律，则式(3-62)进一步表明了，城市规模体系的 Zipf 法则与 Gibrat 法则是可以相互推导的，在理论上二者是相互统一的。

总之，结合本章的四个模型：城市规模体系满足 Zipf 法则和 Gibrat 法则在理论上是成立的。并且，城市规模体系可能会更容易满足 Zipf 法则，特别是城市规模增长是成比例的，此时，城市规模体系满足 Zipf 法则是一个自动实现过程。但是这种机制形成的最大困难在于初始城市规模是如何满足 Zipf 法则的，新经济地理学给出的两种解释是不同城市地理条件差异造成的规模经济与运输成本差异，或者产业波动在不同城市的差异，这就造成了不同城市产业发展的不同，不同产业创造就业量的不同，导致各城市初始规模的差异，进而可能导致城市规模体系满足 Zipf 法则，至少在上尾部分。另外，当城市生产存在地区外部性时，一旦假定城市规模体系满足 Zipf 法则，此时，地区外部性也为指数函数形式，会使得城市规模的变化满足 Gibrat 法则。

第五节　本章小结

本章分别回顾了西蒙-克鲁格曼模型、葛拜斯模型、罗斯-汉斯伯格和怀特模型以及艾克霍特模型，探讨城市规模体系 Zipf 分布与 Gibrat 分布的形成新经济地理学机制，虽然前三个模型都表明，城市规模体系可能最终会遵从 Zipf 法则，但是艾克霍特的模型证明 Zipf 法则与 Gibrat 法则之间是可以相互推导的，这要求要同时验证中国城市体系的 Zipf 法则与 Gibrat 法则。

第四章

城市规模的决定因素

第二章、第三章介绍了城市规模体系的不同类型，城市人口和不同规模城市在发达地区与欠发达地区、不同收入类型国家和不同大洲的分布。接着，根据新经济地理学理论，回顾了城市规模体系（人口规模和地域规模）可能会服从于 Zipf 法则或 Gibrat 法则；在四个数理模型中，分别强调地理特征、产业冲击和地区外部性对形成 Zipf 或 Gibrat 城市规模体系的重要影响。因而，在检验城市规模体系服从 Zipf 法则与 Gibrat 法则之前，有必要分析一下城市规模的影响因素——自然因素和集聚经济因素，哪个对城市的初始规模更为重要？人口流动是否是城市规模不断扩大的主要原因？这正是本章的研究内容。

第一节　城市规模的影响因素

农业和战争是城市兴起的驱动力，有关第一个因素的证据主要来自美索不达米亚平原的苏美尔遗址和黄河流域的二里头遗址；第二个因素的证据主要来自南美洲的玛雅、阿兹特克和印加文明。除了水源、农业剩余产品和人口等基本因素影响城市的形成外，宗教或社会权力体系在这个过程中也扮演着十分重要的角色：“村庄形式礼俗完美但能力有限，因而只有人口数量的增加，无论如何也不会使村庄变为城市。这种发展变化必须待一种外来挑战将村庄生活急骤扭转，使之脱离以饮食和生育为宗旨的轨道，去追求一种比生存更高的目的。”[①]澳大利亚考古学家、史学家柴尔德（Vere G. Childe）将这个过程称为“城市革命”，用以阐释宗教和王权对城市形成的作用。宗教对城市

---

① 刘易斯·芒福德. 城市发展史：起源、演变和前景[M]. 北京：中国建筑工业出版社，2005.

规模影响最明显的是在南美洲的卡拉尔，距今4600年左右，以大金字塔(Piramide Mayor)为中心，城市覆盖周围65公顷(0.65平方千米)的广大区域。[①] 陶器的出现使得卡拉尔可以缩短婴儿的母乳哺乳期，对人口的增长做出相当大贡献。刘易斯·芒福德在《城市发展史》中将陶工的旋盘、织机、帆船加工、抽象数学、天文历法、文字书写、犁和谷物的耕种，称为城市革命的基本要素；其中犁和谷物的耕种是最为重要的。正因如此，在城市形成初期，农业对城市规模的影响要远远大于战争，从而导致河流和平原对城市规模的影响都非常大。这一点可以从古代王朝首都的选址上看出，如苏美尔帝国的首都巴格达位于幼发拉底河和底格里斯河的交汇处，地处美索不达米亚平原；古埃及的首都开罗位于尼罗河下游的冲积平原；中国夏商两代的首都几乎都位于黄河中下游的冲积平原。在古代社会，农业生产主要受制于灌溉水源、降水、地形、土地肥沃程度、作物品种等自然因素和灌溉设施、犁、协作分工等社会经济因素。近代以来，自然因素和社会经济因素发生了一些改变。气候、地形仍是影响人口分布的重要因素，世界上有近80%的人口分布在北纬20°~60°的亚热带、温带地区；55%以上的人口居住在海拔200米以下、不足陆地面积28%的低平地区。自然资源和能源对城市规模的重要性超过了农业，这种自然资源禀赋成为工业和城市兴起的重要因素，如英国的曼彻斯特，德国的鲁尔区，中国的大庆、鞍山、攀枝花等城市或地区。煤炭、钢铁和石油等资源完全取代了谷物的地位，成为影响城市规模的重要因素。社会经济因素主要集中在协作分工、农业机械以及化肥等方面，带来了以机械化、化学肥料和新品种为特征的绿色革命以及精耕细作为特征的集约农业，提高了农业产量，解放了农村大量劳动力，客观上促使剩余劳动力转入第二产业和第三产业就业，推动了世界工业化和城镇化进程，导致新城镇的出现和城市规模的扩大。这使得社会经济因素演变为社会性质、地区经济发展水平、产业结构等具体影响城市规模的因素。

王权是影响城市规模的一个重要因素。在古代社会，王权和宗教是战争的主要驱动力，这也是讨论王权对城市影响的原因。宗教对战争的驱动，以1096年至1291年九次十字军东征和573—732年阿拉伯帝国近160年的扩张较为典型。耶路撒冷被犹太教、基督教和伊斯兰教认为是“圣城”，具有特殊的宗教意义；梵蒂冈和麦加也具有同样的作用。王权对战争的影响更为明显，

---

① 约翰·里德.城市[M].北京：清华大学出版社，2010.

如1206年至1259年蒙古帝国的扩张、[①] 伊凡四世(1533—1584年)至1900年俄罗斯帝国的扩张。[②] 王权战争带来的一个直接后果就是人口迁移——这在古代中国的五胡十六国时期(304—439年)、安史之乱时期(755—763年)和金朝南侵时期(1125—1140年)较为明显。“王权与经济的相互作用，产生两种城市：一种是强权统治者的创造物；另一种则是迎合商业和社会规则的产物。”[③]王权统治下的城市，亦可以称为首都或都城，以宏大的城市规模、高大建筑物或陵墓为主要特征，如古埃及的金字塔、古罗马的凯旋门和斗兽场、唐帝国的大明宫(占地350公顷，是明清紫禁城的4.5倍)、拜占庭帝国和奥斯曼帝国时期君士坦丁堡(伊斯坦布尔)的圣索菲亚大教堂和苏丹艾哈迈德清真寺。王权统治下的城市通常人口规模和地域规模都比较大。唐帝国的长安城拥有居民50万以上，顶峰时期超过100万；[④] 阿拉伯帝国的首都巴格达人口规模与之相当，当时罗马仅有5万人口。长安城面积达到84平方千米，是隋唐东都洛阳的2倍，是汉代长安城的2.4倍，是明清北京城的1.4倍。比同时期拜占庭帝国的都城君士坦丁堡大7倍，比阿拉伯帝国首都巴格达大6.2倍。[⑤] 近现代以后，专制王权出现了普遍衰落，这在20世纪尤为明显，但是首都作为国家的核心治所却与古代社会没有任何差异，首都功能对城市规模的影响并未随着社会结构的变迁受到很大削弱，反而形成新的首都经济区，政治与经济功能的结合，导致首都的人口不断增长。2014年全球10大城市中有一半是国家的首都(东京、新德里、墨西哥城、北京和开罗)；与之相比1975年和1990年均是4个。商业城市是迎合商业和社会规则的产物，威尼斯的兴起与繁荣使之成为商业城市的典型代表，此外，唐中后期和明清时期的扬州、纽约、圣保罗等城市亦是如此。商业城市的出现与繁荣，也是经济中心与政治中心分野的表现，在一些国家尤为明显，如美国、澳大利亚、尼日利亚、巴西、中国等。[⑥] 法国哲学家孟德斯鸠(1748)曾评论过这两种类型的城市差异：“在帝王那里找不到伟大的商业企业敬爱，而在共和国政府那里就

---

① 1259年，蒙哥汗死后，蒙古帝国分裂为蒙元帝国、钦察汗国、察合台汗国、窝阔台汗国和伊儿汗国五个国家，它们各自的领土扩张未计入。

② 1904年，俄罗斯帝国在日俄战争中失败，标志着扩张时期的结束；直到1917年沙皇尼古拉二世退位，俄罗斯帝国覆灭。

③ 约翰·里德.城市[M].北京：清华大学出版社，2010.

④ 安丰网，http：//www.anfone.com/explorer/DTWC/2015-7/3533723.html。

⑤ 陕西旅游资料网，http：//www.xtour.cn/tang/chang_ an_ cheng.htm。

⑥ 这五个国家的首都分别是华盛顿、堪培拉、阿布贾、巴西利亚和北京，经济中心分别是纽约、悉尼、拉各斯、圣保罗和里约热内卢以及上海。

可以……更伟大的事实是关于这些国家拥有财产(鼓励商人这么做)保证了每件事……确保他们已经获得的，为获得更多而大胆地去冒险……普遍规律是：在一个奴隶制国家，劳动的目的，更多的是保护已得到的而不思进取；在一个自由的国家，则更多的是进取而不是固守已得到的。”[①]甚至约翰·里德也认为，“哪里是君主统治，哪里的经济就步履蹒跚；哪里的商人蓬勃涌现，哪里的城市就兴旺发达”。20 世纪以后，世界上许多国家都选择了民主共和政体，专制王权受到极大削弱；商业对城市规模的影响得到极大彰显：1975 年和 1990 年全球 10 大城市有 6 个是商业或经济中心，2014 年仍有 5 个城市是商业或经济中心。即使保守估计，将世界 229 个国家和地区的首都均作为一个 100 万以上人口城市看待，2014 年全球至少有 1392 个 100 万人口以上的大城市是由于商业、工业等其他非政治因素产生和发展起来的。

除农业灌溉和城市居民生活用水的功用外，河流影响城市规模表现为其运输功能，这就是交通运输条件对城市规模的影响。河流或运河对古代城市的影响十分显著，特别是东方国家，如中国。隋朝时期开凿的京杭大运河，直接筑牢了扬州在唐朝中后期第一大都市的地位，凭借在南北方粮、盐、钱、铁运输中的枢纽作用，唐朝中后期扬州人口达到十万户以上，力压长安、洛阳，[②] 成为当时中国第一大都市。在西方，海运对于城市规模的影响比河流更为重要，最为典型的就是威尼斯。13 世纪末威尼斯势力达到巅峰时，大约有 20 万居民；随着 16 世纪地理大发现和新航路的开辟，威尼斯开启了长达 500 多年的衰落过程。1960 年比其巅峰时减少了 3 万人口，到 2000 年威尼斯只剩下 6 万多常住居民。这种情况无疑是令人疑惑的。更常见的一种情况，工业革命之后，海运对城市规模的影响越来越大。2014 年全球 10 大城市中，除北京、开罗、新德里和墨西哥城外，其他 6 个城市均临海。在 1990 年全球 10 大城市中，只有墨西哥城是未临海的，其他 9 个城市均是海港城市。由此可见，海运或港口对城市规模的重要影响。河流或海运引申出近现代以来影响城市规模的一个重要因素——对外开放程度。全球殖民时代，对于亚非拉而言，充满了痛苦灾难；同时，在世界范围播撒了工业革命的成果。卡尔·马克思对此给予肯定评价：“英国(在印度)不管干了多少罪行，它造成这个革命毕竟是充当了历史的不自觉的工具……它在印度要完成双重的使命：一个是破坏性的使命，即消灭旧的亚洲式社会；另一个是建设性的使命，即在亚洲为西

---

① 约翰·里德．城市[M]．北京：清华大学出版社，2010.

② 史少卿．简析唐中后期扬州城市工商业流动人口[J]．常德师范学院学报，2010，26(5).

方式的社会奠定物质基础。”①全球殖民体系客观上推动了亚非拉地区的工业化和城镇化。在这个过程中，诞生了许多当今十分伟大的城市，如纽约、上海、悉尼、中国香港、加尔各答等，列举的这几个城市均有通商开埠或被殖民的历史。再看一下2014年全球人口1000万以上超大城市的分布，至少有16个城市拥有通商开埠或被殖民历史（新德里、上海、墨西哥城、孟买、纽约、里约热内卢、布宜诺斯艾利斯、雅加达、天津、马尼拉、加尔各答、重庆、广州、金沙萨、卡拉奇和拉各斯），开罗、北京和伊斯坦布尔也受到殖民政策影响。除了河流和港口外，交通运输对城市规模影响的途径还有公路和铁路。在古代，跨区域的商路促使许多沿线的城市繁荣昌盛，如丝绸之路的中亚节点城市撒马尔罕。它地处古波斯帝国、印度和中国三大帝国之间，在12世纪初，人口达到百万。② 工业革命之后，铁路对城市发展产生重要影响，如中国的株洲、郑州、石家庄等，并且2014年郑州和石家庄均是常住人口超过500万的特大城市。

城市的性质和产业结构被认为是影响城市规模的第四个因素。在这里，城市的性质更多指城市的功能，上文已经讨论了王权与商业对城市规模的影响，或者说政治职能与经济职能对城市规模的影响。按照奥隆索对城市职能的分类，继续探讨防务类城市、文化类城市、娱乐类城镇是没有必要的，原因在于：一是现代社会中，除了少数动荡的地区外，防务类城镇的军事防御功能受到很大削弱，限制了城市规模在战争时期的暴涨现象。二是文化类城市除了少数几个宗教中心，如耶路撒冷、梵蒂冈、麦加外，更多的情况是大学、教堂和艺术中心等文化场所从属于某个大城市或小城镇，而非只有一种职能。三是娱乐类城镇本质是以第三产业为主的城镇，如拉斯维加斯、澳门、巴厘岛等；也可能是类似威尼斯的城镇：2009年威尼斯常住居民仅为6万人左右，年接待游客量却超过1200万人次。澳门也存在类似情况，2013年澳门常住人口63万，年接待游客量达到2900万人次。实际上，这也反映出某些娱乐类城镇的人口规模并不大，整体上对城市规模的影响较为有限。产业结构不仅是指第一、二和三产业的分工，而且是以城市功能专业化来衡量，如城市的主导产业是钢铁、煤炭、纺织、金融等其中之一或几个。亨德森（1974）最早研究空间均衡情况下专业功能不同城市的人口规模分布问题：当

① 马克思恩格斯选集（第2卷）[M]．北京：人民出版社，1972.

② 凯风江苏频道，http：//difang.kaiwind.com/jiangsu/whsysy/201310/14/t20131014_ 1143707.shtml。无法具体考证12世纪初撒马尔罕的人口；根据蒙古帝国西征的史料，蒙古人灭花剌子模，屠寻思干（撒马尔罕）城约百万人口。

各类城市的(居民)效用相同时，各类城市就达到了各自的最优规模，实现了不同城市的空间均衡。这种空间均衡的结果就是，以金融业为主的城市规模会大于以纺织业为主的城市规模。但是亨德森的观点又让人困惑不解：一是亨德森主要通过城市公司来约束城市的实际数量和规模。无疑，城市公司或者说房地产商可以将集聚经济的外部性内部化，现实中，许多情况下城市边缘是大型房地产建设规划或政府城市规划的结果，而不是由“看不见的手”决定土地租金而形成的。二是尽管亨德森研究的不同类型城市最优规模属于空间问题，但他建立的模型却是非空间的。正因如此，城市产业结构或功能专业化对城市规模的影响才备受关注。之后，新经济地理学形成了以集聚经济、外部规模经济和规模报酬递增为特征的城市形成和发展理论。

接下来，本章分别探讨自然因素、工资差异和集聚经济对城市规模的影响。

第二节　自然因素对城市规模的影响

工业革命以来，自然因素对城市规模的影响在下降，特别是农业区位。但是世界人口向沿海地区集中的现象更加明显：联合国(2002)发布的数据，世界人口60%生活在沿海地区，而人口250万以上的城市有65%位于世界各地的沿海地区。① 不仅如此，中国亦存在人口分布的“胡焕庸线”，黑河-腾冲线以东人口占全国人口的94.3%。2013年中国市辖区人口超过250万的城市有32个，其中上海、天津、广州、汕头、杭州、佛山、青岛、深圳、唐山和大连10个城市为临海港口城市，19个城市位于沿海地区。东部地区101个地级市(未包含三沙市)城市总人口为5.01亿，市辖区人口为1.96亿，分别占到全国城市总人口和市辖区人口总数的39.18%和47.22%。暂不考虑经济因素，中国的人口分布特征也无法忽视地形、降水、气温、海拔等自然因素对城市规模的影响，这也是本节研究的意义所在。

本节设定的回归模型是：

$$S_{it}=a_i+MX+\varepsilon_{it} \tag{4-1}$$

其中，S_{it}表示t期i城市规模，a_i表示i城市的个体效应，X表示一系列解释变量，包括各城市的粮食产量、地形、降水、气温、光照、海拔等因素，

① http：//www.un.org/chinese/events/wssd/chap5.htm。

M 表示与之相对应的系数矩阵，ε_{it}为残差项。

一、变量说明和数据来源

被解释变量是城市规模，分别用 1990—2013 年中国地级市城市总人口(N1)、市辖区人口(N2)、非农人口(N3)和建成区面积(N4)进行衡量，数据来自历年《中国城市统计年鉴》。需要说明的是，限于《中国气象年鉴》仅仅公布了 34 个城市的气象信息资料，本节选取了 33 个城市(剔除拉萨)的城市人口规模和地域规模。

解释变量包括各城市的降水量、1 月份平均气温、7 月份平均气温、光照时数、地形、粮食产量、海拔和距海岸线的距离。其中降水量(rain)、1 月份平均气温(temp_ jan)、7 月份平均气温(temp_ july)和光照时数(sunshine)均来自历年《中国气象年鉴》。它分别统计了北京、天津、石家庄、太原、呼和浩特、沈阳、大连、长春、哈尔滨、上海、南京、杭州、合肥、福州、南昌、济南、青岛、郑州、武汉、长沙、广州、深圳、桂林、成都、重庆、贵阳、昆明、西安、兰州、西宁、银川、乌鲁木齐、海口和拉萨 34 个城市的气象信息，鉴于拉萨在 1990—2013 年城市人口规模和地域规模数据缺失严重，本节予以剔除。需要说明的是，从 2004 年 1 月起，成都站被温江站替代、兰州站被皋兰站替代；从 2006 年 1 月起，重庆站被沙坪坝站替代、西安站被泾河站替代；由于温江、皋兰、沙坪坝和泾河分别是成都、兰州、重庆和西安的县、区，本节仍将这四个站的气象信息看作成都、兰州、重庆和西安的气象信息。

地形用丘陵、平原和盆地面积占比(plain_ ratio)衡量，在经典的杜能模型中，假设城市是位于大平原之上的(便于城市建设和农业生产)，但现实中，中国山西、湖南、广西、云南、贵州、重庆、江西、福建、内蒙古、青海和甘肃的许多地区的地形是以高原、山地为主，而城市主要位于河谷、盆地或低矮的丘陵地带，故本节选取了各省的丘陵、平原和盆地占各省土地面积的比重来衡量地形状况。数据来自 2000 年或 2001 年 30 个省、自治区和市辖区统计年鉴(剔除西藏)。除去各省间行政区域调整，各省的丘陵、平原和盆地面积占比基本不会发生变化，为了使这个 plain_ ratio 在 1990—2013 年发生动态变化，用各地级市耕地面积与之相乘较为合适，遗憾的是，这个指标直到 2007 年结束。在 2006 年党中央制定的“十一五”规划中，首次提出了“耕地 18 亿亩红线”，因而，在 2008 年以后再使用耕地面积这个指标是不恰当的。本节利用 2007 年各地级市的耕地面积除以 2008 年以后各地级市的总人口，得到人均耕地面积，利用 1990—2013 年各地级市人均耕地面积与丘陵、平原和盆地面积占比相乘将 plain_ ratio 动态化，具体的计算公式是：

plain_ ratio＝各地级市人均耕地面积×丘陵、平原和盆地面积占比×100%　　(4-2)

1990—2007 年各地级市粮食产量(grain)来自 EPS 数据库。2008—2013 年各地级市粮食产量根据 2007 年各地级市耕地面积占全省耕地面积比重乘以各省粮食产量得到。

选择海拔(altitude)作为各城市规模的解释变量，主要基于世界 56.2%的人口生活在海拔 200 米以下地区，海拔 200～1000 米地区人口占全球人口的 35.6%。并且在我国 285 个地级市中，有 72 个城市中心区域的海拔位于 200 米以下，海拔 1000 米以下的有 242 个。本节所选取的 33 个城市中心区海拔均来自谷歌地球(Google Earth)。

距海岸线的距离(sea_dis)是用各地级市中心城区距天津、上海和香港三大港口的最近距离表示，指标的选取主要是参考孟可强和陆铭(2011)的研究。未用各城市中心区域距海岸线的距离主要原因在于，许多港口城市距海岸的距离为 0。各地级市中心城区距天津、上海和香港三大港口的最近距离通过谷歌地球(Google Earth)衡量。另外，天津距海岸线的距离选取海河文化广场到天津港的距离；上海距海岸线的距离选取外滩到洋山港的距离。

本研究忽略了另一个影响人口分布的因素——纬度。世界人口主要集中在北纬 20°～60°，中国除了海南全省、广东雷州半岛部分地区位于北纬 20°以下，其他地区均位于北纬 20°～60°，因而，控制各城市的纬度是没有必要的。各城市的经度不需要控制，由于中国东部地区的省份临海，引入各城市的经度可能会与距海岸线的距离产生内生性。

在回归模型中，本节还加入 23 个年份虚拟变量，以控制时间效应。

二、描述性统计和单位根检验

各变量的描述性统计见表 4-1。

表 4-1　自然因素的描述性统计

变量	单位	观测值	均值	标准差	最小值	最大值
N1	万人	792	6.225	0.744	3.612	8.119
N2	万人	792	5.534	0.763	3.612	7.488
N3	万人	621	5.397	0.737	3.333	7.104
N4	平方公里	792	5.183	0.782	4.316	7.208

续表

变量	单位	观测值	均值	标准差	最小值	最大值
rain	毫米	792	6.633	0.645	4.316	10.004
sunshine	小时	792	7.573	0.366	5.277	10.185
temp_ jan	摄氏度	792	0.48	8.509	-21.5	24.4
temp_ july	摄氏度	792	26.187	3.253	2.39	32.6
plain_ ratio	%	792	3.284	0.955	0.451	6.149
food	万吨	792	5.244	0.748	3.294	7.077
altitude	米	792	4.904	1.827	1.099	7.968
sea_ dis	千米	792	6.21	0.885	3.928	7.828

注：temp_ jan、temp_ july 和 plain_ ratio 三个变量未取对数，其他变量均是对数值。

为了进一步验证各变量的平稳性，对各变量进行单位根检验，主要使用 LLC(Levin-Lin-Chu)方法进行检验。由于各地级市非农人口在 2008 年以后不再统计，为非平衡面板序列，无法运用 LLC 方法进行单位根检验，本节采用 Dfuller-Fisher 方法对 N3 进行单位根检验。各变量单位根检验结果见表 4-2。

表 4-2　自然因素的单位根检验

变量	原值	平稳性	一阶差分	平稳性
N1	-3.072	I(0)	-7.124	I(1)
N2	-2.707	I(0)	-9.457	I(1)
N3	-2.954	不平稳	-6.667	I(1)
N4	2.159	不平稳	-13.245	I(1)
rain	-8.729	I(0)	-23.894	I(1)
sunshine	-7.021	I(0)	-9.585	I(1)
temp_ jan	-5.657	I(0)	-8.585	I(1)
temp_ july	-3.503	I(0)	-7.285	I(1)
plain_ ratio	-1.814	I(0)	-14.535	I(1)
food	-4.878	I(0)	-13.962	I(1)

从表 4-2 的结果可以看出，非农人口和建成区面积的原始序列是不平稳的，而一阶差分后，各变量均服从 I(1)过程。

三、自然因素对城市规模影响的回归分析

为了验证自然因素对城市规模的影响，本节利用 1990—2013 年 33 个城市的面板数据进行回归分析，具体的回归结果见表 4-3。

表 4-3　自然因素对城市规模的影响

变量	N1			N2			N3			N4		
	OLS	FE	RE	OLS	FE	RE	OLS	FE	RE	OLS	FE	RE
rain	-0.088***	-0.031***	-0.031***	-0.158*	-0.012	-0.014	-0.076	-0.027***	-0.029***	-0.155*	0.021	0.015
	(0.051)	(0.018)	(0.018)	(0.052)	(0.018)	(0.019)	(0.054)	(0.016)	(0.016)	(0.048)	(0.026)	(0.026)
sunshine	-0.478*	0.008	0.004	-0.387*	0.018	0.015	-0.531*	-0.029	-0.031	-0.243*	-0.017	-0.02
	(0.104)	(0.024)	(0.024)	(0.082)	(0.024)	(0.024)	(0.122)	(0.025)	(0.025)	(0.065)	(0.035)	(0.034)
temp_ jan	-0.013*	-0.009*	-0.009	-0.026*	-0.004	-0.004***	-0.035*	-0.006*	-0.006*	-0.023*	-0.0005	-0.003
	(0.005)	(0.003)	(0.003)	(0.004)	(0.003)	(0.002)	(0.004)	(0.002)	(0.002)	(0.004)	(0.004)	(0.003)
temp_ july	0.012	-0.005	0.006	-0.007	0.01**	0.01**	-0.019**	0.001	0.0006	-0.015***	0.005	0.004
	(0.009)	(0.04)	(0.004)	(0.009)	(0.004)	(0.004)	(0.009)	(0.003)	(0.003)	(0.009)	(0.006)	(0.006)
plain_ ratio	-0.164*	-0.164*	-0.164*	-0.333*	-0.007	-0.014	-0.279*	-0.08*	-0.081*	0.262*	0.034	0.02
	(0.037)	(0.02)	(0.02)	(0.03)	(0.02)	(0.02)	(0.032)	(0.013)	(0.013)	(0.026)	(0.029)	(0.028)
food	0.514*	0.241*	0.245*	0.385*	0.127*	0.13*	0.391*	0.114*	0.117*	0.288*	0.084*	0.091*
	(0.043)	(0.016)	(0.016)	(0.037)	(0.015)	(0.016)	(0.035)	(0.012)	(0.012)	(0.03)	(0.022)	(0.022)
sea_ dis	-0.361*		-0.219***	-0.457*		-0.325*	-0.473*		-0.311*	-0.456*		-0.356*
	(0.03)		(0.116)	(0.028)		(0.116)	(0.032)		(0.111)	(0.023)		(0.103)
altitude	-0.0003*		-0.0005*	-0.0004*		-0.0002	-0.0004*		-0.0003**	-0.0003*		-0.0001
	(0.005)		(0.0001)	(0.0001)		(0.0002)	(0.0006)		(0.0001)	(0.0001)		(0.0001)
常数项	10.517*	5.682*	7.255*	12.069*	4.888*	7.053*	12.356*	5.759*	7.868*	11.468*	5.192*	7.556*
	(1.004)	(0.295)	(0.755)	(0.844)	(0.296)	(0.758)	(1.235)	(0.258)	(0.717)	(0.717)	(0.421)	(0.748)
年份控制	是	是	是	是	是	是	是	是	是	是	是	是
R^2/F/Chi2	0.562	43.29	1274.43	0.577	62.85	1813.39	0.634	112.17	2680.24	0.644	103.84	2987.04
观测值	791	791	791	791	791	791	621	621	621	791	791	791

注：括号内数值为标准差；*、**和***分别表示在1%、5%和10%置信水平下显著；省略了年份虚拟变量的估计值。

从城市总人口看，根据 OLS 回归结果，降水量、光照时数、1 月份平均气温、7 月份平均气温、地形、粮食产量、距海岸线距离和海拔等自然因素可以解释 56.2%的城市规模。降水量对城市总人口的回归系数是-0.088，意味着降水量每增加 10%，城市规模会降低 0.88%，这也与中国各省份、各城市的人口分布相一致。河南、河北、山东北方三省的年均降水量为 635.04 毫米，远低于湖南、江西、福建和海南四省 1790.31 毫米的降水量，但是 2013 年河南、河北和山东的城市总人口为 2.79 亿，大于湖南、江西、福建和海南四省的 1.55 亿。并且北方三省 45 个地级市的平均人口规模为 620.38 万，大于南方四省 35 个地级市的平均人口规模 443.34 万。光照时数对城市总人口的回归系数亦是负向的，为-0.478，意味着光照时数每增加 100 小时，会导致城市总人口下降 47.8 万，这些符合中国的人口分布特征。中国光照时数较长的城市位于新疆、西藏、甘肃、内蒙古等西部干旱、半干旱地区，远高于其他地区的日照时数；以长江中下游的江苏、上海和浙江三省市作为对比，新疆乌鲁木齐、甘肃兰州和内蒙古呼和浩特三城市的平均日照时数为 2904.94 小时，比南京、上海和杭州的平均日照时数多 1116.58 小时；而乌鲁木齐、兰州和呼和浩特的平均城市规模仅为 288.5 万，不及南京、上海和杭州平均城市规模（927.33 万）的 1/3。1 月份平均气温对城市总人口的回归系数为-0.013，意味着某个城市 1 月份平均气温越高，城市规模会越大，但是它在固定效应或随机效应回归中不一定显著，意味着这个规律可能不完全成立。如果以呼和浩特、大连和上海为例，会发现这个规律成立：它们 1 月份的平均气温分别是-9.7℃、-3.6℃和 4.55℃，2013 年它们的城市总人口分别为 234 万、591.5 万和 1432.3 万。但是，如果加入哈尔滨或海口，城市总人口与 1 月份平均气温负向关系可能不成立：2013 年哈尔滨的城市总人口为 995.2 万，1 月份平均气温低至-17.45℃；海口的城市总人口为 163.2 万，1 月份平均气温却高达 17.47℃。7 月份平均气温在 OLS 回归与 FE 和 RE 回归中的系数符号是不一致的，意味着 7 月份平均气温对城市总人口的影响可能是不确定的，原因可能在于除西部高原地区 7 月份平均气温较低外，东部地区和中部地区许多城市受大陆季风气候的影响，7 月份平均气温较为接近。在本节选取的 33 个城市中，7 月份平均气温为 26.3℃；而东、中部地区 21 个城市 7 月份平均气温为 27.61℃，这种相近的气温无法对各城市的人口分布产生明显的影响。地形对城市规模的回归系数为-0.164，虽然它在 OLS、FE 和 RE 回归中均显著，这与实际的人口分布存在一定差异：平原面积较多的河南、河北、江苏等省份，平均城市规模大于以高原、山地为主的广西、贵州等省份的平均城市规模。粮食产量对城市规模的弹性为0.514，意味着一个城市的粮食产量每增加10%，城市总人口会增加5.14%。这好比长春与西宁之间的人口差异：长春的平均粮食产量为670.85万吨，而西宁仅为105.58万吨；2013年长春总人口为752.7万，西宁为226.8万，基本证实这个现象。距海岸线距离对城市总人口的回归系数为-0.361，这与中国实际人口分布一致，与胡焕庸线两侧的人口分布一致：东侧的城市距海岸线距离较近，城市总人口也更大；西侧的城市距海岸线距离较远，城市总人口规模较小。在本节选取的33个城市中，只有呼和浩特、银川、兰州、西宁和乌鲁木齐5个城市位于胡焕庸线西侧，这5个城市距海岸线距离平均为1315.07千米。海拔对城市规模的回归系数为-0.0003，虽然具有统计显著性，但是影响十分微小，而且存在这样一种现象：天津、上海、广州和海口四大港口城市的平均海拔仅为4.75米；呼和浩特、银川、兰州、西宁和乌鲁木齐5个城市的平均海拔高达1496.64米；2014年前4个城市的平均人口规模高达857.95万，后5个城市的平均人口仅为252.98万；但是海口的总人口仅为163.2万，比后5个城市中人口最少的西宁还少9.4万。此外，海拔对城市总人口影响有限的原因还在于，在海拔较高地区，城市选址多位于海拔较低的河谷或盆底。例如，贵州的平均海拔为1107米，而贵阳和桂林市区的平均海拔分别仅为186米和375米。在33个城市中，有19个城市海拔位于200米以下，仅有8个城市的海拔超过500米。还需要指明的是，根据Breusch-Pagan拉格朗日乘子检验RE是否优于OLS的回归结果，得到的值是6165.5，在1%置信水平下显著，表明随机效应回归优于OLS回归；检验FE是否优于RE的Hausman检验的卡方值为12.28，其对应的概率为0.094，在10%置信水平下显著，意味着随机效应模型优于固定效应模型。本节更为看重自然因素对城市规模影响是否与现实一致，因而不再进一步分析随机效应的回归结果：除光照时数、7月份平均气温与OLS回归的符号不一致外，其他变量对城市规模的影响与OLS结果一致。

从市辖区人口看，自然因素能解释城市规模的57.7%；根据Breusch-Pagan拉格朗日乘子检验RE是否优于OLS的回归结果，得到的值是5796.68，在1%置信水平下显著，意味着RE回归结果优于OLS回归结果；Hausman检验计算的卡方值为18.78，其对应的概率为0.009，在1%置信水平下显著，显示出FE回归结果优于随机效应模型。从FE的回归结果看，降水量、1月份平均气温和地形均对城市规模产生负向影响；日照时数、粮食产量和7月份平均气温对城市规模产生正向影响，但是只有7月份平均气温和粮食产量对市辖区人口产生显著影响，产生这种现象的原因可能在于城市市辖区人口仍主要取决于地区总人口。另外，中国的人口流动受限于户籍制度，即2013年全国流动人口数达到2.45亿，人户分离数接近2.9亿；按照2013年53.73%的城镇化率计算，中国城市常住人口达到7.3亿，至少有4.4亿城市人口属于户籍人口，这表明市辖区人口仍主要取决于地区人口。不过，在FE回归中，日照时数对城市规模的回归系数符号与OLS回归的符号不一致，正如上文提到的，可能原因在于东部和中部地区7月份平均气温比较接近；而日照时数也存在西北地区长于北方地区，北方地区长于南方地区的情形。但是北方城市的平均人口大于南方城市和西北城市：2013年河北、河南和山东45个地级市市辖区平均人口为144.22万，大于湖南、江西、福建和海南35个地级市市辖区平均人口(98.76万)；亦大于甘肃、宁夏、青海和新疆20个地级市市辖区平均人口(77.64万)。

从非农人口看，自然因素能解释63.4%的城市规模；根据Breusch-Pagan拉格朗日乘子检验RE是否优于OLS的回归结果，得到的值是3970.14，在1%置信水平下显著，意味着RE回归结果优于OLS回归结果；Hausman检验计算的卡方值为16.76，其对应的概率为0.033，在5%置信水平下显著，显示出RE回归结果优于固定效应模型。根据RE回归结果，降水量对非农人口的弹性是-0.029，并且在10%置信水平下显著，意味着降水量每增加100毫米，会导致非农人口降低2.9万；日照时数对城市规模的弹性是-0.031，但是并不具有统计显著性，与1月份平均气温对城市总人口和市辖区人口影响一致，它对非农人口的回归系数是-0.006，并且在1%置信水平下显著。地形对非农人口的影响仍是负的，为-0.081，并且在1%置信水平下显著，但是这与实际人口分布状况相矛盾。距海岸线距离和海拔对非农人口回归系数均是负向的，分别是-0.311和-0.0003，分别在1%和5%置信水平下显著，与中国城市越靠近沿海，城市规模越大，非农人口越多的实际相符；此外，中国“西高东低”的地势特征也契合城市分布规律。粮食产量对非农人口的弹性为0.117，在1%置信水平下显著，意味着一个城市的粮食产量增加10%，会导致城市非农人口增加1.7%。7月份平均气温在RE和OLS回归中符号是不一致的，这可能与中国的大陆季风气候有关，在东部和中部地区的许多城市，7月份平均气温并未随纬度高低和海拔高低表现出明显的差异。

从建成区面积看，OLS回归结果表现最好，各变量均在10%置信水平下显著，自然因素能解释64.4%的城市规模；根据Breusch-Pagan拉格朗日乘子检验RE是否优于OLS的回归结果，得到的值是4503.82，在1%置信水平下显著，意味着RE回归结果优于OLS回归结果；Hausman检验计算的卡方值为

18.48，其对应的概率为0.01，在1%置信水平下显著，显示出FE回归结果优于随机效应模型。虽然FE回归是更恰当的，但是只有粮食产量对建成区面积的回归系数在1%置信水平下显著，为0.084。这表示，通常粮食产量更多的城市，周围的平原或盆地面积更多，便于城市建设，推动建成区面积的扩张。降水量、日照时数、1月份平均气温和7月份平均气温、地形对建成区面积的回归系数均不显著。地形对建成区面积的回归系数是正向的，这与城市建成区面积扩张一致：平原、盆地等平坦地形占比更高的城市，城市建成区面积扩张更加容易，如天津市的平原面积占比为93%，比兰州的河谷地形更容易扩张。地形对建成区面积的回归系数不显著，可能是样本选择有偏造成，或者说建成区面积更多是由经济因素决定，而非自然因素。如选取重庆与天津相比，则会得到相反的结论：重庆的平原面积占比仅为1.9%，但是2013年重庆建成区面积为1115平方千米，大于天津的756平方千米。

总之，降水量、日照时数、1月份平均气温、7月份平均气温、地形、粮食产量、距海岸线距离和海拔等自然因素对城市人口规模的影响大于对建成区面积的影响；光照时数和7月份平均气温对城市人口规模的影响可能是不确定的，建成区面积受到距海岸线距离和粮食产量、地形的影响更大。

四、自然因素的稳健性检验

虽然自然因素对城市人口规模的影响很大，但是一些变量可能存在内生性问题，为此，本节利用广义最小二乘法估计（xtgls）进行稳健性检验，它的优势是可以在回归中修正各变量的异方差问题和序列相关问题，这在一定程度可以提高面板回归的准确性。限于数据的可得性，本节只是将地形用各城市平原、盆地和丘陵的面积替代它们的占比作为稳健性检验，具体结果见表4-4。

表4-4　自然因素对城市规模影响的稳健性检验

变量	N1	N2	N3	N4
rain	-0.052***	-0.092*	-0.124*	-0.011
	(0.032)	(0.031)	(0.038)	(0.031)
sunshine	-0.184*	-0.243*	-0.382*	-0.104*
	(0.047)	(0.043)	(0.064)	(0.039)
temp_ jan	-0.011*	-0.028*	-0.032*	-0.023*
	(0.003)	(0.003)	(0.003)	(0.002)

续表

变量	N1	N2	N3	N4
temp_ july	0.046*	0.016*	0.012*	-0.004
	(0.005)	(0.005)	(0.003)	(0.006)
plain_ ratio	-0.178*	-0.295*	-0.299*	-0.232*
	(0.018)	(0.019)	(0.021)	(0.023)
food	0.521*	0.353*	0.37*	0.231*
	(0.022)	(0.021)	(0.026)	(0.024)
sea_ dis	-0.381*	-0.437*	-0.428*	-0.418*
	(0.02)	(0.023)	(0.026)	(0.024)
altitude	-0.019	-0.085*	-0.113*	-0.069*
	(0.012)	(0.012)	(0.014)	(0.014)
常数项	7.229*	10.085*	11.442*	9.376*
	(0.494)	(0.467)	(0.678)	(0.43)
年份控制	是	是	是	是
Chi2	2360.64	1856.23	1360.81	3075.47
观测值	791	791	621	791

注：括号内数值为标准差；*、**和***分别表示在1%、5%和10%置信水平下显著；省略了年份虚拟变量的估计值。

从表4-4的结果看，降水量、日照时数、1月份平均气温、地形、粮食产量、距海岸线距离和海拔对城市人口规模的回归系数符号与表4-3中的符号方向一致，这表明自然因素对城市人口规模有重要影响，并且结果是稳健的。表4-4中7月份平均气温对城市人口规模的回归系数是正向的，这比表4-3中的结果呈现更强的稳健性，它对城市总人口、市辖区人口和非农人口的回归系数分别是0.046、0.016和0.012，正如东部、中部地区平均城市规模大于西北、内蒙古地区的平均城市规模的事实。对于建成区面积而言，虽然日照时数、1月份平均气温、海拔对它的回归系数均在1%置信水平下显著，但要找出三者对城市建成区面积影响是困难的。还需要强调的是，粮食产量和距海岸线距离对城市建成区面积的回归系数分别是0.231和-0.418，均在1%置信水平下显著，显示出它们对建成区面积的重要影响。

综上所述，自然因素对城市人口规模会产生重要影响，降水量、日照时数、1月份平均气温、7月份平均气温、地形、粮食产量、距海岸线距离和海拔能解释56.3%~63.4%的不同城市的人口规模差异。其中，降水量、日照时数、1月份平均气温、地形、距海岸线距离和海拔均会对城市人口规模产生负向影响，而7月份平均气温和粮食产量有利于城市人口增加。相比较而言，城市地域规模受自然因素影响较弱，城市周围粮食产量越多，意味着地形越平坦，越有助于建成区面积的建设与扩张；距海岸线距离对城市地域规模产生负向影响，主要受到中国“西高东低”地势特征的影响，东部和中部地区地形更为平坦。

第三节　工资差异对城市规模的影响

中国许多著名的城市都是在工业革命之后产生的，例如上海、青岛、大连；改革开放以来，随着中国工业化和城镇化进程的推进，也涌现出许多城市，深圳无疑是最著名的一个。这种城镇化与工业化共同发展的现象在“二战”后受到经济学者的广泛关注，其中，阿瑟·刘易斯(1955)提出二元经济结构模型，通过工业部门与农业部门的工资差异解释劳动力从农村向城市的转移过程；哈里斯和托达罗(1970)用更具一般性的理论统治了这个领域：农民的迁移决策主要由城乡预期收入差异决定。Brueckner 和 Zenou(1999)在哈里斯-托达罗模型的基础上，引入土地市场，将城市空间结构作为劳动力迁移决策的外生条件，使得从农村向城市迁移的劳动者必须考虑居住地到就业地的通勤成本和租房成本。国内已有学者用该理论分析 2008 年全球金融危机前后我国东南沿海地区出现的“民工荒”问题，如李晓春(2006)、焦克源等(2011)。高波等(2014)运用该理论解释城市失业问题，并且发现城乡实际收入差距扩大会促使劳动力流向城市，而城市房价上涨会阻碍农村劳动力向城市迁移。但是在实证研究中，城乡收入差距对劳动力流动乃至城市规模的影响并未得到许多关注，相反，人们更为关注劳动力流动对城乡收入差距的影响，这搞混了刘易斯模型和哈里斯-托达罗模型的因果顺序。研究前一个问题的意义在于：佐证哈里斯-托达罗模型的两个非常有力对策，一是促进工业正规部门的发展，吸纳城市失业人口；二是推动农村经济发展。联系中国的经济发展状况，一是涉及城市产业多样性和行业的就业吸纳能力；二是涉及农村经济发展和城乡一体化问题。关于产业多样性对城市规模的影响，本章将在下一节进行分析。从经济角度看，城乡一体化主要涉及工业布局、城乡收入差距缩小，资本、劳动、土地等要素市场统一，教育均等化，养老、医疗等社会保障一体化等方面，其中城乡收入缩小是最核心的因素。

在研究城市规模时，通常假定下期城市规模与当期城市规模无关，这意味着下期城市规模主要由城市人口的自然增长和迁移人口决定的。通常情况下，人口的自然增长率是比较低的，1990—2013 年中国 289 个地级市(包含巢湖市，剔除三沙市)城市总人口的平均自然增长率为 6.33‰，市辖区人口的平均自然增长率为 6.13‰。由此可以看出，下期城市规模更主要受到迁移人口的影响，这也是本节研究城乡工资差异对迁移人口影响乃至城市规模影响的重要依据。需要说明的是，不运用城乡工资差异研究城市就业问题，答案是显而易见的，高波等(2014)的研究已经在哈里斯-托达罗模型框架下进行了很好的研究：城乡工资差异越大地区，劳动力从农村流向城市的数量会增多。

为了进一步说明这个问题，本节在第三章第二节的哈里斯-托达罗模型基础上，构建实证模型：

$$S_{it}^{im}=\beta_0+\beta_1 wagegap_{it}+MX+\varepsilon_{it} \tag{4-3}$$

其中，S_{it}^{im}是 i 城市 t 期的迁移人口，$wagegap_{it}$表示 i 城市 t 期的城乡工资差异；X 是一系列控制变量，包括经济发展水平、产业结构、政府干预程度、对外开放程度、粮食产量、是否是资源型城市、教育水平、医疗水平和城市公园绿地面积。β_0 和 β_1 分别是常数项和城乡工资差异的回归系数，M 表示各控制变量的系数矩阵，ε_{it}为残差项。

一、变量说明和数据来源

本节选取 1990—2013 年 285 个地级市(剔除了巢湖、拉萨、安顺、毕节和三沙五个地级市)数据对式(4-3)进行验证。

被解释变量是城市迁移人口，分别用全市迁移人口(S1)和市辖区迁移人口(S2)表示，其中：

$$S1_{it}=N1_{it+1}-N1_{it}\times(1+\text{全市人口自然增长率}) \tag{4-4}$$

$$S2_{it}=N2_{it+1}-N2_{it}\times(1+\text{市辖区人口自然增长率}) \tag{4-5}$$

各地级市的全市人口自然增长率和市辖区人口自然增长率来自 EPS 数据库。需要说明的是，城市迁移人口属于城市户籍人口，与流动人口有差异。

核心解释变量是城乡工资差距(wagegap)，是由各城市的平均工资水平减去农民纯收入得到，其中各城市的平均工资来自 EPS 数据库，各城市的农民纯收入并未在《中国农村统计年鉴》中给出，它仅提供了历年各省份农村居民纯收入。在《河南统计年鉴》和《辽宁统计年鉴》中提供了各自地级市的农民纯收入，其他省份并未进行统计。通常情况下，GDP 越高的地级市，当地农民会更多地种植蔬菜、花卉或经济作物，甚至从事非农产业，农民纯收入较高，因而，可以通过以下公式估计各城市的农民纯收入：

$$CRI_{it}=PRI_{jt}\times\frac{rGDP_{it}}{AGDP_{jt}} \tag{4-6}$$

其中，CRI_{it}表示 i 城市 t 期的农民纯收入，PRI_{it}表示 i 城市所在的 j 省份 t 期的农民纯收入，$rGDP_{it}$表示 i 城市 t 期的 GDP 占 j 省 GDP 的比重，$AGDP_{it}$表示 j 省各地级市 GDP 的平均占比。各省份 GDP 和各地级市 GDP 数据均来自 EPS 数据库。同时，将 CRI 按照 1990 年为基期的各省 CPI 进行平减，得到实际值。

经济发展水平（PGDP）由各城市的人均 GDP 衡量，分别用全市的人均 GDP（TPGDP）和市辖区的人均 GDP（CPGDP）表示，数据来自 EPS 数据库；并且 TPGDP 和 CPGDP 按照 1990 年为基期的各省 CPI 进行平减，得到实际值。经济发展水平较高的城市，工资水平较高，会吸引更多的劳动者迁移到该城市。

产业结构（STR）用各城市第三产业产值占 GDP 比重与第二产业产值占 GDP 比重之比得到，各城市第三产业产值占 GDP 比重和第二产业产值占 GDP 比重均来自国泰安数据库。产业结构对移民的吸引力在于不同规模的城市产业结构不同，大城市、特大城市第三产业的发展要优于中小城市；通常情况下，第三产业的产值大于第二产业的产值，会吸引新的移民到大城市、特大城市从事第三产业；在中小城市第二产业占据主导地位，低技能劳动力通常会选择在中小城市就业。

政府干预程度（INV）用政府预算内支出占全市 GDP 比重表示，各地级市的政府预算内支出数据来自历年《城市统计年鉴》。之所以选取该指标作为控制变量，原因在于政府预算内支出可用于基础设施建设和公共服务支出，构建社会保障体系，创造城市经济发展的外部环境；同时，完善的公共服务和社会保障体系，有利于吸引劳动者和居民到该城市就业和生活，扩大城市人口规模。

对外开放程度（OPEN）用各地级市外商实际投资额占固定资产投资比重表示，其中各地级市的外商实际投资额和固定资产投资均来自历年《城市统计年鉴》；外商实际投资额根据历年人民币兑美元汇率，折算为万元，汇率来自中国人民银行网站。外商实际投资额和固定资产投资均按照各省固定资产投资价格指数，折算成以 1990 年为基期的实际外商投资和实际固定资产投资。各省固定资产投资价格指数来自 EPS 数据库。改革开放以来，特别是加入世界贸易组织（WTO）之后，中国逐步形成以出口拉动为主的外向型经济；在 2008 年之前，出口成为中国经济发展的“三驾马车”中最有活力的一驾，带动整个国民经济的快速发展。具体到城市层面，外商直接投资金额较高的城市，通常外向型经济发展较好，会吸引大量劳动力迁入就业，促进城市规模的扩大，例如深圳、东莞和苏州等。

粮食产量（FOOD）主要用以体现自然因素对各城市移民的影响，它由各城市地形、降水量、日照时数、土壤肥沃程度以及耕地面积等自然因素和水利灌溉、化肥、农业技术等经济因素共同决定。由于中国在改革开放后实施家庭联产承包责任制，以家庭为单位的农业生产占主导地位，在水利设施投资、农业技术推广方面相对不足，农业生产主要是由自然因素决定的。1990—1999 年的各地级市的粮食产量是由各地级市占所在省份的耕地面积比例乘以各省粮食产量得到。其中，各地级市耕地面积来自 EPS 数据库，各省粮食产量数据来自国泰安数据库，1990—2007 年各地级市耕地面积数据来自 EPS 数据库。

资源型城市（NC）作为本节的一个虚拟变量，用以衡量城市主导产业衰落对移民的影响。历经新中国成立后乃至改革开放以来的长期开采，许多资源型城市的资源耗竭，已无法维持原有的采掘业，如大庆、徐州、鞍山等，城市对移民的吸引力下降，当地采掘业的工人多转岗或迁移到其他城市就业。本节将资源型城市设为 1，否则设为 0。资源型城市名单来自 2013 年国务院公布的《全国资源型城市可持续发展规划》（2013—2020），当年全国共有 262 个资源型城市，其中地级行政区（包括地级市、地区、自治州、盟等）126 个，且有 112 个地级市属于资源型城市。

教育水平（TEC）是城市公共服务的一个重要方面，关系到下一代人的成长。通常情况下，教育水平越发达的城市，越会吸引更多的移民迁入。参考孟可强和陆铭（2011）以及魏守华等（2015）的研究，选取各地级市大中小教师数量进行衡量；为了区分教育水平对城市总人口和市辖区人口的影响差异，分别选取全市大中小教师数量（TTEC）和市辖区大中小教师数量（CTEC）表示，均由全市（市辖区）大、中、小教师数量加总得到，数据来自历年《城市统计年鉴》。

医疗水平（HOBED）在城市扮演着与教育水平类似的角色。作为城市公共服务的重要组成部分，医疗水平高有助于吸引外地居民到本地就业和生活。参考孟可强和陆铭（2011）的研究，用各地级市的病床数衡量，数据来自历年《城市统计年鉴》。

公园绿地面积（PARK）表示城市生活环境的舒适程度。通常情况下，城市公园绿地面积越大，居民休闲、健身的场所越多，越能提高居民生活的舒适度，进而有利于吸引一些年长的居民迁移到本地生活。该数据来自历年《城市统计年鉴》。

二、描述性统计和单位根检验

各变量的描述性统计见表 4-5。

表 4-5　各变量的描述性统计

变量	单位	观测值	均值	标准差	最小值	最大值
S1	万人	6034	0. 899	2. 57	-8. 951	26. 4
S2	万人	6243	0. 92	2. 135	-6. 179	30. 984
wagegap	元	6507	8. 229	0. 781	5. 514	10. 969
TPGDP	元	6439	3. 856	0. 875	1. 146	7. 525
CPGDP	元	6472	4. 229	0. 879	1. 194	7. 525
STR	%	6543	0. 804	0. 387	0. 069	9. 482
INV	%	6315	0. 106	0. 086	0. 003	0. 85
OPEN	%	5898	0. 11	0. 225	0	5. 156
FOOD	万吨	6572	4. 58	1. 214	-2. 302	8. 306
NC		6840	0. 389	0. 488	0	1
TTEC	人	6531	10. 121	0. 847	6. 572	13. 348
CTEC	人	6552	9. 046	0. 802	5. 493	12. 678
HOBED	张	6507	8. 989	0. 815	6. 292	11. 826
PARK	公顷	6470	7. 214	1. 31	1. 386	12. 032

注：S1、S2、STR、INV、OPEN 和 NC 六个变量未取对数，其他变量均是对数值。

由于 1990—2013 年许多地级市的数据是不完整的，无法利用 LLC 方法对各变量进行单位根检验，本节选择 Dfuller-Fisher(DF)方法对各变量进行单位根检验。DF 方法报告了 4 个统计指标，逆卡方统计量、逆正态统计量、逆 Logit 统计量和调整的逆卡方标准差，其中逆卡方统计量和调整的逆卡方标准差基本保持一致。通常情况下，如果某个变量是不平稳的，四个统计量均在 10%置信水平下不显著或者逆卡方统计量和调整的逆卡方标准差显著，而逆正态统计量和逆 Logit 统计量不显著。限于篇幅，本节只给出逆正态统计量的值，未标识显著水平，当变量平稳时，其默认的显著水平是 1%。另外，需要指明的是，OPEN 有 10 个截面无法用于面板单位根计算，导致逆卡方统计量和逆 Logit 统计量的自由度小于其他变量单位根检验的自由度。OPEN 原值的逆卡方统计量和逆 Logit 统计量的自由度分别是 552 和 1359；一阶差分时这两个变量的自由度分别是 546 和 1364，小于其他变量单位根，检验这两个统计量的自由度分别是 570 和 1429，各变量单位根检验的结果见表 4-6。

表 4-6　各变量的单位根检验

变量	原值	平稳性	一阶差分	平稳性
S1	-18.537	I(0)	-54.136	I(1)
S2	-23.316	I(0)	-59.181	I(1)
wagegap	27.085	不平稳	-24.067	I(1)
TPGDP	20.272	不平稳	-35.469	I(1)
CPGDP	21.266	不平稳	-39.996	I(1)
STR	-5.982	不平稳	-13.264	I(1)
INV	-6.386	I(0)	-48.604	I(1)
OPEN	-16.805	I(0)	-51.152	I(1)
FOOD	-12.309	I(0)	-37.727	I(1)
TTEC	-3.879	I(0)	-40.191	I(1)
CTEC	9.264	不平稳	-35.362	I(1)
HOBED	20.767	不平稳	-31.565	I(1)
PARK	-5.244	I(0)	-43.936	I(1)

从表 4-6 的单位根检验结果看，wagegap、TPGDP、CPGDP、STR、CTEC 和 HOBED 六个变量的原值是不平稳的，不服从 I(0)过程。一阶差分的 DF 检验结果表明，所有的变量均是在 1%置信水平下显著，服从 I(1)过程。

三、城乡工资差异对城市规模的影响

本部分试图分析工资差异对城市规模的静态影响和动态影响。工资差异对城市规模的静态影响是直接对式(4-3)进行回归，分别利用 Pooled-OLS、FE 和 RE 三种方法进行验证，运用 Breusch-Pagan 拉格朗日乘子比较 OLS 回归结果与 RE 结果哪个更优，然后再进行 Hausman 检验固定效应与随机效应孰优孰劣。工资差异对城市规模的动态影响分别利用差分矩估计(DIF-GMM)和系统矩估计(SYS-GMM)两种方法进行检验，回归模型是在式(4-3)的基础上加入城市规模的滞后项；由于 NC 是一个虚拟变量，按照差分原理进行回归的 FE 和 DIF-GMM 方法导致 NC 的回归系数是缺失的，并且在 SYS-GMM 回归中，引入 NC 后，无法进行工具变量的相关性检验和有效性检验，因而，这三种方法的回归中剔除了 NC。另外，在具体的回归结果中，当被解释变量是 S1 时，PGDP 和 TEC 分别对应的是 TPGDP 和 TTEC；当被解释变量是 S2 时，

PGDP 和 TEC 分别对应的是 CPGDP 和 CTEC。工资差异对城市规模静态影响的回归结果见表 4-7。

表 4-7　城乡工资差异对城市规模影响的静态影响

变量	S1			S2		
	OLS	FE	RE	OLS	FE	RE
wagegap	1.112*	0.934*	1.015*	0.778*	0.6*	0.783*
	(0.137)	(0.201)	(0.179)	(0.111)	(0.178)	(0.146)
PGDP	0.187**	0.095	0.21***	0.206*	0.025	0.187**
	(0.078)	(0.161)	(0.119)	(0.061)	(0.118)	(0.083)
STR	0.728*	0.365**	0.537*	0.442*	0.229	0.396*
	(0.112)	(0.131)	(0.139)	(0.102)	(0.141)	(0.109)
INV	1.889***	0.986	1.203	3.126*	1.225	1.815**
	(0.933)	(0.997)	(0.971)	(0.593)	(0.862)	(0.787)
OPEN	-0.551*	-0.407**	-0.377**	-0.055	-0.088	0.047
	(0.139)	(0.166)	(0.159)	(0.114)	(0.151)	(0.139)
FOOD	-0.453*	-0.261*	-0.315*	-0.206*	-0.206*	-0.209*
	(0.048)	(0.072)	(0.06)	(0.045)	(0.057)	(0.043)
TEC	1.283*	0.690*	0.852*	0.642*	0.084	0.516*
	(0.118)	(0.17)	(0.151)	(0.064)	(0.115)	(0.077)
HOBED	0.173	0.046	0.194	0.584*	0.24**	0.535*
	(0.113)	(0.193)	(0.158)	(0.075)	(0.118)	(0.09)
NC	-0.131**	—	-0.252	-0.31*	—	-0.319*
	(0.066)	—	(0.163)	(0.05)	—	(0.101)
PARK	0.173*	0.142**	0.165*	0.131*	0.131**	0.155*
	(0.04)	(0.062)	(0.054)	(0.038)	(0.056)	(0.047)
常数项	-22.21*	-13.914*	-17.681	-17.317*	-7.044*	-15.555*
	(1.205)	(2.024)	(1.489)	0.955	1.94	1.116
年份控制	是	是	否	是	是	否
R^2/F/CHI2	0.239	15.86	673.32	0.284	8.26	777.13
观测值	5175	5175	5175	5225	5225	5225

注：括号内数值是标准差；*、**、***分别表示在 1%、5%和 10%置信水平下显著；省略年份虚拟变量的回归结果。

在表 4-7 的回归结果中，工资差异核心因素仅能解释城市总人口变动的 23.9%和市辖区人口变动的 28.4%。对于城市总人口而言，Breusch-Pagan 拉格朗日乘子是 3593.9，在 1%置信水平下显著，意味着随机效应模型是优于混合 OLS 模型的；Hausman 检验的卡方值是 18.1，其对应的概率是 0.968，显示出固定效应模型是优于随机效应模型的。具体到 S1 的 FE 回归结果，与 Pooled-OLS 和 RE 回归结果一致，wagegap 对城市迁移人口的回归系数是正向的，为 0.934，并且在 1%置信水平下显著；这表示某个城市的城乡工资差异每增大 10%，会导致城市迁移人口增加 0.093 万。PGDP 对城市迁移人口的影响是正向的，为 0.095，却是不显著的，但是它在 Pooled-OLS 和 RE 回归下均是显著的，这至少表明：城市经济发展水平越高，城市吸引移民的数量可能越多。STR 对城市迁移人口的影响为 0.365，在 5%置信水平下显著，这说明短期内第三产业的发展是有助于吸引移民迁入城市的。INV 对城市迁移人口的影响是 0.986，它在 FE 回归下并不显著，却在 OLS 回归下显著，这印证了一个事实：短期内，政府可以增加农民或其他移民在城市购房的补贴，或者对农地进行征收（支付征地补偿），增加城市迁移人口数量，这种情形更为直观的体现就是城郊村庄被不断并入城区或社区化建设。对外开放程度并不能对城市移民产生正向影响，反而阻碍了城市迁移人口，这可能是由于中国户籍制度所导致的。在 2014 年《国家新型城镇化规划》发布之前，中国的户籍管理制度并未发生很大的改变，许多城市落户需要满足一定工作年限、缴纳社保基金年限、购买商品性住房或者达到一定的积分（例如上海），这限制了每年新增的城市迁移人口。而中国开放程度较高的地区均位于东部地区，2013 年京津冀、长三角和珠三角城市群 35 个城市的实际利用外资金额占比是 84.65%，同时，这些省份也是全国流动人口的主要流向地，并不需要将过多的流动人口融入城市，这可能是导致 OPEN 对城市迁移人口影响不显著的一个原因。FOOD 对 S1 的影响是-0.261，并且在 1%置信水平下显著，这同时反映出两个事实：自然条件优越的东、中部地区城镇化进程的加快和中西部农业地区的人口向东部发达地区迁移。1990 年中国的户籍城镇化率为 26.41%，到 2013 年提升至 36%左右，但是当年的常住人口城镇化率达到 53.7%，意味着城市流动人口占到 17.7%。TEC 对城市迁移人口的回归系数是 0.690，在 1%置信水平下显著，意味着某个城市的教师数量增加 10%，会吸引城市迁移人口增加 0.069 万，这可能与中、高等教育的户口迁移有关。NC 对城市迁移人口的影响在固定效应模型下缺失，但是 Pooled-OLS 和 RE 的回归系数均为负值，因为在资源型城市占主导地位的采掘业、过剩产能行业

(钢铁、铝等)走向衰落，如近年来钢铁行业出现的大规模裁员和转业,① 一些资源型城市人口向其他城市迁移在所难免。PARK 对 S1 的回归系数是正向的，为 0.142，这意味着城市环境改善，有助于吸引其他地区人口到该城市居住和就业。

对 S2 而言，Breusch-Pagan 拉格朗日乘子是 1066.56，在 1%置信水平下显著，意味着随机效应模型是优于混合 OLS 模型的；Hausman 检验的卡方值是 48.45，其对应的概率是 0.024，无法拒绝固定效应与随机效应回归系数的差别不显著的原假设，显示出随机效应模型优于固定效应模型。与工资差异对城市总人口的影响类似，在 RE 回归结果中，wagegap、PGDP、STR、INV、TEC、HOBED 和 PARK 对市辖区迁移人口的回归系数均是正向的，并且均在 1%和 5%置信水平下显著，分别为 0.783、0.187、0.396、1.815、0.516、0.535 和 0.155。FOOD 和 NC 对市辖区迁移人口的回归系数均是负向显著的，分别是-0.209 和-0.319。OPEN 对 S2 的回归系数为 0.047，并不具有统计显著性；相比较而言，在 Pooled-OLS 和 FE 中，OPEN 对 S2 的回归系数均为负数，这是三种回归结果的最大差异。造成这种差异的原因可能在于外商直接投资通常位于工业园区内，但是却不一定位于市辖区内，例如昆山的许多工业园，虽不在市辖区内，但却为全市带来更多的流动人口。

为了分析城乡工资差异对城市迁移人口的长期影响，本节利用 DIF-GMM 和 SYS-GMM 方法进行验证。同样，这两种方法可以在一定程度上解决各变量间的多重共线性问题及双向因果问题，DIF-GMM 方法容易产生弱工具变量问题，SYS-GMM 方法则可以较好地避免，并且能提高有限样本的利用程度，增加回归的自由度。城乡工资差异对城市迁移人口长期影响具体结果见表 4-8。

表 4-8　城乡工资差异对城市规模影响的动态影响

变量	S1		S2	
	DIF-GMM	SYS-GMM	DIF-GMM	SYS-GMM
S1/S2(-1)	0.187*	0.208*	0.142*	0.135*
	(0.001)	(0.0004)	(0.001)	(0.0002)
S1/S2(-2)	0.081*	0.055*	0.169*	0.149*
	(0.001)	(0.0005)	(0.001)	(0.0003)

① 武钢和鞍钢两个公司裁员数量达到 10 万以上。数据分别来自：http：//news. 163. com/16/0319/10 /BIH1D 3NS-0001124J. html 和 http：//news. china. com/domestic /945/201603 11/21841339. html。

续表

变量	S1		S2	
	DIF-GMM	SYS-GMM	DIF-GMM	SYS-GMM
wagegap	0. 721*	0. 461*	0. 339*	0. 074*
	(0. 023)	(0. 008)	(0. 011)	(0. 003)
PGDP	-1. 062*	-0. 978*	-0. 389*	-0. 325*
	(0. 025)	(0. 008)	(0. 016)	(0. 009)
STR	-0. 631*	-0. 21*	-0. 241*	-0. 289*
	(0. 031)	(0. 011)	(0. 02)	(0. 008)
INV	-12. 889*	-1. 271*	-5. 278*	-1. 684*
	(0. 348)	(0. 138)	(0. 27)	(0. 082)
OPEN	-0. 447*	-0. 229*	-0. 374*	-0. 35*
	(0. 031)	(0. 008)	(0. 025)	(0. 01)
FOOD	-0. 268*	-0. 147*	-0. 175*	-0. 003
	(0. 019)	(0. 005)	(0. 007)	(0. 002)
TEC	0. 699*	1. 271*	0. 305*	0. 88*
	(0. 039)	(0. 011)	(0. 009)	(0. 007)
HOBED	-1. 554*	-0. 5*	-1. 302*	-0. 83*
	(0. 035)	(0. 014)	(0. 023)	(0. 013)
PARK	-0. 281*	0. 033*	0. 013	0. 124*
	(0. 01)	(0. 003)	(0. 01)	(0. 003)
常数项	10. 868*	-6. 961*	9. 99*	1. 363*
	(0. 304)	(0. 071)	(0. 245)	(0. 081)
CHI2	66171	3. 58E+06	467955. 72	5. 42E+06
AR(1)	-6. 516*	-6. 461*	-4. 708*	-4. 562*
AR(2)	-0. 52	0. 171	-0. 165	0. 091
Sargan	238. 814	255. 71	239. 054	252. 043
观测值	4296	4659	4436	4805

注：括号内数值是标准差；*表示在1%置信水平下显著；S1/S2(-1)和S1/S2(-2)分别表示S1或S2的1期滞后项和2期滞后项。

对城市总迁移人口而言，DIF-GMM和SYS-GMM两种方法的工具变量一阶序列是相关的，它们相关系数分别是-6. 516和-6. 461，并且均在1%置信水平下显著；二阶序列是不相关的。这两种方法的Sargan检验值分别是238. 814和255. 71，均在10%置信水平下不显著，意味着工具变量是有效的。

从 DIF-GMM 和 SYS-GMM 回归的具体结果看，除了 PARK 外，其他变量对城市总迁移人口的回归系数符号是一致的。鉴于 SYS-GMM 方法比 DIF-GMM 方法更有效，本节仅分析 SYS-GMM 方法的回归结果。整体而言，SYS-GMM 方法中各变量回归系数的绝对值小于 DIF-GMM 方法。长期内，城乡工资差异仍对城市总迁移人口产生正向影响，它的回归系数是 0.461，在 1%置信水平下显著，意味着城市工资差异每扩大一倍，会导致城市迁移人口增加 0.461 倍，这可能是受到中国城镇化进程的影响。按照乐观估计，2020 年中国城镇化率达到 70%；① 但是在 2016 年 3 月十二届全国人大四次会议上，国务院政府工作报告指出，到 2020 年，中国常住人口城镇化率达到 60%，户籍人口城镇化率达到 45%。由此可见，中国城镇化率要达到发达国家平均水平会历经更长的时间；同时，还有近 2 亿的城市流动人口无法融入城市，这是导致城市迁移人口持续增长的原因。PGDP 对 S1 的回归系数是-0.978，意味着长期内一个城市的经济发展水平对城市迁移人口的吸引力减弱，这与长期内经济收敛理论有关，一旦经济进入稳态，就会逐渐消除各城市 PGDP 的差异，劳动者或居民会选择一个更为合适的城市居住和就业，使得先前经济发展水平较高的地区对迁移人口失去吸引力。长期内 STR 对 S1 的回归系数是-0.21，并且在 1%置信水平下显著，表明长期内第三产业的过度发展可能会导致城市产业空心化，逐渐丧失对迁移人口的吸引力；第二产业的发展可能是中小城市对农村迁移人口保持持续吸引力的关键，这是与 STR 对 S1 短期效应的显著差异。INV 对 S1 的回归系数是-1.271，与短期效应的正向影响相反，这表明由政府征地、户籍管理等政策推动的城镇化过程，在长期内可能出现反弹，户籍政策也可能出现松动，提高城市迁移人口的流动性。OPEN 和 FOOD 对 S1 的长期影响与短期影响是一致的，它们均会显著降低城市总迁移人口数量，并且对 S1 的回归系数分别是-0.229 和-0.147。一种可能的解释是中国人口流动的目的地与城镇化政策是不一致的，导致城市迁移人口增长主要在流出地，而不是流入地，因而，对外开放程度较高的东部城市并未实现城市总迁移人口的大量增长。中国粮食主产区与人口流动区域的不一致可能是导致 FOOD 回归系数为负的原因：在粮食产量较高的东部、中部地区，本身城镇化水平已经很高或者城镇化水平较低；城镇化水平很高的地区已经无法吸纳本地更多的农村人口；而粮食产量较高的城市，城镇化水平较低的地区，会形

① 乔依德在 2013 年“哈佛中国论坛”的讲话，http://www.chinanews.com/gn/2013/0415/4729461.shtml。

成以农业为主导的产业结构，吸纳就业人数有限，存在大量人口外出就业，甚至定居的情形，从而造成 FOOD 对 S1 的影响为负。教育水平对 S1 的长期影响是正向的，为 1.271，这可能与长期内经济增长的动力是技术进步、人力资本有关，也可能是受到“终身教育”思想的影响。HOBED 对 S1 的回归系数是-0.5，与短期效应的正向影响不同，可能的原因是长期内经济会逐步趋向稳态水平，城乡医疗水平差距，甚至各城市间的医疗水平差距会逐渐缩小乃至消失，可能导致一些原本生活在大城市的居民返回小城市甚至农村，进而导致医疗水平对城市总迁移人口的影响为负。PARK 对 S1 的回归系数符号在 DIF-GMM 和 SYS-GMM 方法下是相反的，无法确定长期内城市环境对城市迁移人口产生什么影响，长期内可能会存在两种情形：一是随着工业化进程推进，各城市的污染程度普遍加重，城市公园绿地无法为居民带来福利改善，这对迁移人口缺乏吸引力；二是环境治理取得显著成果，各个城市的居住环境得到很大改善，导致城市公园绿地的吸引力下降。现实中城市环境治理可能会陷入中间情形，不会出现环境污染无法治理，或者治理十分成功的情形，进而导致城市公园绿地面积的增加对城市总迁移人口的影响是不确定的。

对市辖区迁移人口而言，DIF-GMM 和 SYS-GMM 两种方法的工具变量一阶序列相关系数分别是-4.708 和-4.562，均在 1%置信水平下显著；二阶序列相关的系数分别是-0.165 和 0.091，均在 10%置信水平下不显著，满足这两种方法工具变量的序列相关检验。它们对应的 Sargan 检验值分别是 239.054 和 252.043，均在 10%置信水平下不显著，说明工具变量是有效的。整体上讲，DIF-GMM 和 SYS-GMM 两种方法的回归结果均是有效的，并且两个方法各个变量对 S2 的回归系数符号均是一致的，因而，本节仍只分析 SYS-GMM 的回归结果。长期内 wagegap 对 S2 的回归系数是正向显著的，为 0.074，这个系数要小于城乡工资差异对城市总迁移人口的影响，它在长期内仍对市辖区迁移人口产生正向影响，主要原因在于目前城市中大量非户籍流动人口，未来的户籍制度改革会使他们进一步融入城市，增加市辖区迁移人口数量。PGDP 对 S2 的回归系数是-0.325，从绝对值看小于它对 S1 的回归系数，这可能是由市辖区吸纳迁移人口能力下降造成的。在市辖区范围不变的情况下，长期内越来越多的人口定居在市辖区范围，会产生拥挤效应，从而新迁移人口选择在市辖区定居可能就变成一个次优选择。STR 和 INV 对 S2 的回归系数分别是-0.289和-1.684，从绝对值看，均大于它们对 S1 的回归系数，这可能意味着，以第三产业为主导的产业对市辖区人口的影响是更为重要的，甚至可能导致市辖区人口的减少；而政府在推进城镇化过程中干预越是强烈，长期内越可能会出现逆城镇化现象，这在市辖区范围内体现得更为明显。OPEN 对 S2 的回归系数是-0.35，意味着长期内东部开放程度较高的城市不可能吸纳更多的迁移人口，这可能是受到城市环境污染、交通拥堵或其他一些政策的影响。FOOD 对 S2 的回归系数是-0.003，显示出长期内农业地区的城市不能对当地居民产生特别大的吸引力，人口外流的趋势是无法避免的。TEC 对 S2 的回归系数是 0.88，表明长期内教育才是保持城市对迁移人口吸引力的一个关键因素，这是与短期效应完全一致的。HOBED 对 S2 的长期影响是负向的，为-0.83，这可能是受到城乡医疗一体化政策的影响，该政策不仅改善了乡村医疗条件，也缩小了城乡和城市间医疗水平差异，使得它对城市迁移人口的吸引力下降。PRAK 对 S2 的回归系数在 DIF-GMM 和 SYS-GMM 回归中均为正值，并且在 SYS-GMM 下的回归系数是显著的，为 0.124，表明城市环境在长期内增强了市辖区对迁移人口的吸引力，这是与短期影响类似的地方。

总之，不论短期效应还是长期效应，城乡工资差异、教育水平和城市环境均能增强城市和市辖区对迁移人口的吸引力；而对外开放程度和粮食产量降低了城市和市辖区迁移人口的数量；在短期内，经济发展水平、产业结构、政府干预程度和医疗水平均能有效增加城市和市辖区迁移人口的数量，在长期内会产生相反的影响或者说这些政策或举措会失效。同时，短期内资源型城市对迁移人口的吸引力在下降。

四、分地区城乡工资差异对城市规模的影响

为了研究城乡工资差异对不同地区城市规模的影响，本部分将样本数据分为东部、中部、西部三大地区进行回归。本部分利用三大地区的数据对模型(4-3)进行回归，研究了城乡工资差异对城市规模的静态影响；城乡工资差异对城市规模的长期影响运用三大地区数据对引入城市迁移人口滞后项的式(4-3)进行回归。

分地区城乡工资差异对城市迁移人口的静态影响，本部分分别进行了固定效应和随机效应回归，Hausman 检验结果表明，不论是 S1 还是 S2，利用 RE 方法进行回归是更为有效的，因而，本部分仅报告出随机效应的回归结果（见表 4-9）。

表 4-9 东、中、西部三大地区城乡工资差异对城市规模的静态影响

变量	S1			S2		
	东部地区	中部地区	西部地区	东部地区	中部地区	西部地区
wagegap	1.405*	0.417	1.093**	1.086*	0.675*	0.628
	(0.276)	(0.282)	(0.5)	(0.209)	(0.24)	(0.416)
PGDP	0.379***	0.621***	0.273	0.095	0.563*	0.118
	(0.195)	(0.241)	(0.237)	(0.123)	(0.144)	(0.179)
STR	0.703*	-0.202	0.642**	0.742*	-0.091	0.349
	(0.212)	(0.241)	(0.283)	(0.163)	(0.18)	(0.235)
INV	3.287**	-0.979	-0.338	2.016**	2.484	0.538
	(1.377)	(1.978)	(1.901)	(1.01)	(1.827)	(0.163)
OPEN	-0.449**	0.018	0.181	-0.179	0.308	1.352***
	(0.2)	(0.341)	(0.61)	(0.159)	(0.336)	(0.54)
FOOD	-0.445*	-0.051	-0.343**	-0.207*	-0.102	-0.375*
	(0.092)	(0.102)	(0.151)	(0.065)	(0.073)	(0.096)
TEC	0.795	0.995*	0.481	0.378*	0.6619*	0.612*
	(0.238)	(0.248)	(0.36)	(0.104)	(0.129)	(0.186)
HOBED	0.023	0.104	0.751**	0.55*	0.348	0.768*
	(0.235)	(0.263)	(0.346)	(0.136)	(0.147)	(0.197)
NC	-0.19	-0.529**	-0.172	-0.49**	-0.405*	-0.257
	(0.296)	(0.243)	(0.104)	(0.191)	(0.142)	(0.181)
PARK	0.323*	-0.27*	0.181***	0.256*	-0.152***	0.173***
	(0.084)	(0.1)	(0.104)	(0.069)	(0.085)	(0.09)
常数项	-20.033*	-12.485*	-19.425*	-17.173*	-13.596*	-16.224*
	(2.395)	(2.485)	(3.847)	(1.662)	(1.885)	(3.077)
CHI2	340.87	338.32	180.61	432.36	239.61	239.33
观测值	2173	1911	1091	2186	1933	1106

注：省略年份虚拟变量的回归结果；括号内数值是标准差；*、**、***分别表示在1%、5%和10%置信水平下显著。

对城市总迁移人口而言，短期内东部地区的 wagegap、PGDP、STR、INV 和 PARK 均能显著地增加城市总迁移人口数量，它们的回归系数分别是 1.405、0.379、0.703、3.287 和 0.323，造成这种现象的原因可能在于东部地区是目前中国经济最发达的地区，人均 GDP 在三大地区中最高，并且第三产业逐渐占据主导地位，第二产业向外转移趋势十分明显，特别是在长三角和

珠三角地区；同时，当今中国三大城市群(长三角、珠三角和京津冀)均位于该地区，各地政府在推进城镇化方面取得很大成效，2013 年东部地区的常住人口城镇化率为 62.2%，高于中部地区的 48.5%和西部地区的 44.8%。这些因素均导致了大量人口从中西部地区流向东部地区，导致东部地区城市总迁移人口不断增加。东部地区城市规模的不断扩大，需要完善相应的基础设施和环境设施，增加公园绿地面积也就在所难免；这会提升城市生活的舒适程度，从而吸引更多的迁移人口到城市生活和就业。OPEN 和 FOOD 均显著地降低了 S1，它们的回归系数分别是-0.449 和-0.445，意味着继续提高东部地区的开放程度对于吸引城市迁移人口是没有意义的，可能的原因是东部地区是中国开放程度最高的地区，2013 年三大城市群的外商实际投资额占到全国的 84.65%，外商直接投资地区配置不合理现象突出，对城市总迁移人口产生负面影响就显得合理。正如中部地区的农业区一样，东部地区的农业区对城市总迁移人口的吸引力也是下降的，这些城市本身邻近发达地区，农民迁移到沿海发达城市就业十分便捷，因而粮食产量越高的城市，人口外流越不可避免。令人意外的是，虽然短期内东部地区教育水平和医疗水平对 S1 的回归系数是正向的，但却不显著，可能的原因是东部地区高校数量较多，并且著名高校多位于该地区，如北京大学、清华大学、复旦大学等，一方面吸引全国各地的学生迁入，另一方面高校招生仍以本省学生为主，可能导致它对城市迁移人口的影响不显著。医疗水平对 S1 的短期影响不显著可能在于中国的医疗保障体系不完善，“看病难”问题并未得到有效解决，在居民的迁移决策中并未起决定作用。最后需要说明的是，资源型城市对城市总迁移人口的负向影响，在东部地区并不显著，其原因可能是东部地区资源型城市较少，在 112 个资源型城市中仅有 26 个位于东部地区。

在短期内，中部地区的 wagegap 对 S1 的回归系数是正向不显著，这意味着中部地区在中国城镇化进程和产业升级过程中，未能很好地承接东部地区的产业转移，优越的农业生产条件限制了龙头产业的发展或者缺乏主导产业，导致该地区的城镇化进程仍主要靠本地人口的城镇化。PGDP 和 TEC 对 S1 的回归系数分别是 0.621 和 0.995，分别在 10%和 1%置信水平下显著，表明城市经济发展水平和教育水平是增强中部地区城市对迁移人口吸引力的关键因素：中部地区经济发展水平较高的城市通常是省会城市，如武汉、长沙和郑州等，这些城市也是教育资源丰富的地区，居民会迁移到这些城市就业和生活，增加城市总迁移人口数量。同时，中部地区的 STR、INV 和 FOOD 对 S1 的短期影响均是负向不显著，这一方面体现了中部地区与东部地区的产业结构和政府财政实力的差异；另一方面说明在农业占优势的中部地区，虽然总人口会相对较多，但是也缺乏足够多的就业机会，人口外流现象突出。OPEN对S1的短期影响为正向不显著，正说明中部地区的开放程度仍是比较低的，吸引更多的外商直接投资有助于增强中部地区的经济发展动力，提高对迁移人口的吸引力。HOBED对S1的回归系数亦是正向不显著，意味着中部地区的医疗保障问题和“看病难”问题与东部地区一样突出。短期内中部地区的资源型城市对城市总迁移人口产生显著的负向影响，为-0.529，这可能是中部地区的资源型城市遇到更为突出的产业结构问题，例如大庆、焦作、大同等。资源耗竭已经威胁到资源型城市的可持续发展，其对城市迁移人口的吸引力下降在所难免。PARK对S1的影响是负向的，并且在1%置信水平下显著，这与东部地区有显著差异。原因可能是中部地区拥有更为优越的自然条件，适宜公园建设；同时，中部地区人口外流现象较为严重，特别是在河南、安徽和湖北等省份，导致对移民的吸引力下降。

短期内西部地区的wagegap、STR、HOBED和PARK均能显著地增加城市总迁移人口，它们对S1的回归系数分别是1.093、0.642、0.751和0.181，主要的原因可能在于以下两个方面：一是西部地区地域面积广大，占国土面积的72.39%；但是2013年只有89个地级市，并且各地级市的城市总人口规模差异很大，存在重庆、成都和西安等500万人口以上的特大城市，更多的却是50万以下的中小城市。二是西部特大城市规模过大，呈现出更为明显的克里斯塔勒式城市结构体系，使得经济、教育、医疗条件集中在中心城市，从而wagegap、STR和HOBED对城市总迁移人口产生正向影响；虽然西部地区地形以高原、山地为主，但是城市选址多位于河谷、盆地，城市中心海拔远低于各省的平均海拔，城市环境相对于其他地区更为优越，从而可以吸引迁移人口生活和就业。INV和FOOD对S1的影响是负向的，主要的原因可能是西部地区大部分城市的政府规模过小，无法用财政手段大力推进城镇化进程；同样，西部地区也是人口外流现象突出的地区，特别是粮食产量较多的四川、重庆地区，因而它们对S1的影响是负向的。西部地区的OPEN对S1短期影响是正向不显著的，显示出西部地区仍面临中部地区一样的对外开放困局——外商直接投资过少。TEC对S1的回归系数正向不显著，这可能与西部地区高校数量较少有关，无法使城市迁移人口明显增加。西部地区是中国各类资源丰富的地区，也是资源型城市最多的地区，但是NC对S1的回归系数不显著，可能的原因是环境保护意识的提升限制了西部地区对资源开发的强度，使得资源型城市衰落无法避免，进而城市迁移人口出现下降。

对 S2 而言，东部地区各变量的回归系数符号与 S1 的回归系数完全一致，这意味着东部地区的市辖区迁移人口与城市总迁移人口变化是十分相似，虽然短期内 wagegap、PGDP、STR、INV、TEC、HOBED 和 PARK 对 S2 的回归系数均是正向的，但是 PGDP 是不显著的，TEC 和 HOBED 对 S2 的回归系数是显著的，意味着市辖区更多地承担了教育、医疗功能，并且学校和医院更为集中在市辖区；这可能是它们对 S2 影响显著的原因。随着城市经济发展，市辖区的工业企业会逐渐外迁至下属县市或其他地区，进而市辖区形成以服务业、商业为主的产业结构，对劳动者的吸引力逐步下降，这可能是市辖区 PDPG 较高，但对 S2 影响不显著的原因。东部地区提升对外开放程度无益于增加市辖区迁移人口，原因可能是外商直接投资主要位于工业园区，而工业园区不一定位于市辖区，这造成了 OPEN 对 S2 的回归系数不显著；FOOD 和 NC 对 S2 的回归系数均是显著为负的，可能的原因在于东部地区经济较为发达，产业升级成效显著，为该地区的资源型城市和农业地区提供了产业转移的机会，并且也可以增加这些地区的劳动力在发达城市的就业机会。

短期内中部地区的城乡工资差距扩大、经济发展水平提高仍能有效地推动本地区的城镇化进程，增加市辖区迁移人口数量，并且在教育发达的城市，也有利于吸引城市迁移人口，它对 S2 的回归系数是 0.6619；但是在资源型城市，面临资源耗竭，产业升级和转型的困境，无法扭转城市衰落的命运，迁移人口通常不会选择在资源型城市定居。STR 和 FOOD 对 S2 的回归系数是负向的，说明中部地区的产业结构是不合理的，农业经济的优势，可能会限制第二产业和第三产业的发展，从而在城镇化进程中无法有效地增加市辖区人口规模；对外开放程度较低和政府财政支出规模有限可能限制中部地区城市市辖区迁移人口的增加，这也可能是中部地区经济发展较慢的一个原因。这些因素导致 STR、OPEN 和 INV 对 S2 的回归系数不显著。中部地区 HOBED 对 S2 的回归系数是不显著的，可能的原因在于优质的医疗资源更多集中在东部地区，中部地区的地理位置决定当地居民能够较便捷地享受到东部地区的医疗条件，这可能导致了它对中部地区市辖区迁移人口的影响不显著。如同 S1 一样，PARK 对 S2 的回归系数是负向显著的，为-0.152，这可能是受到中部优越的地形条件影响，导致城市公园对迁移人口没有很大吸引力。

短期内西部地区经济落后局面没有很大改善，导致 wagegap、PGDP、STR 和 INV 对 S2 的回归系数是正向不显著的。提高西部地区的对外开放程度，有助于扩大市辖区迁移人口规模，成都和重庆就是很好的例子，它的回归系数是 1.352。正是由于西部地区城市结构体系呈现出更明显的金字塔结构，使得教育、医疗资源更多集中在市辖区，从而导致 TEC 和 HOBED 对 S2 的回归系数是显著的，它们分别是 0.612 和 0.768；农业地区和资源型城市对市辖区人口增长是无益的，然而西部地区是中国资源最丰富的地区，虽然资源型产业在衰退，但是却不得不维持这些行业保持经济增长，这可能导致它们对 S2 回归系数不显著。西部地区较为恶劣的自然环境决定了城市公园的建设有利于改善居民环境，增强居民的幸福感，这可能是 PARK 对 S2 回归系数正向显著的原因，公园面积每增加 100 公顷，市辖区迁移人口就增加 1.73 万。

总之，短期内城乡工资差异能增加东部和西部地区城市总迁移人口；东部和中部地区经济发展水平有助于吸引迁移人口到城市就业和生活；STR 对东部地区和西部地区的 S1 产生正向影响，INV 仅在东部地区有效；OPEN 和 FOOD 会降低东部地区城市总迁移人口，不过粮食产量也会降低西部地区的城市总迁移人口；教育水平和医疗水平分别在中部地区和西部地区有效，资源型城市降低了城市的迁移人口数量，仅在中部地区效果明显。PARK 在东部地区和西部地区显著地提高了城市对迁移人口的吸引力，在中部地区效果相反。对 S2 而言，wagegap 增强了东部地区和中部地区市辖区对迁移人口的吸引力，不过 PGDP 仅在中部地区有效；STR 和 INV 仅能增加东部地区市辖区迁移人口数量。提高西部地区的对外开放程度，能有效增加市辖区迁移人口数量；FOOD 对市辖区迁移人口的影响是负向的，仅在东部地区和西部地区显著；教育水平和医疗水平在三个地区都能增加市辖区迁移人口数量，但是医疗水平仅在东部地区和西部地区显著。NC 显著降低了东部和中部地区市辖区对迁移人口的吸引力，PARK 对 S2 的效应与 S1 类似：在东部和西部地区增加了市辖区迁移人口的数量，在中部地区却降低了市辖区迁移人口数量。

接下来，考察三大地区城乡工资差异对 S1 和 S2 的动态影响，剔除了 NC 变量，利用 SYS-GMM 方法进行验证，具体的回归结果见表 4-10。

表 4-10　东、中、西三大地区城乡工资差异对城市规模的动态影响

变量	S1			S2		
	东部地区	中部地区	西部地区	东部地区	中部地区	西部地区
S1/S2(-1)	0.197*	0.208*	0.126*	0.269*	0.02*	0.069*
	(0.001)	(0.006)	(0.003)	(0.002)	(0.001)	(0.002)
S1/S2(-2)	0.088*	0.049*	-0.046*	0.127*	0.157*	0.005*
	(0.001)	(0.004)	(0.004)	(0.002)	(0.001)	(0.001)
wagegap	-0.352*	-0.305*	1.382*	-0.082*	-0.653*	-0.091*
	(0.038)	(0.062)	(0.146)	(0.014)	(0.037)	(0.032)

续表

变量	S1			S2		
	东部地区	中部地区	西部地区	东部地区	中部地区	西部地区
PGDP	0.204*	-0.354*	-2.679*	-0.048*	0.022	-0.966*
	(0.035)	(0.086)	(0.163)	(0.015)	(0.032)	(0.04)
STR	-1.111*	-0.212	-0.098	-1.113*	0.651*	0.78*
	(0.052)	(0.181)	(0.126)	(0.045)	(0.076)	(0.078)
INV	9.395*	-11.895*	-7.416*	5.554*	-1.514**	-6.429*
	(0.533)	(1.1)	(0.775)	(0.274)	(0.586)	(0.746)
OPEN	-0.113**	-0.304	1.525**	-0.279*	0.122	0.249*
	(0.051)	(0.696)	(0.612)	(0.013)	(0.204)	(0.078)
FOOD	-0.58*	-0.125*	-0.141***	-0.866*	0.13*	0.127*
	(0.02)	(0.014)	(0.082)	(0.029)	(0.015)	(0.025)
TEC	-0.191**	2.554*	0.721*	0.574*	1.971*	1.512*
	(0.083)	(0.162)	(0.17)	(0.018)	(0.037)	(0.034)
HOBED	0.811*	-1.683*	0.338**	-0.26*	-0.779*	0.144*
	(0.065)	(0.086)	(0.142)	(0.031)	(0.018)	(0.049)
PARK	0.492*	-0.469*	0.308*	0.289*	0.174*	0.192*
	(0.025)	(0.079)	(0.022)	(0.014)	(0.019)	(0.02)
常数项	-3.657*	-1.222	-11.74*	1.046*	-7.205*	-11.477*
	(0.603)	(1.175)	(1.241)	(0.175)	(0.353)	(0.274)
CHI2	182614.49	491605.33	39832.58	516119.85	3.35E+06	222629.69
AR(1)	-3.16*	-6.489*	-4.123*	-5.068*	-2.866*	-2.621*
AR(2)	0.45	0.457	-0.514	0.567	0.24	1.193
Sargan	95.962	86.566	60.831	95.805	89.729	59.52
观测值	1962	1719	978	1996	1782	1027

注：括号内数值是标准差；*、**、***分别表示在1%、5%和10%置信水平下显著；S1/S2(-1)和S1/S2(-2)分别表示S1或S2的1期滞后项和2期滞后项。

对S1而言，长期内wagegap在三大地区的效果不完全相同，它在东部、中部地区显著地降低了城市总迁移人口数量，分别是-0.352和-0.305；但是在西部地区却产生正向影响，为1.382；这意味着中国区域协调发展战略的推进，在经济稳态状况下，人口向西部地区回流的现象可能发生。PGPD对S1的影响在东部地区仍是正向的，但是在中、西部地区是负向的，这可能意味着中国的区域经济收敛可能是比较缓慢的，人口向东部地区流动的趋势难以改变。长期内STR在三个地区内均降低了城市总迁移人口，仅在东部地区显著。INV在东部地区显著提高城市对迁移人口的吸引力，在长期内在中部、西部地区仍然是无效的。长期内对外开放程度在东部、中部地区降低了城市迁移人口数量，不过提高西部地区的对外开放水平，会产生正向的效果，并且 OPEN 对 S1 的回归系数是 1.525。长期内 FOOD 在三个地区均显著地降低了城市总迁移人口数量，原因在于中国城镇化进程并未完成，城市人口规模扩大是必然的；而粮食产量越多的城市，总人口也会越多，人口外流越可能无法避免。当前教育水平影响在东部、中部和西部地区差异较大，东部地区教育资源丰富，长期内受教育均等化政策的影响，可能会使得东部地区的教育资源吸引力下降，从而使得它对 S1 的影响是负向的；中部、西部地区教育水平的提高，会增加城市总迁移人口数量。长期内 HOBED 对 S1 的影响在东部和西部地区是正向的，分别是 0.811 和 0.338，在中部地区却是负向的，这可能是受到中部地区的地理区位影响；与短期影响一致，长期内城市环境对城市迁移人口的影响在东部和西部地区是正向的，在中部地区是负向的。

对 S2 而言，长期内 wagegap 在三大地区内均产生负向影响，可能的原因在于城乡一体化战略的推进和市辖区拥堵程度逐渐增强，降低了市辖区对迁移人口的吸引力。长期内东部、中部和西部地区经济收敛现象会更加明显，地区经济发展差距缩小导致了 PGDP 对 S2 的影响是负向的；STR 在东部和中、西部地区的效应正好相反，在东部地区降低市辖区迁移人口数量，原因可能是东部地区的市辖区公共服务和生活服务已经较为完善，第三产业的进一步发展不会带来居民福利的大幅度改善，从而对迁移人口影响是负的；而中部、西部地区正处于快速发展时期，第三产业的发展能丰富居民的社会生活，带来显著的福利改善，从而对城镇化进程和迁移人口产生正向影响。INV 对 S2 的长期影响在东部地区是正向的，在中部、西部地区是负向的；东部地区的外商实际投资占比增加无助于增加市辖区迁移人口数量，合理引导外商直接投资流向中部、西部地区，推动当地经济发展，会增强市辖区对移民的吸引力。长期内 FOOD 对中部、西部地区 S2 产生正向影响，主要是受到中部、西部地区城镇化进程的影响，农业地区的总人口数量较多，城镇化率提高后，市辖区迁移人口会自然而然地增加；东部地区的城镇化进程基本完成，从而使得 FOOD 对 S2 的回归系数是负向的。正是由于教育资源主要集中在市辖区，从而长期内 TEC 对 S2 的影响在三大地区均是正向的；虽然医疗资源也主要集中在市辖区，但是长期内它对东部、中部地区市辖区迁移人口的影响是负的，这是令人疑惑的：乡村医疗条件改善可能产生消极影响，使得迁移人口不再将医疗作为迁移决策的重要影响因素。但是在西部地区它是正向的，正说明中国医疗资源在三大地区分布极不均衡。PARK 对 S2 的影响在三大地区均是正向的，意味着市辖区内环境的改善，有助于进一步改善居民福利，提高市辖区对迁移人口的吸引力。

五、基于房地产市场的拓展

本节基于 wagegap 对城市规模的研究，主要参考刘易斯模型和哈里斯-托达罗模型的工资差异或收入差异来考虑城市经济发展水平、产业结构、对外开放程度、教育水平、医疗水平和环境等拉动因素对迁移人口的影响，并未考虑城市住房、交通成本、环境污染等阻力因素对居民迁移决策的影响。Brueckner 和 Zenou（1999）在哈里斯-托达罗模型中引入土地市场，考虑通勤成本对居民迁移决策影响，结果发现在均衡时，通勤成本并不会对劳动力市场产生影响，只是改变了劳动者的居住位置。在人口自由流动情形下，住房成本并不会对劳动力流动和城镇化进程产生特别大的负面影响，城市贫民窟问题可能会相伴而生，例如孟买、墨西哥城、圣保罗等城市。中国现实的状况是，人口流动受到户籍制度的制约，持续高涨的房价对中国城镇化进程产生负面影响（陈广桂，2004），城市住房问题已成为制约中国城镇化进程的一个重要因素。国内关于房价对城市规模的研究中，焦张义（2012）和谭锐（2013）均是基于新经济地理理论进行数据模拟，使得房价对城市规模的影响大小更加依赖于通勤成本，房价上涨并不一定会导致城市规模下降。与理论不同，中国城市的住房成本远远大于劳动者通勤成本，通勤成本不是制约城市人口规模的重要因素。由于现有的统计指标中通勤成本难以衡量，《高德交通报告》（2015）为衡量通勤成本提供了可能，但是无法提供一个长时间的面板序列。因而，本节主要是基于哈里斯-托达罗框架研究房价对城市规模的影响。

本节在模型（4-3）中引入房价（HP）考察住房成本对城市规模的影响，具体如下：

$$S_{it}^{im}=\beta_0+\beta_1 wagegap_{it}+\beta_2 HP_{it}+MX+\varepsilon_{it} \tag{4-4}$$

为了对模型（4-4）进行验证，本节选取 2002—2013 年 35 个大中城市的数据，其他数据从本节数据进行匹配。房价选取商品房销售均价，数据来自中经网产业数据库，并且 HP 和 wagegap 均按照 2002 年为基期各城市的 CPI 进行价格调整。由于各城市房价与人均 GDP 高度相关，相关系数为 0.794，故在本部分的回归中不予考虑；并且 35 个大中城市中没有一个是资源型城市，导致 NC 对回归方程失去约束，予以剔除。考虑到住房因素，人们会更关注市辖区或中心城区的人口数量，因而，在本部分只选择 S2 作为被解释变量进行研究。本部分别进行 OLS、RE、FE 以及 DIF-GMM 和 SYS-GMM 研究房价对城市规模的静态影响和动态影响，具体的回归结果见表 4-11。而 HP 与市辖区人口之间可能存在强烈的反向因果关系：市辖区人口增加会推高商品房销售均价；但是商品房销售均价提高，提高了迁移人口的住房成本，会阻碍一部分劳动者购买城市住房，对市辖区人口增长产生负面影响。为了克服这种内生性，本部分利用面板联立方程组解决这个问题，具体的回归结果见表 4-12。

表 4-11　房价对市辖区人口规模的影响

变量	OLS	FE	RE	DIF-GMM	SYS-GMM
S2(-1)	—	—	—	0.19*	0.582*
	—	—	—	(0.022)	(0.017)
S2(-2)	—	—	—	0.097*	0.086*
	—	—	—	(0.007)	(0.006)
wagegap	-0.173*	-0.007	-0.097*	0.073*	-0.011*
	(0.055)	(0.035)	(0.035)	(0.009)	(0.006)
HP	-0.069***	-0.081**	-0.109*	-0.04*	-0.033*
	(0.039)	(0.038)	(0.038)	(0.008)	(0.009)
STR	0.05*	0.005	0.055**	0.01*	0.024*
	(0.019)	(0.03)	(0.027)	(0.003)	(0.007)
INV	0.662	-0.143	-0.211***	-0.041**	-0.111***
	(0.516)	(0.117)	(0.126)	(0.019)	(0.059)
OPEN	0.836*	0.209**	0.298*	-0.013	-0.023
	(0.139)	(0.095)	(0.126)	(0.024)	(0.032)
FOOD	0.007	0.054*	0.05*	0.006*	0.023*
	(0.011)	(0.013)	(0.012)	(0.001)	(0.003)
TEC	0.709*	0.368*	0.469*	0.129*	0.141*
	(0.035)	(0.033)	(0.033)	(0.011)	(0.021)
HOBED	0.329*	0.177*	0.294*	0.062*	0.071*
	(0.035)	(0.043)	(0.039)	(0.009)	(0.015)
PARK	0.043*	0.052*	0.07*	0.004***	-0.012*
	(0.016)	(0.015)	(0.016)	(0.002)	(0.002)
常数项	-3.512	0.021	-1.34*	1.67*	0.083
	(0.35)	(0.307)	(0.272)	(0.158)	(0.099)
R^2/F/CHI2	0.935	65.57	1020.7	6094.89	83779.45
AR(1)	—	—	—	-2.166*	-2.421*
AR(2)	—	—	—	0.483	1.006
Sargan	—	—	—	32.456	31.766
观测值	397	397	397	294	332

注：括号内数值是标准差；*、**、***分别表示在 1%、5%和 10%置信水平下显著；S2(-1)和 S2(-2)分别表示 S2 的 1 期滞后项和 2 期滞后项。

表 4-12　房价与市辖区人口规模的联立方程回归

变量	S2	HP	S2	HP
S2	—	0.09*	—	1.233*
	—	(0.02)	—	(0.353)
wagegap	0.239*	—	0.469*	—
	(0.085)	—	(0.092)	—
HP	-0.708*	—	-1.019*	—
	(0.129)	—	(0.092)	—
PGDP		0.579*	—	0.817*
		(0.026)	—	(0.089)
STR	0.007	—	0.036	0.164*
	(0.025)	—	(0.028)	(0.032)
INV	0.863*	—	1.978*	—
	(0.28)	—	(0.302)	—
OPEN	0.783*	—	-0.051	-2.562*
	(0.196)	—	(0.211)	(0.407)
FOOD	0.029*	—	0.008*	—
	(0.01)	—	(0.011)	—
TEC	0.678*	—	0.669*	-0.836*
	(0.041)	—	(0.044)	(0.245)
HOBED	0.332*	—	0.319*	-0.497*
	(0.039)	—	(0.043)	(0.142)
PARK	0.068*	—	0.1*	0.066*
	(0.021)	—	(0.023)	(0.028)
常数项	-0.849	3.259*	0.382	7.356*
	(0.675)	(0.274)	(0.685)	(1.237)
R^2	0.904	0.598	0.885	0.541
D-W 检验	0.472	0.398	0.587	0.791
残差相关系数	0.002		0.004	
总观测值	792		792	

注：括号内数值是标准差；* 表示在 1%置信水平下显著。

从表 4-11 可以看出，OLS、FE 和 RE 的回归结果均比较好，许多解释变量的回归系数均在 10%置信水平下显著。其中，Breusch-Pagan 拉格朗日乘子是 627.18，在 1%置信水平下显著，支持随机效应优于 OLS 回归。Hausman 检验的卡方值是 99.14，也是在 1%置信水平下显著，表明 RE 回归优于 FE 回归。从 RE 的回归结果看，与表 4-7 的 wagegap 对 S2 回归系数相反，在短期内，工资差异对大中城市市辖区人口的影响是-0.097，并且在 1%置信水平下显著，造成这种现象的原因可能在于 35 个大中城市自身市辖区人口较多，并且均是中国的全国性或区域性中心城市，吸引流动人口数量较多，进而市辖区内常住人口较多，市辖区内面临交通拥挤、住房成本高、空气污染严重等问题，导致 wagegap 对 S2 产生消极影响。短期内房价对 S2 产生负向影响，房价每上涨 10%，会导致市辖区人口减少 1.09%，这也契合当前中国城镇化进程中面临的尴尬现实：商品房价格上涨过快，阻碍了中国的城镇化进程，致使常住人口城镇化率远远大于户籍人口城镇化率。35 个大中城市作为中国的全国性或区域性政治、经济和文化中心，随着工业化进程推进，第三产业会快速发展，第二产业也会逐渐转移到其他城市或地区，从而使 STR 对 S2 产生正向影响。在考虑住房成本情况下，政府干预在短期内阻碍了市辖区人口的不断增加，这是与表 4-7 中一个很大的不同，大中城市凭借各自在区域城市体系中的核心地位，可以通过一些特殊政策，特别是户籍管理政策，将一些低收入群体限制在市辖区范围之外。35 个大中城市对外开放程度提高显著地增加了市辖区人口数量，这与表 4-7 的结果一致；FOOD 对 S2 的影响是正向的，这是与表 4-7 的结果另一不同之处，35 个大中城市并非粮食主产区，这更多地凸显各城市的地形差异，特别是平原、盆地面积的差异，从而便于市辖区地域规模的扩张，有利于市辖区人口的增加。35 个大中城市作为中国的全国性或区域性政治、经济和文化中心，学校、医院更多地分布在市辖区，因而 TEC 和 HOBED 对 S2 的影响为正。35 个大中城市不需要承担过重的经济中心职能，从而优美的城市环境能显著改善居民福利，城市公园绿地面积越多，越便于居民的休闲和娱乐，越有助于吸引更多的迁移人口，扩大市辖区人口规模。为了验证各变量对 S2 的短期效应是稳健的，特别是 HP 与 S2 之间的关系，利用面板联立方程组对此进行检验，分别进行了两个回归，其中一个是仅考虑经济发展水平、S2 对 HP 的影响；另一个是考虑 PGDP、S2、STR、INV、OPEN、TEC、医疗水平和城市环境对 HP 的影响。从表 4-12 的回归结果看，HP、STR、FOOD、TEC 和 PARK 对 S2 的回归系数符号与表 4-11 中的 RE 的回归结果完全一致。但是，wagegap 对 S2 的影响为正，这也更符合人们的预期：中国的人口流动趋势是向大中城市流动，特别是东部沿海地区的大城市，如上海、北京、广州、深圳等。INV 对 S2 的回归系数也是正向的，意味着政府干预程度可提高短期内市辖区人口数量，这可能与当前许多城市的房地产市场繁荣有关，地方政府以土地经营城市，推动经济发展的策略，在大中城市实施更为有效，特别是流动人口多的城市，这可能是35个大中城市INV对S2影响为正的重要原因。OPEN对S2的回归系数在两个回归中符号并不一致，反映出中国外商直接投资过度集中在东部沿海城市的现实，在35个大中城市中，有15个城市位于东部地区，20个城市位于中、西部地区；这可能是造成它对S2回归系数符号出现差异的原因。

在表4-11中，DIF-GMM和SYS-GMM回归的部分变量对S2回归系数并不一致，特别是长期内wagegap和PARK对S2回归系数符号相反。两个模型的矛盾之处并不能由于DIF-GMM回归存在普遍的弱工具变量问题就转而支持SYS-GMM，从35个大中城市回归结果看，DIF-GMM方法的AR(1)是-2.166，在1%置信水平下显著；AR(2)是0.483，在10%置信水平下不显著；表明工具变量不存在二阶序列相关。Sargan检验的卡方值是32.456，在10%置信水平下不显著，说明工具变量是有效的，不存在过度识别问题。SYS-GMM回归的AR(1)、AR(2)和Sargan检验亦表明工具变量是有效的。从具体回归结果看，在DIF-GMM回归中，wagegap对S2的回归系数为正，与表4-8的结果一致；SYS-GMM回归结果中，它的回归系数为负，与表4-10中三大地区回归结果一致；长期内wagegap对大中城市S2的影响是否缺乏稳健性，还需要进一步检验。在两个模型中，HP对大中城市的S2产生负向影响，表明商品房价格上涨，阻碍了长期内大中城市市辖区人口的增加。同样，长期内第三产业产值占比较高、粮食产量较多、教育水平较好、医疗条件更好的大中城市，市辖区人口均会增加。并且政府也可以采取一些有效的干预措施，如卫星城建设、修建地铁等，成功对市辖区人口进行分流，抑制市辖区人口规模的膨胀。另外需要注意的是，长期内两个模型中OPEN对S2回归系数均是负向不显著的，这意味着对35个大中外开放程度提高无益于扩大市辖区人口规模。2002—2013年35个大中城市实际利用外商直接投资占比介于66.57%~70%之间，但是它们进出口总额占比为62.5%左右，显示出实际外商直接投资在区域和城市间的配置不合理。PARK对S2的回归系数在DIF-GMM和SYS-GMM方法下符号相反，还需要进一步检验。

六、稳健性检验

前文的回归可能存在一个重要的缺陷就是内生性问题，特别是经济发展水平与城乡工资差异以及政府干预程度之间，造成固定效应和随机效应的回归可能是有偏的，故本节选择剔除经济发展水平和政府干预程度，并将

1990—2002 年的数据予以删除进行稳健性检验。这可能仍无法避免潜在的内生性问题，为此本节选取距海岸线距离和海拔作为工具变量，考察工资差异对城市规模的影响。选取距海岸线距离作为工具变量主要是参考孟可强和陆铭(2011)的研究，他们的研究表明在城市群体系中，城市距海岸线的距离与人均 GDP 呈现“∽形”的非线性关系。那么，城市距海岸线的距离越远，人均 GDP 越小。由于城乡工资差异与人均 GDP 是高度正相关的，因而，选取外省的城市距海岸线距离作为工具变量是合适的；同样，受到中国“西高东低”地势特征的影响，海拔越低的城市，越靠近沿海地区；但是城市选址通常位于地势平坦的平原、河谷和低地，在平均海拔较高的地区更是如此，例如云贵高原地区许多城市的平均海拔比较低，遵义市区的平均海拔为 973 米，比贵州省的平均海拔低 134 米。正是由于海拔变化，使得它与人均 GDP 乃至城乡工资差异的变化是一致的，因而，选取它与距海岸线距离一同作为工具变量是合适的。将距海岸线距离和海拔作为工具变量进行回归的结果见表 4-13。城乡工资差异对城市规模动态影响的稳健性检验也剔除了经济发展水平和政府干预程度，将 1990—2000 年的数据予以删除，运用 SYS-GMM 方法进行回归，具体的回归结果见表 4-14。住房市场对城市规模影响的稳健性检验是运用距海岸线距离和海拔作为城乡收入差距的工具变量，并且用住宅销售价格替代商品房销售价格，进行固定效应和随机效应回归；动态效应的稳健性检验是运用住宅销售价格替代商品房销售价格，并将距海岸线距离和海拔作为工具变量。表 4-15 报告了这些结果，其中，第三列的回归并未将距海岸线距离和海拔作为工具变量，其他回归均将它们作为工具变量。

表 4-13 城乡工资差异对城市规模影响的 IV 估计

变量	S1				S2			
	全国	东部	中部	西部	全国	东部	中部	西部
wagegap	2.195*	2.515*	3.186*	0.816	0.24	0.569	0.857	0.02
	(0.469)	(0.781)	(0.711)	(1.262)	(0.453)	(0.644)	(0.809)	(1.002)
STR	−0.216	−0.877**	−0.76	0.242	−0.38	−1.288*	−0.348	0.395
	(0.319)	(0.447)	(0.63)	(0.865)	(0.297)	(0.346)	(0.69)	(0.655)
OPEN	−0.573	−0.436	10.198*	1.499	2.674**	2.929**	11.07***	10.293**
	(1.379)	(1.673)	(3.918)	(6.526)	(1.274)	(1.296)	(4.308)	(4.898)
FOOD	−0.439**	−1.123**	−0.425	0.274	−0.232	−0.67	−0.261	0.778
	(0.215)	(0.515)	(0.262)	(0.815)	(0.202)	(0.412)	(0.29)	(0.61)

续表

变量	S1				S2			
	全国	东部	中部	西部	全国	东部	中部	西部
TEC	-2.316*	-3.166*	-1.49	-2.826***	-0.604***	0.133	-1.489***	-3.333*
	(0.652)	(1.029)	(1.079)	(1.614)	(0.323)	(0.329)	(0.771)	(0.821)
HOBED	-4.173*	-3.706*	-5.835*	-2.314	-1.505*	-1.811**	-2.01**	0.199
	(0.586)	(0.927)	(0.936)	(1.435)	(0.528)	(0.731)	(0.971)	(1.077)
PARK	-0.442*	-0.173	-1.143*	-0.257	-0.089	0.01	-0.408	-0.084
	(0.165)	(0.264)	(0.339)	(0.293)	(0.153)	(0.212)	(0.372)	(0..218)
常数项	50.248	54.396*	53.167*	44.644*	20.501*	15.552	29.677*	26.507*
	(6.094)	(10.513)	(9.961)	(14.915)	(3.332)	(4.31)	(7.44)	(7.497)
F	22.62	9.17	13.61	4.24	14	10.31	5.57	6.39
观测值	2528	1029	948	551	2527	1028	947	552

注：括号内数值是标准差；*、**、***分别表示在1%、5%和10%置信水平下显著。

表 4-14　城乡工资差异对城市规模动态影响的稳健性估计

变量	S1				S2			
	全国	东部	中部	西部	全国	东部	中部	西部
S1(-1)/S2(-1)	0.337*	0.29*	0.316*	0.301*	0.196*	0.636*	0.043*	0.223
	(0.024)	(0.011)	(0.015)	(0.005)	(0.012)	(0.011)	(0.005)	(0.009)
S1(-2)/S2(-2)	0.13*	0.089*	0.15*	0.068*	0.214*	0.131*	0.183*	0.137*
	(0.02)	(0.011)	(0.02)	(0.006)	(0.011)	(0.012)	(0.003)	(0.001)
wagegap	-1.157*	-0.797*	-0.677**	0.664*	-1.147*	-0.818*	-2.907*	-2.499*
	(0.388)	(0.186)	(0.344)	(0.118)	(0.274)	(0.172)	(0.257)	(0.055)
STR	-0.365	-2.437*	0.477	3.064*	-0.544**	-0.904*	-0.453**	1.58*
	(0.398)	(0.315)	(0.513)	(0.132)	(0.258)	(0.103)	(0.267)	(0.044)
OPEN	-1.87	-0.628	0.419	31.09*	4.951*	7.997*	2.717**	26.706*
	(2.051)	(0.836)	(2.63)	(1.109)	(1.906)	(1.18)	(1.433)	(0.352)
FOOD	-0.271***	-0.878*	-0.26*	0.621*	0.092***	-0.855*	0.377*	-0.446*
	(0.154)	(0.149)	(0.093)	(0.097)	(0.063)	(0.128)	(0.051)	(0.014)
TEC	0.959***	1.069*	1.948*	1.575*	0.463***	0.656*	1.344*	-0.764*
	(0.498)	(0.256)	(0.463)	(0.147)	(0.199)	(0.098)	(0.194)	(0.024)
HOBED	-0.525	-0.134	-1.83*	-1.507*	1.043*	1.964*	1.34*	1.838*
	(0.45)	(0.241)	(0.439)	(0.078)	(0.333)	(0.17)	(0.191)	(0.028)

续表

变量	S1				S2			
	全国	东部	中部	西部	全国	东部	中部	西部
PARK	-0.82*	-0.452*	-0.809*	-1.104*	0.046*	-0.354*	0.662*	0.265*
	(0.188)	(0.11)	(0.124)	(0.033)	(0.132)	(0.067)	(0.136)	(0.018)
常数项	14.571*	7.533*	11.402*	-4.295*	-1.117*	-9.88*	-5.997*	12.346*
	(4.312)	(2.406)	(3.925)	(1.046)	(2.503)	(1.352)	(2.276)	(0.432)
CHI2	414.72	5174.49	847.2	95500.3	1062.76	4633.55	16765.89	1.69e+06
AR(1)	-6.727*	-3.681*	-4.343*	-4.012*	-2.973*	-3.655*	-2.118*	-2.872*
AR(2)	-2.199*	-1.557	-0.358	-1.32	0.181	0.553	0.14	-0.7
Sargan	89.562*	65.264**	64.649	51.696	76.534	62.953	57.593	50.953
观测值	2018	840	754	424	2019	839	753	427

注：括号内数值是标准差；*、**、***分别表示在1%、5%和10%置信水平下显著。

表4-15　房价对城市规模影响的稳健性估计

变量	Y2			
	FE	RE	SYS-GMM	SYS-GMM
S2(-1)			0.583*	0.44*
			(0.017)	(0.009)
S2(-2)			0.083*	0.456*
			(0.005)	(0.011)
HP	-0.222*	-0.316*	-0.021**	-0.064*
	(0.021)	(0.035)	(0.009)	(0.01)
wagegap	0.254*	0.229	-0.013	-0.022*
	(0.087)	(0.494)	(0.01)	(0.01)
STR	0.018	0.082***	0.018*	0.003
	(0.041)	(0.044)	(0.006)	(0.006)
INV	-0.303	-0.435	-0.104***	-0.019
	(0.337)	(0.413)	(0.058)	(0.044)
OPEN	0.25**	0.349**	-0.023	0.165*
	(0.119)	(0.145)	(0.028)	(0.029)
FOOD	0.038	0.036***	0.021*	-0.008*
	(0.032)	(0.022)	(0.004)	(0.002)
TEC	0.345*	0.463*	0.144*	0.082*
	(0.059)	(0.044)	(0.012)	(0.004)

续表

变量	Y2			
	FE	RE	SYS-GMM	SYS-GMM
HOBED	0. 167*	0. 327*	0. 07*	0. 037*
	(0. 057)	(0. 044)	(0. 012)	(0. 009)
PARK	0. 04	0. 059***	-0. 011**	0. 005
	(0. 032)	(0. 033)	(0. 004)	(0. 003)
常数项	-0. 852	-2. 96	-0. 003	-0. 326
	(1. 196)	(1. 812)	(0. 094)	(0. 052)
F/CHI2	58. 4	110. 04	298202. 48	790169. 22
AR(1)			-2. 442*	-2. 15
AR(2)			1. 041	-1. 44
Sargan			32. 036	42. 03
观测值	397	397	332	332

注：括号内数值是标准差；*、**、***分别表示在1%、5%和10%置信水平下显著。

从稳健性检验结果看，在短期内，不论是全国数据，还是东部地区、中部地区和西部地区，虽然 wagegap 对 S2 的各个回归系数是不显著，但 wagegap 均能提高城市总迁移人口和市辖区迁移人口。这可能是在中国城镇化进程中，无法回避的问题：人口从农村迁移到城市，特别是经济发达地区的大城市，根据“六普”的数据，广东、浙江、上海、江苏和北京等省市仍是中国人口流入最多的地区。对外开放程度对全国和东部地区总迁移人口影响是负向，与表 4-7 和表 4-8 的回归结果一致，表明外商直接投资主要集中在东部地区的状况没有改变，投资中部和西部地区能更好地促进当地经济发展和城市规模的扩大。不过，对外开放程度对 S2 的各回归系数均是正向的，这与前文的回归结果一致，可能是受到产业布局的影响，随着城市发展，工业企业会逐步迁出城区，在城市中心区形成以商业服务为主的产业格局；城市对外开放程度提高后，城市中心区承担更多的服务功能，从而增加迁移人口数量。与前文一致，粮食产量对全国、东部地区和中部地区的 S1 和 S2 影响均是负向的，不过西部地区呈正向影响可能受到地形特征的影响，西部地区城市多位于海拔较低的谷地和盆地，而这些地区亦是农业地区或牧业地区，地区人口数量本身较多，即使城镇化进程推进，这些地区由于相对优越的自然条件而较快发展，城市规模会不断扩大。TEC、HOBED 和 PARK 对 S1 和 S2 的影响均是负向的，可能的原因在于短期内，人口迁移决策主要由经济因素决定，如工资水平、就业率等。

从动态回归结果看，长期内，wagegap 对 S1 和 S2 影响是负向的，这与表 4-8的回归结果并不一致，由于 wagegap 对 S1 回归中的 Sargan 检验在 1%置信水平下显著，意味着工具变量是无效的，使得 wagegap 对 S1 的负向影响可能是不稳健的。但是在东部、中部和西部地区，wagegap 对 S2 的影响均是负向的，这个结果与表 4-10 的结果保持一致。同样，也发现 TEC、HOBED 和 PARK 对 S2 的影响均是正向的，显示出教育水平、医疗水平和城市环境对市辖区的重要意义，这是市辖区增强对迁移人口吸引力的三个重要因素。

在引入房地产市场后，不论是短期内还是长期内，房价均会对市辖区人口规模产生负向影响，这与表 4-11 和表 4-12 的结果保持一致。虽然在未考虑工具变量的第三列回归中 wagegap 的系数是负向不显著的，但是短期内城乡收入差距对 35 个大中城市市辖区人口的影响仍是正向的，长期内对 Y2 的影响是负向的，这也表明前文的结果是稳健的。同样，STR、OPEN、FOOD、TEC、HOBED 和 PARK 对 Y2 的回归系数也是正向，与前文保持一致，表明表 4-11 和表 4-12 结果的稳健性。

总之，对于 S1 和 S2，wagegap 在长期内和短期内的效应是相反的，短期内在东部、中部和西部地区均产生正向影响，即使在中部和西部地区不完全显著；但是长期内它仅对西部地区 S1 的回归系数是正向的，其他时候均是负向的。经济发展水平在短期内提高了三大地区的 S1 和 S2，长期内仅对东部地区 S1 有效，对其他地区的 S1 和 S2 的影响为负或者不显著。短期内 STR 在东部和西部地区均能有效地增加城市 S1 和 S2，但是长期内只对中部和西部地区的 S2 有效，并且对东部地区的 S1 和 S2 的影响是显著为负的。不论在长期还是短期内，政府干预程度提高了东部地区的 S1 和 S2，短期对中部和西部地区是无效的，长期内则会降低这两个地区的 S1 和 S2。东部地区对外开放程度的持续提高无益于增加该地区的 S1 和 S2，但是在西部地区却是有效的。三个地区 FOOD 对 S1 的影响均是负向的，不过短期内，它提高中部和西部地区的 S2，但是对东部地区的 S2 影响与此相反。教育水平对中部和西部地区的 S1 和 S2 影响是正向的，东部地区的短期影响与长期影响效果相反，长期内降低了 S1，但是它对东部地区 S2 的影响是正向的。只有西部地区的医疗条件改善可以显著提高城市的 S1 和 S2；NC 在短期内对 S1 和 S2 的影响是负向的，PRAK 在长期内和短期内均能提高东部和西部地区的 S1 和 S2，但是对中部地区的影响为负。

在引入房地产市场后，不论长期内还是短期内，房价显著地阻碍市辖区人口规模的不断扩大；不过，城乡工资差异对大中城市市辖区人口的影响在短期内与长期内效果相反，城市产业结构、对外开放程度、粮食产量、教育水平、医疗水平和城市环境均能有效地扩大市辖区人口规模。

第四节　集聚经济对城市规模的影响

20世纪80年代末至90年代初，新经济地理学诞生以来，规模报酬递增、外部经济、垄断竞争成为研究集聚经济的先决条件，在迪克西特-斯蒂格利茨函数基础上，通过比较运输成本的大小，分析产业集聚和分散的条件，研究经济集聚的路径依赖问题。其中，中心-外围模型是新经济地理理论的核心模型，它在世界范围内的拓展演变成不同国家、不同地区、不同产业的专业化分工，特别是农业与制造业的分工；在此基础上会引发制造业在全球范围的扩散问题(Venables，1996；Puga & Venables，1996)。它对传统经济学最大的改变就是挑战了新古典经济学的经济收敛理论，资本、劳动和财富的区域之间的移动以及运输成本的降低，会引发经济在更大范围的空间收敛，使得富裕中心与边缘地区的差距扩大。中国的经济改革和发展历程明显地呈现出这种现象：1978年东部地区占全国GDP比重是39%；到2013年，这一比例提升到55.6%，东部、中部和西部地区经济发展差距呈现扩大趋势，印证了新经济地理学预言的富裕中心空间收敛和边缘地区的贫困收敛。城镇化是推动中国区域协调发展的有力支撑，《国家新型城镇化规划(2014—2020年)》指出，改革开放以来，京津冀、长三角和珠三角等一大批城市群的兴起，有力推动了东部地区的快速发展，成为国民经济的重要增长极。与之相比，中西部地区发展相对落后，城镇化率和城市群发展水平远低于东部地区，中西部地区的城镇化率低于东部地区16~18个百分点。在中西部地区加快城镇化进程，有助于培育新的增长极，特别是长江中游、中原、成渝和西咸一体化等城市群的成长，有助于推动区域经济的协调发展，市场空间由东向西、由南向北梯次拓展。

在城镇化进程中，不同规模城市在东部、中部和西部地区的布局，特别是特大城市和超大城市在三大地区的分布，对区域经济发展带动作用十分显著；但是这个过程中，不同规模城市产业结构同质化以及中小城市缺乏主导产业的问题较为突出。同样，集聚经济理论分别从马歇尔外部性和雅各布斯外部性说明产业集聚的产生，这种理论上的差异加剧了城市发展过程中的困惑。马歇尔外部性，也称作地方化经济，主要强调的是某一类产业在特定地区的集聚；雅各布斯外部性，也称作城镇化经济，强调产业间的知识溢出和互补性会更易于创新行为发生，导致规模收益递增。魏后凯指出，破解这个难题需要实施差别化调控政策，合理引导农业人口流向，通过产业集聚引导人口集聚。① 大中小城市和小城镇合理分工、协调发展是核心；超大城市和特大城市“去功能化”，过度产业集聚导致中心城区人口和环境压力巨大，未来产业结构优化调整的方向是高端化和服务化。中心城市和小城镇需要增强产业支撑能力，培育特色优势产业，突出竞争优势。杨林亦用山东各地级市的数据表明，发达地区产业集聚助推城镇化的潜力有限，但是较发达地区的产业集聚速度快于城镇化速度。②

在现有的研究中，许多文献搞混了产业集聚与城市规模的逻辑关系：在新经济地理学的框架下，制造业集聚是城市形成与发展核心，这也是城市规模存在的前提；否则，制造业的分散会在经济中形成许多边缘地区。或者是，将城市规模作为一个控制变量，用以比较不同规模城市的产业集聚程度对生产效率的影响，如孙晓华和郭玉娇(2013)的研究；这其实是忽略了产业集聚对城市规模的影响。本节试图完善这方面的研究，通过比较制造业的集聚水平差异以及城市多样化程度，研究它们对城市规模的影响。因而，本节构建如下计量模型：

$$S_{it}=c_0+c_1\times MaI_{it}+c_2\times JaI_{it}+C\times X+\varepsilon_{it} \tag{4-7}$$

其中，S_{it}表示 i 城市 t 期的人口规模，MaI_{it}表示 i 城市 t 期的制造业专业化程度，JaI_{it}表示 i 城市 t 期的产业多样化程度，X 为一系列控制变量，包括对外开放程度、是否是省会和副省级城市、是否是资源型城市、粮食产量、基础设施水平、公共交通状况、教育水平、医疗水平、生态环境以及污染状况，c_1、c_2 和 C 分别是各变量相对应的系数，c_0 为常数项，ε_{it}为残差项。

一、数据来源和变量说明

限于各城市的行业细分数据缺失，本节选取 1999—2013 年 284 个地级市数据(剔除了三沙市、拉萨市、巢湖市、铜仁市、毕节市和陇南市)验证制造业的专业化程度和城市的产业多样化程度对城市规模的影响。

---

① 城镇化：产业集聚才有人才集聚[N/OL]. 人民日报，http：//news. xinhuanet. com /house/ sjz/ 2014-11-21/c_ 1113351114. htm，2014-11-21.

② 杨林．产业集聚程度越高越好吗？[N/OL]．大众日报，http：//paper. dzwww. comdrb/ content/-20140112/Articel04002MT. htm，2014-01-12.

被解释变量是城市人口规模，分别由城市总人口(N1)、市辖区人口(N2)和非农人口(N3)衡量，数据来自历年《城市统计年鉴》。

核心解释变量是专业化程度和多样化程度，其中，专业化程度利用区位熵计算，具体的计算公式是：

$$MaI_{itp}=\frac{E_{itp}/E_{it}}{E_{tp}/E_{t}} \tag{4-8}$$

其中，E_{itp}表示 i 城市 t 期 p 产业的就业人数，E_{it}表示 i 城市 t 期的总就业人数；E_{tp}表示 t 期 p 产业的就业人数，E_{t} 表示 t 期经济中的总就业人数。MaI_{itp}表示 i 城市 t 期 p 产业的专业化程度。本节主要考虑制造业的集聚水平，数据来自历年《城市统计年鉴》。

通常情况下，一个城市的专业化程度用 MaI_{itp}的最大值表示，即：

$$MaI_{it}=\max(MaI_{itp}) \tag{4-9}$$

多样化程度运用赫芬达尔指数衡量，具体的计算公式是：

$$JaI_{it} = 1/\sum_{p=1}^{M}\left(\frac{E_{itp}}{E_{it}}\right)^{2} \tag{4-10}$$

对外开放程度(OPEN)是用外商实际投资额占固定资产投资比重表示；教育水平用各城市大中小学教师数量(TEC)表示；医疗水平(DOCTOR)用各城市医生数量表示；城市环境用公园绿地面积(PRAK)衡量；粮食产量(FOOD)和是否是资源型城市(NC)，这些变量与第二节的数据保持一致，均来自历年《城市统计年鉴》。

选取是否是省会和副省级城市(PRO)作为控制变量，原因在于改革开放以来各省的核心城市，如省会和副省级城市，享受到一些优惠政策，有利于制造园区、开发区、工业园以及国家级新区设立，导致制造业、服务业集聚程度较高。其中，如果某个城市是省会或副省级城市，PRO = 1；否则，PRO=0。

基础设施水平对产业集聚的重要影响在于，它为企业提供了便利的交通条件，有助于企业更便捷地接近原料产地和销售市场。基础设施水平用各城市公路里程(ROAD)表示，数据来自历年《城市统计年鉴》。

公共交通状况的引入，主要是基于劳动者通勤的考虑，城市中心区的住房价格已经远远超过普通劳动者的平均工资水平，因而，低收入劳动者会选择租金更为低廉城市边缘地区居住，公共交通的完善能使劳动者便捷地抵达工作地点，为产业集聚创造了必要条件。公共交通状况用每万人公交车数量(PUB)衡量，数据来自历年《城市统计年鉴》。

污染状况用二氧化硫的排放量(O_2S)表示，主要是因为污染工业集聚的城市，二氧化硫排放量越多，意味着城市经济发展水平越高，越会有利于增加人口就业或吸引迁移人口。同时，二氧化硫的刺激性气味会直接影响居民生活，可能会增强居民的环保意识，不利于污染产业的集聚，特别是化工类工业园区的建立；在经济落后的地区，经济增长效应可能会抑制居民的环保意识，因而，短期内二氧化硫排放量越多，城市规模可能会越大。各地级市二氧化硫排放量来自历年《城市统计年鉴》。

在本节的基本回归中，并未考虑城市的经济发展水平和通勤成本，主要是由于经济发展水平会受到城市制造业发展状况、对外开放程度、基础设施水平、资源状况、行政等级和人力资本水平的影响，这会造成各城市 GDP 或人均 GDP 与各解释变量之间存在内生性问题，因而，暂不考虑。通勤成本未纳入回归方程，原因在于准确测量的难度。

二、描述性统计和单位根检验

各变量的描述性统计见表 4-16。

表 4-16　各变量的描述性统计

变量	单位	观测值	均值	标准差	最小值	最大值
N1	万人	4610	5. 826	0. 703	2. 572	8. 119
N2	万人	4726	4. 28	0. 75	2. 571	7. 488
N3	万人	3149	4. 555	0. 71	2. 379	7. 104
MaI	—	4603	0. 481	0. 196	0. 074	4
JaI	—	4603	6. 34	1. 954	0. 276	46. 991
OPEN	%	4828	0. 066	0. 11	0	12. 878
FOOD	吨	2910	4. 866	0. 937	-1. 091	7. 077
ROAD	公里	4612	6. 381	1. 029	1. 792	9. 975
PUB	辆/万人	4585	6. 437	6. 586	0	115
TTEC	人	4683	10. 731	0. 731	7. 08	12. 563
CTEC	人	4684	9. 116	0. 805	5. 493	12. 083
DOCTOR	位	4725	8. 556	0. 726	5. 932	11. 36
PARK	公顷	4681	7. 552	1. 153	3. 296	12. 032
O_2S	吨	4341	10. 348	1. 287	1. 099	13. 434

注：表中并未报告虚拟变量 PRO 和 NC 的描述性统计；MaI、JaI 和 OPEN 未取对数值，其他变量均为对数值。

从表 4-16 中容易发现，各变量在 1997—2013 年的观测值是不一致的，意味着某些年份 284 个地级市中许多变量的观测值是缺失的，这导致无法利用 LLC 方法对各变量进行单位根检验，本节选择 Dfuller-Fisher(DF)方法对各变量进行单位根检验。限于篇幅，本节只给出逆正态统计量的值，未标识显著水平，当变量平稳时，其默认的显著水平是 1%，各变量的单位根检验见表 4-17。

表 4-17 各变量的单位根检验

变量	原始值	平稳性	一阶差分	平稳性
N1	8.756	不平稳	-9.337	I(1)
N2	5.674	不平稳	-9.357	I(1)
N3	7.614	不平稳	-2.996	I(1)
MaI	-5.075	I(0)	-12.677	I(1)
JaI	-1.72	I(0)	-12.076	I(1)
OPEN	-13.144	I(0)	-31.07	I(1)
FOOD	-19.544	I(0)	-4.247	I(1)
ROAD	5.671	不平稳	-15.678	I(1)
PUB	9.329	不平稳	-13.937	I(1)
TTEC	6.035	不平稳	-13.641	I(1)
CTEC	12.666	不平稳	-15.826	I(1)
DOCTOR	12.33	不平稳	-14.714	I(1)
PARK	9.858	不平稳	-14.879	I(1)
O_2S	-12.279	I(0)	-10.199	I(1)

从表 4-17 中各变量单位根检验结果看，N1、N2、N3、ROAD、PUB、TTEC、CTEC、DOCTOR 和 PARK 九个变量的原值是不平稳的，不服从 I(0) 过程。一阶差分的 DF 检验结果表明，所有的变量均在 1%置信水平下显著，服从 I(1)过程。

三、制造业专业化对城市规模的静态影响

在新经济地理学中，地方化经济和城镇化经济可能是同时存在的两种效应，但是在实证研究中，通常利用区位熵形式或泰尔指数形式度量马歇尔外部性，利用泰尔指数倒数或赫芬达尔指数倒数度量雅各布斯外部性，这意味着一个城市的产业专业化指数和多样化指数是呈高度负相关的，考虑到本节在基本模型中是按照制造业的专业化程度进行度量的，它与式(4-10)计算的

产业多样化指数的相关系数较低，1997—2013 年 284 个地级市制造业专业化指数与产业多样化指数的相关系数为-0.171，相关性较低，因而，可以同时纳入式(4-7)。考虑到虚拟变量 PRO 和 NC，本节选用随机效应进行回归，具体回归结果见表 4-18。

表 4-18 制造业专业化对城市规模的影响

变量	N1	N2	N3
MaI	-0.017***	-0.027***	0.017
	(0.01)	(0.014)	(0.018)
JaI	0.003*	-0.003**	0.006*
	(0.001)	(0.001)	(0.002)
OPEN	0.014	0.024	-0.189*
	(0.016)	(0.023)	(0.029)
FOOD	0.098*	0.025*	0.044*
	(0.005)	(0.006)	(0.008)
ROAD	-0.008***	0.019*	0.105*
	(0.004)	(0.006)	(0.008)
PUB	-0.003*	-0.007*	0.001*
	(0.0004)	(0.001)	(0.001)
TEC	0.732*	0.743*	0.233*
	(0.012)	(0.01)	(0.013)
DOCTOR	0.033*	0.015	0.154*
	(0.008)	(0.005)	(0.013)
PARK	0.003	0.002	0.05*
	(0.004)	(0.005)	(0.006)
O_2S	0.001	-0.01*	0.026*
	(0.002)	(0.003)	(0.003)
PRO	-0.098*	0.176*	0.227*
	(0.029)	(0.039)	(0.058)
NC	-0.117*	0.176	-0.138
	(0.018)	(0.039)	(0.036)
常数项	-2.378*	-2.493*	-0.365*
	(0.103)	(0.104)	(0.135)
CHI2	7919.94	11911.57	0.137
观测值	2837	2837	2813

注：括号内数值是标准差；*、**、***分别表示在1%、5%和10%置信水平下显著。

从表4-18的回归结果看，制造业专业化程度越高，城市总人口和市辖区人口会越少，它们呈现出显著的负向关系，但是制造业专业指数促进非农人口增加的结论未能得到样本数据的支持。这可能的原因是制造业就业占比较高的城市，产业结构主要以制造业、采掘业、冶炼业为主，导致就业规模长期不变或者随着行业技术进步，主导产业的就业吸纳能力下降，从而使整个城市的人口规模呈现下降趋势。对于非农人口而言，可能会倾向于在大城市、超大城市寻找工作；而制造业专业化程度很高的城市，缺少这种机会，这可能导致了MaI对N3的回归系数是不显著的。产业多样化指数对N1和N3的回归系数均显著为正，分别是0.003和0.006；这可能是由于某个城市本身就是一个大城市或特大城市，就业并未高度集中在制造业，而是分散于其他产业；抑或是城市没有明显的资源优势，如钢铁、铜矿等，从而为其他产业的发展创造足够的空间，因而，城市的就业越分散，城市总人口规模越大或非农人口规模越大；但是JaI对N2的回归系数是-0.003，并且在5%置信水平下显著，这种情况出现的原因可能在于城市的就业在各产业间比较分散，导致市辖区缺乏主导产业的支撑，市辖区人口规模较小就是必然现象。例如，在本节的样本数据中，城市多样化指数最高的是2002年的清远和2001年的宜宾，它们的多样化指数分别是47和17.56；但是当年清远和宜宾的市辖区人口分别为54.34万和75.56万。对于各控制变量，对外开放程度更高，仅显著降低了城市非农人口规模；粮食产量越多，N1、N2和N3的规模越大；基础设施水平对N1和N2、N3的回归系数符号相反，可能原因在于基础设施在市辖区的完善程度要远远高于全市的平均水平；另外，基础设施在全市范围内的改善，可能会引起人口的分散居住，乃至向其他城市或地区的迁移。公共交通降低了全市总人口和市辖区人口数量，但是能显著增加城市非农人口数量，可能的原因是公共交通完善，降低了劳动者和居民的通勤成本，他们可以选择更为偏远的地方居住。教育水平、医疗水平和城市环境均有助于N1、N2和N3的增加，医疗水平对N2和PARK对N1、N2的回归系数是不显著的；如果污染程度可以衡量城市的经济发展水平，那么二氧化硫排放量越多的城市，城市总人口和非农人口越多，它对市辖区呈负向影响在于污染型产业，如化工、钢铁等，通常会布局在城市外围的下风向地区或临河、沿江、沿海地区；即使它们最初布局在市辖区，也无法避免被外迁的命运，如，2010年首都钢铁股份有限公司从北京石景山搬迁至唐山曹妃甸，这会降低市辖区人口规模。省会及以上城市的市辖区人口和非农人口较多，主要是它们均是各地区的政治、经济和文化中心，吸纳更多的就业和城市规模更大是必然的。而PRO对城市总人口是负向影响，一方面可能是城市总人口主要受到自然因素影响，另一方面户籍制度也限制了省会城市总人口规模的不断增加。资源型城市对城市总人口和非农人口的影响是负向的，但对市辖区人口呈现正向影响，随着资源型城市的衰落，城市总人口不断外迁就业，可能是一种常见现象，这也是NC对N1回归系数显著的原因。

接下来，继续考察制造业专业化程度对东部、中部和西部地区城市规模的影响的差异，仍然采用RE回归方法，具体的回归结果见表4-19。

表4-19 三大地区制造业专业化对城市规模影响

变量	N1			N2			N3		
	东部	中部	西部	东部	中部	西部	东部	中部	西部
MaI	-0.061*	0.008	-0.04***	-0.029	-0.024	-0.006	-0.016	0.028	0.056***
	(0.02)	(0.012)	(0.021)	(0.031)	(0.017)	(0.026)	(0.042)	(0.018)	(0.034)
JaI	0.003**	0.002	0.001	0.001	-0.007*	-0.002	0.008*	0.007*	0.007**
	(0.001)	(0.002)	(0.002)	(0.002)	(0.003)	(0.002)	(0.003)	(0.03)	(0.003)
OPEN	-0.015	-0.002	-0.182*	0.081**	0.103	-0.187*	-0.193*	-0.068	-0.232*
	(0.02)	(0.05)	(0.047)	(0.032)	(0.067)	(0.057)	(0.042)	(0.071)	(0.073)
FOOD	0.161*	0.078*	0.061*	0.024***	0.015*	0.033*	0.062*	0.042*	0.04*
	(0.009)	(0.05)	(0.007)	(0.014)	(0.011)	(0.009)	(0.018)	(0.012)	(0.011)
ROAD	0.006	-0.006	-0.09	0.031**	0.036*	0.015	0.122*	0.079*	0.092*
	(0.007)	(0.007)	(0.007)	(0.013)	(0.011)	(0.009)	(0.017)	(0.011)	(0.012)
PUB	-0.001*	-0.003*	-0.013*	-0.006*	-0.012*	-0.007*	-0.0002	0.005*	-0.005**
	(0.0001)	(0.001)	(0.001)	(0.001)	(0.001)	(0.002)	(0.001)	(0.001)	(0.002)
TEC	0.651*	0.648*	0.884*	0.784	0.627*	0.693*	0.249*	0.161*	0.225*
	(0.019)	(0.02)	(0.02)	(0.016)	(0.017)	(0.022)	(0.021)	(0.019)	(0.028)
DOCTOR	0.042*	0.03**	0.042*	-0.033*	0.024	0.04*	0.159*	0.1*	0.132*
	(0.014)	(0.013)	(0.013)	(0.02)	(0.017)	(0.015)	(0.027)	(0.019)	(0.019)
PARK	-0.023*	0.026*	0.005	-0.011	0.02*	-0.002	0.046*	0.053*	0.036*
	(0.007)	(0.006)	(0.005)	(0.011)	(0.008)	(0.006)	(0.015)	(0.008)	(0.008)
O_2S	0.006***	-0.002	-0.011*	0.003	-0.011	-0.017	0.029*	0.023*	0.041*
	(0.003)	(0.003)	(0.004)	(0.005)	(0.004)	(0.005)	(0.007)	(0.004)	(0.006)
PRO	-0.021	-0.09***	-0.153*	0.205*	0.259*	0.166*	0.096	0.439*	0.47*
	(0.037)	(0.052)	(0.058)	(0.061)	(0.064)	(0.08)	(0.084)	(0.099)	(0.097)

续表

变量	N1			N2			N3		
	东部	中部	西部	东部	中部	西部	东部	中部	西部
NC	-0.09*	-0.191*	-0.08**	0.027	-0.008	-0.086*	-0.057	-0.137*	-0.11***
	(0.029)	(0.027)	(0.037)	(0.046)	(0.031)	(0.049)	(0.064)	(0.049)	(0.06)
常数项	-1.83*	-1.539*	-3.658*	-2.58*	-1.687*	-2.177*	-0.585**	0.898*	-0.405*
	(0.16)	(0.194)	(0.173)	(0.187)	(0.177)	(0.193)	(0.251)	(0.209)	(0.241)
CHI2	3088.12	2372.49	3497.83	6018.49	3153.78	1935.96	1629.59	1176.53	994.76
观测值	1079	1025	733	1079	1025	733	1058	1022	733

注：括号内数值是标准差；*、**、***分别表示在1%、5%和10%置信水平下显著。

从表4-19结果看，不论是东部地区还是西部地区，制造业专业化程度越高的城市，越会降低城市总人口规模，这与全国数据得到的结论一致；但是它对中部地区城市总人口规模产生正向影响是不显著的；尽管MaI对三大地区N2的影响均是负向的，与表4-18回归结果符号一致，却是不显著的；对于N3而言，MaI能扩大中部地区和西部地区的非农人口规模，但是它对东部地区的影响是负向的，可能导致在全国样本中，它对N3的回归系数正向不显著。与表4-18结果保持一致，JaI均增加了三大地区的城市总人口和非农人口，不过，城市多样化程度对N1的回归系数仅在东部地区显著；在其他两个地区是不显著的。在中部地区和西部地区，JaI对N2的回归系数均是负向的，却只在中部地区显著。造成这种结果的原因可能是中部地区的许多城市既缺乏丰富的自然资源，也缺乏其他的主导产业，导致城市产业多样化以商业和服务业为主，进而使得城市规模过小。从控制变量看，对外开放程度降低了三大地区的城市总人口和非农人口，却扩大了东部地区和中部地区的市辖区人口规模；粮食产量、教育水平和医疗水平同样对三大地区的N1、N2和N3产生正向影响；基础设施水平显著扩大了三大地区城市市辖区人口和非农人口规模，对城市总人口的影响在东部地区与中西部地区效果相反。公共交通条件的改善，显著地降低了三大地区城市总人口和市辖区人口规模，对东部地区和西部地区的非农人口也产生类似影响，但是对中部地区城市非农人口产生正向影响。对于自然条件优越的东部地区，城市环境无助于增加城市总人口；相反，它显著地扩大了中部地区的城市总人口和市辖区人口规模，并且对三大地区非农人口影响均为正。污染程度对东部地区的城市总人口和市辖区人口产生正向影响，对中西部地区的N1和N2产生负向影响，对三大地区的非农人口的影响却是正向的，可能原因在于非农人口数量主要是受到城市经济发展水平和就业结构的影响。与全国数据回归一致，省会及以上城市均能显著地增加市辖区人口和非农人口，对城市总人口可能产生负向影响。资源型城市在三大地区仍然呈现出衰落趋势，对城市规模产生消极影响。整体而言，各控制变量对三大地区城市规模的影响与表 4-18 结果基本保持一致。

四、制造业专业化对城市规模的动态影响

鉴于随机效应回归可能会产生内生性问题，特别产业集聚可能会受到城市基础设施、人力资本、对外开放程度的影响，本部分利用城市规模滞后两期的数据作为工具变量进行系统 GMM 估计，以检验制造业专业化对城市规模的影响。具体的回归结果见表 4-20。

表 4-20　制造业专业化对城市规模的动态影响

变量	N1	N2	N3
N1/N2/N3(-1)	0.315*	0.446*	0.706
	(0.006)	(0.0180	(0.006)
N1/N2/N3(-2)	0.174*	-0.123*	0.223
	(0.005)	(0.003)	(0.004)
MaI	-0.123*	-0.135*	-0.099*
	(0.007)	(0.012)	(0.012)
JaI	-0.001*	-0.005*	0.006*
	(0.0004)	(0.001)	(0.0004)
OPEN	-0.049*	0.105*	-0.023***
	(0.01)	(0.018)	(0.013)
FOOD	0.072*	0.007*	0.024*
	(0.003)	(0.002)	(0.003)
ROAD	-0.022*	-0.002	0.004*
	(0.001)	(0.003)	(0.003)
PUB	-0.002*	-0.011*	-0.002*
	(0.0004)	(0.001)	(0.001)
TEC	0.442*	0.403*	0.034*
	(0.002)	(0.018)	(0.006)
DOCTOR	-0.007*	0.014*	-0.019*
	(0.002)	(0.003)	(0.004)

续表

变量	N1	N2	N3
PARK	0.001***	0.011*	-0.006*
	(0.0007)	(0.002)	(0.001)
O_2S	0.007*	-0.001	0.007*
	(0.001)	(0.001)	(0.001)
PRO	0.051*	0.237*	0.072*
	(0.01)	(0.028)	(0.023)
NC	0.008	-0.093*	-0.018***
	(0.012)	(0.019)	(0.01)
常数项	-1.738*	-1.158*	0.059*
	(0.062)	(0.089)	(0.048)
CHI2	45274.07	17316.69	59572.24
AR(1)	-1.45	-4.275*	-1.967*
AR(2)	-1.366	1.386	-0.713
Sargan	197.745*	179.536	172.987
观测值	2312	2376	2277

注：括号内数值是标准差；*、***分别表示在1%和10%置信水平下显著。

从表4-20的结果看，长期内制造业专业化程度更高的城市，城市总人口、市辖区人口和非农人口均呈下降趋势，与表4-18回归结果相比，MaI对城市总人口、市辖区人口的影响均相同，对非农人口的影响相反，可能的原因在于制造业中心的衰落或制造业向劳动力更便宜的地区转移，这种现象在超大城市十分明显，例如北京和上海，1997年到2013年，二者的制造业专业化程度从0.14和0.22降至0.076和0.155。多样化指数对市辖区人口依然产生负向影响，同时对城市总人口的影响也是负的，可能的原因在于长期内产业多样化程度越高，越会使城市逐渐丧失主导产业，导致规模经济效应逐渐丧失；尽管这可能会产生雅各布斯外部性，利于创新活动的发生，但是在信息社会，知识交流的便捷程度得到极大提高以后，人口分散的趋势可能会再次出现，进而会对城市总人口和市辖区人口产生消极影响。它对非农人口产生正向影响，主要是长期内中国城镇化进程仍在持续，从事非农产业的人口将持续增加。对于控制变量而言，对外开放程度提高，反而降低了城市总人口规模和非农人口规模，可能的原因在于当前的外商直接投资主要集中在珠三角、长三角和京津冀城市群的35个城市，进一步增加外商直接投资可能会导致外商直接投资的就业带动能力下降，无益于城市总人口和非农人口的增多；OPEN 对 N2 的影响显著为正，可能是由于市辖区更多地从事与外商直接投资相关的配套服务，如商业、租赁、法律、咨询以及销售等活动，外商直接投资的增加，城市的经济会更具有活力，进而吸引更多人口到市辖区就业。与短期效应一致，FOOD 对城市规模的影响显著为正。基础设施的完善，降低了城市总人口和市辖区人规模，却有助于增加非农人口数量，这可能的原因是完善的公路网，更加方便劳动者和居民的长距离通勤。公共交通的完善，降低了城市人口规模。长期内，教育水平仍是增强城市对居民吸引力的重要因素，它对 N1、N2 和 N3 均产生积极影响。医疗资源可能更多地集中在市辖区，使得它促进了市辖区人口规模的扩大，却降低了城市总人口和非农人口规模，表明随着城镇化进程推进，加快了人口向市辖区集中的过程。城市环境的改善，能显著增加城市总人口和市辖区人口的数量，却降低了非农人口数量。污染程度越高的地方，城市经济越发达，长期内城市人口和非农人口可能会持续增加；但是受到环保意识增强等因素影响，市辖区内的污染型企业可能会向周边县市甚至更为偏远的地区迁移，导致市辖区就业下降，对 N2 产生不利影响。同样，省会及以上城市对城市规模产生正向影响，一方面是由于省会和副省级城市的经济、政治或文化中心地位，吸引人口持续迁入；另一方面，持续扩大的城市规模会使城市发展呈现“大者恒大”的特征。长期内，资源型城市的衰落，降低了市辖区人口和非农人口的数量。

分地区来看，无论表 4-21 中三大地区的 AR(1) 的 Z 统计量均值是否在 10%置信水平下显著，但是对应的 AR(2) 的 Z 统计量是不显著的，意味着利用城市规模滞后两期数据作为工具变量与被解释变量是不相关的，同时，所有的 Sargan 检验值均在 10%置信水平下不显著，从而工具变量不存在过度识别问题，工具变量是有效的。从表 4-21 的回归结果看，长期内 MaI 显著降低了三大地区的城市总人口和非农人口；它会扩大东部地区和中部地区的市辖区人口规模，但对西部地区的市辖区人口规模产生消极影响，可能的原因在于，除重庆、成都和西安等少数城市外，西部地区仍主要以资源型城市为主，并不是制造业的主要集中分布地区。产业多样化程度对东部地区城市规模的影响是正向的，对中西部城市规模的影响是负向的，可能的原因在于东部地区是中国经济最发达的地区，产业结构的转型和升级速度较快，将制造业转移到中西部地区，从而使得东部地区的产业多样化程度提高，中西部地区的制造业专业化程度提高。对外开放程度对东部地区城市总人口和非农人口的影响是负向的，在中西部地区的影响是正向的，进一步反映了三大地区吸引外资能力的差异；同样，它对三大地区市辖区人口产生正向影响，意味着它在三大地区各城市的持续增加，会增强那些城市的经济活力，提高市辖区对迁移人口的吸引力。FOOD 对三大地区城市规模均呈现正向影响，表明优越的自然条件对城市规模的正向影响。基础设施的完善降低了东部地区和中部地区的城市总人口和非农人口，但是它对西部地区非农人口的影响是正向的，对东部和西部地区的市辖区人口产生正向影响。公共交通最显著的影响就是降低了三大地区市辖区人口规模，在东部和西部地区对非农人口也产生类似效果，在中部地区则相反。与前文结果一致，长期内教育对城市规模产生正向影响。医疗水平对东部地区城市规模的影响均是显著为负，对中西部地区的城市规模的影响是正向的，说明随着中西部地区医疗卫生条件的改善，东部地区的医疗水平对人口迁移决策的影响在下降。城市环境的改善，无益于扩大三大地区的城市总人口规模，却显著地增加了中部地区的市辖区人口和非农人口数量。长期内污染程度的经济效益对东部和西部地区城市总人口和非农人口有巨大的吸引力，但无益于中西部市辖区人口的增加。省会和副省级城市显著地增加了三大地区的市辖区人口和非农人口，对东部、西部城市总人口产生消极影响，可能是由于其他城市人口大量向省会和副省级城市集中造成的。长期内，资源型城市可能对东部、西部地区城市规模产生负向影响，但是对中部地区产生正向影响。

表 4-21　三大地区制造业专业化对城市规模的动态影响

变量	N1			N2			N3		
	东部	中部	西部	东部	中部	西部	东部	中部	西部
N1/N2(-1)	0.079*	0.46*	0.704*	0.394*	0.654*	0.657*	0.538*	0.776*	0.586*
	(0.005)	(0.005)	(0.017)	(0.013)	(0.014)	(0.024)	(0.006)	(0.008)	(0.011)
N1/N2(-2)	0.121*	0.388*	0.028*	-0.019*	0.005	-0.052**	0.237*	0.164*	0.118
	(0.004)	(0.006)	(0.006)	(0.002)	(0.01)	(0.02)	(0.005)	(0.007)	(0.015)
MaI	-0.076*	-0.004*	-0.076*	0.027**	0.017	-0.212*	-0.193*	-0.056*	-0.093*
	(0.008)	(0.004)	(0.009)	(0.013)	(0.011)	(0.019)	(0.013)	(0.009)	(0.009)
JaI	0.002*	-0.005*	-0.004*	0.006*	-0.005*	-0.012*	0.008*	0.006*	-0.004**
	(0.0001)	(0.001)	(0.001)	(0.0005)	(0.001)	(0.002)	(0.0002)	(0.001)	(0.002)
OPEN	-0.047*	-0.005	0.075*	0.236	0.133*	0.035	-0.207*	0.014	0.062**
	(0.004)	(0.004)	(0.009)	(0.014)	(0.016)	(0.041)	(0.012)	(0.018)	(0.03)
FOOD	0.167*	0.03*	0.014*	0.015*	0.004***	0.011*	0.1*	0.026*	0.009**
	(0.003)	(0.001)	(0.002)	(0.002)	(0.002)	(0.002)	(0.003)	(0.003)	(0.004)

续表

变量	N1			N2			N3		
	东部	中部	西部	东部	中部	西部	东部	中部	西部
ROAD	-0.033*	-0.004*	-0.013*	0.017*	-0.0004	0.001	-0.036	-0.023*	0.027*
	(0.002)	(0.001)	(0.001)	(0.004)	(0.001)	(0.003)	(0.0003)	(0.002)	(0.002)
PUB	0.0003*	-0.001*	0.0003	-0.011*	-0.011*	-0.008*	-0.001*	0.003*	-0.004*
	(0.0001)	(0.0001)	(0.0003)	(0.0005)	(0.0007)	(0.0004)	(0.0003)	(0.0002)	(0.0004)
TEC	0.581*	0.166*	0.261*	0.489*	0.253*	0.304*	0.1*	0.058*	0.128*
	(0.006)	(0.007)	(0.019)	(0.017)	(0.008)	(0.02)	(0.006)	(0.004)	(0.013)
DOCTOR	-0.009*	0.007*	0.02*	-0.024*	0.037*	0.018*	-0.101*	0.02*	0.067*
	(0.0004)	(0.001)	(0.001)	(0.005)	(0.003)	(0.003)	(0.002)	(0.001)	(0.002)
PARK	-0.002*	-0.002*	-0.005*	-0.006*	0.022*	0.005*	0.047*	0.003*	-0.002
	(0.0004)	(0.0003)	(0.001)	(0.001)	(0.002)	(0.002)	(0.002)	(0.001)	(0.002)
O_2S	0.025*	0.003*	-0.001**	0.019*	-0.005*	-0.006*	0.014*	0.013*	0.01*
	(0.0004)	(0.0005)	(0.0005)	(0.001)	(0.001)	(0.002)	(0.001)	(0.001)	(0.001)
PRO	-0.072*	0.009	-0.038*	0.2*	0.065*	0.103*	0.214*	0.039***	0.181*
	(0.014)	(0.013)	(0.011)	(0.027)	(0.013)	(0.026)	(0.019)	(0.02)	(0.041)
NC	-0.068*	0.019*	-0.019*	0.033*	0.017***	-0.034**	-0.211*	0.027*	-0.015
	(0.014)	(0.005)	(0.008)	(0.01)	(0.009)	(0.016)	(0.013)	(0.008)	(0.018)
常数项	-1.975*	-0.985*	-1.13*	-1.187*	-1.149*	-0.938*	0.463*	-0.58*	-0.651*
	(0.047)	(0.044)	(0.106)	(0.081)	(0.057)	(0.109)	(0.039)	(0.03)	(0.075)
CHI2	371499.1	784383.65	1.56e+06	143851	2.12e+06	25787.8	98737.14	2.06e+06	209612.1
AR(1)	-1.143	-1.136	-2.244*	-3.019*	-2.642*	-3.349*	-1.6	-3.184*	-1.418
AR(2)	-2.494	-2.253	0.286	1.13	0.361	0.998	-0.233	-1.849	-2.396
Sargan	95.832	91.292	68.26	93.19	86.875	63.647	92.885	92.04	58.385
观测值	885	834	593	893	866	617	859	825	593

注：括号内数值是标准差；*、**、***分别表示在1%、5%和10%置信水平下显著。

五、交通拥堵对城市规模的影响

本部分会考虑通勤成本对市辖区人口规模的影响。虽然城市建成区面积越大，可能会花费更多的通勤时间，但是这还取决于城市结构（如同心圆结构、扇形结构或多中心结构）、机动车数量、道路面积等因素。在Brueckner和Zenou（1999）的经典模型中，首先确定了城市建成区面积，再研究工资差异、通勤成本对劳动力迁移决策的影响，这为研究通勤成本对市辖区人口规模的影响提供了理论依据。在实际中，准确度量劳动者和居民的通勤时间、通勤成本是困难的，《高德交通分析报告》为研究这个问题提供了可能：它是由高德软件有限公司基于高德地图交通大数据计算得到的，采用“拥堵延时指数”衡量城市拥堵程度，即城市居民平均一次出行实际旅行时间与自由通行状态下旅行时间的比值。本节分别选用高峰拥堵延时指数和全天拥堵延时指数来衡量城市拥堵状况，以反映城市通勤成本的大小；通常情况下，城市的拥堵延时指数越大，通勤成本越大。目前，《高德交通分析报告》仅给出 2015 年 45 个城市①的拥堵延时指数，本节利用某城市历年机动车数量/2015 年该城市机动车数量作为权重，将各城市的拥堵延时指数变成 2005—2013 年的面板数据。采用机动车数量作为构建权重的基础，主要原因是中国城镇化进入快速发展时期，房地产市场繁荣，城市土地市场逐渐火爆，在这个过程中，城市基础设施得到很大改善，这可以从 45 个城市道路面积反映出来：2005 年、2009 年和 2013 年的总道路面积分别是 16.11 万千米、19 万千米和 25.06 万千米。因此，在不考虑交通协调水平差异和城市结构情况下，城市交通拥堵主要是由机动车数量增多造成的，利用机动车数量作为拥堵延时指数的权重是合理的。还需要说明的是，由于 FOOD 的数据只到 2007 年，不适合在本部分作为控制自然因素的变量，本节采用各城市的平地面积（平原、盆地和谷地面积）衡量。本部分报告了全天拥堵延时指数（DAYJAM）和高峰拥堵延时指数（PEAKJAM）对市辖区人口影响的 FE 回归结果和 RE 回归结果；考虑到 DAYJAM 和 PEAKJAM 可能会与城市道路面积和每万人公交车数量存在内生性，② 本部分还将二者作为 DAYJAM 和 PEAKJAM 的工具变量进行回归，具体的回归结果见表 4-22。

表 4-22　交通拥堵指数对市辖区人口的影响

变量	FE	RE	IV	FE	RE	IV
MaI	−0.34 *	−0.396 *	−0.299 **	−0.389 *	−0.397 *	−0.37
	(0.109)	(0.106)	(0.123)	(0.108)	(0.105)	(0.118)

① 45 个城市分别是北京、济南、哈尔滨、杭州、大连、广州、上海、深圳、青岛、重庆、昆明、武汉、郑州、南宁、成都、长沙、西安、合肥、福州、天津、沈阳、石家庄、厦门、佛山、珠海、南京、金华、长春、苏州、扬州、徐州、绍兴、太原、惠州、温州、宁波、常州、潍坊、东莞、泉州、台州、嘉兴、中山、南通和无锡。

② 在样本数据中，DAYJAM 和城市道路面积与每万人公交车数量的相关系数分别是 0.185 和 0.057；PEAKJAM 和城市道路面积与每万人公交车数量的相关系数分别是 0.239 和 0.085，整体上相关度不是特别大。

续表

变量	FE	RE	IV	FE	RE	IV
JaI	-0.018***	-0.003	-0.016***	-0.018***	-0.004	-0.007*
	(0.009)	(0.009)	(0.201)	(0.009)	(0.008)	(0.009)
DAYJAM	-0.06**	-0.167*	-0.062	—	—	—
	(0.03)	(0.035)	(0.136)	—	—	—
PEAKJAM	—	—	—	-0.061**	-0.133*	-0.057
	—	—	—	(0.029)	(0.025)	(0.096)
OPEN	0.02	0.212	-0.043	0.03	0.206	0.125
	(0.202)	(0.195)	(0.201)	(0.202)	(0.193)	(0.202)
DIXING	-0.151*	-0.057**	-0.099**	-0.153*	-0.057**	-0.06***
	(0.044)	(0.023)	(0.043)	(0.044)	(0.023)	(0.031)
ROAD	0.121*	0.095*	—	0.126*	0.099*	—
	(0.034)	(0.033)	—	(0.035)	(0.033)	—
PUB	-0.004*	-0.005*	—	-0.004*	-0.005*	—
	(0.001)	(0.001)	—	(0.001)	(0.001)	—
TEC	0.508*	0.66*	0.56*	0.519*	0.669*	0.641*
	(0.046)	(0.038)	(0.064)	(0.046)	(0.038)	(0.031)
DOCTOR	-0.087***	0.079***	-0.055	-0.077	0.081***	-0.007
	(0.047)	(0.043)	(0.094)	(0.047)	(0.043)	(0.083)
PARK	0.009	0.014	0.036	0.009	0.012	0.031
	(0.023)	(0.022)	(0.028)	(0.022)	(0.022)	(0.025)
O_2S	-0.024**	-0.006	-0.021***	-0.025**	-0.008	-0.008
	(0.011)	(0.011)	(0.013)	(0.011)	(0.011)	(0.014)
常数项	0.944	-2.419*	0.626	0.719	-2.513*	-0.868
	(0.645)	(0.428)	(1.416)	(0.644)	(0.43)	(1.077)
F/CHI2	34.35	898.74	1.38e+06	34.78	907.4	505.53
观测值	347	347	347	347	347	347

注：括号内数值是标准差；*、**、***分别表示在1%、5%和10%置信水平下显著。

从表4-22结果可以看出，与表4-18和4-20回归结果一致，城市制造业专业化程度和产业多样化指数均显著地降低了市辖区人口规模；并且城市的全天拥堵延时指数越高，越会对市辖区人口数量产生消极影响，在FE和RE回归中，DAYJAM的回归系数分别为-0.06和-0.167；但是在IV回归中，DAYJAM对N2的回归系数并不显著。同样，高峰拥堵延时指数对N2的回归系数在 FE 和 RE 回归中均是显著为负的，这可以表明城市上下班交通拥堵高峰时期，延时指数越大，越促使更多的人口倾向于离开该城市。对于各控制变量而言，OPEN 对 N2 的影响并不是正向显著的，可能的原因在于所选样本中包含了过多的长三角、珠三角和京津冀城市群的城市，它们占到 25 个；同时，样本所选的城市多是人口超过 100 万的大城市，这可能造成 OPEN 回归系数的不显著。城市道路里程越长，意味着城市建成区面积越大，自然而然，市辖区人口也会较多；但是公共交通的发展，会对城市中心区人口进行分流，逐步降低市辖区人口数量；教育水平是市辖区人口增加的持续动力，它有助于市辖区吸引更多的居民迁移到优质学区附近居住和就业。医疗水平对市辖区人口的影响是矛盾的，RE 与 FE 的回归系数符号相反，这种困惑可能的原因是中国的医疗费用仍是家庭的大额支出，会对多数家庭造成沉重负担；社保体系的不完善导致城市的医疗水平并不是居民迁移决策的重要影响因素。城市环境的改善，有利于吸引移民到城市居住和就业，但是它并不显著，可能主要是由于 45 个城市中多数位于自然条件优越的地区。污染水平显著地降低了市辖区人口规模，它可以反映出城市的经济实力，对地方政府财政有重要贡献；随着城市经济发展和居民环保意识提高，污染企业会被逐渐外迁或者居民陆续向郊区迁移，导致它对市辖区人口产生负向影响。

六、专业化程度对城市规模的稳健性检验

为了进一步验证实证结果的稳健性，本书以城市专业化程度替代制造业专业化程度；剔除 FOOD 变量，以提高模型回归的自由度；并且用各城市的平地面积（平原、盆地和谷地面积）表示各城市的地形，重新验证城市专业化程度对城市规模的短期影响和长期影响，分别利用 RE 回归和 SYS-GMM 方法，具体结果见表 4-23 和表 4-24。表 4-25 是对通勤成本的稳健性检验，处理方法与表 4-23 和表 4-24 相同，IV 估计仍是将 ROAD 和 PUB 作为城市拥堵指数的工具变量。城市专业化程度由以下公式计算：

$$MaI_{it} = \sum_{p=1}^{M} \left| \frac{E_{itp}}{E_{it}} - \frac{E_{tp}}{E_{t}} \right| \tag{4-11}$$

其中，各变量和符号的含义与上文相同；需要说明的是，根据式（4-11）计算的 MaI 与城市多样化指数高度负相关，它们的相关系数为-0.547；因而，在稳健性检验中，均剔除了 JaI 变量。

表 4-23 专业化程度对城市规模的短期影响

变量	N1				N2				N3			
	全国	东部	中部	西部	全国	东部	中部	西部	全国	东部	中部	西部
MaI	-0.013**	-0.016***	0.008	-0.01	-0.03*	-0.071*	0.007	-0.001	0.26**	0.008	0.003	-0.023
	(0.005)	(0.009)	(0.008)	(0.01)	(0.08)	(0.014)	(0.064)	(0.015)	(0.01)	(0.019)	(0.015)	(0.018)
CHI2	7495.43	2407.98	2906.46	3608.04	14428.22	6986.24	4826.63	2278.12	4661.01	2198.34	1421.64	1132.58
观测值	4232	1569	1524	1139	4233	1569	1525	1139	3076	1142	1122	812

注：括号内数值是标准差；*、**、***分别表示在 1%、5%和 10%置信水平下显著；省略其他控制变量。

表 4-24 专业化程度对城市规模的长期影响

变量	N1				N2				N3			
	全国	东部	中部	西部	全国	东部	中部	西部	全国	东部	中部	西部
MaI	-0.02*	-0.026*	-0.02*	0.0001	-0.029*	-0.054*	-0.01*	-0.004	-0.013	-0.006	-0.044*	-0.012*
	(0.002)	(0.0001)	(0.0001)	(0.001)	(0.005)	(0.001)	(0.001)	(0.004)	(0.014)	(0.011)	(0.005)	(0.004)
AR(1)	-1.269	-1.062	-2.523*	-2.753*	-5.219*	-3.353*	-3.354*	-3.386*	-2	-1.555	-3.227*	-1.464
AR(2)	-2.947	-1.963	-2.233	0.235	0.023	0.303	-0.468	0.527	-4.024	-2.436	-1.182	-2.112
Sargan	184.934*	96.808	98.808	80.787	135**	98.698	91.144	76.942	75.886	70.917**	73.085	61.495
CHI2	148347	2.45e+07	1.01e+08	4.79e+06	8013.78	2.98e+06	5.22e+06	3.99e+06	4286.19	100964	1.72e+06	643229
观测值	3399	1258	1232	909	3463	1358	1265	932	2244	834	822	588

注：括号内数值是标准差；*、**分别表示在 1%、5%置信水平下显著；省略其他控制变量。

表 4-25 交通拥堵对城市规模影响的稳健性检验

变量	FE	RE	IV	FE	RE	IV
MaI	0.154*	-0.023*	0.117	0.154***	-0.024**	0.163**
	(0.07)	(0.007)	(0.085)	(0.073)	(0.011)	(0.076)
DAYJAM	-0.079	-0.156*	-0.161	—	—	—
	(0.102)	(0.017)	(0.492)	—	—	—
PEAKJAM	—	—	—	-0.07	-0.142*	-0.13
	—	—	—	(0.073)	(0.012)	(0.345)
F/CHI2	13.02	29053.32	363.95	13.24	29871.21	380.07
观测值	347	347	348	347	347	348

注：括号内数值是标准差；*、**、***分别表示在1%、5%和10%置信水平下显著；省略其他控制变量。

从表4-23和表4-24的结果看，在全国层面，短期内城市专业化程度的提高，显著降低了城市总人口和市辖区人口，但是增加了非农人口数量；长期内则均降低了N1、N2和N3，这与前文的回归结果一致；在分地区层面，短期内东、西部地区呈现出较强的稳健性：城市专业化程度提高，对城市总人口和市辖区人口产生消极影响；在中部地区则产生正向的积极影响，这与前文不完全一致。长期内，城市专业化程度提高，仍会持续降低三大地区城市总人口和非农人口，这与前文的结论一致；但是它对市辖区人口的影响令人疑惑，特别是东部和中部地区，在表4-21中，城市专业化程度提高，可以增加这两个地区的市辖区人口，这与表4-24的结果完全相反，可能的原因在于城市专业化程度对城市规模的影响并不是确定的，在城市发展初期，制造业分布于市辖区内；随着城市经济发展和城市建成区的扩张，地租提高导致制造业向城市外围转移，可能会导致市辖区就业规模缩小，从而对N2产生消极影响。

从表4-25的结果看，无论是DAYJAM还是PEAKJAM，均对市辖区人口产生不利影响，这与表4-22的结果完全一致，不过，除了RE回归外，FE和IV回归的系数不具有显著性。另外，值得注意的是城市专业化程度对市辖区人口影响的不稳健性，这意味着考虑到通勤成本之后，城市的市辖区范围扩张，制造业留在市辖区可能性增大，使得它对市辖区人口的影响变得不确定。

综上所述，在短期内全国层面，制造业专业化程度提高，降低了城市总人口规模和市辖区人口规模，但能扩大非农人口规模；在长期内，均显著降低了城市人口规模；城市产业多样化程度对城市总人口和市辖区人口的短期效益和长期效益相反，在短期内和长期内均降低了非农人口规模。此外，短期内各城市粮食产量、教育水平、医疗水平和城市环境均对城市人口规模产生正向影响；长期内医疗水平对城市总人口和非农人口影响是负向的，其他变量对城市人口规模影响仍然为正。短期内对外开放程度有效地降低了非农人口数量，对城市总人口和市辖区人口的影响是正向不显著的；长期内对 N1 和 N3 的影响是显著为负的，却提高了 N2。短期内城市道路面积、公共交通、省会及以上城市和矿业城市均降低城市总人口数量；除了公共交通外，其他 4 个变量对市辖区人口产生相反影响；但是，城市道路面积、公共交通和省会及以上城市能显著增加城市非农人口数量；污染程度对城市总人口的影响是不显著的，却能显著降低市辖区人口和增加非农人口数量。长期内公共交通能显著降低城市人口规模，城市道路面积的增加，有助于非农人口的增加，却不利于城市总人口和市辖区人口数量增加。污染程度的加重意味着城市经济发展得更好，扩大了城市总人口和非农人口规模，但是对市辖区人口产生负向影响；省会及以上城市的人口规模会持续扩大，矿业城市的非农人口和市辖区人口将缩减。

分地区来看，短期内制造业专业化程度提高，反而降低了东部地区的城市规模，对中部地区的影响是矛盾的；不过，显著降低了西部地区的城市总人口规模和增加了非农人口规模。长期内，制造业专业化程度提高，反而会降低三大地区的城市总人口规模和非农人口规模；在东部地区和中部地区对市辖区人口产生正向影响；在西部地区产生相反影响。短期内产业多样化程度提高对三大地区的城市总人口和非农人口均产生正向影响，对中部、西部地区市辖区人口产生的负向影响是不显著的。长期内产业多样化程度提高对东部地区城市人口规模产生正向影响；对中部、西部地区的城市人口规模产生不利影响。

利用交通拥堵指数考察通勤成本对城市规模的影响，发现全天拥堵延时指数和高峰拥堵延时指数的增大，均会对市辖区人口产生不利影响。需要指出的是，在考虑通勤成本之后，城市专业化程度对市辖区人口的影响是正向的。

第五节　本章小结

本章分别从自然因素、城乡工资差异和集聚经济视角考察城市规模的影响因素；就自然因素而言，它们可以解释 56.3%～63.4%城市人口规模差异，其中降水量、日照时数、1 月份平均气温、地形、距海岸线距离和海拔均会对城市人口规模产生负向影响，而 7 月份平均气温和粮食产量有利于城市人口增加。从城乡工资差异视角考察，它对城市规模的短期影响和长期影响相反，短期内可以有效地扩大城市人口规模；分地区看，短期内城乡工资差异对三大地区的城市总人口和市辖区人口产生正向影响；除城乡工资差异会对西部地区城市总人口产生正向影响外，长期内它对城市人口规模会产生负向影响。在考虑到住房成本之后，不论长期内还是短期内，房价显著地阻碍市辖区人口规模的不断扩大；不过，城乡工资差异对大中城市市辖区人口的影响在短期内与长期内效果相反，城市产业结构、对外开放程度、粮食产量、教育水平、医疗水平和城市环境均能有效地提高市辖区人口规模。从集聚经济视角分析，在短期内全国层面，城市制造业专业化程度提高，降低了城市总人口规模和市辖区人口规模，但能增加非农人口规模；在长期内，均显著降低了城市人口规模；城市产业多样化程度对城市总人口和市辖区人口的短期效益和长期效益相反，在短期内和长期内均降低了非农人口规模。分地区来看，短期内制造业专业化程度提高，反而降低了东部地区的城市规模；对中部地区的影响是矛盾的；不过，显著降低了西部地区的城市总人口规模和扩大了非农人口规模。长期内，制造业专业化程度提高，会降低三大地区的城市总人口规模和非农人口规模；在东部地区和中部地区对市辖区人口产生正向影响；在西部地区产生相反影响。短期内产业多样化程度提高对三大地区的城市总人口和非农人口均产生正向影响，对中部和西部地区市辖区人口产生负向影响。长期内产业多样化程度提高对东部地区城市人口规模产生正向影响；对中部和西部地区的城市人口规模产生不利影响。引入交通拥堵指数后，发现全天拥堵延时指数和高峰拥堵延时指数的增大，均会对市辖区人口产生不利影响。需要指出的是，在考虑通勤成本之后，城市专业化程度会进一步扩大市辖区人口规模。

第五章

中国城市规模体系的时空演进

第四章验证了城市规模的影响因素，结合第三章的理论模型，中国的城市数量和城市规模在不同时期是如何分布与变化的？中国城市规模体系是否满足 Zipf 法则或 Gibrat 法则？即城市规模体系满足规模-位序特征，或者城市规模增长是成比例的，这正是本章所研究的内容。

第一节　中国城镇化进程

中国是世界上最早的城市发源地之一，城头山被认为是中国最早的城，[①] 距今已有超过 6000 年的历史。在春秋战国时期，为了防御外敌、巩固封地，城市发展较快，并且出现了坊市制度。如齐国的临淄，有 7 万余户、20 多万人口，《战国策 · 齐策》形容其“临淄之途，车毂击，人肩摩，连衽成帷，举袂成幕，挥汗成雨，家殷人足，趾高气扬”。到隋唐时，城市规模进一步扩大，唐都长安，人口过百万、交往遍天下，是繁华喧嚣、盛极一时的世界城市，坊市制度发展到巅峰；唐代大诗人白居易用“百千家似围棋局，十二街如种菜畦”描述长安布局的整齐划一；卢照邻在《长安古意》中写道“北堂夜夜人如月，南陌朝朝骑似云。南陌北堂连北里，五剧三条控三市”，可见长安的繁华。唐代中期，随着农业、手工业的不断发展，商业出现新的繁荣局面，出现了夜市，如扬州和成都；当时的诗人李绅在《宿扬州》中写道“夜市灯火连星汉，水郭帆樯近斗牛”形容扬州的夜市景象。宋代时期，商业的繁荣形成许多繁华的都市，如东京汴梁（今开封）和临安（今杭州），促使古代中国由贵族文化向市民文化转变，并出现了独具生活气息的文学体裁——宋词。柳永在

① 人民网，http://paper.people.com.cn/rmrbhwb/html/2014-07/26/content_1457400.htm。

《望海潮》中将杭州的繁华描写得淋漓尽致："东南形胜，三吴都会，钱塘自古繁华，烟柳画桥，风帘翠幕，参差十万人家。云树绕堤沙，怒涛卷霜雪，天堑无涯。市列珠玑，户盈罗绮，竞豪奢。重湖叠巘清嘉。有三秋桂子，十里荷花。羌管弄晴，菱歌泛夜，嬉嬉钓叟莲娃。千骑拥高牙。乘醉听箫鼓，吟赏烟霞。异日图将好景，归去凤池夸。"明、清两代，中国出现资本主义萌芽，工商业城镇大量涌现，纺织城市（松江）、工矿城市（个旧）、港口城市（汉口）、商业城市（扬州）等发展迅速。近代以来，中国城市的发展基本上可以划分为 3 种经济社会类型：由帝国主义控制的工商业城市、由军阀统治的政治军事中心城市和新兴的工矿城市，城市格局简单，综合服务设施欠缺。

一、中国城镇化进程

1949 年至今，中国的城镇化进程可以分为两个时期。1949—1978 年，是社会主义革命和社会主义建设时期；1978 年之后，是改革开放时期。两个时期的城镇化特征略有差异。在第一个时期，1949 年以后，中国进入工业化与城镇化发展时期，城镇化水平从新中国成立之初的 10.64%提高到 1978 年的 17.92%，年均增速仅为 0.25%，低于同时期世界的城镇化速度（0.31%）（1950—1970 年）和发展中国家的城镇化速度（0.45%）（1950—1970 年）。当然，这一时期，中国也出现了"逆城镇化"现象，城镇化率从 1960 年的 19.75%下降到 1974 年的 17.16%，累计下降 2.59 个百分点。

在这个时期，中国确立了限制和控制人口盲目流入城市的户籍制度，严重了影响城镇化进程。新中国的户籍制度始于 1950 年 8 月 12 日，以公安系统颁布的《特种人口管理暂行办法（草案）》为标志；1951 年 7 月 16 日公安部颁布《城市户口管理暂行条例》，基本统一了全国城市的户口登记制度；1956 年国务院颁布《关于建立经常户口登记制度的指示》，规定全国城市、镇和乡村均要实行户口登记制度。直到 1958 年，国务院颁发《中华人民共和国户口登记条例》，明确区分城乡居民的"非农业户口"和"农业户口"两种不同的户籍，严格限制人口自由流动。按照 1975 年发展中国家的平均城镇化率 28%计算，当时中国的城镇化率为 17.34%，低于发展中国家城镇化水平 10.56 个百分点，约有 9242 万人未能进入城市。被限制进入城市的人口数量相当于 1970 年整个拉美和加勒比地区城市人口数量的一半。

在第二个时期，从总体上看，中国城镇化水平呈不断上升的趋势，如图 5-1所示。中国城镇化率从 1978 年的 17.92%上升到 2014 年的 54.77%，年均增长率为 0.97%，远远快于 1980—2014 年世界城镇化年均增速（0.42%）和发展中国家城镇化年均增速(0.56%)。依照是否实行城镇居民福利分房政策，这一时期可以划分成两个阶段：1978—1998 年和 1999—2014 年。在第一个阶段，中国先后历经以家庭联产承包责任制为核心的农村改革、以国有企业制度改革为核心的城市改革，实施对外开放政策，逐步开放沿海、沿江和沿边地区，激发了市场经济活力。随着乡镇企业的兴起和社会主义市场经济制度的确立，中国的城镇化进程进入快速推进时期，城镇化率从 1978 年的 17.92%上升到 1998 年的 30.4%，年均增长率为 0.624%，是 1949—1978 年城镇化速度的 2.5 倍；城市人口从 1978 年的 1.72 亿增加到 1998 年的 4.16 亿，净增加 2.44 亿。1998 年城市住房制度改革取得突破性进展，允许城市居民和农村居民自由购买城市商品房并落户城市；中国城镇化进程进入新时期。由于城市住房制度改革，改革开放后先富起来的一批人在城市购买商品房并落户城市，导致 2000 年中国城镇化率提升 5.33 个百分点。2003 年，国务院下发《关于促进房地产市场持续健康发展的通知》(简称“18 号文件”)，正式明确房地产业是国民经济的支柱产业；中国的城镇化进程也进入高速发展时期。从 1999—2014 年，中国城镇化率从 30.89% 上升到 54.77%，年均增速 1.59%，是 1978—1998 年城镇化速度的 2.57 倍，是 1949—1978 年城镇化速度的 6.37 倍；城镇人口从 4.37 亿增加到 7.49 亿，或者说，平均每年有 2080 万人口融入城市工作或生活。

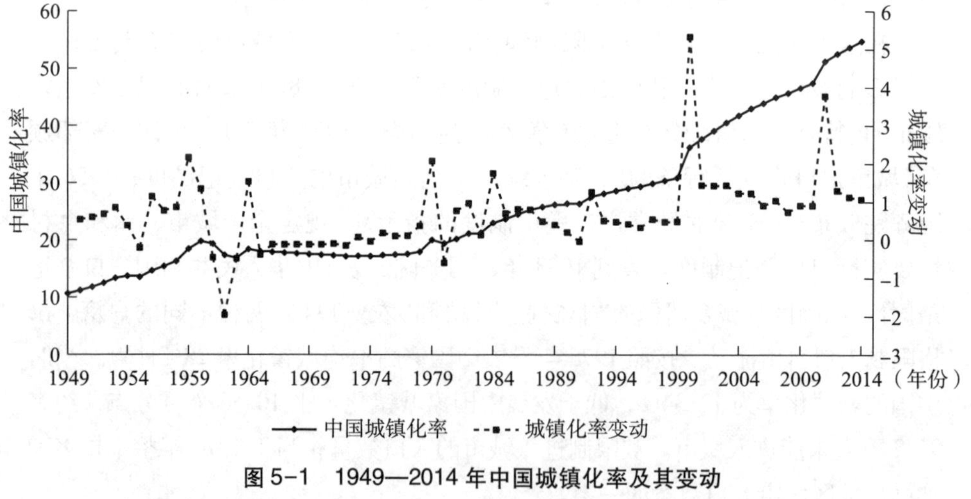

图 5-1　1949—2014 年中国城镇化率及其变动

资料来源：《新中国 60 年统计资料汇编》和《中国统计年鉴》(2010—2014)。

中国城镇化进程一个显著的特征是城镇数量的大量增加和特大城市、超大城市的出现。1978—2010 年，中国城市数量从 193 个增加到 658 个。1978

年，人口超过 100 万的大城市有 29 个，只有 4 个城市人口超过 300 万，2 个城市人口超过 500 万，没有一个超大城市；2010 年，有 6 个人口超过 1000 万的超大城市，16 个城市人口超过 500 万，其中 10 个特大城市；37 个城市人口超过 300 万，大城市数量 140 个；50 万~100 万人口的中等城市 138 个，50 万人口以下的小城市 380 个以及 19410 个建制镇（见表 5-1）。

表 5-1　城市（镇）数量和规模变化情况　　单位：个

	1978 年	2010 年
城市	193	658
1000 万以上人口城市	0	6
500 万~1000 万人口城市	2	10
300 万~500 万人口城市	2	21
100 万~300 万人口城市	25	103
50 万~100 万人口城市	35	138
50 万以下人口城市	129	380
建制镇	2173	19410

资料来源：国家新型城镇化规划（全文），2014；2010 年数据根据第六次全国人口普查数据整理。

根据《中国 2010 年人口普查分县资料》，2010 年中国常住人口超过 500 万的城市分别是上海（2231.65 万）、北京（1882.73 万）、重庆（1716.58 万）、广州（1270.19 万）、天津（1109.08 万）、深圳（1035.84 万）、武汉（978.54 万）、东莞（822.02 万）、南京（818.78 万）、成都（741.56 万）、佛山（719.74 万）、西安（650.12 万）、沈阳（625.77 万）、杭州（624.2 万）、哈尔滨（587.89 万）、汕头（538.93 万）和苏州（534.6 万），共计 17 个，与《国家新型城镇化规划（2014—2020 年）》中的 16 个略有差异。

2014 年，国务院发布《关于调整城市规模划分标准的通知》，并未将汕头纳入特大城市。中国城区常住人口超过 1000 万的城市有北京、上海、广州、深圳、天津和重庆共计 6 个；城区常住人口在 500 万以上 1000 万以下的特大城市有 11 个，分别是武汉、成都、南京、佛山、东莞、西安、沈阳、杭州、苏州、哈尔滨和香港。与 2010 年相比，仅仅是香港替换了汕头，全国常住人口超过 500 万以上的城市仍是 17 个。

城市群的快速发展是中国城镇化进程中另一个令人瞩目的现象。1983 年，于洪俊和宁越敏首次以“巨大都市带”的译名将戈特曼的思想引入中国，[①] 开

① 丁洪俊，宁越敏. 城市地理概论[M]. 合肥：安徽科学出版社，1983.

始了对城市群的研究。城市群是指在特定自然环境和交通条件的区域范围内，以中心城市为核心，集聚相当数量的不同性质、类型和等级规模的城市，这些城市在经济合作、产业协作和规划协调上存在着密切联系。从区域空间治理模式的角度，当今中国共有23个城市群，即长三角、珠三角、京津冀、山东半岛、辽东半岛、海峡西岸、长株潭、武汉、哈大长、中原、江淮、环鄱阳湖、晋中、成渝、南北钦防、关中、天山北坡、呼包鄂、银川平原、兰白西、滇中、黔中和酒嘉玉城市群，其中东部地区6个，中部地区7个，西部地区10个(方创琳，2011；黄金川、陈守强，2015)。方创琳(2011)根据以下9个指标评价城市群的发育成熟程度，分别是城市数量(≥3个)、100万人口以上的大城市数量(≥1个)、人口规模(≥2000万人)、城镇化水平(≥50%)、人均GDP(≥3000美元)、非农业产值比率(≥70%)、核心城市GDP中心度(≥45%)、经济密度(≥500万/平方千米)和经济外向度(≥30%)。按照这个标准，2/3指标达到发育标准的基本原则判定，2007年中国现有23个城市群中，达到发育标准的城市群有15个，未达到发育标准的城市群有8个。其中，西部地区达标的城市群有3个，中部地区有6个，东部地区有6个。8个未达到发育标准的城市群中，除晋中城市群位于中部地区外，其余7个城市群均位于西部地区。“十三五”规划将全国城市群重新调整为19个，其中武汉城市群、长株潭城市群和环鄱阳湖城市群被合并为长江中游城市群；南北钦防城市群被扩展为北部湾城市群；酒嘉玉城市群被扩展成兰州-西宁城市群；呼包鄂城市群将榆林纳入进来，更名为呼包鄂榆城市群；银川平原城市群被称为宁夏沿黄城市群；江淮城市群未再提及，新增了黔中和滇中两个城市群，保留了京津冀、长三角、珠三角、山东半岛、海峡西岸、哈长、辽东半岛、中原地区、成渝、关中平原、晋中和天山北坡12个城市群。从地区分布来看，东部地区共计6个，中部地区共计4个和西部地区共计9个；并且长三角城市群、珠三角城市群、京津冀城市群和长江中游城市群是中国重要的四个城市群。它们包括65个城市(含3个省直管市)，2013年四个城市群的GDP总量为22.49万亿元，占全国的比重是38.34%；常住人口为5.24亿(2014)，占全国总人口比重是38.3%；实际利用外资金额为1205.57亿美元。同时，长三角、珠三角和京津冀三大城市群的专利申请数达到32.85万件，占全部工业企业申请专利数量的58.56%；发明专利12.24万件，占全国工业企业申请发明专利数量的59.67%，是中国科技创新的主要地区。

长三角城市群是中国人口规模和经济规模最大的城市群。根据2010年5月国务院通过的《长江三角洲地区区域规划(全文)》，长三角城市群有16个城市，先后历经两轮扩容，达到30个，囊括整个上海市，以及江苏省、浙江省和安徽省的部分城市(上海、南京、苏州、无锡、常州、镇江、扬州、泰州、南通、杭州、宁波、湖州、嘉兴、绍兴、舟山、台州、合肥、马鞍山、金华、衢州、盐城、淮安、芜湖、淮南、滁州、徐州、宿迁、丽水、温州和连云港)。该区域国土面积35.04万平方千米，2013年市辖区人口6952.2万，占全国人口的5.1%；常住人口为1.59亿，占全国人口的11.69%；实际利用外资金额519.37亿美元，占全国实际利用外资金额的43.75%；国内生产总值高达8.18万亿元，占全国GDP的13.92%。从首位城市看，2013年上海GDP为2.13万亿元，占长三角城市群GDP的26.08%；市辖区人口为1364.1万，占长三角城市群人口总数的19.62%；实际利用外资金额为167.8亿美元，占长三角城市群的32.31%。目前，长三角城市群已成为世界第六大城市群，是引领中国经济转型和持续发展的重要引擎。

珠江三角洲城市群由广东省的9个城市(广州、深圳、珠海、佛山、惠州、肇庆、东莞、中山和江门)构成，该区域国土面积18.1万平方千米。2013年市辖区人口2163.7万，占全国总人口的1.56%；常住人口为5616.39万，占全国总人口的4.13%；实际利用外资金额212.52亿美元，占全国实际利用外资金额的17.91%；国内生产总值为4.89万亿元，占全国GDP的比重是8.32%。从首位城市看，2013年广州GDP为1.41万亿元，占珠三角城市群GDP的28.93%；市辖区人口为686.6万，占珠三角城市群人口总数的31.73%；实际利用外资金额46.53亿美元，占珠三角城市群的21.89%。香港、澳门与内地更紧密经贸关系的发展，使这一城市群的活力继续增强。近年来，又提出了“泛珠三角”概念，包括广东、福建、江西、湖南、广西、海南、四川、贵州、云南9个省区和香港、澳门两个特别行政区，简称“9+2”，为珠三角的发展拓展了巨大的空间，并有望成为世界瞩目的特大经济区。

京津冀城市群包括北京、天津2个直辖市和河北省8个城市(石家庄、唐山、保定、廊坊、秦皇岛、张家口、承德和沧州)，该区域国土面积为18.34万平方千米。2013年市辖区人口为3097万，占全国人口的2.27%；常住人口为8500万，占全国人口的6.25%；实际利用外资金额272.95亿美元，占全国实际利用外资金额的22.99%；国内生产总值为3.98亿元，占全国GDP的6.76%。从首位城市看，2013年北京GDP为1.92万亿元，占京津冀城市群GDP的48.32%；市辖区人口为1245.2万，占京津冀城市群人口总数的40.2%；实际利用外资金额为83.13亿美元，占京津冀城市群的30.46%。围绕着大北京地区作为世界城市的发展目标进行规划与整合，该城市群具有重要地位。近年来提出的“环渤海都市圈”，将囊括北京、天津两大直辖市，以及河北、山西、辽宁、山东和内蒙古5个省份，形成“5+2”的战略合作框架。当然，由于纳入经济相对落后的山西和内蒙古，环渤海都市圈面临更多的协调问题。

长江中游城市群是唯一一个《国家新型城镇化规划(2014—2020年)》批准之后设立的城市群，未来它可能成长为中国经济增长的第四极。长江中游城市群包括湖北省的9个城市(武汉、黄石、鄂州、黄冈、孝感、咸宁、襄阳、宜昌和荆州)和3个省直管市(仙桃、潜江、天门)、湖南省的8个城市(长沙、株洲、湘潭、岳阳、益阳、常德、衡阳和娄底)和江西省的8个城市(南昌、九江、景德镇、鹰潭、新余、宜春、萍乡和上饶)以及吉安市和抚州市的部分县区，共计30个城市，该区域国土面积为31.7万平方千米。2013年，市辖区人口为3565.49万，占全国人口的2.65%；常住人口为1.24亿，占全国人口的9.11%；实际利用外资金额200.73亿美元,① 占全国实际利用外资金额的16.9%；国内生产总值为5.49亿元，占全国GDP的9.34%。从首位城市看，2013年武汉GDP为9051.27亿元，占长江中游城市群GDP的16.48%；市辖区人口为512.6万，占长江中游城市群人口的14.38%；实际利用外资金额为61.99亿美元，占长江中游城市群的30.88%。与长三角城市群、珠三角城市群和京津冀城市群相比，长江中游城市群的人口规模和GDP仅仅小于长三角城市群，发展潜力巨大。在地理位置上，长江中游城市群位于长三角城市群与成渝城市群之间，贯通长江航道，可以加快培育长江经济带；南接珠三角城市群，北望中原城市群，有助于承接长三角和珠三角的产业转移，优化中国的产业布局。

二、中国最大的城市

1949年以后，上海一直是中国常住人口第一大都市。1978年，上海常住人口为1104万，按照非农业人口占总人口的比重计算的城镇化率，当年为58.7%。到2014年，上海常住人口达到2425.68万，城镇化率为90.3%。36年间，上海常住人口增加了1321.68万，年均增加36.71万人。随着城镇化进程推进，上海市呈现一个突出的现象，即户籍人口与常住人口之间的巨大缺口。这一缺口直接反映出户籍制度对中国城镇化进程的影响。1978年，上海

① 湖北省的实际利用外资金额，无法区分具体城市，本书直接采用了当年全省的实际利用外资金额，因此，高估了长江中游城市群的实际利用外资金额。

户籍人口与常住人口之差仅为 5. 72 万；1995 年首次突破 100 万，达到 112. 63 万；2005 年二者之差超过 500 万，为 530 万；到 2014 年，为 986. 99 万，相当于 2010 年中国第 7 大城市武汉的人口数量(见图 5-2)。《国家新型城镇化规划(2014—2020 年)》显示，2012 年全国的常住人口城镇化率为 52. 6%，户籍人口城镇化率为 35. 3%，二者缺口达到 17. 3 个百分点，按照当年全国城镇人口总数 7. 12 亿计算，至少有 1. 23 亿农民进城却未融入城市生活；这也是《国家新型城镇化规划(2014—2020 年)》出台的背景之一。

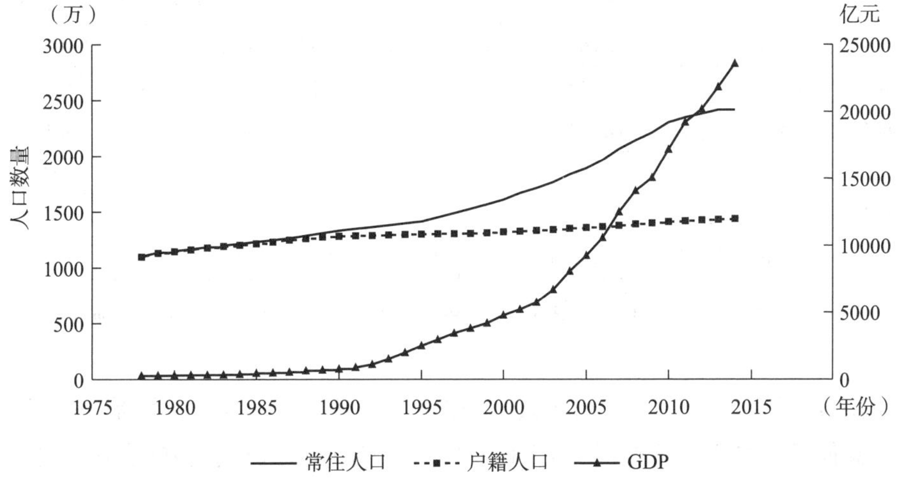

图 5-2　1978—2014 年上海市的人口和 GDP

资料来源：《上海统计年鉴》(2015)。

从市辖区人口规模来看，在 2005 年之前，上海是中国第一大城市；2010 年和 2013 年，重庆取代上海成为中国第一大都市。18 年间，中国第一大城市的规模从 921. 7 万人增加到 1787 万人，增长了 1. 94 倍；第 10 位的城市规模从 261. 84 万人增加到 524. 6 万人，增长了 2 倍。从地域分布来看，东北地区前 10 大城市的数量在逐渐减少，从 1995 年的 3 个(沈阳、哈尔滨和长春)减至 2000 年的 2 个(哈尔滨和沈阳)，之后到 2005 年和 2013 年仅有一个沈阳。西部地区由 1995 年、2000 年和 2005 年的 2 个增加到 2010 年和 2013 年的 3 个(重庆、成都、西安)。1995—2013 年中部地区只有一个城市(武汉)属于前 10 大城市。东部地区从 1995 年和 2000 年的 5 个(上海、北京、天津、广州和沈阳)增加到 2005 年和 2013 年的 7 个(上海、北京、天津、广州、南京、汕头和沈阳)。从具体城市来看，1995 年到 2013 年，有 9 个城市至少在 4 个时期内是前 10 大城市，分别是上海、北京、天津、重庆、广州、武汉、成都、沈阳和南京。这些城市表现出极高的稳定性，也显示出城市发展过程中“大者恒大”的特征(见表5-2)。

表5-2　1995—2013年中国10大城市　　单位：万人

2013年		2010年		2005年		2000年		1995年	
重庆	1787	重庆	1542.77	上海	1290.14	上海	999.07	上海	921.7
上海	1364.1	上海	1331.68	北京	1110.6	北京	780.1	北京	698.04
北京	1245 2	北京	1174.63	重庆	1029.77	重庆	689.52	天津	510.2
天津	821.7	天津	802.9	天津	769.6	天津	535.22	沈阳	415.08
广州	686.6	广州	654.68	广州	617.28	广州	451.08	武汉	406.68
南京	643.1	西安	561.58	西安	533.21	武汉	448.89	重庆	406.49
西安	580.6	南京	545.97	南京	513.39	哈尔滨	440.89	广州	395.28
成都	564.9	成都	520.86	武汉	503.1	沈阳	435.7	哈尔滨	319
汕头	532.7	武汉	514.97	沈阳	495.89	成都	354.78	成都	300.86
沈阳	524.6	汕头	503.43	汕头	484.05	南京	323.86	长春	261.84

资料来源：作者根据《中国城市统计年鉴》(1999—2014)整理；表中的城市规模按照市辖区人口进行排序。

按照常住人口排序，在历次人口普查中，重庆、上海和北京均是“三甲”，并且其他城市主要位于四川、河南、河北和山东四个人口较多的省份，这在第四次人口普查和第五次人口普查中特别明显。第六次人口普查和2014年10大城市排序中，这四个省份的城市从“四普”的7个减至2个(保定和成都)，而经济发达省份的城市上榜较多，如江苏和广东，分别是苏州、深圳和广州。与表5-2相比，有6个城市同属于前10大城市，分别是重庆、上海、北京、天津、广州和成都。除成都外，其他5个城市都是人口超过1000万的超大城市，进一步体现出“大者恒大”的城市人口分布特征(见表5-3)。

表5-3　三次人口普查与2014年中国10大城市　　单位：万人

2014年		六普		五普		四普	
重庆	2991.4	重庆	2884.62	重庆	2848.82	重庆	1483.68
上海	2425.68	上海	2301.91	上海	1673.77	上海	1334.18
北京	2151.6	北京	1961.24	北京	1381.9	北京	1081.9
天津	1516.8	成都	1404.76	保定	1047.43	南阳	975.66
成都	1442.8	天津	1293.82	成都	1019.9	临沂	930
广州	1308.5	广州	1270.08	天津	1000.88	周口	923.67
深圳	1077.89	保定	1119.44	广州	994.3	成都	919.5

续表

2014 年		六普		五普		四普	
苏州	1059.1	哈尔滨	1063.6	临沂	994.26	内江	880.66
武汉	1033.8	苏州	1046.6	周口	978	天津	878.54
保定	1029.5	深圳	1035.79	南阳	958	保定	803

资料来源：作者根据第四次、第五次和第六次人口普查资料整理得到；2014 年按照各城市的常住人口进行排序，数据来自 2014 年各地市统计公报。

三、中国城镇化进程中存在的问题

中国城镇化进程中，主要存在三类问题：一是城市存在大量流动人口，却未能享受到均等的教育、医疗、养老和保险等公共服务；二是城市空间分布和规模结构不合理，与资源环境承载能力不匹配；三是城市的管理机制不健全和服务水平不高，“城市病”问题日益突出。

城市存在大量流动人口，却未能享受到均等的教育、医疗、养老失业保险等公共服务。改革开放后，中国流动人口规模逐渐扩大。1980 年中国的流动人口数量仅为 613 万。根据全国第五次人口普查数据和国家统计局公布的数据，2000 年中国流动人口规模为 1.21 亿；2014 年达到 2.53 亿。2000—2014 年，中国流动人口增加了 1.32 亿，年均增加 943 万。若以人户分离数来衡量流动人口规模，人数会更多。2000 年中国人户分离数为 1.44 亿，2014 年增加到 2.98 亿，净增加 1.54 亿，年均增加 1100 万。详见表 5-4。相应地，这也使我国的城镇化率存在户籍城镇化率和常住人口城镇化率的差异。《国家新型城镇化规划(2014—2020 年)》指出，2012 年全国常住人口城镇化率为 52.6%，户籍人口城镇化率仅为 35.3%，二者缺口为 17.3 个百分点；按照当年全国城镇人口 7.12 亿计算，至少有 1.23 亿农民进城却未能融入城市生活，无法均等地享受住房、教育、医疗、养老和保险等公共服务。根据全国第五次和第六次人口普查的数据，外来人口最多的 5 个省份分别是广东、浙江、上海、江苏和北京，人口流出较多的 5 个省份分别是四川、河南、安徽、湖南和江西。由此可见，这 10 年间，我国人口流动的方向几乎没有发生变化，仍然是从中西部省份向东部省份集中(许鹏、王晓波，2004；乔晓春、黄衍华，2013)。

表 5-4　2000—2014 年中国流动人口规模

年份	人户分离数(亿人)	流动人口数(亿人)
2000	1.44	1.21
2001	—	1.26

续表

年份	人户分离数(亿人)	流动人口数(亿人)
2002	—	1.32
2003	—	1.36
2004	—	1.42
2005	—	1.47
2008	—	2.01
2009	—	1.80
2010	2.61	2.21
2011	2.71	2.30
2012	2.79	2.36
2013	2.89	2.45
2014	2.98	2.53

资料来源：2000年和2010年数据来自全国人口普查，其余年份根据自全国1%人口抽样调查数据推算。

城市空间分布和规模结构不合理，与资源环境承载能力不匹配(见表5-5)。2000年到2013年，东部地区和中部地区的城市数量没有变化，均分别是101个和100个，西部地区的城市从61个增加到88个，平均每年增加1.75个。东部地区有1个城市(北京)从特大城市成长为超大城市；有3个城市从大城市成长为特大城市；有22个城市从中等城市成长为大城市；有16个城市从小城市成长为中等城市。到2013年，中部地区并未形成超大城市，特大城市增加1个(郑州)，有9个城市从中等城市发展成特大城市，有10个城市从小城市发展成中等城市。西部地区最明显的变化就是城市数量增加，超大城市有一个(重庆)，有两个城市从大城市成长为特大城市，有11个城市从中等城市发展成大城市，有17个城市从小城市发展成中等城市，新出现城市27个。相比较而言，从2000年到2013年，中西部地区GDP占全国GDP的比重从42%下降到40%，城市数量从161个增加到188个；东部地区的城市数量保持101个不变，GDP占比却提高了4个百分点。

表5-5 2000—2013年中国不同规模城市的空间分布

地区	年份	50万以下	50万~100万	100万~500万	500万~1000万	1000万以上	合计
东部地区	2013	9	31	54	5	2	101
	2000	25	37	35	3	1	101

续表

地区	年份	50 万以下	50 万~100 万	100 万~500 万	500 万~1000 万	1000 万以上	合计
中部地区	2013	18	45	35	2	0	100
	2000	28	45	26	1	0	100
西部地区	2013	26	27	32	2	1	88
	2000	16	21	23	1	0	61
合计	2013	53	103	121	9	3	289
	2000	69	103	84	5	1	262

资料来源：《中国城市统计年鉴》(2001/2014)；东部地区包括北京、天津、辽宁、河北、山东、江苏、上海、浙江、福建、广东和海南；中部地区包括黑龙江、吉林、山西、河南、安徽、湖北、湖南和江西；西部地区包括广西、云南、贵州、重庆、四川、西藏、青海、甘肃、内蒙古、宁夏、陕西和新疆。2000 年西部地区的城市未统计西藏；2013 年东部地区未计入三沙市。

百万人口以上大城市在中国经济中的地位举足轻重。百万人口以上大城市的 GDP 总量从 2000 年的 5.56 万亿增加到 2013 年的 45.61 万亿；占全国 GDP 的比重从 55.43%提升到 76.63%。同时，百万人口以上大城市 GDP 年均增速是 17.57%，快于同期全国 GDP 年均增速 14.68%。并且，百万人口以上大城市总人口从 2000 年的 1.88 亿增加到 2013 年的 3.18 亿,[①] 占全国城市人口的比重从 64.83%提升到 76.81%。百万人口以上大城市固定资产投资总额从 2000 年的 13.15 万亿元增加到 2013 年的 27.98 万亿元，占全国固定资产投资的比重也从 62.74%提升到 67.27%；此外，在工业领域，大城市的地位也十分重要。2000 年到 2013 年百万人口以上城市的工业企业总产值从 5.31 万亿元增加到 73.19 万亿元，占全国工业总增加值的比重从 64.27%提升到 72.63%。在创新能力方面，创新综合能力综合测评前 10 的副省级城市和地级市均是百万人口以上的大城市。但是大城市在中西部地区的城市数量占比较低，2013 年在东部地区占比是 60.4%，在中部地区的占比是 37%，在西部地区占比是 39.77%，凸显了城市空间分布和规模结构不合理问题，因而，中西部地区需要一些特大城市甚至是超大城市和城市群引领地区经济发展。

城市的管理机制不健全和服务水平不高，“城市病”问题日益突出。大城市的房价收入比很高，三四线城市却存在大量闲置或空置住房；北京、石家庄、郑州等城市出现空气污染、交通拥堵等问题，城市管理水平不高，“城市病”问题日益突出。Au 和 Henderson(2006)也指出，尽管中国的城市

① 均是统计的市辖区人口，而非城市总人口。

数量众多，城市人口增长很快，但是中国的城镇化是高度本地化的，而且移民高度分散化，导致中国城市规模过小，不能有效利用城市集聚经济。中国的城市专业化程度不足，在城市功能上，强调生产的重要性；移民融入城市社会较困难，主要是移民在享有住房和公共服务方面受到限制；中国的城市治理更为注重经济增长和发展问题，对教育、医疗等公共服务的功能关注不够。

本节并未提及中国城镇化过程中土地城镇化快于人口城镇化的问题以及土地财政问题。第一个问题在《国家新型城镇化规划(2014—2020年)》中已有较为翔实的描述，并且，吴福象和段巍(2015)亦探讨了这个问题，土地城镇化速度过快在中西部地区更为明显；第二个问题已经有许多研究，如李郇等(2013)、孙秀林和周飞舟(2013)、范子英(2015)等。

第二节　中国城市规模体系的帕累托分布

在第二章第三节已经提到，城市规模体系用帕累托分布进行描述。当幂指数为1时，城市规模体系会呈现一种特殊的位序，即第 i 位城市的人口规模是第一位城市规模的 $1/i$，这种特殊的分布被称为“齐普夫定理”或“力量法则”。该理论一经提出，就受到颇多争议。令人惊奇的是，许多国家的数据在某些年份或时期服从于位序法则，正如表2-6总结的结果。代合治(2001)、闫永涛和冯长春(2004)、吕薇和刁承泰(2013)以及余吉祥等(2013)的研究，均发现中国城市规模帕累托分布的幂指数是小于1的；劳昕等(2014)却发现该幂指数大于1。正是这种矛盾的结果，有必要对中国城市规模帕累托分布进行验证，具体回归的公式见式(2-3)。

本章会选取1990—2013年中国地级市数据对式(2-3)进行验证，主要选取城市总人口、市辖区人口和非农业人口验证城市人口规模的帕累托分布；选取建成区面积验证城市地域规模的帕累托分布。这些数据均来自历年《中国城市统计年鉴》(1999—2014年)。需要说明的是，1991年，中国只有185个地级市；到2013年增加为290个，23年间增加105个，年均增加4.57个。并且，新设立的地级市主要集中在1993—2003年，累计新设地级市101个；同时，1997年还撤销了重庆、涪陵和万县三个地级市，设立新的直辖市重庆市；1998年东川市并入昆明市。锦西、大庸、荆沙、淮阴和海拉尔也在这期间更名(见表5-6)。

表 5-6　1991—2013 年中国地级市设立、撤销与更名情况

年份	地级市数量	新设立的地级市	撤销的地级市	更名的地级市
1991	185	潮州、揭阳		
1992	191	松原、滁州、万县		
1993	196	白城、黑河、孝感、防城港、南充		
1994	206	南平、德州、临沂、南阳、荆沙、益阳、郴州、云浮、钦州、渭南		锦西市更名为葫芦岛市；大庸市更名为张家界市
1995	210	贵港、黄冈、永州、涪陵		
1996	218	衡水、泰州、宿迁、阜阳、龙岩、宜宾、汉中、延安		荆沙市更名为荆州市
1997	226	重庆、聊城、商丘、怀化、玉林、遵义、曲靖、玉溪	重庆、涪陵、万县	
1998	231	广安、宿州、赣州、信阳、咸宁、吴忠	东川	
1999	240	晋中、通辽、绥化、巢湖、六安、宁德、娄底、达州、榆林		
2000	263	运城、忻州、临汾、丽水、亳州、池州、宣城、吉安、宜春、抚州、上饶、滨州、菏泽、周口、驻马店、随州、眉山、雅安、巴中、资阳、安顺、安康、保山		
2001	269	鄂尔多斯、呼伦贝尔、昭通、商洛、武威、固原		淮阴市更名为淮安市；海拉尔市更名为呼伦贝尔市
2002	279	百色、河池、来宾、贺州、崇左、丽江、酒泉、庆阳、张掖、平凉		
2003	286	吕梁、乌兰察布、巴彦淖尔、思茅、临沧、中卫、定西		
2004	287	陇南		
2007	287			思茅市更名为普洱市
2010	287			襄樊市更名为襄阳市
2011	288	毕节、铜仁	巢湖	
2012	289	三沙		
2013	290	海东		

资料来源：中国行政区划(1991—2013)，中华人民共和国中央人民政府网站：www. gov. cn.

一、中国城市规模体系的帕累托分布

本部分主要利用城市总人口、市辖区人口和非农业人口验证城市人口规模的帕累托分布；利用建成区面积验证城市地域规模的帕累托分布。这四个变量分别按照规模大小进行排序，对式(2-3)进行回归。中国地级市城市总人口的帕累托分布验证结果见表5-7。

表5-7　1990—2013年中国地级市城市总人口帕累托分布

年份	幂指数	常数项（首位城市规模）	观测值	R^2
2013	1.178	11.6	289	0.726
2012	1.171	11.548	288	0.725
2011	1.191	11.675	287	0.728
2010	1.197	11.685	286	0.732
2009	1.18	11.57	287	0.724
2008	1.174	11.525	287	0.72
2007	1.175	11.521	287	0.72
2006	1.181	11.548	286	0.719
2005	1.174	11.501	286	0.713
2004	1.177	11.505	286	0.714
2003	1.181	11.518	284	0.711
2002	1.154	11.332	278	0.704
2001	1.134	11.188	266	0.691
2000	1.11	11.031	262	0.679
1999	1.076	10.709	236	0.687
1998	1.066	10.596	228	0.692
1997	1.05	10.457	222	0.696
1996	0.994	10.051	218	0.68
1995	0.998	9.991	211	0.693
1994	1.002	9.932	206	0.713
1993	0.982	9.757	191	0.702
1992	0.974	9.631	191	0.726
1991	0.892	9.144	183	0.696
1990	0.903	9.196	185	0.707

从表 5-7 的结果可以看出，中国地级市城市总人口的帕累托分布的幂指数在 1996 年以前(除 1994 年)，均小于等于 1；1997 年以后该幂指数均大于 1；从长期看，城市总人口的幂指数呈上升趋势。1996—2003 年幂指数单调递增，从 0.994 增加到 1.181。同样，1997 年以后，中国地级市城市总人口的帕累托分布是不符合位序法则的。具体而言，与 1990 年相比，2013 年的幂指数 1.178 大于 0.903，这种幂指数的增大是否意味着城市总人口的实际分布与位序法则偏离得更多？为了进一步说明这个情况，本节对 1990 年、1994 年(幂指数值十分接近于 1，为 1.002)和 2013 年的城市总人口规模分别标准化处理：分别除以当年首位城市的人口规模，以便与标准的齐普夫定理(首位城市规模为 1)进行比较，展示幂指数大小对城市规模分布偏差的影响，如图 5-3 所示。从图 5-3 发现，中国地级市城市总人口的标准化分布只是在上尾部分(upper-tail)拟合了标准的齐普夫定理；在下尾部分(lower-tail)和中间部分则无法拟合。当幂指数小于 1 时，在上尾部分的偏差会超过幂指数大于 1 的情形；在下尾部分正好相反，幂指数值越大，与齐普夫定理的底部值偏差也会越大。同时，随着城市数量的增加，中国地级市城市总人口的帕累托分布在上尾部分更加拟合标准齐普夫定理，2013 年的城市数量比 1990 年多 105 个，在上尾部分更好地拟合了齐普夫定理，但是在下尾部分则偏差很大。需要指出的是，虽然 1994 年中国地级市城市总人口的幂指数值非常接近于 1，但与标准的齐普夫定理仍有很大偏差。

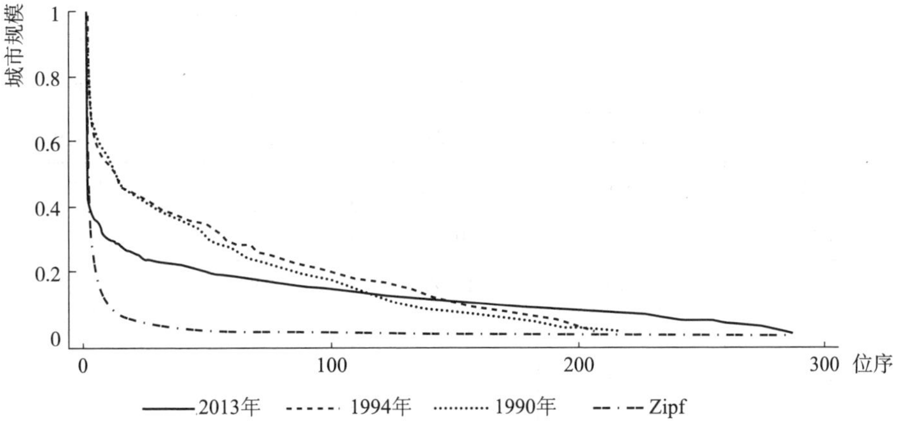

图 5-3　1990—2013 年中国地级市城市总人口分布与 Zipf 分布

注：图中 1990 年、1994 年和 2013 年的城市总人口帕累托分布进行了标准化处理，Zipf 表示标准齐普夫定理，是按照首位城市人口规模为 1 进行构造的。

中国地级市市辖区人口的帕累托分布的幂指数值在1990—2013年均大于1。幂指数值在1991年最小，为1.195；最大值是2000年的1.321。从整体上讲，1990—2013年市辖区人口的幂指数估计值较为稳定，均值为1.238（见表5-8）。显然，结合图5-3，可以发现与标准齐普夫定理相比，中国地级市市辖区人口的帕累托分布在上尾部分拟合，在下尾部分偏离严重，不再进行过多分析。

表5-8 1990—2013年中国地级市市辖区人口帕累托分布

年份	幂指数	常数项（首位城市规模）	观测值	R^2
2013	1.202	10.22	289	0.923
2012	1.2	10.177	288	0.925
2011	1.211	10.217	287	0.925
2010	1.228	10.275	286	0.928
2009	1.218	10.205	287	0.921
2008	1.215	10.173	287	0.919
2007	1.227	10.218	286	0.923
2006	1.224	10.187	286	0.922
2005	1.214	10.125	286	0.925
2004	1.228	10.158	286	0.921
2003	1.227	10.122	284	0.922
2002	1.249	10.188	278	0.926
2001	1.286	10.277	266	0.929
2000	1.321	10.372	262	0.933
1999	1.283	10.104	236	0.929
1998	1.273	10.021	228	0.922
1997	1.259	9.923	222	0.912
1996	1.233	9.76	218	0.903
1995	1.247	9.802	211	0.901
1994	1.268	9.829	206	0.908
1993	1.236	9.598	191	0.911

续表

年份	幂指数	常数项（首位城市规模）	观测值	R^2
1992	1. 248	9. 628	191	0. 91
1991	1. 195	9. 32	183	0. 903
1990	1. 219	9. 415	185	0. 914

非农人口是衡量城市人口规模的一个常用指标，遗憾的是，《中国城市统计年鉴 2009》之后的版本不再统计该指标，因而，与前文 1990—2013 年的统计口径有所差异，本节运用 1990—2008 年的非农人口数量对式(2-3)进行检验，具体结果见表 5-9。1990—2008 年，中国地级市非农人口帕累托分布的幂指数值呈"倒 U 形"变化，在 2000 年之前呈递增趋势，2000 年之后呈递减趋势。同时，非农人口帕累托分布的幂指数值均大于 1，幂指数最大值出现在 2000 年，为 1. 371；最小值出现在 1991 年，为 1. 096。需要说明的是，如果幂指数值十分相近，非农人口的帕累托分布与标准的齐普夫分布、城市总人口帕累托分布和城市市辖区人口帕累托分布是否也十分接近？为此，本节以 2010 年城市总人口(幂指数 1. 197)、2012 年市辖区人口(幂指数 1. 2)和 2005 年非农人口(幂指数 1. 204)为例，将它们分别除以各自首位城市规模进行标准化，以比较三者的实际分布是否存在差异，如图 5-4 所示。

表 5-9　1990—2008 年中国地级市非农人口帕累托分布

年份	幂指数	常数项（首位城市规模）	观测值	R^2
2008	1. 189	10. 232	287	0. 867
2007	1. 188	10. 201	286	0. 865
2006	1. 205	10. 253	286	0. 864
2005	1. 204	10. 22	286	0. 862
2004	1. 222	10. 255	286	0. 862
2003	1. 242	10. 218	284	0. 858
2002	1. 287	10. 449	278	0. 86
2001	1. 354	10. 7	266	0. 877
2000	1. 371	10. 734	262	0. 878
1999	1. 358	10. 6	236	0. 879

续表

年份	幂指数	常数项（首位城市规模）	观测值	R^2
1998	1.339	10.435	228	0.875
1997	1.32	10.311	222	0.872
1996	1.226	9.801	218	0.849
1995	1.178	9.503	211	0.844
1994	1.104	9.086	206	0.833
1993	1.19	9.4	191	0.872
1992	1.135	9.073	191	0.865
1991	1.096	8.843	183	0.856
1990	1.114	8.9	185	0.861

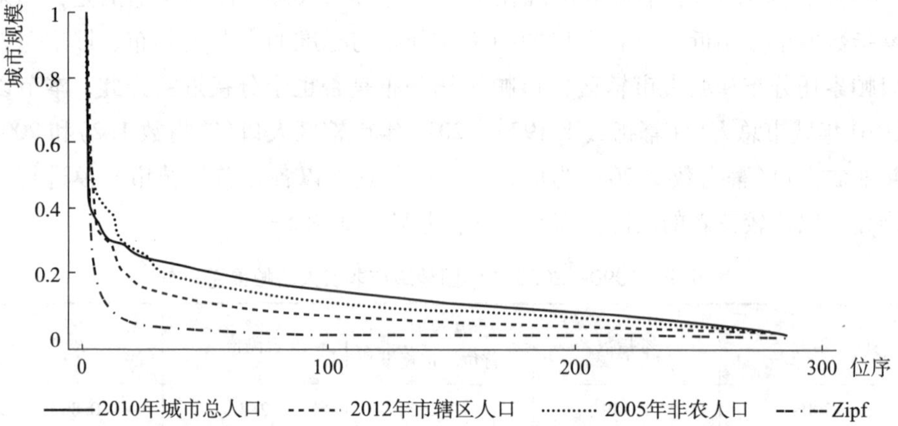

图 5-4 中国地级市城市人口规模分布的差异

从图 5-4 可以看出，虽然这三个年份城市总人口、市辖区人口和非农人口的幂指数值十分接近，在上尾部分能较好地拟合标准的齐普夫分布，但在下尾部分却产生较大偏差。另外，在上尾部分(约排名前 30 的城市)，非农人口与标准齐普夫分布的偏差早于城市总人口和市辖区人口出现；在其他部分，三者均会大于标准的齐普夫分布；并且城市总人口的规模大于非农人口规模，非农人口规模大于市辖区人口规模。因而，在下尾部分，市辖区人口的分布与标准齐普夫分布的偏差最小。

以建成区面积衡量城市的地域规模，进行帕累托分布检验的结果见

表 5-10。1990—2013 年，中国地级市建成区面积帕累托分布的幂指数值均大于 1，介于 1.096 和 1.331 之间。最大值出现在 1995 年，最小值出现在 2004 年。因而，建成区面积的实际分布会更为接近图 5-4 中城市人口规模分布的情形：将建成区面积按照首位城市的建成区面积进行标准化之后，建成区面积的真实分布在上尾部分会较好地拟合标准的齐普夫分布，在其他部分，或者说中等城市和多数小城市，实际的城市规模会大于齐普夫分布时的城市规模。随着城市数量增加，建成区面积帕累托分布幂指数未能呈现出明显的规律。1990—1999 年中国地级市从 185 个增加到 240 个，其幂指数值也从 1.151 升至 1.313；但是在 1995—1998 年呈单调递减趋势；1999—2008 年中国地级市从 236 个增至 287 个，其幂指数又猛降至 1.105；然后 2004—2006 年是递增的。

表 5-10　1990—2013 年中国地级市建成区面积的帕累托分布

年份	幂指数	常数项（首位城市规模）	观测值	R^2
2013	1.148	9.809	289	0.94
2012	1.15	9.749	288	0.944
2011	1.121	9.547	287	0.938
2010	1.136	9.545	286	0.944
2009	1.129	9.446	287	0.941
2008	1.105	9.303	287	0.935
2007	1.12	9.307	287	0.933
2006	1.121	9.251	286	0.937
2005	1.112	9.183	286	0.932
2004	1.096	9.029	286	0.915
2003	1.118	9.069	284	0.915
2002	1.162	9.157	278	0.93
2001	1.214	9.272	266	0.92
2000	1.25	9.336	262	0.925
1999	1.313	9.523	236	0.936
1998	1.28	9.389	228	0.925
1997	1.292	9.364	222	0.921

续表

年份	幂指数	常数项（首位城市规模）	观测值	R^2
1996	1.296	9.315	218	0.935
1995	1.331	9.395	211	0.936
1994	1.315	9.271	206	0.937
1993	1.209	8.778	191	0.912
1992	1.216	8.703	191	0.921
1991	1.173	8.478	183	0.906
1990	1.151	8.349	185	0.91

综上，从城市总人口、市辖区人口和非农人口三个指标来考察中国地级市城市人口的帕累托分布状况，除1990—1996年的城市总人口帕累托分布的幂指数小于1(除1994年)外，其他年份城市人口规模帕累托分布的幂指数值均大于1。与标准齐普夫分布相比，当幂指数大于1时，城市数量的增加会导致城市总人口帕累托分布和市辖区人口帕累托分布在上尾部分更好拟合标准的齐普夫分布，并且城市数量越少，城市总人口帕累托分布在上尾部分出现偏差越早。当幂指数小于1时，非农人口帕累托分布仍然在上尾部分较好拟合了标准齐普夫分布，不过，上尾部分的城市规模会大于幂指数小于1时的城市规模。城市数量越多，反而导致非农人口帕累托分布对标准齐普夫分布的偏离更大，并且在上尾部分的偏离出现得更早。中国地级市建成区面积帕累托分布的幂指数均是大于1。因而，中国地级市城市人口规模和地域规模是不服从于位序法则的。

二、首位城市规模偏差

虽然中国地级市城市人口规模与地域规模帕累托分布均只是在上尾部分拟合了齐普夫分布，或者说齐普夫分布只能描述上尾部分的真实分布，但是检验帕累托分布得到的常数项表示首位城市的最优规模，需要确认的是，1990—2013年首位城市最优规模与实际首位城市规模有何偏差？特别是在城市数量不同和幂指数值大小不同时，这种偏差是如何变化的？因而，有必要进一步分析表5-7到表5-10中首位城市的最优总人口、市辖区人口、非农人口和市辖区面积与历年实际规模的偏差。

图5-5给出了1990—2013年帕累托分布计算首位城市规模的变动趋势，

发现首位城市的城市人口规模和建成区面积均呈现出增大趋势。与现实一致，帕累托分布计算的首位城市总人口规模大于非农人口规模，非农人口规模大于市辖区人口。需要说明的是，从总人口和市辖区人口看，1990—2013 年，重庆一直是中国总人口最多的城市。2005 年之前，上海是市辖区人口最多的城市；2006 年之后重庆取代上海，成为市辖区人口最多的城市。

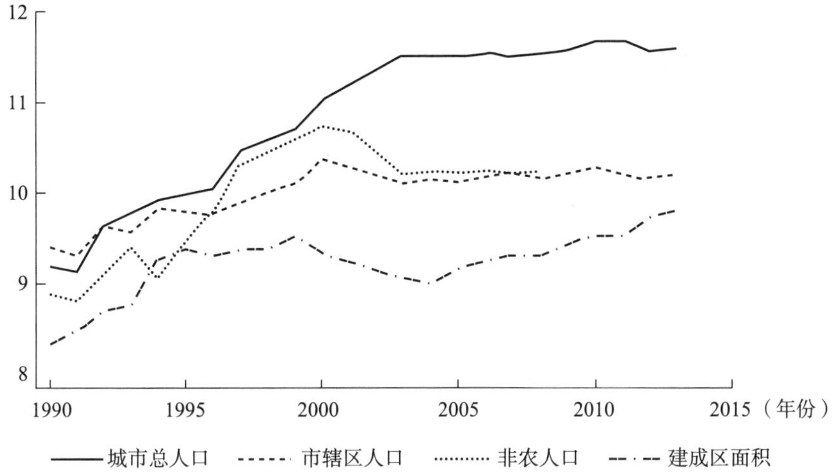

图 5-5　1990—2013 年中国首位城市实际规模

实际首位城市规模与帕累托分布计算的首位城市规模存在很大的偏差，并且总是小于帕累托分布计算的首位城市规模，不论是总人口、市辖区人口、非农人口还是建成区面积，如图 5-6 所示。用帕累托分布计算的首位城市规模减去实际首位城市规模，发现二者总人口规模的偏离在不断增大，从 1996 年之前的 1.836 升至 2000 年之后的 2.995（总人口对数值），之后均大于 3；2003 年以后在 3.43~3.58 之间波动。首位城市市辖区人口的偏差很高，介于 2.693~3.336 之间，1990—2000 年首位城市市辖区人口偏差从 2.777 升至 3.336；2001 年到 2013 年呈下降趋势，从 3.136 降至 2.732。首位城市非农人口的偏差与市辖区人口偏差类似，但是它表现出更为明显的“倒 U 形”特征。1990—2000 年，首位城市非农人口的偏差从 2.138 增加到 3.84；2001 年到 2008 年，又从 3.793 降至 3.128（2005—2008 年稳定在 3.128~3.185）。同时，在 1995 年以前，首位城市非农人口的偏差小于首位城市市辖区人口的偏差；1996 年以后则相反。1990—2013 年首位城市建成区面积的偏差历经“先上升，后下降，再上升”的过程，1990—1999 年，首位城市建成区面积的偏差从 2.365 升至 3.213；2000—2004 年又从 3.026 降至 1.954；2005 年以后，从 2.108 反弹至 2013 年的 2.634。因而，中国地级市城市人口规模和地域规模不服从齐普夫分布，首位城市规模过小可能是一个较为重要的原因。

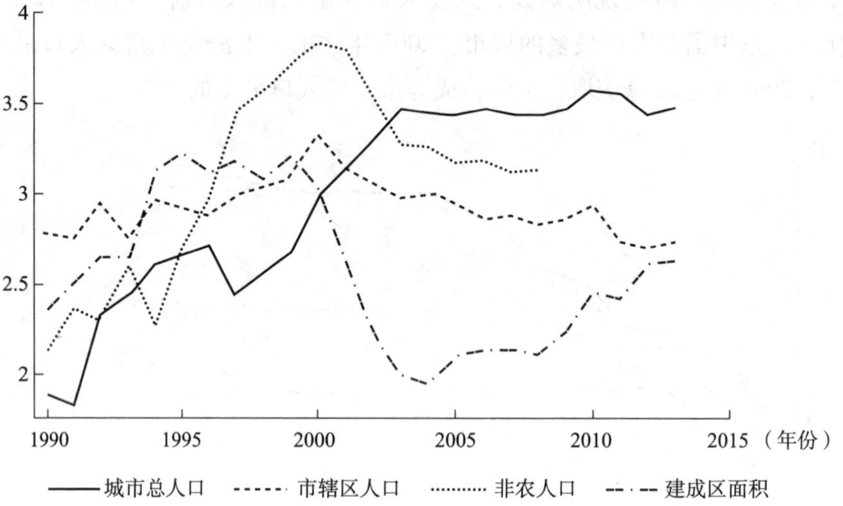

图 5-6　1990—2013 年中国首位城市规模偏差

总之，不论以总人口、市辖区人口和非农人口衡量城市人口规模，还是以建成区面积衡量城市地域规模，中国地级市的城市规模帕累托分布只在上尾部分拟合齐普夫分布，在其他部分与齐普夫分布偏差较大，总体上中国地级市的城市规模体系是不服从齐普夫分布的。帕累托分布计算的首位城市规模与实际首位城市规模偏差的对数值偏差较大，并且 2000 年以后，中国地级市首位城市人口规模的偏差逐渐呈下降趋势；但是建成区面积偏差在 2005 年以后呈上升趋势。首位城市的实际规模小于帕累托分布的估计值，可能是造成中国地级市城市规模体系无法服从于齐普夫分布的重要原因。

第三节　中国城市规模体系的 Gibrat 法则

Gibrat 法则(Gibrat's Law)最初被用于解释企业规模的动态分布(Gibrat, 1931)，许多实证研究的结果表明，企业规模在动态条件下会服从于对数正态分布(lognormal distribution)。它被 Eaton 和 Eckstein(1997)及 González-Val 等(2013)用来研究城市体系分布，第 t+1 期 j 城市的人口规模可以表示为：

$$S_{jt+1}=S_{jt}(1+\gamma) \tag{5-1}$$

其中，S_{jt}是第 t 期 i 城市的人口规模，γ 是 j 城市的人口自然增长率，为常数。

对式(5-1)两边求对数可以得到：

$$\ln S_{jt+1} = \ln S_{jt} + \ln(1+\gamma) \tag{5-2}$$

将式(5-2)写作回归方程形式，可以表示为：

$$\ln S_{jt+1} - \ln S_{jt} = \alpha_0 + \beta_0 \ln S_{it} + \varepsilon_{it} \tag{5-3}$$

其中，$\alpha_0 = \ln(1+\gamma)$，ε_{it}服从均值为 0，方差为 σ^2 的独立正态分布。

当 $\beta_0 = 0$ 时，城市体系满足 Gibrat 法则。此时，第 $t+1$ 期 j 城市的人口规模不受前期城市人口规模的影响，在大样本条件下满足中心极限定理，服从对数正态分布。

正如式(5-3)所显示，城市体系服从 Gibrat 法则是运用面板数据进行验证的，而 Eaton 和 Eckstein(1997)选取的法国和日本的多期截面数据；González-Val 等(2013)选取了美国、西班牙、意大利、法国、英国和日本的多期截面数据；Eeckhout (2004)利用了美国 2000 年的全国调查数据；魏守华等(2015)从城市体系的角度研究了 2011 年中国地级市规模 Gibrat 分布。因而，本节亦分别利用中国地级市的截面数据和面板数据验证 Gibrat 法则。

一、截面数据的 Gibrat 法则

实际上，截面数据是否服从于 Gibrat 法则，主要是验证截面数据的对数值是否服从对数正态分布。本节选取了 1990—2013 年中国地级市的数据，如果每一年均验证城市规模是否服从于对数正态分布，会显得拖沓和冗长。因此，每隔五年选取一个截面，亦能反映出各年的城市规模是否服从于 Gibrat 法则，同时，也兼顾到城市数量变化对 Gibrat 法则的影响。

本节分别利用中国地级市城市总人口、市辖区人口、非农人口和建成区面积四个指标验证城市人口规模与地域规模是否服从对数正态分布。采用正态分位数分布(Normal quintile distribution)和核密度分布(Kernel density distribution)进行验证。

首先，从城市总人口的正态分位数分布来看，1990—2013 年，中国地级市城市总人口的对数值只是在中部部分拟合正态分布，在上尾部分和下尾部分的实际值要小于正态分布的理论值。并且城市数量增加，使得中间部分与正态分布的拟合更好。具体如图 5-7 所示。

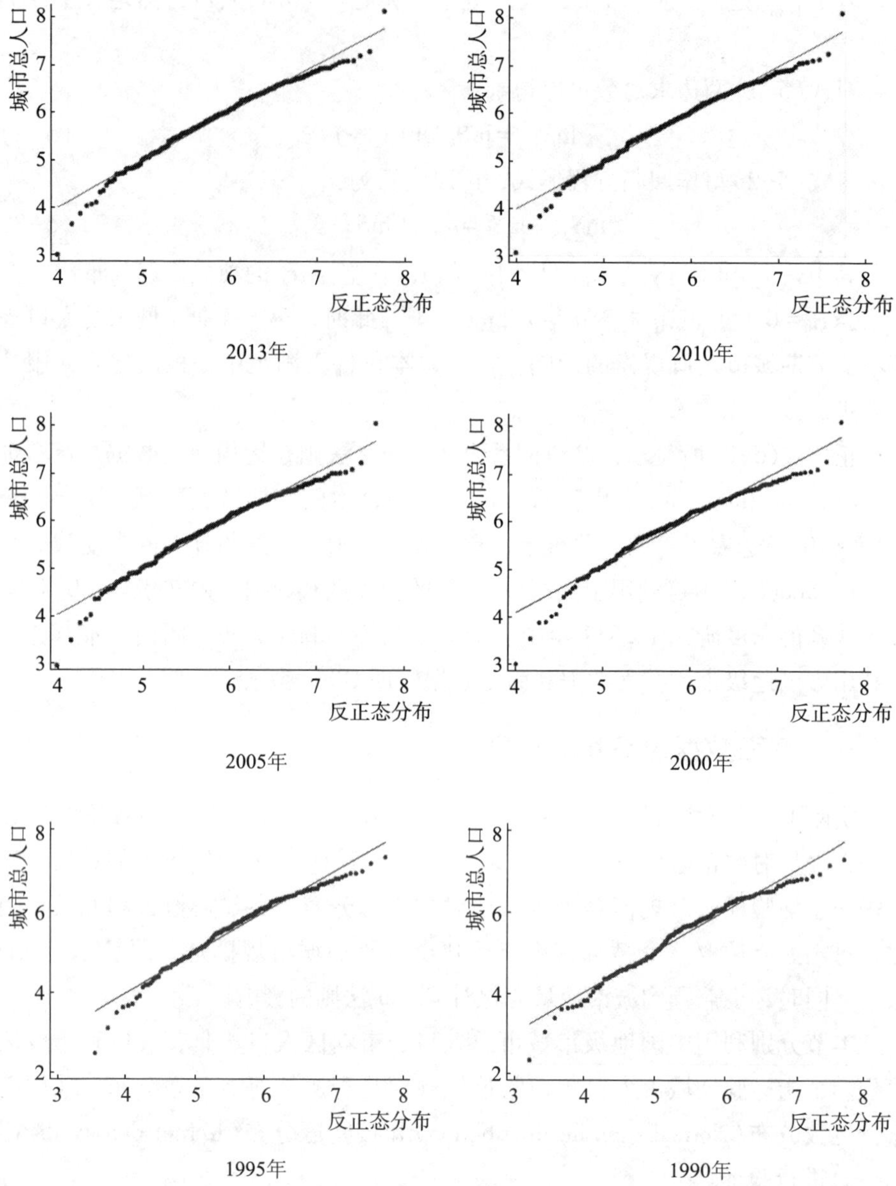

图 5-7　1990—2013 年中国地级市城市总人口正态分位数分布

其次，从市辖区人口的正态分位数分布看，1990—2013 年依然是中间部分的数据（市辖区人口的对数值）较好地拟合了正态分布，在上尾部分和下尾部分，市辖区人口的规模要大于正态分布的理论值，并且上尾部分的偏离程度大于下尾部分的偏离程度。城市数量越多，下尾部分偏离也越大，如

图 5-8所示。

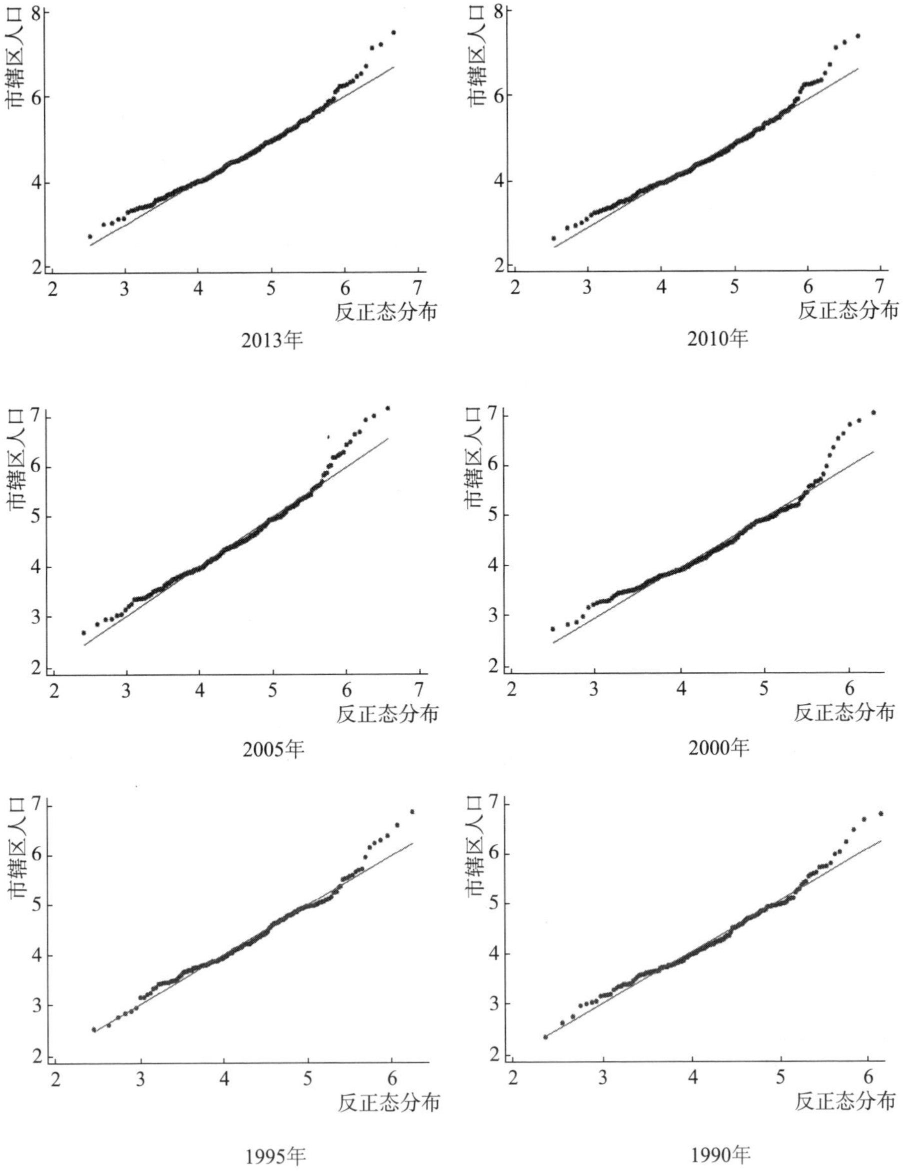

图 5-8　1990—2013 年中国地级市市辖区人口正态分位数分布

再次，从非农人口的正态分位数分布看，1990—2008 年中间部分的数据（非农人口的对数值）仍然是拟合正态分布的；在上尾部分，各城市的非农人口数量大于正态分布的理论值；在下尾部分，1990 年和 1995 年各城市的非农人口数量小于正态分布的理论值，2000 年之后下尾部分的非农人口数量也基本拟合正态分布，如图 5-9 所示。

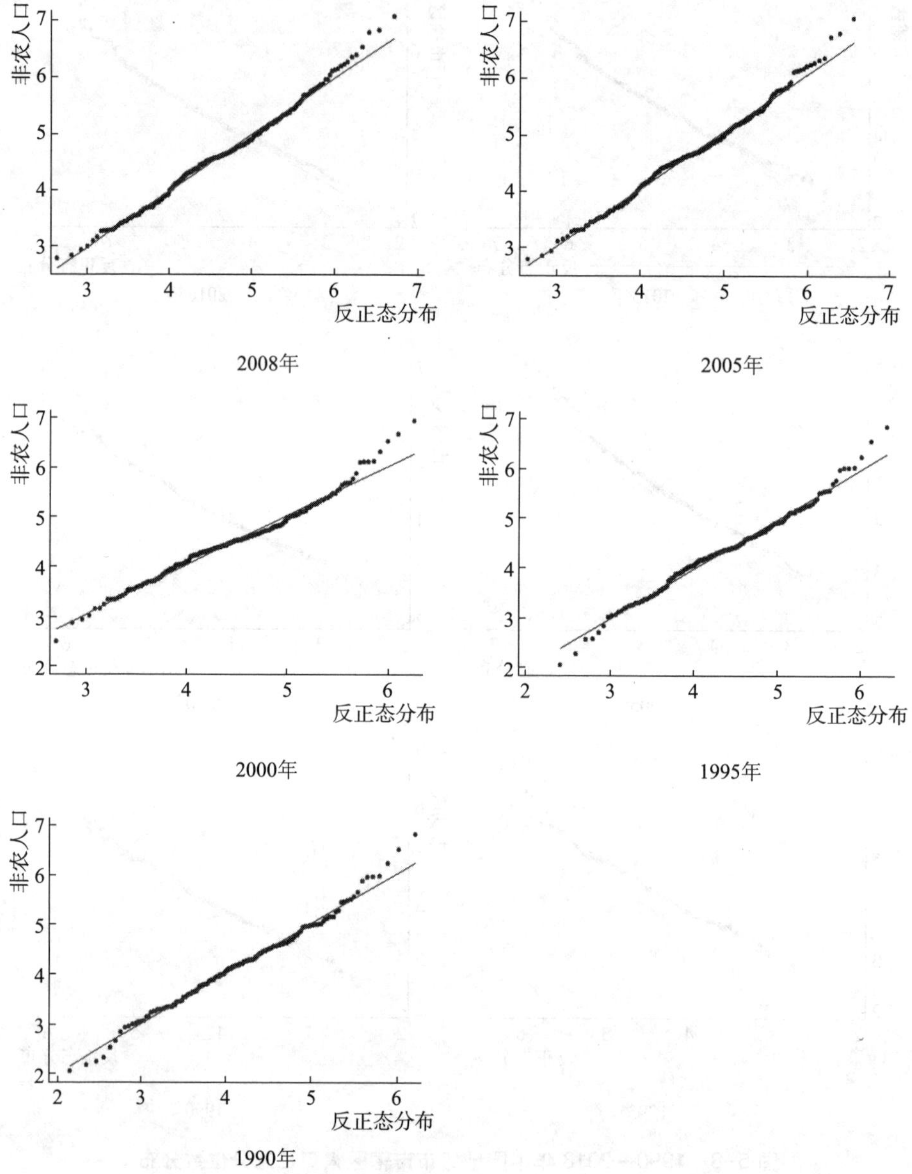

图 5-9　1990—2008 年中国地级市非农人口正态分位数分布

最后，从建成区面积正态分位数分布看，1990—2013 年上尾部分和下尾部分的实际值（建成区面积的对数值）大于正态分布的理论值，并且中间部分的数据基本拟合正态分布，部分城市的建成区面积小于正态分布的理论值，如图 5-10 所示。

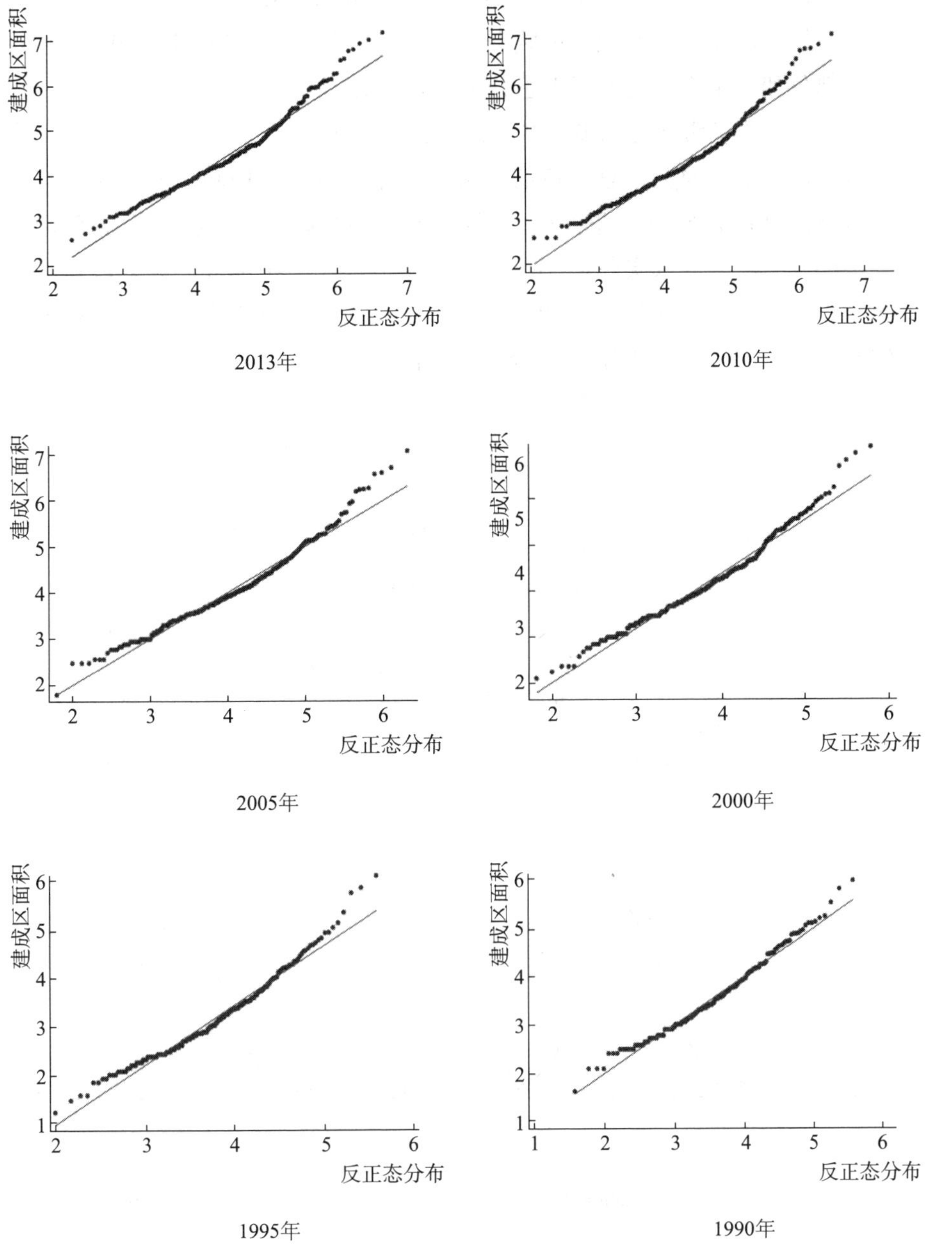

图 5-10　1995—2013 年中国地级市建成区面积正态分位数分布

综上，按照正态分位数分布考察城市是否服从于 Gibrat 法则，城市人口规模的中间部分较好地拟合了正态分布，城市总人口在上尾部分和下尾部分均小于正态分布的理论值；市辖区人口在上尾部分和下尾部分均大于正态分布理论值；非农人口在下尾部分基本拟合正态分布，在上尾部分大于正态分布的理论值；以建成区面积衡量城市地域规模，中间部分基本拟合正态分布，在上尾部分和下尾部分均大于正态分布的理论值。

接下来，本节继续考察城市规模的核密度分布。

首先，从中国地级市总人口的核密度分布函数看，1990—2013 年只有少部分区域拟合正态分布，并且在上尾部分、中间部分和下尾部分均有分布。在上尾部分的许多区域实际值小于正态分布值；在下尾部分的许多区域实际值大于正态分布值；在最大值的左侧，城市总人口小于正态分布值；在最大值的右侧，城市总人口大于正态分布值。同时，随着城市数量增加，城市总人口与正态分布的偏差逐渐缩小，如图 5-11 所示。

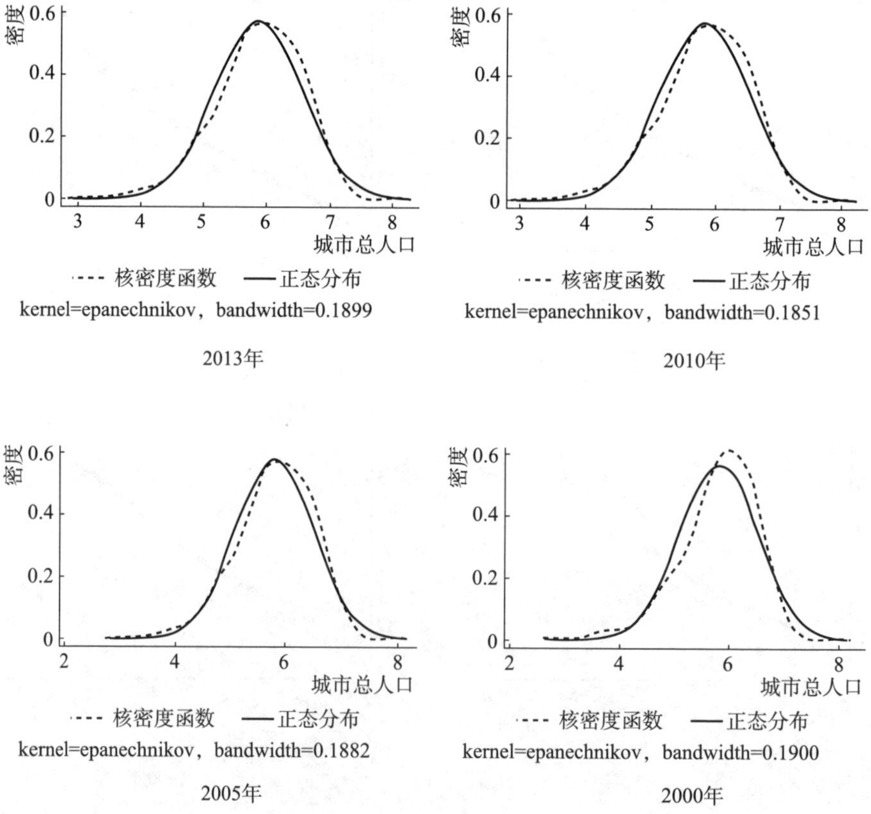

图 5-11　1990—2013 年中国地级市总人口核密度估计

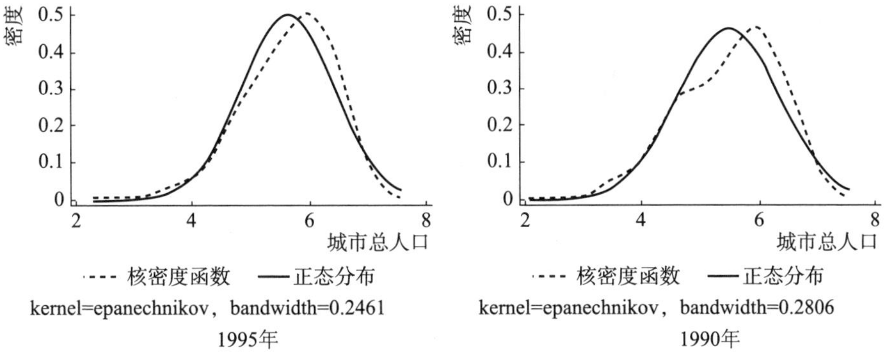

图 5-11　1990—2013 年中国地级市总人口核密度估计（续）

其次，从市辖区人口的核密度分布函数看，1990—2013 年大部分区域均无法拟合正态分布，只有在下尾部分的部分区域拟合正态分布。在下尾部分的许多区域的实际值小于正态分布值；在上尾部分的许多区域的实际值大于正态分布值。在最大值左侧，市辖区人口大于正态分布值；在最大值右侧，市辖区人口小于正态分布值。但是随着城市数量的增加，市辖区人口与正态分布的偏差逐渐增大，如图 5-12 所示。

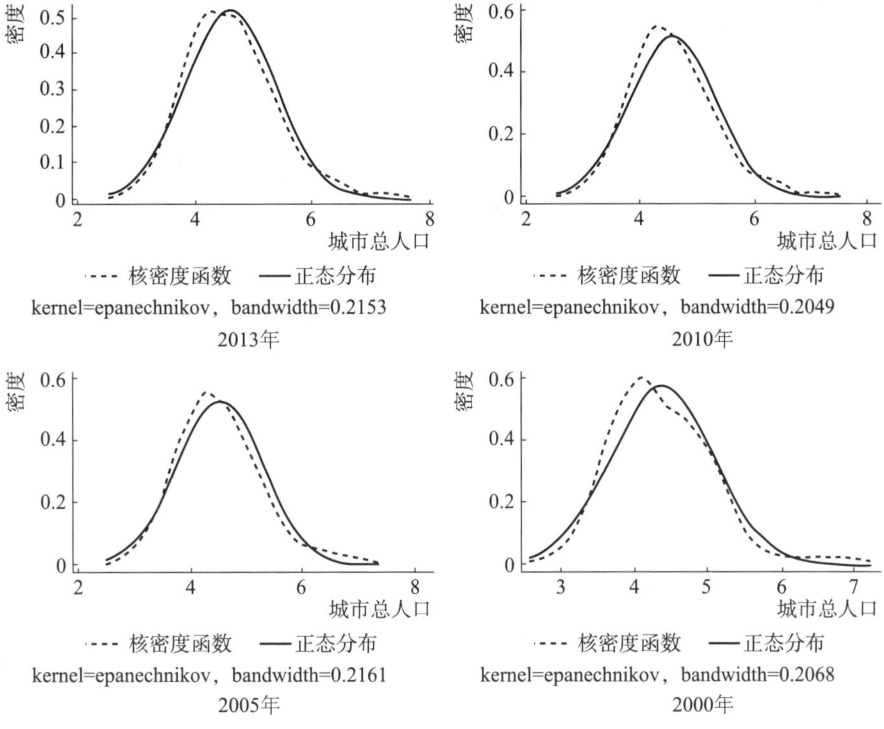

图 5-12　1990—2013 年中国地级市辖区人口核密度估计

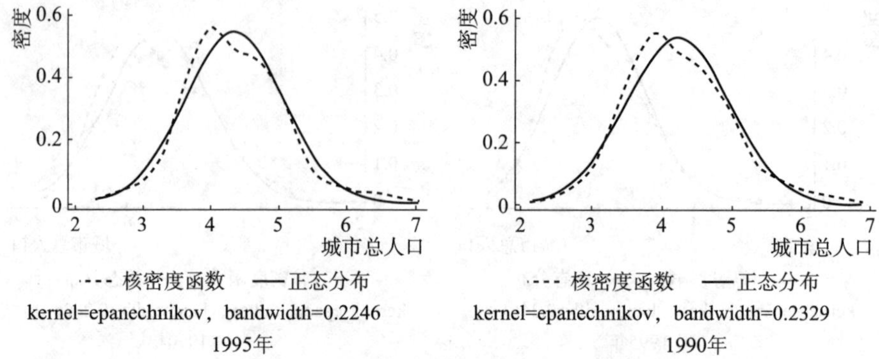

图 5-12　1990—2013 年中国地级市辖区人口核密度估计（续）

再次，从非农人口的核密度分布函数看，1990—2008 年，非农人口逐渐偏离正态分布，特别是中间部分，而且在最大值附近，均是大于正态分布值；在最大值的右侧，非农人口的核密度函数逐渐小于正态分布值；在最大值的左侧，非农人口的核密度函数与正态分布较为复杂：随着时间变化，在靠近下尾部分的区域，非农人口的核密度函数小于正态分布值；在靠近最大值的区域，则相反。在上尾部分和下尾部分基本拟合正态分布，如图 5-13 所示。

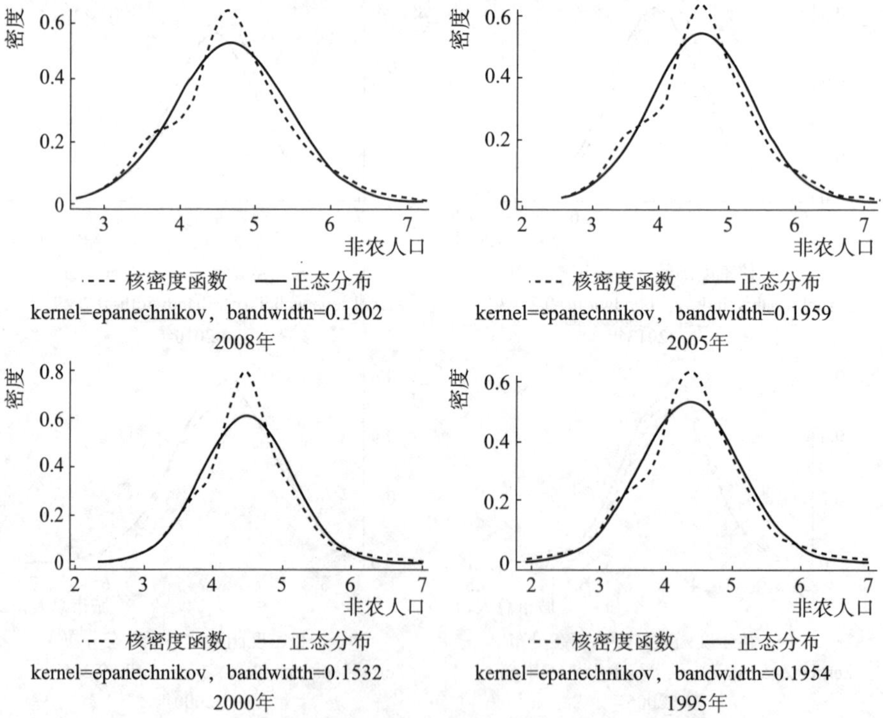

图 5-13　1990—2013 年中国地级市非农人口核密度估计

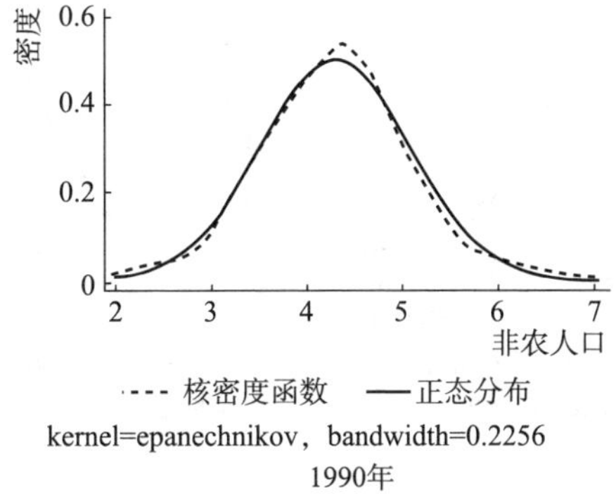

图 5-13　1990—2013 年中国地级市非农人口核密度估计（续）

最后，从建成区面积的核密度分布函数看，1990—2013 年建成区面积并不服从于正态分布，并且在下尾部分，建成区面积的核密度分布值小于正态分布值；在上尾部分建成区面积的核密度分布值大于正态分布值；在最大值左侧，建成区面积的核密度分布值大于正态分布值；在最大值右侧，则相反，如图 5-14 所示。

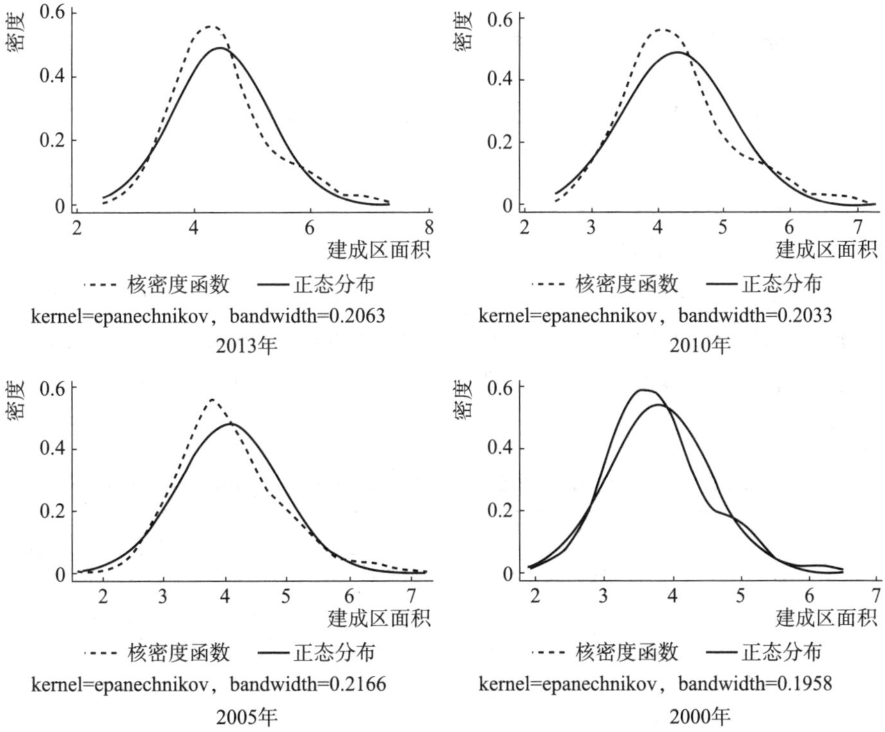

图 5-14　1990—2013 年中国地级市建成区面积核密度估计

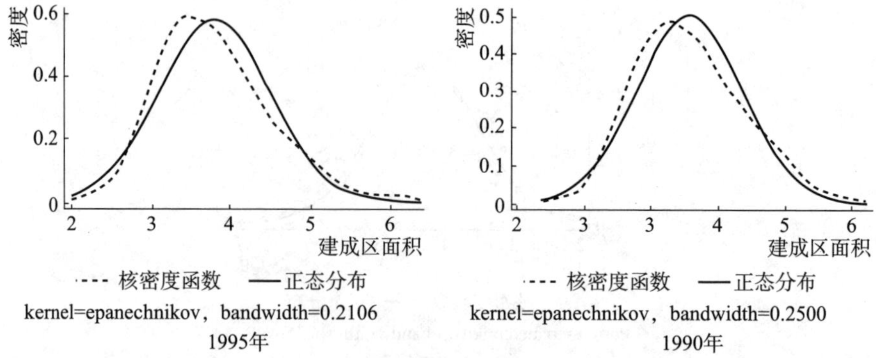

图 5-14　1990—2013 年中国地级市建成区面积核密度估计(续)

综上，从核密度分布函数考察城市规模，城市总人口、市辖区人口和非农人口在部分区域拟合正态分布，在大部分区域是偏离正态分布的；建成区面积不符合正态分布。结合城市规模的正态分位数分布状况，城市规模在中间部分拟合正态分布，或者说服从于 Gibrat 法则，在上尾部分和下尾部分偏差较大。总之，从截面数据考察城市规模服从 Gibrat 法则存在较大偏差，无法较好地描述城市规模的实际分布状况。

二、面板数据的 Gibrat 法则

尽管前文运用截面数据验证城市规模服从 Gibrat 法则存在较大的偏差，甚至是城市的地域规模不服从对数正态分布。在本部分，利用中国地级市的面板数据验证城市规模是否服从 Gibrat 法则。按照历年中国地级市的数量差异，将 1990—2013 年的样本区间拆分为 1990—1999 年和 2000—2013 年两个时期，在第一个时期形成 185 个截面(地级市)、10 年的面板数据；在第二个时期形成 262 个截面(地级市)、14 年的面板数据；接下来，对式(4-3)进行回归，验证中国地级市的城市规模是否服从 Gibrat 法则。具体回归结果见表 5-11和表 5-12。

表 5-11　2000—2013 年中国地级市城市规模体系的 Gibrat 法则参数估计

参数	城市人口规模			城市地域规模
	城市总人口	市辖区人口	非农人口	建成区面积
β_0	-0.015*	-0.065*	-0.004	-0.02*
	(0.003)	(0.006)	(0.003)	(0.003)
α_0	0.099*	0.32*	0.055	0.142*
	(0.017)	(0.029)	(0.015)	(0.015)

续表

参数	城市人口规模			城市地域规模
	城市总人口	市辖区人口	非农人口	建成区面积
Wald Chi2	30. 37	108. 22	1. 68	31. 01
观测值	3380	3380	2077	3399

注：* 表示在 1%置信水平下显著；括号内数值为标准差。

表 5-12 1990—1999 年中国地级市城市规模体系的 Gibrat 法则参数估计

参数	城市人口规模			城市地域规模
	城市总人口	市辖区人口	非农人口	建成区面积
β_0	-0. 042 *	-0. 015 *	-0. 029 *	-0. 031 *
	(0. 006)	(0. 004)	(0. 003)	(0. 004)
α_0	0. 261 *	0. 085 *	0. 166 *	0. 16 *
	(0. 032)	(0. 018)	(0. 017)	(0. 016)
Wald Chi2	56. 26	13. 38	53. 91	52. 59
观测值	1658	1658	1658	1646

注：* 表示在 1%置信水平下显著；括号内数值为标准差。

从表 5-11 的回归结果看，2000—2013 年中国地级市城市总人口、市辖区人口、非农人口以及建成区面积的 β_0 估计值分别是-0. 015、-0. 065、-0. 004 和-0. 02，只有非农人口的 β_0 估计值非常接近于 0，进而得出中国地级市的非农人口服从 Gibrat 法则。但是非农人口的估计值在统计上是不显著的，造成中国地级市的非农人口服从对数正态分布是无法令人信服的。同时，中国地级市的城市总人口、市辖区人口和建成区面积的 β_0 估计值与 0 有一定的差距，分别是 0. 015、0. 065 和 0. 02，并不足以保证这三个指标是服从对数正态分布的，因而，中国地级市总人口、市辖区人口和建成区面积并不服从 Gibrat 法则，这三个指标的真实分布与标准的对数正态分布存在一定的偏差。为了进一步分析造成这种偏差的原因，本节根据 α_0 的估计值，分别计算了 2000—2013 年中国地级市城市总人口、市辖区人口、非农人口和建成区面积的理论增长率，它们分别是 0. 104、0. 377、0. 733 和 0. 153，均大于这四个指标的实际增长率(实际增长率是计算各地级市城市规模的平均增长率)0. 083、0. 023、0. 036 和 0. 06(见表 5-13)，这可能是中国地级市城市规模无法满足 Gibrat 法则的一个重要原因。同时，为了进一步显示出这种偏差的存在，本节画出了这一期间城市规模的正态分位数分布图和核密度函数图，如图 5-15 和图 5-16所示。可以发现，2000—2013 年中国地级市市辖区人口和建成区面积在上尾部分和下尾部分均大于正态分布的理论值，在中间部分拟合正态分布。虽然中国地级市城市总人口在中间部分亦能较好地拟合正态分布，但是在下尾部分小于正态分布的理论值，在上尾部分，部分城市总人口大于理论值，部分城市总人口小于理论值。中国地级市非农人口的分布最为接近正态分布，在下尾部分和中间部分均能较好地拟合正态分布，但在上尾部分大于正态分布的理论值，这与前文利用截面数据验证城市规模的 Gibrat 法则得到的结论一致。并且，从四个指标的核密度函数图像看，其比截面数据的核密度函数更为接近正态分布。

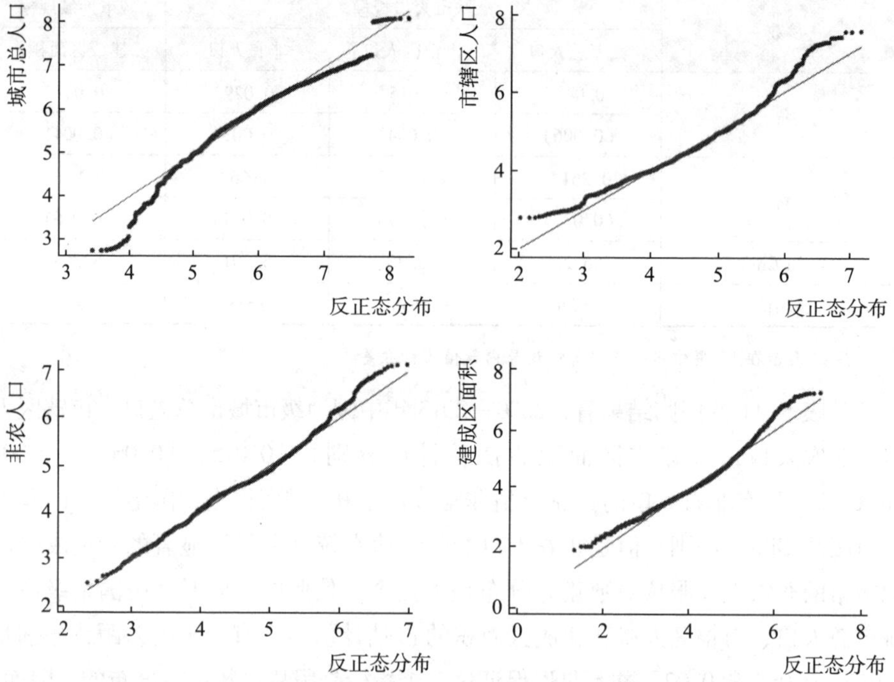

图 5-15　2000—2013 年中国城市规模正态分位数分布

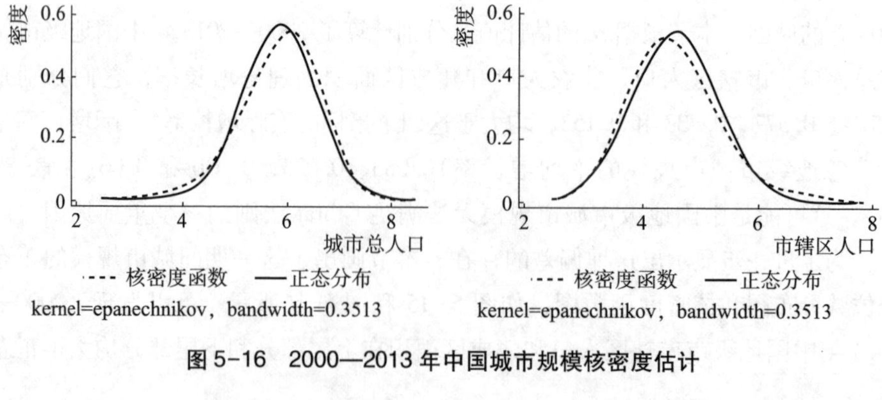

图 5-16　2000—2013 年中国城市规模核密度估计

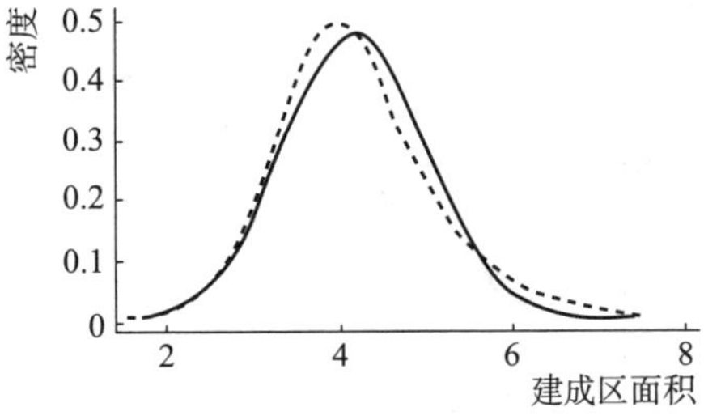

图 5-16　2000—2013 年中国城市规模核密度估计（续）

从表 5-12 看，1990—1999 年中国地级市城市总人口、市辖区人口、非农人口和建成区面积的 β_0 估计值分别为-0.042、-0.015、-0.029 和-0.031，与 0 的差距分别是 0.042、0.015、0.029 和 0.031，在这一时期，四个指标均不服从对数正态分布。同时，根据四个指标 α_0 的估计值，计算城市总人口、市辖区人口、非农人口和建成区面积的理论增长率分别是 0.298、0.089、0.181 和 0.174，大于同期这四个指标的实际增长率 0.026、0.021、0.042 和 0.045（见表 5-13）。

表 5-13　中国地级市城市规模增长率

参数	城市人口规模			城市地域规模
	城市总人口	市辖区人口	非农人口	建成区面积
g（2000—2013 年）	0.104	0.377	0.733	0.153
实际增长率（2000—2013 年）	0.083	0.023	0.036	0.06
g（1990—1999 年）	0.298	0.089	0.181	0.174
实际增长率（1990—1999 年）	0.026	0.021	0.042	0.045

从这四个指标的正态分位数分布看，1990—1999 年这四个指标在中间部分均能拟合正态分布，与正态分布的理论值非常接近。不过在上尾部分，城市总人口的实际值小于正态分布的理论值，其他三个指标的实际值均大于正态分布的理论值。在下尾部分，城市总人口和非农人口的实际值均小于正态分布的理论值，市辖区人口和建成区面积的实际值大于正态分布的理论值。从核密度函数图像看，中国地级市城市总人口、市辖区人口和建成区面积的图像与截面数据的 Gibrat 图像类似，并且在中间部分的偏离方向一致：城市总人口向正态分布的最大值右侧偏离；市辖区人口和建成区面积均向正态分布的最大值左侧偏离。非农人口基本拟合正态分布，不过在中间部分的峰值处小于正态分布的理论值，与截面数据的 Gibrat 图像正好相反。如图 5-17 和图 5-18 所示。

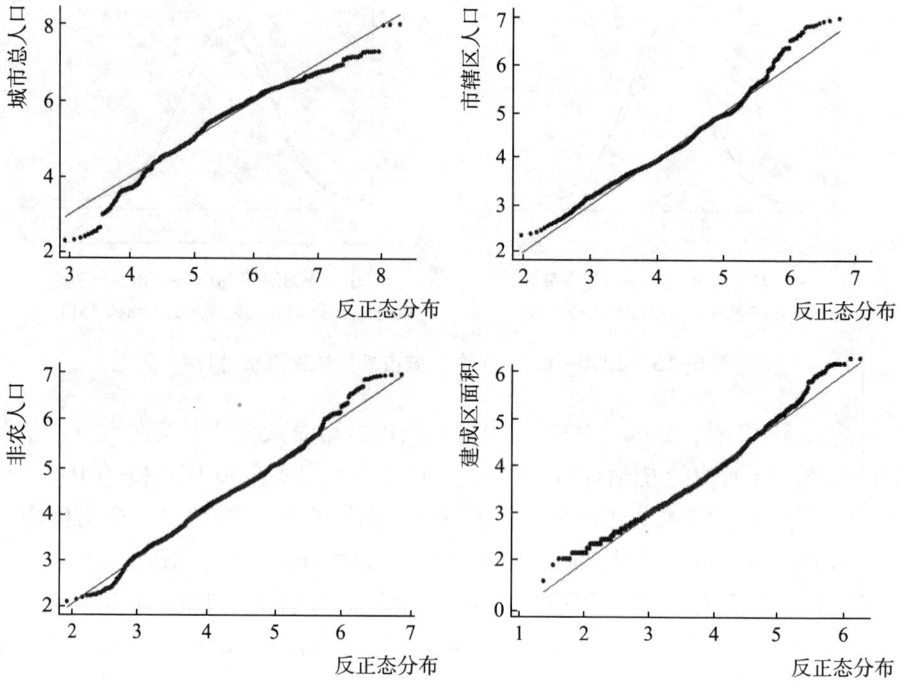

图 5-17　1990—1999 年中国城市规模正态分位数分布

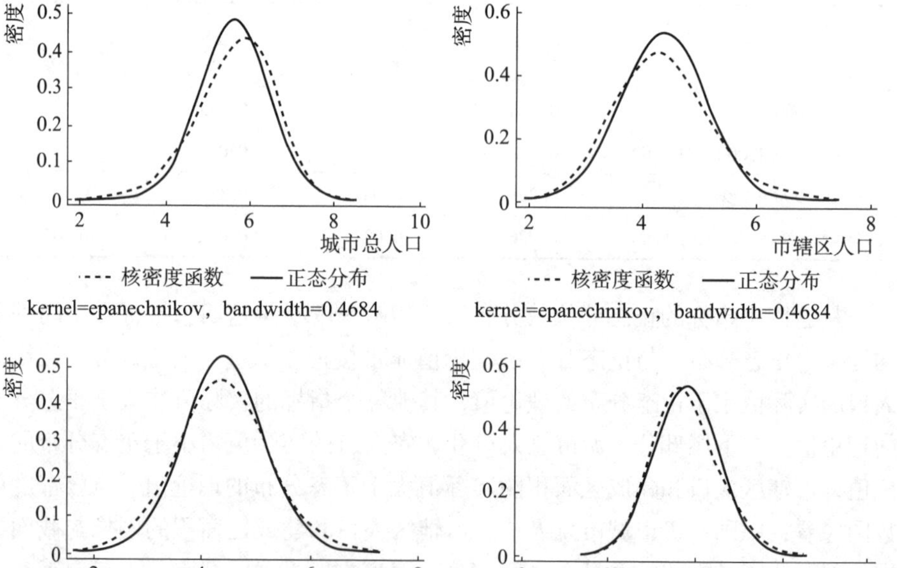

图 5-18　1990—1999 年中国城市规模核密度估计

综上所述，中国地级市城市人口规模和地域规模在1990—1999年和2000—2013年两个时期均不服从于Gibrat法则，虽然两个时期非农人口的分布十分接近对数正态分布，仍存在一定的偏差。理论计算的城市人口规模和地域规模的增长率远远高于实际增长率可能是解释这种偏差的重要原因。本节运用正态分位数分布和核密度函数对城市规模与Gibrat法则之间的偏差进行考察，发现无论是城市人口规模，还是城市地域规模，均能在中间部分较好地拟合正态分布，城市总人口在上尾部分与下尾部分均是小于正态分布的理论值；市辖区人口和建成区面积在上尾部分和下尾部分均大于正态分布的理论值；非农人口的实际值在上尾部分均是大于正态分布的理论值，在下尾部分两个时期的分布不一致，1990—1999年非农人口的实际值小于正态分布的理论值，而2000—2013年，非农人口的实际值基本拟合正态分布的理论值。

第四节 不同地理范围下中国城市规模体系的演进

为了进一步研究不同地理范围下中国城市体系演进，本节按照地理范围的划分，分别从东中西三大地区、省域和城市群三个视角讨论中国地级市城市规模分布问题。

一、东中西三大地区城市规模体系的演进

中国东中西三大地区的划分，不完全是基于地理概念上的划分，更多的是基于政策上的划分。1986年全国人大六届四次会议通过第七个“五年计划”（简称“七五”计划），首次将中国划分为东部、中部和西部三大地区，其中东部地区包括北京市、天津市、河北省、辽宁省、山东省、江苏省、上海市、浙江省、福建省、广东省和海南省，共计11个省（市）；中部地区包括内蒙古自治区、山西省、吉林省、黑龙江省、安徽省、江西省、河南省、湖北省、湖南省和广西壮族自治区，共计10个省（自治区）；西部地区包括四川省、贵州省、云南省、陕西省、甘肃省、青海省、宁夏回族自治区、新疆维吾尔自治区和西藏自治区，共计9个省（自治区）。1997年全国人大八届五次会议将重庆设为中央直辖市，并划入西部地区，使得西部地区的省（自治区、直辖市）增加到10个。考虑到内蒙古和广西的经济发展水平与西部地区的平均水平相当，与中部地区有一定的差距，在2000年开始实施的“西部大开发”战略中，允许内蒙古和广西享受西部大开发的优惠政策。此外，湖南的湘西地区、

湖北的鄂西地区和吉林的延边地区均享受西部大开发的优惠政策。为了便于分析，这三个区域仍划入中部地区。因此，当前东部、中部和西部地区的划分是：东部地区包括北京市、天津市、河北省、辽宁省、山东省、江苏省、上海市、浙江省、福建省、广东省和海南省，共计11个省(直辖市)；中部地区包括山西省、吉林省、黑龙江省、安徽省、江西省、河南省、湖北省和湖南省，共计8个省；西部地区包括四川省、重庆市、贵州省、云南省、广西壮族自治区、陕西省、甘肃省、青海省、内蒙古自治区、宁夏回族自治区、新疆维吾尔自治区和西藏自治区，共计12个省(自治区、直辖市)。

(一)不同时期东中西三大地区的城市分布状况

东部、中部和西部三大地区的地级市数量是不断增加的。1990年中国共有185个地级市，2000年增加到262个；2010年进一步增加到287个；截至2013年，中国共有290个地级市。1990—2013年，东部、中部和西部地区的城市数量有不同程度的增加。东部地区地级市数量从1990年的83个增加到2000年的101个，年均增加1.4个；2013年增加到102个。中部地区地级市数量从1990年的64个，增加到2000年的100个，年均增加3.6个；2010年最多，达到101个。由于巢湖市在2011年被撤销，到2013年中部地区地级市数量降至100个。西部地区地级市数量从1990年的38个增加到2000年的61个，年均增加2.3个；2010年进一步增加到85个，年均增加2.4个，略微快于1990—2000年的增速。2010—2013年年均增加1个，2013年底西部地区的地级市数量为88个(见表5-14)。之所以未分析2014年三大地区的地级市数量，主要是由于该年份的数据与其他数据来源不一致，它来自《中国统计年鉴》(2015)，而非《中国城市统计年鉴》。与2013年相比，东部地区和中部地区的城市数量并未发生改变，西部地区增加两个地级市，分别是西藏自治区的日喀则市和昌都市。因此，从城市数量上讲，三大地区的分布基本一致。

表5-14　1990—2013年中国东中西三大地区地级市数量　　单位：个

年份	2014	2013	2010	2000	1990
东部地区	102	102	101	101	83
中部地区	100	100	101	100	64
西部地区	90	88	85	61	38
总计	292	290	287	262	185

资料来源：作者根据历年《中国城市统计年鉴》整理得到1990—2013年数据；2014年数据来自《中国统计年鉴》(2015)。

虽然2014年国务院公布了《关于调整城市规模划分标准的通知》，将中国城市按照常住人口规模分为“五类七档次”，《中国统计年鉴》(2015)中并未按照这种标准划分城市档次，而是按照400万以上人口、200万~400万人口、100万~200万人口、50万~100万人口、20万~50万人口和20万以下人口进行分类，它显示2014年各类城市的数量分别是17个、35个、91个、98个、47个和4个。本章不按照《中国统计年鉴》的分类标准，而是参照最新的“五类七档次”标准，给出三大地区1990—2013年的不同规模城市的数量(见表5-15至表5-17)。

表5-15　1990—2013年东部地区城市数量和规模变化情况　　单位：个

年份	2013	2010	2000	1990
城市	101	101	101	83
1000万以上人口城市	2	2	1	0
500万~1000万人口城市	5	5	3	3
100万~500万人口城市	54	49	35	25
50万~100万人口城市	31	35	37	25
50万以下人口城市	9	10	25	30

注：2013年数据并未统计海南省的三沙市；按照各市的市辖区人口统计。

表5-16　1990—2013年中部地区城市数量和规模变化情况　　单位：个

年份	2013	2010	2000	1990
城市	100	101	100	64
1000万以上人口城市	0	0	0	0
500万~1000万人口城市	2	2	1	0
100万~500万人口城市	35	35	26	16
50万~100万人口城市	45	48	45	27
50万以下人口城市	18	16	28	21

注：按照各市的市辖区人口统计。

表5-17　1990—2013年西部地区城市数量和规模变化情况　　单位：个

年份	2013	2010	2000	1990
城市	88	85	61	38
1000万以上人口城市	1	1	0	0
500万~1000万人口城市	2	2	1	0
100万~500万人口城市	32	29	23	14
50万~100万人口城市	27	27	21	11
50万以下人口城市	26	26	16	13

注：按照各市的市辖区人口统计。

从表 5-15 可以看出，1990—2013 年东部地区地级市数量从 1990 年的 83 个增加到 2013 年的 101 个，净增加 18 个，年均增加 0.75 个。该地区城市规模变化最明显的特征是超大城市的出现和大城市数量的增加，以及小城市数量的急剧减少。1990 年东部地区没有一个城市的人口超过 1000 万，2000 年出现一个，2010 年和 2013 年均有 2 个城市的人口达到 1000 万以上。500 万~1000 万人口的特大城市仅从 1990 年和 2000 年的 3 个增加 2010 年和 2013 年的 5 个，有两个城市(北京和上海)成长为超大城市，有其他两个城市从中等城市或大城市成长为特大城市。大城市的数量增加最为明显，从 1990 年的 25 个增加到 2000 年的 35 个，年均增加 1 个。在下一个 10 年，大城市数量的增速提高，达到年均 1.4 个，2010 年的大城市数量为 49 个，2013 年进一步增加到 54 个。50 万~100 万人口的中等规模城市从 1990 年到 2013 年仅增加 6 个，而同期 50 万人口以下的小城市数量却从 30 个减少到 9 个，减少了 21 个，年均减少 0.875 个。从中小城市数量变化来看，至少有 15 个城市成长为大城市和特大城市，这个数量小于 1990—2013 年大城市和特大城市增加的数量 36 个，鉴于无法区分 1990—2013 年东部地区新设立的 18 个地级市和 15 个小城市是否成长为大城市或特大城市，不再深入研究这个问题。

从表 5-16 可以看出，1990—2013 年中部地区城市数量从 64 个增加到 100 个，净增加 36 个，年均增加 1.5 个。与东部地区和西部地区明显的差别是，中部地区没有超大城市。500 万~1000 万的特大城市在 2000 年仅有一个(武汉)，2010 年新增加一个(郑州)，共有 2 个；截至 2013 年，中部地区仍只有武汉和郑州两个特大城市。中部地区 50 万人口以下小城市数量下降不太明显，从 1990 年到 2013 年，仅从 21 个降至 18 个。不过，在 2000 年该地区小城市数量最多，达到 28 个，这可能与当年山西、河南、安徽新设立的地级市(如运城、忻州、临汾、亳州、池州、宣城、周口和驻马店，共计 8 个)有关。50 万~100 万人口的中等城市数量从 1990 年的 27 个增加到 2013 年的 45 个，净增加 18 个，年均增加 0.72 个。2010 年该地区中等规模城市数量最多，为 48 个。1990 年到 2013 年 100 万~500 万人口的大城市数量增长超过了 1 倍多，从 16 个增加到 35 个，年均增加 0.79 个。

从表 5-17 可以看出，1990—2013 年西部地区城市数量从 38 个增加到 88 个，净增加 50 个，年均增加超过 2 个，增速远远快于中部地区和东部地区。该地区城市规模变化的一个明显特征是各类城市均有所发展。西部地区拥有中国三大超大都市之一的重庆，成都和西安的市辖区人口均超过 500 万。大城市、中等城市和小城市的数量均增加了一倍以上，分别从 1990 年的 14 个、

11个和13个增加到2013年的32个、27个和26个，分别净增加18个、16个和13个。西部地区城市规模的变化表现出明显的“大者恒大”特征，城市规模越大，发展越快；同时，也展现出大、中、小城市均衡发展的特征，这与中部地区和东部地区的城市发展不相一致。

综上，东部、中部和西部三大地区的城市发展状况如下：虽然1990—2013年东部地区和中部地区的城市数量有显著增加，但是在2000年之后，两个地区的地级市数量分别稳定在101个和100个左右。西部地区的地级市增加量非常显著，中国新设立的地级市主要位于该地区。从不同城市规模看，1000万人口以上的超大城市只分布在东部地区和西部地区，中部地区没有超大城市。1990—2013年大城市和中等城市在三大地区均有明显增加，它们的绝对增加量超过其他类型城市。此外，在东部地区和中部地区小城市数量出现不同程度的下降，在西部地区小城市数量却不断增加。

在描述完东部、中部和西部地区的城市发展状况之后，本节继续研究三大地区地级市的分布状况，分别验证三大地区的地级市城市规模体系是否服从齐普夫法则和Gibrat法则。

（二）三大地区城市规模体系的齐普夫分布

本部分仍然遵照本章第二节的研究方法，分别验证三大地区城市总人口、市辖区人口、非农人口和建成区面积的帕累托分布，将各个变量均按照东部、中部、西部地区和人口或区域面积进行排序，重新对式（2-3）进行回归。具体的回归结果见表5-18至表5-21。

表5-18 1990—2013年三大地区地级市总人口帕累托分布

年份	东部地区		中部地区		西部地区	
	幂指数	首位城市规模	幂指数	首位城市规模	幂指数	首位城市规模
2013	1.316	11.596	1.233	10.921	1.011	9.222
2012	1.317	11.59	1.233	10.928	0.994	9.106
2011	1.321	11.607	1.235	10.939	1.019	9.257
2010	1.322	11.605	1.235	10.924	1.029	9.268
2009	1.321	11.590	1.248	10.989	1.001	9.088
2008	1.317	11.558	1.250	10.990	0.988	9.01
2007	1.312	11.517	1.251	10.986	0.993	9.028
2006	1.314	11.514	1.254	10.992	0.996	9.032
2005	1.305	11.467	1.265	11.054	0.985	8.948

续表

年份	东部地区		中部地区		西部地区	
	幂指数	首位城市规模	幂指数	首位城市规模	幂指数	首位城市规模
2004	1.296	11.386	1.263	11.025	0.988	8.976
2003	1.289	11.33	1.264	11.022	0.982	8.928
2002	1.231	10.967	1.258	10.969	0.955	8.696
2001	1.208	10.822	1.258	10.949	0.887	8.218
2000	1.210	10.824	1.258	10.942	0.826	7.793
1999	1.187	10.637	1.216	10.503	0.789	7.444
1998	1.192	10.676	1.218	10.42	0.770	7.196
1997	1.185	10.578	1.218	10.391	0.745	7.009
1996	1.171	10.469	1.244	10.477	0.723	6.675
1995	1.143	10.261	1.234	10.247	0.73	6.658
1994	1.044	9.578	1.220	10.079	0.797	6.993
1993	1.088	9.837	1.110	9.326	0.770	6.748
1992	1.063	9.577	0.962	8.406	0.795	6.872
1991	0.997	9.173	0.956	8.340	0.692	6.305
1990	0.992	9.133	0.962	8.362	0.700	6.347
平均	1.214	10.804	1.202	10.424	0.882	8.034

注：表中省略了各回归方程的观测值和拟合优度；首位城市规模是帕累托分布的估计值。

从表5-18可以看出，东部地区地级市城市总人口帕累托分布的幂指数介于0.992~1.322，在1990年取得最小值，在2010年取得最大值。从均值上看，东部地区地级市城市总人口帕累托分布的幂指数均值1.214大于全国地级市城市总人口帕累托分布的幂指数均值1.096(见表5-7)。1990—2010年，东部地区的幂指数是逐渐上升的，从0.992升至1.322，在1990—1993年、1994—1998年、2001—2006年和2007—2010年四个时期内单调递增。同样，首位城市规模在1990年取得最小值9.133，在2011年取得最大值11.607；分别在1990—1993年、1994—1998年和2001—2011年三个时期内单调递增，与幂指数的变化略微有些差异。中部地区地级市城市总人口帕累托分布的幂指数和首位城市规模也存在单调递增的时期，却也呈现出递减趋势。中部地区的城市总人口帕累托分布的幂指数在1991年最小，为0.956；在2005年最大，为1.265。该幂指数在1991—1996年、1999—2004年单调递增；在2005—2013年呈下降趋势。同样，中部地区首位城市规模在1990—1996年和1997—2005年两个时期单调递增，与幂指数递增时期基本一致；但是2006—

2013 年首位城市规模从 10.992 降至 10.921。中部地区首位城市总人口在 1990 年和 2005 年取得最小值和最大值，分别是 8.362 和 11.054。西部地区地级市城市总人口帕累托分布的幂指数单调递增的趋势没有东部、中部地区明显，它的均值 0.882 小于中部地区的均值。西部地区首位城市重庆的总人口远大于同期中部首位城市南阳或周口的总人口。西部地区的幂指数均值，甚至大于全国地级市城市总人口帕累托分布的幂指数均值。不过西部地区的幂指数在 1996—2002 年呈递增趋势，从 0.723 增至 0.955；但是 2003—2013 年，它的幂指数值逐渐趋近于 1，并且在 1991 年和 2010 年取得最小值和最大值，分别是 0.692 和 1.029。西部地区的首位城市规模从 1996 年的 6.675 递增到 2004 年的 8.976，同样在 1991 年和 2010 年取得最小值和最大值，分别是 6.305 和 9.268。东部地区城市总人口帕累托分布的幂指数均值大于中部地区的幂指数均值，中部地区的幂指数均值大于西部地区的幂指数均值，因而，可以认为东部地区的地级市城市总人口在上尾部分比中部地区更好地拟合齐普夫分布，中部地区与齐普夫分布的拟合程度优于西部地区。同时，值得一提的是，虽然东部地区和中部地区的城市总人口不服从齐普夫分布，西部地区的城市总人口在 2006—2013 年的幂指数十分接近于 1，看似满足位序法则，但是这与城市总人口现实分布不符。就城市总人口的首位城市规模而言，东部地区首位城市规模均值大于中部地区首位城市规模均值，中部地区首位城市规模均值大于西部地区首位城市规模均值，后半部分的结论与实际不符。

表 5-19　1990—2013 年三大地区地级市市辖区人口帕累托分布

年份	东部地区		中部地区		西部地区	
	幂指数	首位城市规模	幂指数	首位城市规模	幂指数	首位城市规模
2013	1.132	9.218	1.382	9.841	1.136	8.501
2012	1.107	9.014	1.374	9.806	1.125	8.43
2011	1.11	9.012	1.384	9.845	1.133	8.459
2010	1.133	9.11	1.404	9.926	1.417	8.48
2009	1.12	9.024	1.267	9.293	1.124	8.357
2008	1.124	9.016	1.418	9.96	1.111	8.286
2007	1.134	9.056	1.414	9.924	1.133	8.365
2006	1.132	9.029	1.411	9.894	1.131	8.334
2005	1.112	8.934	1.382	9.757	1.158	8.402
2004	1.139	9.032	1.382	9.696	1.163	8.431

续表

年份	东部地区		中部地区		西部地区	
	幂指数	首位城市规模	幂指数	首位城市规模	幂指数	首位城市规模
2003	1.127	8.928	1.39	9.705	1.145	8.331
2002	1.13	8.881	1.413	9.79	1.146	8.307
2001	1.157	8.905	1.402	9.691	1.177	8.373
2000	1.207	9.037	1.412	9.711	1.171	8.293
1999	1.183	8.867	1.363	9.349	1.127	7.987
1998	1.189	8.885	1.368	9.315	1.071	7.674
1997	1.173	8.747	1.318	9.085	1.08	7.705
1996	1.152	8.62	1.356	9.218	0.986	7.199
1995	1.178	8.736	1.369	9.249	0.975	7.097
1994	1.161	8.583	1.378	9.228	1.047	7.394
1993	1.138	8.436	1.396	9.182	0.964	6.888
1992	1.165	8.571	1.396	9.112	0.956	6.81
1991	1.132	8.369	1.344	8.782	0.915	6.592
1990	1.119	8.276	1.379	8.946	0.957	6.781
平均	1.144	8.845	1.379	9.513	1.098	7.895

注：表中省略了各回归方程的观测值和拟合优度；首位城市规模是帕累托分布的估计值。

从表5-19可以看出，东部、中部、西部三大地区地级市市辖区人口帕累托分布的幂指数不存在长时间的单调递增或递减的现象，东部地区、中部地区和西部地区的幂指数分别介于1.11~1.207、1.318~1.418和0.915~1.177，并且中部地区的幂指数均值大于东部地区的幂指数均值，东部地区的幂指数均值大于西部地区的幂指数均值，东部和西部地区的幂指数均值小于全国地级市市辖区人口帕累托分布的幂指数均值1.238（将表5-8中1990—2013年的中国地级市市辖区人口帕累托分布的幂指数算术平均得到），中部地区的幂指数均值大于全国水平；因此，虽然西部地区1990—1998年的幂指数值更为接近于1，东部、中部和西部三大地区市辖区人口是不服从位序法则的。从首位城市规模来看，中部地区市辖区人口首位城市规模的均值最大，东部地区次之，西部地区最小。东部地区首位城市规模在1990年和2013年取得最小值和最大值，分别是8.276和9.218。东部地区的首位城市规模均值为8.845，1998年之后的首位城市规模估计值均大于8.845，1997年以前的首位城市规模均小于该值。中部地区的首位城市规模仅在1991—1995年和2004—2008年满足单调递增的特征，首位城市的市辖区人口分别从8.782递增到9.249和从9.696增至9.96。同时，1990—2013年中部地区首位城市市辖区人口的均值为9.513，2000年以后的首位城市规模均大于该值，1990—1999年的首位城市规模估计值均小于该值。西部地区的首位城市市辖区人口的均值是7.895，首位城市规模的估计值自1999年起均大于均值。西部地区首位城市市辖区人口估计值最大的是2013年，为8.501；最小的是1991年，为6.592。需要说明的是，按照2013年市辖区人口排序，西部地区的重庆(1787万)，大于东部地区的上海(1364.1万)，大于中部地区的武汉(517.1万)(上海、武汉和重庆分别是2013年东部、中部和西部市辖区人口最多的城市)。

表5-20　1990—2008年三大地区地级市非农人口帕累托分布

年份	东部地区		中部地区		西部地区	
	幂指数	首位城市规模	幂指数	首位城市规模	幂指数	首位城市规模
2008	1.283	10.173	1.527	10.769	1.18	8.436
2007	1.29	10.18	1.532	10.76	1.18	8.402
2006	1.31	10.239	1.538	10.756	1.189	8.425
2005	1.309	10.208	1.519	10.66	1.206	8.429
2004	1.326	10.213	1.513	10.565	1.209	8.446
2003	1.312	10.103	1.544	10.661	1.22	8.467
2002	1.358	10.197	1.555	10.669	1.235	8.441
2001	1.318	9.886	1.562	10.647	1.264	8.527
2000	1.326	9.868	1.586	10.714	1.233	8.328
1999	1.308	9.743	1.558	10.469	1.202	8.101
1998	1.319	9.727	1.47	9.99	1.156	7.787
1997	1.289	9.531	1.442	9.847	1.127	7.635
1996	1.265	9.374	1.414	9.628	0.988	6.871
1995	1.244	9.243	1.332	9.097	0.941	6.595
1994	1.151	8.691	1.133	8.159	0.96	6.644
1993	1.188	8.827	1.185	8.237	1.075	7.104
1992	1.123	8.436	1.082	7.7	1.058	6.964
1991	1.103	8.296	1.121	7.803	0.939	6.436
1990	1.121	8.34	1.062	7.533	1.024	6.789
平均	1.260	9.541	1.404	9.719	1.126	7.728

注：表中省略了各回归方程的观测值和拟合优度；首位城市规模是帕累托分布的估计值。

从表 5-20 可以看出，东部、中部和西部三大地区地级市非农人口帕累托分布的幂指数在整体上呈微弱的先上升后下降趋势，中部地区的幂指数均值最大，东部地区次之，西部地区最小。东部地区地级市非农人口的幂指数介于 1.103~1.358，分别在 1991 年取得最小值和在 2002 年取得最大值，并且在 1994—1998 年呈单调递增趋势。中部地区地级市非农人口的幂指数介于 1.062~1.586，分别在 1990 年取得最小值和在 2000 年取得最大值，并且在 1995—2000 年单调递增，在 2000—2005 年单调递减。西部地区地级市非农人口的幂指数介于 0.939~1.264，分别在 1991 年取得最小值和在 2001 年取得最大值，并且在 1995—2001 年单调递增，在 2001—2008 年单调递减。虽然西部地区非农人口帕累托分布幂指数值在 1990—1996 年较为接近于 1，但是无法保证西部地区非农人口的实际分布满足位序法则。从首位城市规模来看，中部地区首位城市的非农人口均值最大，东部地区次之，西部地区最小。三大地区的首位城市规模均在不同时期内呈单调递增趋势，东部地区、中部地区和西部地区分别在 1994—2002 年、1992—2000 年和 1994—2001 年呈单调递增趋势。东部地区首位城市规模介于 8.296~10.239，分别在 1991 年取得最小值和在 2006 年取得最大值，并且从 1994 年的 8.691 单调递增到 2002 年的 10.197；1998 年之后的首位城市规模估计值大于东部地区均值 9.541。中部地区首位城市规模介于 7.553~10.769，分别在 1990 年取得最小值和在 2008 年取得最大值，并且 1997 年之后的首位城市规模估计值大于中部地区均值 9.719，并且从 1992 年的 7.7 单调递增至 2000 年的 10.714。西部地区首位城市规模介于 6.436~8.527，分别在 1991 年取得最小值和在 2001 年取得最大值，并且从 1994 年的 6.644 单调递增到 2001 年的 8.527，1997 年之后首位城市规模的估计值大于西部地区的均值 7.728。同样，三大地区非农人口首位城市规模的估计值在 1994—2000 年与实际首位城市规模的变动趋势一致。

表 5-21　1990—2013 年三大地区地级市建成区面积的帕累托分布

年份	东部地区		中部地区		西部地区	
	幂指数	首位城市规模	幂指数	首位城市规模	幂指数	首位城市规模
2013	1.056	8.752	1.403	9.776	1.131	8.209
2012	1.091	8.87	1.382	9.615	1.132	8.115
2011	1.03	8.501	1.399	9.644	1.104	7.89
2010	1.028	8.434	1.416	9.615	1.129	7.924
2009	1.033	8.387	1.386	9.397	1.105	7.78

续表

年份	东部地区		中部地区		西部地区	
	幂指数	首位城市规模	幂指数	首位城市规模	幂指数	首位城市规模
2008	1. 034	8. 375	1. 355	9. 223	1. 08	7. 613
2007	1. 054	8. 402	1. 376	9. 244	1. 089	7. 594
2006	1. 025	8. 194	1. 401	9. 301	1. 093	7. 545
2005	1. 001	8. 007	1. 412	9. 286	1. 071	7. 477
2004	0. 993	7. 94	1. 458	9. 4	1. 047	7. 235
2003	1. 007	7. 946	1. 404	9. 107	1. 082	7. 339
2002	1. 03	7. 93	1. 431	9. 122	1. 104	7. 35
2001	1. 063	7. 95	1. 431	9. 036	1. 137	7. 386
2000	1. 144	8. 201	1. 409	8. 878	1. 108	7. 206
1999	1. 179	8. 301	1. 479	9. 035	1. 187	7. 458
1998	1. 146	8. 113	1. 398	8. 742	1. 152	7. 397
1997	1. 112	7. 92	1. 38	8. 59	1. 328	7. 989
1996	1. 17	8. 112	1. 353	8. 421	1. 206	7. 415
1995	1. 166	8. 031	1. 421	8. 598	1. 288	7. 73
1994	1. 145	7. 916	1. 417	8. 537	1. 283	7. 575
1993	1. 049	7. 395	1. 288	7. 97	1. 2	7. 176
1992	1. 052	7. 32	1. 265	7. 831	1. 256	7. 333
1991	1. 025	7. 133	1. 212	7. 592	1. 24	7. 248
1990	1. 017	7. 07	1. 192	7. 46	1. 18	6. 986
平均	1. 069	8. 050	1. 378	8. 893	1. 156	7. 54

注：表中省略了各回归方程的观测值和拟合优度；首位城市规模是帕累托分布的估计值。

从表 5-21 可以看出，东部和中部地区地级市建成区面积帕累托分布的幂指数在一定时期内呈现递增或递减的趋势，西部地区却不存在类似特征。东部地区地级市建成区面积的幂指数介于 0. 993～1. 179，均值为 1. 069，分别在 2004 年和 1999 年取得最小值和最大值，并且在 1990—1996 年单调递增，在 1999—2005 年单调递减。中部地区地级市建成区面积的幂指数介于 1. 192～1. 479，均值为 1. 378；分别在 1990 年和 1999 年取得最小值和最大值，并且在 1990—1999 年单调递增，但是 2000 年以后其幂指数并未出现明显的下降。西部地区地级市建成区面积的幂指数介于 1. 047～1. 328，均值为 1. 156，分别在 2004 年和 1997 年取得最小值和最大值。同时，中部地区地级市建成区面积的幂指数均值大于全国地级市建成区面积的幂指数均值 1. 19（根据表 5-10

计算得到)，东部地区和西部地区的幂指数均值小于全国的幂指数均值。总体上讲，东部、中部和西部三大地区地级市建成区面积的分布不满足位序法则。从首位城市规模看，东部、中部和西部三大地区地级市建成区面积的首位城市规模呈上升趋势，单调递增的时限较短。东部地区的首位城市规模在1990—1996年呈单调递增趋势，分别从7.07增加到8.112。并且分别在1990年和2013年取得最小值和最大值，分别是7.07和8.752，均值是8.050。中部地区的首位城市规模在1990—1995年单调递增，从7.46增加到8.598；分别在1990年和2013年取得最小值和最大值，分别是7.46和9.776，均值是8.893；2001年以后中部地区首位城市建成区面积估计值大于该值(1999年也大于该值)。西部地区的首位城市规模在2004—2010年单调递增，从7.235增加到7.924；同样在1990年和2013年取得最小值和最大值，分别是6.986和8.209，均值是7.54；除1997年外，2006年以后西部地区首位城市建成区面积估计值大于该值。总之，东部、中部、西部三大地区首位城市建成区面积的递增趋势与实际首位城市规模的变动趋势一致。

接下来，有必要分析三大地区地级市首位城市规模估计值与实际值的偏差(简称首位城市规模偏差)，在本节，用首位城市规模的估计值减去实际值来衡量首位城市规模偏差。与现实不一致，东部地区首位城市总人口估计值最大，以市辖区人口、非农人口和建成区面积衡量的首位城市规模估计值，均是中部地区最大。当前重庆(西部地区)的城市总人口和市辖区人口均位居全国第一，上海(东部地区)的非农人口和北京(东部地区)的建成区面积均居全国首位，这与帕累托分布的首位城市规模完全不一致。为了更清晰地表明三大地区首位城市规模偏差，特绘制图5-19至图5-21。从图5-19可以看出，东部地区城市总人口的首位城市规模偏差从1990年的1.976升至2002年的3.771，之后在4.128~4.352之间波动，并未表现出明显的下降或递增趋势。同样，东部地区市辖区人口的首位城市规模偏差较为稳定，1990—2013年均在1.582~2之间波动；东部地区非农人口的首位城市规模偏差从1990年的1.578升至1998年的2.866之后，增速逐渐下降；到2008年仅增加到3.069。东部地区建成区面积首位城市规模偏差从1990年的1.086升至1999年的1.991；之后，在2000—2006年呈下降趋势，从1.891降至1.082；2007年后出现反弹趋势，2013年重新升至1.578。中部地区的城市规模偏差并未画出城市总人口和市辖区人口的偏差图像，主要原因在于中部地区的地级市在2000年之前进行过大幅度的合并与拆分，特别是河南周口、南阳的设立，安徽阜阳的设立与拆分，导致一些年份首位城市规模的城市总人口暴涨或暴跌。中部地区市辖区人口的偏差未能准确刻画主要是由于 1999—2005 年中部地区市辖区人口最多的城市（武汉）在统计数据中缺失，虽然《中国城市统计年鉴》（2000—2006）中提供了武汉市辖区人口的数据，但是市辖区人口与城市总人口数量相同，因此进行城市规模偏差测算是不准确的；故图 5-20 只给出中部地区非农人口和建成区面积首位城市规模偏差。从图 5-20 可以看出，中部地区非农人口首位城市规模偏差呈递增趋势，从 1990 年的 1.607 增至 1998 年的 3.93 之后，稳定在 4.4~4.54。中部地区建成区面积首位城市规模偏差在 1990—2002 年呈递增趋势，从 2.218 增至 3.756。不过，在 2003—2008 年出现短暂的下降，降至 3.09；2009 年以后再次呈现递增趋势，2013 年建成区面积首位城市规模偏差为 3.496。从图 5-21 可以看出，西部地区的首位城市规模偏差均呈现出收敛趋势，城市规模偏差为 1 左右。西部地区城市总人口的首位城市规模偏差在 2000 年以前小于 0，2000 年以后大于 0，这与重庆设立直辖市有关，导致西部地区首位城市总人口的暴涨。不过，2006 年以后西部地区首位城市规模偏差稳定在 1 左右。1990—2004 年西部地区市辖区人口首位城市规模偏差存在较大波动，在 0.794~1.567 之间波动。2005 年之后西部地区市辖区首位城市规模偏差降至 1 左右。西部地区非农人口首位城市规模偏差呈现轻微的“倒 U 形”结构，在 1995—2001 年呈递增趋势，在 2001—2008 年呈递减趋势；2008 年非农人口首位城市规模偏差为 1.625。西部地区建成区面积首位城市规模偏差在 1991—2005 年呈下降趋势，2006 年以后降至 1.1 左右。

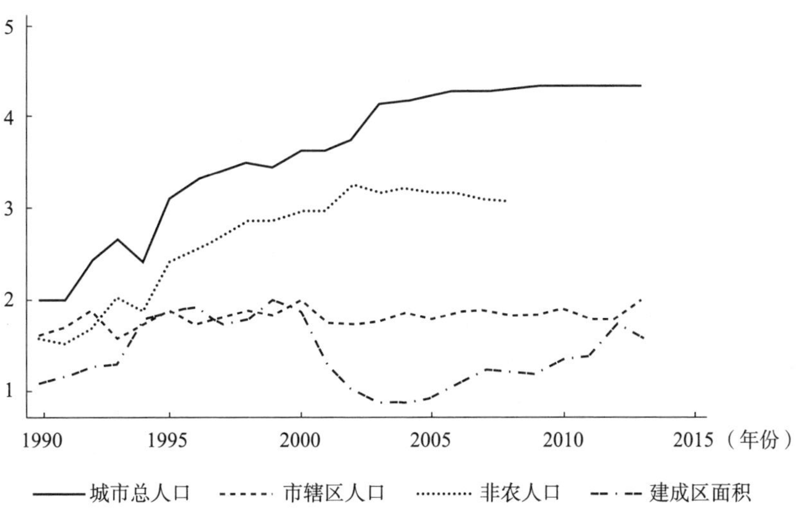

图 5-19　1990—2013 年东部地区地级市首位城市规模偏差

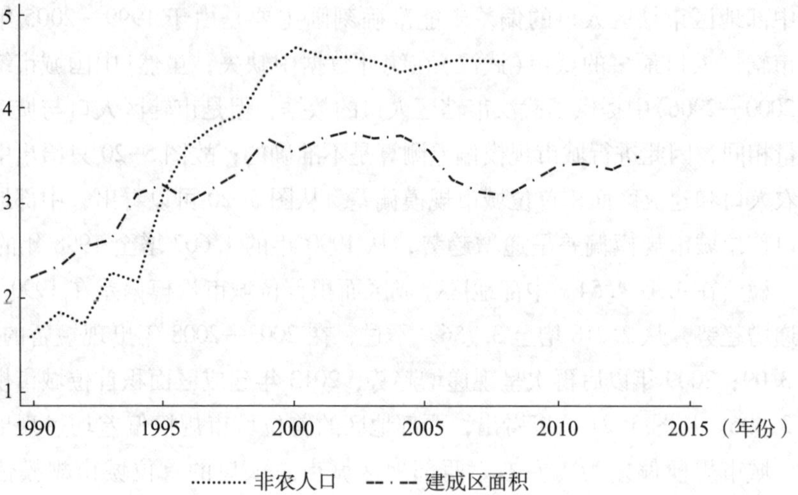

图 5-20　1990—2013 年中部地区地级市首位城市规模偏差

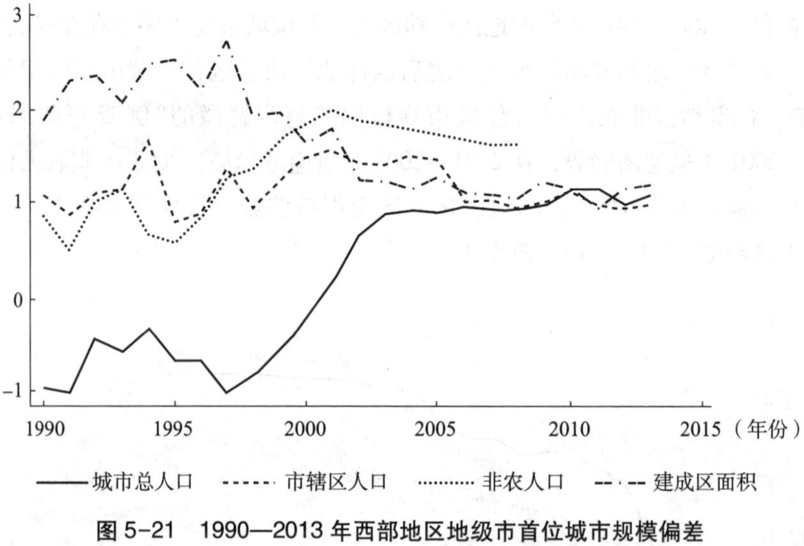

图 5-21　1990—2013 年西部地区地级市首位城市规模偏差

综上所述，1990—2013 年东部、中部、西部三大地区的城市人口规模和地域规模是无法拟合齐普夫分布的，西部地区的城市总人口在 2004—2013 年的幂指数十分接近于 1；2001—2013 年东部地区建成区面积和 1991—1996 年西部地区非农人口的幂指数值均接近于 1，但是它们的实际分布与齐普夫分布存在一定偏差。从首位城市规模偏差看，近年来东部地区的城市总人口和非农人口的首位城市规模偏差呈上升趋势；市辖区人口首位城市规模偏差较为稳定；建成区面积首位城市规模偏差呈现“先上升、后下降、再反弹”的变化轨迹。中部地区的非农人口和建成区面积的首位城市规模偏差呈递增趋势。西部地区的城市总人口、市辖区人口和建成区面积首位城市规模偏差在2006年以后接近于1；西部地区非农人口的首位城市规模偏差呈现轻微的“倒U形”特征。

（三）三大地区城市规模体系的Gibrat法则

本部分仍是对式（5-3）进行回归，估计参数，验证东部、中部、西部三大地区的城市人口规模和地域规模是否遵从Gibrat法则，本节利用1990—2013年三大地区的面板数据验证Gibrat法则，具体的回归结果见表5-22至表5-24。

表5-22 1990—2013年东部地区地级市城市规模体系的Gibrat法则参数估计

参数	城市人口规模			城市地域规模
	城市总人口	市辖区人口	非农人口	建成区面积
β_0	-0.027*	-0.038*	-0.02*	-0.014*
(0.004)	(0.006)	(0.004)	(0.003)	—
α_0	0.176*	0.205*	0.141*	0.123*
(0.024)	(0.029)	(0.021)	(0.015)	—
Wald Chi2	46.17	37.37	21.81	17.94
观测值	1901	1901	1484	1939

注：*表示在1%置信水平下显著；括号内数值为标准差；非农人口的起止时间是1990—2008年。

表5-23 1990—2013年中部地区地级市城市规模体系的Gibrat法则参数估计

参数	城市人口规模			城市地域规模
	城市总人口	市辖区人口	非农人口	建成区面积
β_0	-0.034*	-0.034*	-0.032*	-0.016*
(0.05)	(0.007)	(0.005)	(0.004)	—
α_0	0.211*	0.167*	0.174*	0.111*
(0.031)	(0.031)	(0.021)	(0.018)	—
Wald Chi2	40.09	24.06	44.67	13.85
观测值	1481	1481	1160	1446

注：*表示在1%置信水平下显著；括号内数值为标准差；非农人口的起止时间是1990—2008年。

表5-24 1990—2013年西部地区地级市城市规模体系的Gibrat法则参数估计

参数	城市人口规模			城市地域规模
	城市总人口	市辖区人口	非农人口	建成区面积
β_0	-0.014*	-0.023*	-0.006	-0.014***
(0.004)	(0.008)	(0.004)	(0.007)	—

续表

参数	城市人口规模			城市地域规模
	城市总人口	市辖区人口	非农人口	建成区面积
α_0	0.094*	0.124*	0.058*	0.105*
(0.024)	(0.035)	(0.018)	(0.031)	—
Wald Chi2	10.17	8.8	2.28	3.69
观测值	874	874	684	849

注：*、***分别表示在1%和10%置信水平下显著；括号内数值为标准差；非农人口的起止时间是1990—2008年。

由表5-22至表5-24的结果可以看出，1990—2013年东部、中部和西部三大地区城市规模的估计值均不为0，这也意味着三大地区的城市规模无法完全拟合对数正态分布，不服从Gibrat法则。那么，就有必要考虑一下时期问题，为了更大程度地利用数据样本，增加估计式(5-3)的样本观测值，本节再将样本区间拆分成1990—1999年和2000—2013年两个时期进行验证。具体回归结果见表5-25至表5-30。

表5-25　2000—2013年东部地区地级市城市规模体系的Gibrat法则参数估计

参数	城市人口规模			城市地域规模
	城市总人口	市辖区人口	非农人口	建成区面积
β_0	-0.009*	-0.062*	-0.021*	-0.02*
(0.003)	(0.009)	(0.007)	(0.006)	—
α_0	0.064*	0.328*	0.154*	0.154*
(0.031)	(0.046)	(0.036)	(0.025)	—
Wald Chi2	10.69	41.75	8.85	12.56
观测值	1300	1300	798	1310

注：*表示在1%置信水平下显著；括号内数值为标准差；非农人口的起止时间是2000—2008年。

从表5-25结果看，2000—2013年东部地区地级市城市规模的Gibrat法则的参数β_0估计值均不等于0，其中城市总人口的估计值、市辖区人口的估计值、非农人口的估计值和建成区面积的β_0估计值分别是-0.009、-0.062、-0.021和-0.02，十分接近于0；但是东部地区的城市规模的实际分布无法完全拟合对数正态分布。α_0的估计值表示一定时期城市规模扩张的对数值，比照表5-31中的数值，东部地区城市规模的实际增长率均小于α_0的估计值。意味着东部地区的城市规模分布要满足Gibrat法则，需要提高城市人口的增速或建成区的扩张速度。

从表5-26可以看出，2000—2013年中部地区城市总人口和非农人口的

β_0估计值为 0，表明这两个序列满足 Gibrat 法则，但是这两个序列的β_0估计值不具有统计显著性。中部地区市辖区人口的β_0估计值和建成区面积的β_0估计值分别是-0.05 和-0.026，与 0 有一定偏差；表明中部地区市辖区人口和建成区面积的实际分布与对数正态分布偏离较大。就城市规模的增速而言，城市总人口和非农人口的α_0估计值是 0.008 和 0.026，与实际增长率 0.008 和 0.025 相等或非常接近(见表 5-31)，这从侧面印证了中部地区城市总人口和非农人口服从对数正态分布，满足 Gibrat 法则。但是市辖区人口和建成区面积的α_0估计值分别是 0.235 和 0.156，远大于 2000—2013 年中部地区市辖区人口和建成区面积的实际增长率 0.001 和 0.051。

表 5-26　2000—2013 年中部地区地级市城市规模体系的 Gibrat 法则参数估计

参数	城市人口规模			城市地域规模
	城市总人口	市辖区人口	非农人口	建成区面积
β_0	0	-0.05*	0	-0.026*
(0.004)	(0.009)	(0.004)	(0.006)	—
α_0	0.008	0.235*	0.026	0.156*
(0.011)	(0.038)	(0.018)	(0.025)	—
Wald Chi2	0	32.7	0	17.72
观测值	1289	1289	792	1295

注：* 表示在 1%置信水平下显著；括号内数值为标准差；非农人口的起止时间是 2000—2008 年。

从表 5-27 可以看出，2000—2013 年西部地区地级市非农人口的β_0估计值为-0.001，近乎等于 0，基本拟合了对数正态分布；但是西部地区的城市总人口、市辖区人口和建成区面积的β_0估计值分别是-0.01、-0.039 和-0.026，均与 0 有一定的偏差，因此，它们的实际分布无法满足 Gibrat 法则。与表 5-31中 2000—2013 年西部地区城市规模的增速相比，除了非农人口的α_0估计值为 0.037，非常接近西部地区非农人口的实际增长率 0.032 外；其他三个指标的α_0估计值均大于其实际增长率。

表 5-27　2000—2013 年西部地区地级市城市规模体系的 Gibrat 法则参数估计

参数	城市人口规模			城市地域规模
	城市总人口	市辖区人口	非农人口	建成区面积
β_0	-0.01**	-0.039*	-0.001	-0.026*
(0.004)	(0.01)	(0.005)	(0.008)	—
α_0	0.07*	0.195*	0.037***	0.161*
(0.049)	(0.047)	(0.023)	(0.034)	—

续表

参数	城市人口规模			城市地域规模
	城市总人口	市辖区人口	非农人口	建成区面积
Wald Chi2	6.31	14.61	0.07	9.82
观测值	793	793	488	793

注：*、***分别表示在1%和10%置信水平下显著；括号内数值为标准差；非农人口的起止时间是2000—2008年。

从表5-28可以看出，1990—1999年东部地区城市总人口的估计值为-0.236，显著地不为0；市辖区人口、非农人口和建成区面积的β_0估计值分别是-0.07、-0.07和-0.03，与0较为接近；这并不能保证东部地区城市规模分布满足Gibrat法则。与表5-31中同期东部地区城市规模的实际增长率相比，东部地区城市规模的α_0估计值均大于实际增长率。

表5-28 1990—1999年东部地区地级市城市规模体系的Gibrat法则参数估计

参数	城市人口规模			城市地域规模
	城市总人口	市辖区人口	非农人口	建成区面积
β_0	-0.236*	-0.07*	-0.07*	-0.03*
(0.019)	(0.012)	(0.1)	(0.006)	—
α_0	1.389*	0.325*	0.358*	0.169*
(0.116)	(0.052)	(0.048)	(0.022)	—
Wald Chi2	147.67	36.02	45.85	28.82
观测值	746	746	746	751

注：*表示在1%置信水平下显著；括号内数值为标准差。

1990—1999年中部和西部地区的城市规模分布状况与东部地区相似：β_0估计值显著不为0和城市规模实际增长率小于α_0估计值。中部地区地级市城市总人口、市辖区人口、非农人口和建成区面积的β_0估计值分别是-0.18、-0.08、-0.054和-0.038；西部地区地级市城市总人口、市辖区人口、非农人口和建成区面积的β_0估计值分别是-0.026、-0.019、-0.018和-0.023，这显示出中部和西部地区的城市规模不服从对数正态分布。同样，中部地区地级市城市总人口、市辖区人口、非农人口和建成区面积的α_0估计值分别是1.018、0.371、0.279和0.176，均大于同期中部地区城市规模的实际增速。西部地区地级市城市总人口、市辖区人口、非农人口和建成区面积的α_0估计值分别是0.163、0.108、0.108和0.124，亦均大于同期西部地区城市规模的实际增速(见表5-29至表5-31)。由此可见，中部和西部地区城市规模实际增速过慢是造成其无法满足Gibrat法则的原因之一。

表 5-29　1990—1999 年中部地区地级市城市规模体系的 Gibrat 法则参数估计

参数	城市人口规模			城市地域规模
	城市总人口	市辖区人口	非农人口	建成区面积
β_0	-0.18*	-0.08*	-0.054*	-0.038*
(0.021)	(0.018)	(0.009)	(0.008)	—
α_0	1.018*	0.371*	0.279*	0.176*
(0.116)	(0.077)	(0.039)	(0.031)	—
Wald Chi2	76.47	20.51	36.81	22.26
观测值	578	578	578	564

注：* 表示在 1% 置信水平下显著；括号内数值为标准差。

表 5-30　1990—1999 年西部地区地级市城市规模体系的 Gibrat 法则参数估计

参数	城市人口规模			城市地域规模
	城市总人口	市辖区人口	非农人口	建成区面积
β_0	-0.026*	-0.019***	-0.018**	-0.023**
(0.009)	(0.011)	(0.008)	(0.011)	—
α_0	0.163*	0.108**	0.108*	0.124*
(0.048)	(0.047)	(0.033)	(0.042)	—
Wald Chi2	8.49	3.3	5.24	4.63
观测值	334	334	334	331

注：*、**、*** 分别表示在 1%、5% 和 10% 置信水平下显著；括号内数值为标准差。

表 5-31　中国地级市城市规模实际增长率

单位：%

地区	时间	城市人口规模			城市地域规模
		城市总人口	市辖区人口	非农人口	建成区面积
东部地区	2000—2013 年	0.01	0.05	0.049	0.065
	1990—1999 年	0.02	0.02	0.042	0.056
中部地区	2000—2013 年	0.008	0.001	0.025	0.051
	1990—1999 年	0.035	0.02	0.045	0.034
西部地区	2000—2013 年	0.008	0.016	0.032	0.058
	1990—1999 年	0.025	0.023	0.033	0.036

注：表中城市规模的实际增长率是根据计算得到的各时期平均值；非农人口的起止时间是 2000—2008 年。

为了能更清晰地表明三大地区城市规模与对数正态分布之间的偏差，本节以 2000—2013 年东部、中部、西部三大地区城市总人口、市辖区人口、非农人口和建成区面积为例，分别做出它们的对数正态分布的 P-P 图，进一步检验三大地区城市规模的实际分布对 Gibrat 法则的偏离。如图 5-22 至图 5-24 所示。结合表 5-25 至表 5-28 中东部、中部和西部三大地区城市规模的β_0估计值，可以发现：当城市规模的预期累积概率小于实际的累积概率时，城市规模的β_0估计值更小，与 0 的偏差更大，城市规模的实际分布与对数正态分布偏离更大。当城市规模的预期累积概率大于实际的累积概率时，城市规模的β_0估计值会较大，更接近于 0。通常情况下，城市规模的预期累积概率在部分区域大于实际的累积概率；在部分区域小于实际的累积概率，这些情况下城市规模的β_0估计值会大于当城市规模的预期累积概率大于实际的累积概率时的β_0估计值，甚至是β_0估计值为 0，让城市规模服从 Gibrat 法则。如图 5-7 和图 5-9 的β_0估计值均为 0，显然它们与标准的对数正态分布还有很大偏差，这可能是解释为何β_0估计值是不显著的原因。

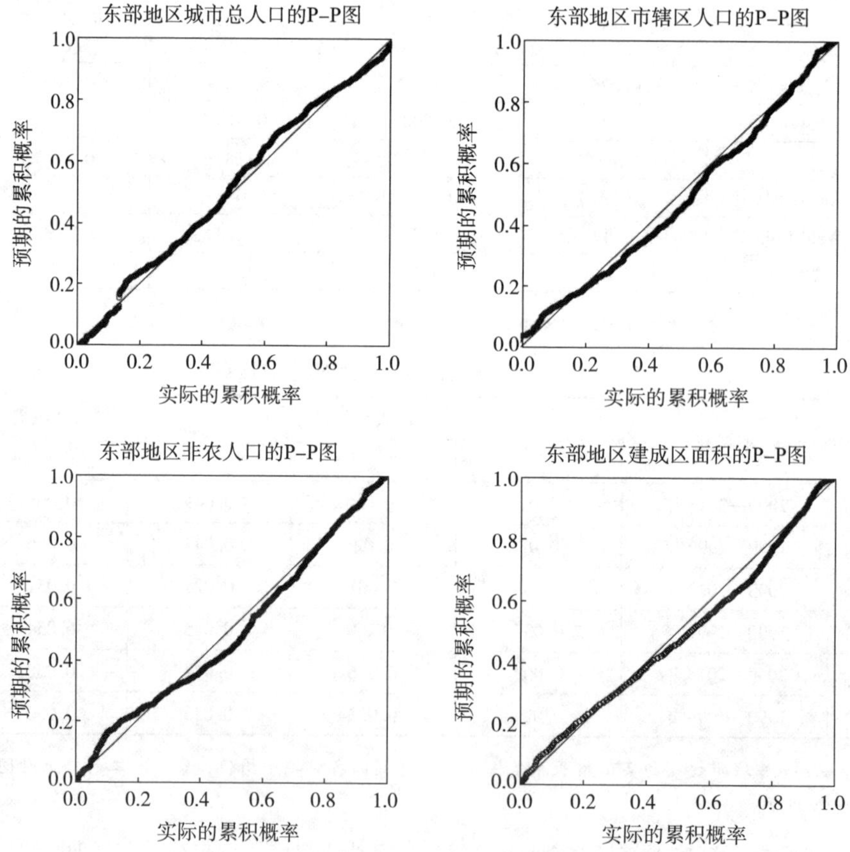

图 5-22　2000—2013 年东部城市规模 P-P 图

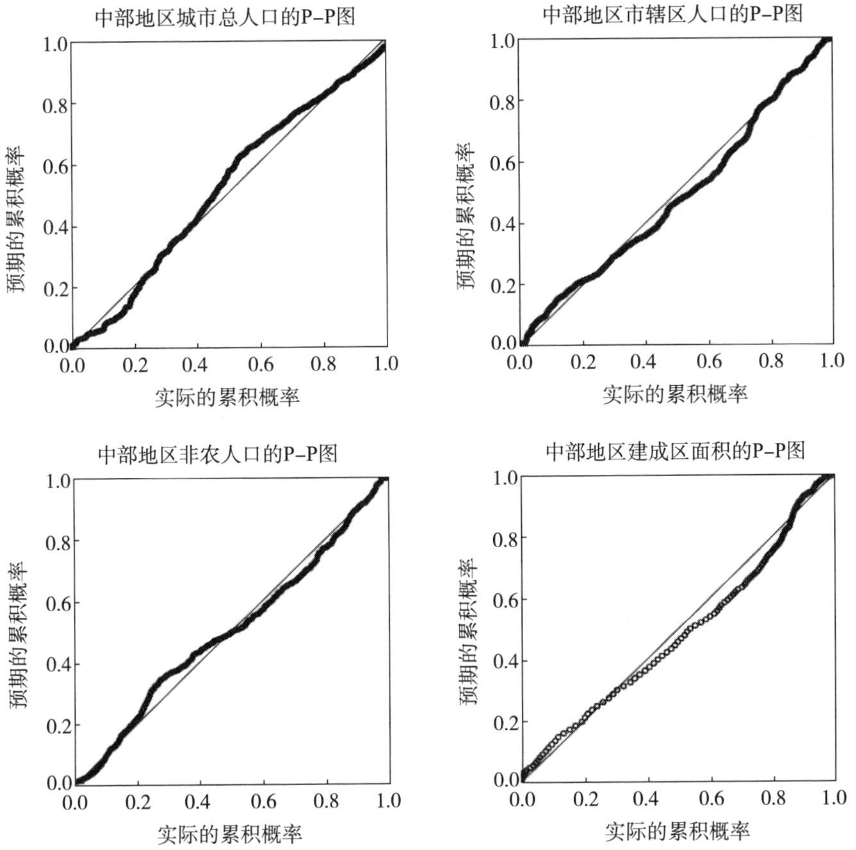

图 5-23　2000—2013 年中部地区城市规模 P-P 图

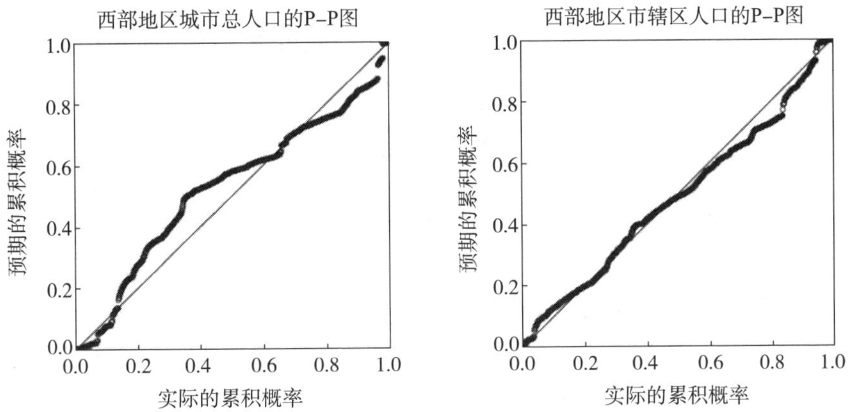

图 5-24　2000—2013 年西部地区城市规模 P-P 图

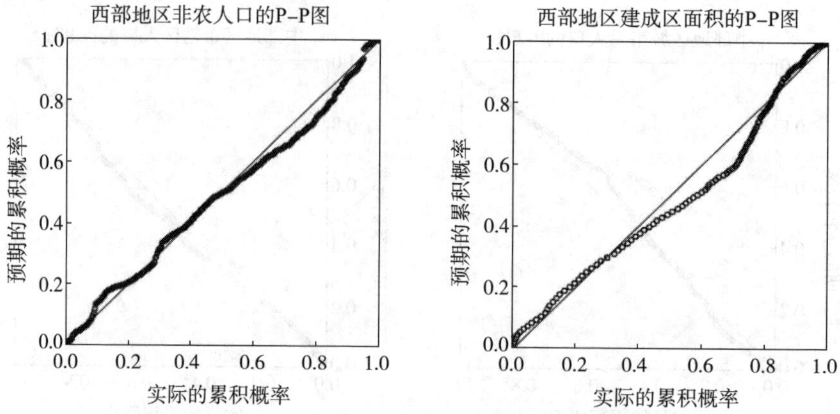

图 5-24　2000—2013 年西部地区城市规模 P-P 图(续)

总之，东部、中部、西部三大地区地级市城市总人口、市辖区人口、非农人口和建成区面积的实际分布无法完全拟合对数正态分布，尽管中部地区城市总人口和非农人口的 β_0 估计值均为 0，但是并不显著，并且它们的 P-P 图也显示：这种情况主要是在部分区域城市规模的预期累积概率大于实际的累积概率，在部分区域城市规模的预期累积概率小于实际的累积概率。同时，比较城市规模的实际增速与 α_0 估计值，发现三大地区城市规模实际增速小于 Gibrat 法则的估计增速，或者说三大地区城市规模增速过慢是造成它们无法服从对数正态分布的原因之一。中部地区城市总人口和非农人口的实际增长率十分接近或等于 α_0 估计值，进而 β_0 估计值为 0，也从侧面印证了城市规模增速对它是否服从对数正态分布有重要影响。从城市规模的 P-P 图可以看出，当城市规模的预期累积概率大于实际的累积概率时，城市规模的 β_0 估计值会较大，更接近于 0；当城市规模的预期累积概率小于实际的累积概率时，城市规模的 β_0 估计值会较小，与 0 的偏差更大。

二、省域范围下中国城市规模体系的演进

在讨论了东部、中部和西部三大地区的城市规模分布之后，本节接着讨论省域范围下的城市规模分布状况。与三大地区不同，在省域范围下，2013 年地级市最多的省份是广东，为 21 个(包括副省级城市和一般地级市)；四大直辖市在统计上均只有一个地级市；西藏只有一个地级市；新疆和青海只有两个地级市；其他省、自治区的地级市数量在 3~18 个。从总体上讲，各省份地级市数量太少，以至于无法利用截面数据检验各省历年的帕累托分布和对数正态分布。因此，本节只利用面板数据检验省域范围下地级市城市规模分

布是否满足 Gibrat 法则。

(一)不同省、自治区、直辖市地级市数量的变化

在利用面板数据验证省域范围下地级市城市规模是否服从 Gibrat 分布前，本节先考察 1990—2013 年各省份地级市数量的变动，具体见表 5-32。1990—2000 年，除了北京、天津和上海三大直辖市外，新设立重庆直辖市(1997 年)，而其他省份的地级市数量均普遍增加，其中海南、西藏、甘肃、青海和新疆五省(自治区)的地级市数量不变；河北、内蒙古、辽宁和宁夏四省(自治区)的地级市数量各增加 1 个；黑龙江、江苏、浙江和贵州四省的地级市数量各增加 2 个；吉林、福建、广东和云南四省的地级市数量各增加 3 个；山西、广西和陕西三省(自治区)的地级市数量各增加 4 个；江西、河南、湖北和湖南四省的地级市数量各增加 5 个；安徽和山东的地级市数量各增加 6 个；四川的地级市数量增加最多，达到 7 个，全国地级市数量共计增加 77 个。2000—2013 年全国地级市数量增加 27 个，并且大部分位于西部地区；其中，山西、海南、陕西和青海四省的地级市数量各增加 1 个；宁夏和贵州的地级市数量各增加 2 个；内蒙古、广西和云南的地级市数量各增加 4 个；地级市数量增加最多的是甘肃，达到 7 个；安徽省的地级市数量减少 1 个，从 17 个减少到 16 个；其他省份的地级市数量保持不变。各省份地级市的具体设立、撤销和更名情况参见表 5-6。

表 5-32　1990—2013 年各省份的地级市数量

省份	2013 年	2000 年	1990 年
北京	1	1	1
天津	1	1	1
河北	11	11	10
山西	11	10	6
内蒙古	9	5	4
辽宁	14	14	13
吉林	8	8	5
黑龙江	12	12	10
上海	1	1	1
江苏	13	13	11
浙江	11	11	9
安徽	16	17	11

续表

省份	2013 年	2000 年	1990 年
福建	9	9	6
江西	11	11	6
山东	17	17	11
河南	17	17	12
湖北	12	12	7
湖南	13	13	8
广东	21	21	18
广西	13	9	5
海南	3	2	2
重庆	1	1	—
四川	18	18	11
贵州	6	4	2
云南	8	4	1
西藏	1	1	1
陕西	10	9	5
甘肃	12	5	5
青海	2	1	1
宁夏	5	3	2
新疆	2	2	2
总计	289	263	187

资料来源：作者根据历年《中国城市统计年鉴》整理得到。

（二）省域地级市城市规模体系的 Gibrat 法则

本部分利用 1990—2013 年的面板数据重新对式（5-3）进行回归，分别验证各省份地级市城市规模的实际分布是否服从对数正态分布，各省份地级市的城市规模依然是按照 1990 年 185 个地级市进行了面板数据调整，其他年份新设的地级市数据予以删除。鉴于拉萨的数据缺失较多，本文不再检验西藏自治区的城市规模是否服从对数正态分布；此外，云南和青海亦只有一个地级市，不再进行检验。同样，北京、天津、上海和重庆四大直辖市的城市数量过少，无法利用面板回归方法进行回归，故本节选择利用最小二乘法（OLS）进行替代；具体的回归结果见表 5-33 和表 5-34。

表 5-33　1990—2013 年各省份地级市城市规模体系 Gibrat 分布 β_0 的估计值

省份	城市总人口	市辖区人口	非农人口	建成区面积
北京	-0.136	-0.055	0.038	-0.041
天津	0.024	-0.028	0.041	0.026
河北	-0.16*	-0.029***	-0.057*	-0.017**
山西	-0.07*	-0.075**	-0.037*	-0.015
内蒙古	-0.011**	-0.076**	-0.01***	-0.007
辽宁	-0.78*	-0.53*	-0.025	-0.001
吉林	-0.005	-0.037	-0.001	-0.006
黑龙江	-0.014	-0.028	-0.016***	-0.009
上海	0.04*	-0.029***	0.054	-0.071**
江苏	-0.021**	-0.072*	-0.009	-0.012
浙江	0.003	-0.048**	0.004	-0.018***
安徽	-0.392*	-0.406*	-0.176*	0
福建	-0.007***	-0.06***	-0.013	-0.003
江西	-0.001	-0.014	-0.001	-0.004
山东	-0.025*	-0.058*	-0.057*	-0.02**
河南	-0.001	-0.02	-0.02*	-0.018***
湖北	-0.07*	-0.027	-0.039**	-0.025
湖南	-0.122*	-0.031***	-0.083*	-0.028***
广东	-0.033*	-0.057*	-0.038**	-0.022**
广西	-0.077**	-0.021	-0.025	-0.033
海南	-0.012	-0.012	0.004	-0.094
重庆	-0.124*	-0.092	-0.031	-0.025
四川	-0.016***	-0.063*	-0.006	-0.007
贵州	-0.35*	-0.188**	-0.5***	-0.023
陕西	-0.054**	-0.019	-0.034	-0.055***
甘肃	-0.005***	-0.026	-0.002	-0.029***
宁夏	-0.038	0.007	0.04**	0.017
新疆	0.001	0.004	0.004	0.018

注：*、**、***分别表示在1%、5%和10%置信水平下显著；省略各参数估计值的标准差；非农人口时间是2000—2008年。

表5-34　1990—2013年各省份地级市城市规模体系Gibrat分布 α_0 的估计值

省份	城市总人口	市辖区人口	非农人口	建成区面积
北京	0.974	0.4	-0.231*	0.321
天津	-0.155	0.2	-0.248*	-0.127
河北	1.053*	0.149**	0.338*	0.113*
山西	0.418*	0.338**	0.198*	0.092**
内蒙古	0.071*	0.357**	0.069**	0.06
辽宁	4.328*	2.411*	0.102	0.033
吉林	0.029	0.176	0.016	0.058
黑龙江	0.088***	0.132***	0.096**	0.062
上海	-0.284*	0.149***	-0.353***	0.501***
江苏	0.136**	0.399*	0.092	0.126**
浙江	-0.014	0.254*	0.019	0.149*
安徽	2.266*	1.822*	0.774*	0.059
福建	0.049**	0.294**	0.097	0.08***
江西	0.015	0.07***	0.031	0.065
山东	0.16*	0.307*	0.339*	0.161*
河南	0.016	0.112**	0.127*	0.124*
湖北	0.424*	0.149***	0.221*	0.153***
湖南	0.773*	0.162**	0.429*	0.161*
广东	0.201*	0.294*	0.227*	0.165*
广西	0.468**	0.119***	0.151***	0.181***
海南	0.093	0.093	0.048	0.391
重庆	1.001	0.669	0.248	0.254
四川	0.095***	0.312*	0.053	0.083***
贵州	2*	0.882***	0.257**	0.121
陕西	0.331**	0.114	0.181	0.267**
甘肃	0.039*	0.121	0.042	0.138**
宁夏	0.191	-0.001	-0.12***	-0.018
新疆	0.023	0.014	0.004	-0.034

注：*、**、***分别表示在1%、5%和10%置信水平下显著；省略各参数估计值的标准差；非农人口时间是2000—2008年。

从表5-33和表5-34可以看出，1990—2013年吉林、浙江、福建、江西、河南、甘肃和新疆七省地级市城市总人口的β_0估计值均大于-0.01，非常接近于0，这意味着七省地级市城市总人口的实际分布能较好地拟合对数正态分布，满足Gibrat法则。从各省地级市总人口的增速看，吉林、浙江、福建、江西、河南、甘肃和新疆的α_0估计值分别是0.029、-0.014、0.049、0.015、0.016、0.039和0.023，这与七省地级市城市总人口的实际增速0.003、0.005、0.011、0.012、0.011、0.015和0.028较为接近，特别是江西、河南和新疆三省。与这七个省相比，1990—2013年北京、河北、辽宁、安徽、湖南、重庆和贵州七省地级市城市总人口的β_0估计值均小于-0.1，分别是-0.136、-0.16、-0.78、-0.392、-0.122、-0.124和-0.35，均显著地不为0，表明它们城市总人口的实际分布无法满足Gibrat法则。从城市总人口的增速看，北京、河北、辽宁、安徽、湖南、重庆和贵州的α_0估计值分别是0.974、1.053、4.328、2.266、0.773、1.001和2，它们均远远大于实际城市总人口的增速0.01、0.053、-0.006、0.034、0.019、0.036和0.026。其他省份的β_0估计值分别介于-0.1~-0.01，城市总人口的增速α_0也比北京、河北等七省市的增速低。

从各省地级市市辖区人口看，除了宁夏和新疆的β_0估计值介于0~0.01外，辽宁、安徽和贵州三个省份的β_0估计值均小于-0.1，分别是-0.53、-0.406和-0.188，明显小于0，使得1990—2013年这三省地级市市辖区人口不服从对数正态分布。同样，这三个省份地级市市辖区人口α_0的估计值分别是2.411、1.822和0.882，显然，它们远远大于实际市辖区人口的增速。宁夏和新疆的α_0估计值分别是-0.001和0.014，比较接近两自治区地级市市辖区人口的实际增速0.027和0.031，这可能是宁夏和新疆的β_0估计值十分接近于0的原因。其他省份地级市市辖区人口的β_0估计值均介于-0.1~-0.01，α_0估计值均在0.669以下，这些省份市辖区人口的理论增速不如辽宁、安徽和贵州三个省份的快。

从各省份地级市非农人口看，1990—2013年内蒙古、吉林、江苏、浙江、江西、四川、甘肃和新疆八省（自治区）地级市非农人口的β_0估计值的绝对值均小于0.01，分别是-0.01、-0.001、-0.009、0.004、-0.001、-0.006、-0.002和0.004，近乎为0，说明这八个省份地级市非农人口的实际分布能较好地拟合正态分布。从非农人口的增速看，这八省实际非农人口增速为0.023、0.012、0.046、0.038、0.027、0.028、0.036和0.022，与之对应，这八省非农人口的α_0估计值分别是0.069、0.016、0.092、0.019、0.031、0.053、0.042和0.004，吉林、浙江、江西和甘肃四省的非农人口的实际增速与理论增速非常接近。安徽和贵州的非农人口实际分布无法拟合Gibrat分布，它们的β_0估计值分别是-0.176和-0.5；α_0估计值分别是0.774和0.257，而两省地级市非农人口的实际增速分别为0.038和0.033，远远小于两省的非农人口的理论增速。此外，虽然其他省份非农人口β_0估计值的绝对值均介于0.01~0.1，但是北京、天津、上海和宁夏四省市(自治区)非农人口的α_0估计值分别是-0.231、-0.248、-0.353和-0.12，这是与现实相悖的。河北、山西、河南、山东、湖北、湖南、广东、广西和陕西九省(自治区)的α_0估计值也均超过0.127，均大于九省(自治区)非农人口的实际增速。

从各省地级市建成区面积看，1990—2013年内蒙古、辽宁、吉林、黑龙江、安徽、福建、江西和四川八省(自治区)地级市建成区面积的β_0估计值均大于-0.01,分别是-0.007、-0.001、-0.006、-0.009、0、-0.003、-0.004和-0.007，几乎为0，从而满足Gibrat法则；从这八省(自治区)地级市建成区面积的扩张速度看，它们的α_0估计值分别是0.06、0.033、0.058、0.062、0.059、0.08、0.065和0.083，实际增速分别为0.031、0.027、0.034、0.02、0.057、0.069、0.074和0.056，二者比较接近，特别是辽宁、安徽、福建和江西四省。其他省份的β_0估计值均介于-0.1~-0.01，但是北京、河北、上海、江苏、浙江、山东、河南、湖北、湖南、广东、广西、海南、重庆、贵州、山西、宁夏等省份地级市建成区面积α_0估计值均大于0.113，大于这些省份地级市建成区面积的实际增速(所有这些省份中，1990—2013年地级市建成区面积增速最快的省份是重庆，年均0.111)。此外，天津、宁夏和新疆的α_0估计值为负数，是不切实际的。

总之，1990—2013年部分省份的城市人口规模服从对数正态分布，相比较而言，地级市城市总人口和非农人口满足Gibrat法则的省份多与市辖区人口满足Gibrat法则的省份。有9个省份的地级市建成区面积几乎服从对数正态分布，但是超过18个省份的地级市建成区面积明显不符合Gibrat分布。结合城市规模的增速，本节对各省份地级市城市规模服从Gibrat法则的验证，再次证实本章第一节提到的一个观点：一旦α_0估计值远远大于实际城市规模的增速，城市规模的实际分布偏离对数正态分布较多；当α_0估计值十分接近实际城市规模的增速，城市规模的实际分布也会接近对数正态分布。这可以表示成定理5。

定理5 运用式(5-3)检验一个地区城市规模是否服从对数正态分布，当α_0的估计值与城市规模的实际增速十分接近时，β_0的估计值就几乎为0，则该地区的城市规模体系满足Gibrat法则。

为了进一步证明定理 5 是成立的，本节将各省地级市的面板数据按照 2000 年 262 个地级市重新调整为 2000—2013 年样本，利用式(5-3)验证各省地级市的城市规模是否服从 Gibrat 法则。北京、天津、上海和重庆的参数是用 OLS 法估计的；由于西藏和青海数据缺失，未进行检验；其他省份的参数使用随机效应进行回归。具体回归结果见表 5-35 和表 5-36。

表 5-35　2000—2013 年各省份地级市城市规模体系 Gibrat 分布 β_0 的估计值

省份	城市总人口	市辖区人口	非农人口	建成区面积
北京	-0.094	-0.121	-0.023	-0.505*
天津	0.007	-0.394**	0.071	-0.088*
河北	0	-0.048***	-0.022	-0.033*
山西	-0.004	-0.155*	-0.003	-0.024***
内蒙古	-0.011**	-0.138**	-0.025	-0.035
辽宁	-0.001	-0.09*	-0.002	0.001
吉林	-0.006	-0.078**	-0.004	-0.04
黑龙江	0.001	-0.026	-0.009	0.004
上海	-0.001	-0.513*	-0.013	-0.167
江苏	0.001	0.154*	-0.018	-0.02
浙江	0.003	-0.078**	0	-0.037**
安徽	-0.004	-0.054**	0.01	-0.036**
福建	-0.012**	-0.105**	-0.124*	0.006
江西	-0.001	-0.033	0.006	-0.037***
山东	0.001	-0.057**	0.005	-0.035*
河南	0.001	-0.033**	-0.003	-0.026**
湖北	-0.001	-0.044**	-0.014	-0.025
湖南	-0.001	-0.035	0.011	-0.013
广东	-0.035*	-0.086*	-0.075**	-0.039**
广西	-0.031	-0.044	-0.008	-0.022
海南	-0.034	-0.034	-0.002	-0.125
重庆	0.124	-0.109	-0.039*	-0.108
四川	-0.001	-0.049**	0.003	-0.024***
贵州	-0.006	-0.091	-0.003	-0.035
云南	0.002	-0.007	0.001	-0.032
陕西	-0.015	-0.092**	0.002	-0.074**

续表

省份	城市总人口	市辖区人口	非农人口	建成区面积
甘肃	-0.001	-0.041	-0.015	-0.028
宁夏	-0.255*	-0.187***	-0.205	-0.041***
新疆	0.005	0.007	0.004	0.032

注：*、**、***分别表示在1%、5%和10%置信水平下显著；省略各参数估计值的标准差；非农人口时间是2000—2008年。

表5-36　2000—2013年各省份地级市城市规模体系Gibrat分布α_0的估计值

省份	城市总人口	市辖区人口	非农人口	建成区面积
北京	0.679	0.866	0.185	3.607*
天津	-0.042	2.635*	-0.444	0.606*
河北	0.006	0.233***	0.173	0.194*
山西	0.031	0.681*	0.045**	0.14**
内蒙古	0.069***	0.634**	0.144	0.206
辽宁	0.007	0.421*	0.023	0.025
吉林	0.034	0.346**	-0.013	0.2
黑龙江	-0.007	0.112	0.058**	-0.001
上海	0.013	3.695*	0.12	1.414
江苏	0.002	0.849*	0.151	0.181*
浙江	-0.015	0.4*	0.039	0.234*
安徽	0.034	0.263**	-0.02	0.201*
福建	0.079**	0.482**	0.639*	0.051
江西	0.016	0.153***	0.001	0.214*
山东	-0.002	0.293**	0.015	0.24*
河南	0.007	0.18**	0.049	0.172*
湖北	0.006	0.209***	0.088	0.152
湖南	0.011	0.167***	-0.016	0.106**
广东	0.218*	0.443*	0.43*	0.228*
广西	0.201	0.22***	0.065	0.138
海南	0.197	0.197	0.076	0.538
重庆	-0.094	0.832	0.3*	0.795
四川	0.012	0.245*	0.024	0.156*
贵州	0.046	0.422	0.033	0.194

续表

省份	城市总人口	市辖区人口	非农人口	建成区面积
云南	-0.004	0.043	0.016	0.19
陕西	0.095	0.044**	0.022	0.343**
甘肃	0.014	0.176	0.097	0.138
宁夏	1.124*	0.764**	0.829	0.252*
新疆	0.01	0.001	0.011	-0.108

注：*、**、***分别表示在1%、5%和10%置信水平下显著；省略各参数估计值的标准差；非农人口时间是2000—2008年。

从各省地级市城市总人口看，2000—2013年天津、河北、山西、辽宁、吉林、黑龙江、上海、江苏、浙江、安徽、江西、山东、河南、湖北、四川、贵州、云南、甘肃和新疆19个省份地级市城市总人口β_0估计值的绝对值小于0.01，十分接近于0；从城市总人口的增速看，这19个省份的α_0估计值分别是-0.042、0.006、0.031、0.007、0.034、-0.007、0.013、0.002、-0.015、0.034、0.016、-0.002、0.007、0.006、0.012、0.046、-0.004、0.014和0.01，除天津、黑龙江、浙江、山东和云南城市总人口的估计值为负数外，河北(0.008)、辽宁(0.001)、江苏(0.006)、江西(0.013)、河南(0.01)、湖北(0.003)和甘肃(0.009)地级市城市总人口的实际增速(括号内的数值)与α_0偏差较小，从而这些省份的城市总人口基本拟合对数正态分布。重庆和宁夏地级市城市总人口β_0估计值分别是0.124和-0.255，显然这两个区市的城市总人口实际分布无法满足Gibrat法则。同样，它们对应的α_0估计值分别是-0.094和1.124，重庆的状况与实际不符，宁夏城市总人口增速远远大于实际增速(0.023)。

从各省地级市市辖区人口看，2000—2013年只有云南和新疆两省(自治区)β_0估计值的绝对值小于0.01，分别是-0.007和0.007；它们对应的α_0估计值分别是0.043和0.001，与两省区地级市市辖区人口的实际增速0.013和0.033相比，云南的差距更小。因而，云南比新疆的市辖区人口更好地拟合对数正态分布。同时，北京、天津、山西、内蒙古、上海、江苏、福建、重庆和宁夏九省份地级市市辖区人口β_0估计值分别是-0.121、-0.394、-0.155、-0.138、-0.513、0.154、-0.105、-0.109和-0.187，显著地不为0；进而，这九省份市辖区人口的实际分布与对数正态分布存在较大偏离。这九省的α_0估计值分别是0.866、2.635、0.681、0.634、3.695、0.849、0.482、0.832和0.764，这均明显大于市辖区人口的实际增速〔九省中市辖区人口实际增速最快的是重庆(0.053)]。

从各省地级市非农人口看，2000—2013年山西、辽宁、吉林、黑龙江、浙江、安徽、江西、山东、河南、四川、云南、陕西和新疆13个省份β_0估计值的绝对值均小于0.01；它们对应的α_0估计值分别是0.045、0.023、-0.013、0.058、0.039、-0.02、0.001、0.015、0.049、0.024、0.016、0.022和0.011；除吉林和安徽α_0估计值为负数外，山西(0.031)、辽宁(0.014)、浙江(0.039)、江西(0.029)、山东(0.042)、河南(0.033)、四川(0.037)和云南(0.019)的非农人口实际增速(括号内的数字)均与估计值较为接近。福建和宁夏β_0估计值均小于-0.1，分别是-0.124和-0.205；两省对应的α_0估计值分别是0.639和0.829，远远大于两省地级市非农人口的实际增速0.067和0.015。其他省份β_0估计值的绝对值均介于0.01~0.1，但是天津和湖南α_0估计值为负值，分别是-0.444和-0.016；北京、内蒙古、上海、江苏、广东和重庆六省份的估计值均大于0.1；其他省份α_0估计值小于0.1。

从各省地级市建成区面积看，2000—2013年辽宁和福建两省估计值的β_0绝对值小于0.01，分别是0.001和0.006；两省对应的α_0估计值分别是0.025和0.051，均小于两省建成区面积的实际增速0.029和0.072。北京、海南和重庆三省(直辖市)的β_0估计值均小于-0.1，分别是-0.505、-0.125和-0.108，明显不等于0；三省(直辖市)建成区面积的α_0估计值分别是3.607、0.538和0.795，均大于三省(直辖市)建成区面积的实际增速0.076、0.111和0.049。虽然其他省份β_0估计值的绝对值均介于0.01~0.1，黑龙江和新疆建成区面积的α_0估计值为负值，其他省份的α_0估计值均大于0.1，快于各省建成区面积的实际增速。

综上所述，本部分利用2000—2013年的面板数据再次验证了定理5：不论是各省份的城市人口规模还是地域规模，当城市规模的α_0估计值近似等于实际增速时，部分省份城市规模的实际分布能更好地拟合对数正态分布，满足Gibrat法则。当城市规模的α_0估计值远远大于实际增速时，该省份城市规模的实际分布会偏离对数正态分布。最后，以2000—2013年浙江非农人口和江苏市辖区人口的数据为例，画出它们的核密度估计图像，比较β_0的绝对值小于0.01和β_0的绝对值大于0.1的情况，如图5-25所示。显然，两种情形下城市规模(对数值)的实际分布较大地偏离正态分布；并且，β_0较大，在中间部分城市规模的实际值大于正理论值。

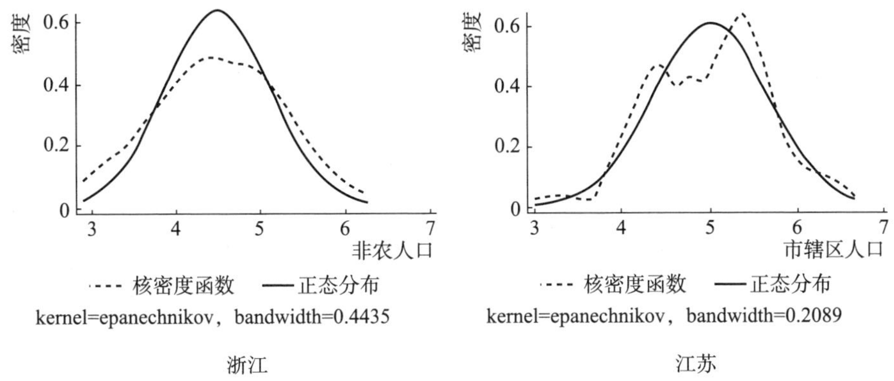

图 5-25　2000—2013 年浙江和江苏省城市规模核密度估计

三、城市群范围下中国城市规模体系的演进

本部分将讨论城市群范围下中国地级市城市规模分布问题，主要讨论长江三角洲城市群(以下简称长三角城市群)、珠江三角洲城市群(以下简称珠三角城市群)、京津冀城市群和长江中游城市群四个城市群的城市规模分布变化状况。四个城市群的基本状况在本章第一节做了简要介绍，不再赘述。本节仍分别按照 1990 年 186 个地级市和 2000 年 262 个地级市构造了两个面板序列对式(5-3)进行回归，验证四大城市群的城市规模分布是否满足 Gibrat 法则。同样，本节未验证四大城市群的城市规模分布是否满足位序法则，原因在于扩容后的长江三角洲城市群和长江中游城市群也仅仅有 30 个城市，珠江三角洲城市群和京津冀城市群分别包含 9 个和 10 个城市。需要说明的是，在 1990—2013 年的面板数据中，长三角城市群缺失了台州和泰州的数据；珠三角城市群缺失了东莞的数据；长江中游城市群缺失咸宁、荆州、黄冈、仙桃、潜江、天门、益阳、上饶、吉安和抚州的数据；在 2000—2013 年面板数据中，除了仙桃、潜江和天门三个省直管市的数据，其他城市的数据将被补齐。具体的回归结果见表 5-37 至表 5-40。

表 5-37　1990—2013 年四大城市群地级市城市规模体系 Gibrat 分布 β_0 的估计值

城市群	城市总人口	市辖区人口	非农人口	建成区面积
长江三角洲	-0.003	-0.026***	-0.002	-0.015***
珠江三角洲	-0.038*	-0.071*	-0.05***	-0.019
京津冀	-0.115*	-0.011	-0.038*	-0.005
长江中游	-0.006**	-0.015***	-0.002	-0.07

注：*、***分别表示在 1%和 10%置信水平下显著；省略各参数估计值的标准差；非农人口时间是 2000—2008 年。

从表 5-37 可以看出，1990—2013 年四大城市群中，长三角城市群(16 个城市)的城市总人口和非农人口的 β_0 估计值均大于-0.01，分别是-0.003 和-0.002；长三角城市群市辖区人口和建成区面积的 β_0 估计值分别是-0.026 和-0.015。珠三角城市群的城市规模的 β_0 估计值均介于-0.071～-0.019 之间。京津冀城市群只有建成区面积的 β_0 估计值大于-0.005；它的城市人口规模的 β_0 估计值介于-0.115～-0.011 之间，同时，京津冀城市群城市总人口的 β_0 估计值也是表 5-24 中唯一绝对值大于 0.1 的参数。长江中游城市群的城市总人口和非农人口的 β_0 估计值均大于-0.01，分别是-0.006 和-0.002，市辖区人口和建成区面积 β_0 的估计值分别是-0.015 和-0.07。如果遵从 Gibrat 法则，只需要比较长三角城市群和长江中游城市群的城市总人口和非农人口的 α_0 估计值与实际城市人口规模增速的差异；比较京津冀城市群建成区面积的 α_0 估计值与城市地域规模的实际增速。长三角城市群城市总人口和非农人口的 α_0 估计值分别是 0.02 和 0.048，其对应的实际增速分别是 0.002 和 0.038，非农人口的 α_0 估计值与实际增速更为接近。长江中游城市群城市总人口和非农人口的 α_0 估计值分别是 0.043 和 0.042，其对应的实际增速分别是 0.009 和 0.032，同样也是非农人口的 α_0 估计值与实际增速更为接近。京津冀城市群的城市总人口实际增速为 0.04，远小于它的 α_0 估计值 0.763；它的建成区面积 α_0 估计值为 0.065，较为接近实际增速 0.042。这样的结果再次印证了命题 5 成立。需要指出的是，尽管长三角城市群市辖区人口和建成区面积的 β_0 估计值较小，但是它们对应的 α_0 估计值分别是 0.166 和 0.144，均大于实际增速；珠三角城市群的城市人口规模和地域规模的 α_0 估计值也均大于实际增速；京津冀城市群的非农人口也面临 α_0 估计值过大的问题(见表 5-38)。

表 5-38　1990—2013 年四大城市群地级市城市规模体系 Gibrat 分布 α_0 的估计值

城市群	城市总人口	市辖区人口	非农人口	建成区面积
长江三角洲	0.02	0.166**	0.048**	0.144*
珠江三角洲	0.226*	0.384*	0.281**	0.169*
京津冀	0.763*	0.077**	0.247*	0.065**
长江中游	0.043*	0.091**	0.042***	0.076**

注：*、**分别表示在 1%、5%置信水平下显著；省略各参数估计值的标准差；非农人口时间是 2000—2008 年。

本节继续利用 2000—2013 年四大城市群的面板数据验证它们的城市规模

是否服从于对数正态分布，并且补齐各城市群缺失的地级市数据。同样，长三角城市群仍然是按照最初的 16 个城市进行验证。从表 5-39 的结果看，长三角城市群和长江中游城市群城市总人口和非农人口 β_0估计值的绝对值均小于 0. 01，京津冀城市群城市总人口和建成区面积 β_0估计值的绝对值同样小于 0. 01，结果比表 5-37 的稍好。珠三角城市群市辖区人口和非农人口 β_0的估计值均小于-0. 1，显然对 0 的偏离较大。对比城市规模的实际增速与 α_0估计值，长三角城市群和京津冀城市群的城市总人口增速为负值，与现实不符；长三角城市群的非农人口的实际增速 0. 044 与估计值 0. 042 非常接近，长江中游城市群非农人口的实际增速 0. 03 与 α_0估计值 0. 024 相差较小。不过，长江中游城市群城市总人口的实际增速 0. 007 为 α_0估计值 0. 024 的 1/3 左右，京津冀城市群建成区面积的实际增速 0. 054 仅为 α_0估计值 0. 1 的一半。珠三角城市群市辖区人口和非农人口市辖区人口和非农人口 α_0估计值分别是 0. 818 和 0. 663，大大高于二者的实际增速 0. 051 和 0. 075。此外，长三角城市群和长江中游城市群市辖区人口和建成区面积、珠三角城市群城市总人口和建成区面积以及京津冀城市群非农人口的 α_0估计值均大于 0. 1，高于它们的实际增速。

将长三角城市群扩容到 30 个城市，重新利用 2000—2013 年的面板数据检验长三角城市群的城市规模是否满足 Gibrat 法则。根据表 5-39 和表 5-40 的结果显示，扩容后长三角城市群城市总人口、市辖区人口、非农人口和建成区面积 β_0估计值的绝对值大于原长三角城市群 16 个城市的估计值；除了非农人口外，城市总人口、市辖区人口和建成区面积的 α_0估计值均得到一定提高，但是非农人口的 α_0估计值 0. 035 与实际增速 0. 042 差距略微增大。

表 5-39　2000—2013 年四大城市群地级市城市规模体系 Gibrat 分布 β_0的估计值

城市群	城市总人口	市辖区人口	非农人口	建成区面积
长江三角洲	0. 003	-0. 065*	0	-0. 013
珠江三角洲	-0. 055**	-0. 153*	-0. 12	-0. 088*
京津冀	0. 002	-0. 012	-0. 027	-0. 009
长江中游	-0. 003	-0. 037*	0. 001	-0. 024***
扩容长三角	-0. 007***	-0. 078*	0. 002	-0. 021*

注：*、**、***分别表示在 1%、5%和 10%置信水平下显著；省略各参数估计值的标准差；非农人口时间是 2000—2008 年。

表 5-40　2000—2013 年四大城市群地级市城市规模体系 Gibrat 分布 α_0 的估计值

城市群	城市总人口	市辖区人口	非农人口	建成区面积
长江三角洲	-0.011	0.384*	0.042*	0.139**
珠江三角洲	0.325**	0.818*	0.663***	0.522*
京津冀	-0.008	0.082	0.198**	0.1**
长江中游	0.024	0.18*	0.024*	0.158*
扩容长三角	0.053**	0.435*	0.035	0.174*

注：*、**、***分别表示在1%、5%和10%置信水平下显著；省略各参数估计值的标准差；非农人口时间是2000—2008年。

在本节的最后，以1990—2013年长三角城市群的非农人口(-0.002)和2000—2013年珠三角市辖区人口(-0.153)为例，画出它们的核密度估计函数，比较 $\beta_0>-0.01$ 和 $\beta_0<-0.1$ 的差异，如图5-26所示。二者的区别是显而易见的，当 $\beta_0<-0.1$ 时，城市规模(对数值)的实际分布与正态分布偏差很大。当 $\beta_0>-0.01$ 时，城市规模(对数值)的实际分布基本拟合正态分布。

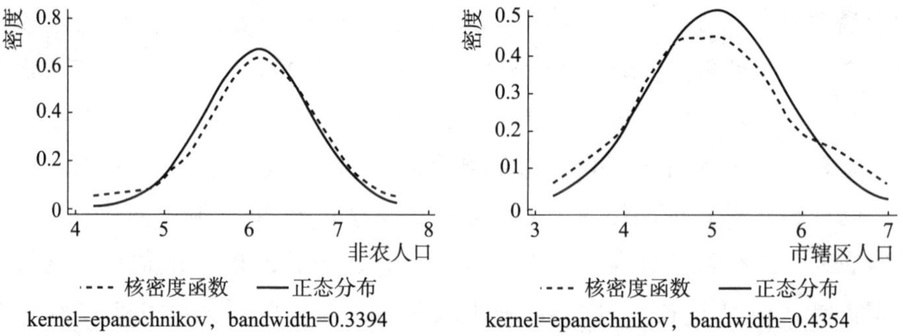

长三角　　　　珠三角

图 5-26　1990—2013 年长三角和珠三角城市群城市规模核密度估计

综上所述，不论是1990—2013年的面板数据，还是2000—2013年的面板数据，长三角城市群和长江中游城市群的非农人口的实际分布基本拟合对数正态分布；京津冀城市群的建成区面积也满足Gibrat法则。珠三角城市群的城市规模与对数正态分布的偏差较大。将长三角城市群扩容到30个城市后，它的城市规模实际分布与正态分布的偏离略微变大。

第五节　本章小结

本章首先回顾了1949年至今中国城镇化进程，分析了中国城镇化特征和存在的问题，并进一步讨论了中国不同时期不同类型的城市数量变化、大城市以及城市群状况。其次，利用1990—2013年中国地级市数据验证城市规模体系是否服从于Zipf法则和Gibrat法则。结果表明，不论是以城市总人口、市辖区人口和非农人口衡量的城市人口规模，还是以建成区面积衡量的城市地域规模，中国城市规模体系只在上尾部分服从Zipf法则，在其他部分是无法拟合齐普夫分布的。从正态分位数分布和核密度函数图像看，中国地级市城市人口规模和地域规模在中间部分服从对数正态分布，在上尾部分和下尾部分无法满足Gibrat法则。最后，探讨了不同地理范围下中国城市规模体系的演进，分别从东部、中部、西部三大地区，省域和城市群的角度分析了中国地级市城市规模是否满足位序法则和Gibrat法则。三大地区的Zipf分布城市规模体系与全国层面几乎类似，只有部分年份西部地区城市总人口和东部地区建成区面积幂指数接近于1。同样，东部、中部、西部三大地区地级市城市总人口、市辖区人口、非农人口和建成区面积的实际分布是无法完全拟合对数正态分布的，尽管中部地区城市总人口和非农人口的β_0估计值均为0，但是并不显著。当城市规模体系的α_0估计值十分接近于其实际增速时，城市规模体系才会基本拟合对数正态分布。本章第四节提出了定理5，并且各省份的数据与城市群的数据都证明了定理5成立。不论是城市人口规模还是地域规模，总有一些省份的城市规模体系基本满足Gibrat法则，城市规模的实际分布接近对数正态分布。不论是1990—2013年的面板数据，还是2000—2013年的面板数据，长三角城市群和长江中游城市群的非农人口的实际分布基本拟合对数正态分布；京津冀城市群的建成区面积也满足Gibrat法则。珠三角城市群的城市规模与对数正态分布的偏差较大。将长三角城市群扩容到30个城市后，它的城市规模实际分布与对数正态分布的偏离略微变大。

第六章

中国城市规模体系的DPLN分布

第五章分别利用1990—2013年中国地级市数据以及不同地理范围的地级市数据验证了城市规模是否服从位序法则或Gibrat法则。中国地级市城市规模的实际分布在上尾部分能较好地拟合位序法则，在其他部分会偏离位序法则；同样，中国地级市城市规模的实际分布在中间部分近似服从对数正态分布，满足Gibrat法则；在上尾部分和下尾部分偏差较大。在样本量很大的情况下(超过20000个观测值)，Eeckhout(2004)利用2000年美国的数据证明，对数正态分布能很好地拟合城市规模的实际分布。虽然Eeckhout这篇经典之作看似终结了长久以来位序法则与Gibrat法则的争论，却引申出三个问题：一是如果帕累托分布不能很好地拟合城市规模的实际分布，哪一种分布或数学方法是合适的？二是在城市规模动态变化情况下(特别是城市移民问题)，如何用数学分布描述实际的城市规模分布？三是如果Eeckhout的结论成立，那是否意味着否定关于位序法则的所有研究成果，或者存在一种新的数学分布，可以融合位序法则与Gibrat法则。根据Giesen等(2010)的观点，Gibrat法则能较好地解决前两个问题，对三个问题均能解决的是双帕累托对数正态分布(DPLN)。

第一节 DPLN分布的数学原理

最早将双帕累托对数正态分布应用于研究经济领域规模分布的是Reed和Jorgensen(2004)，他们假定一个变量的规模变动(例如人口的变动)遵从布朗运动(Brownian Motion)，在偏态拉普拉斯分布(Skewed Laplace Distribution)的基础上提出双帕累托对数正态分布，用以研究经济领域中收入或工资的分配、城市规模(Human Settlements Size)、(沙子、钻石等)颗粒大小分布(Particle size)、石油产量、股票价值回报(Stock Price Returns)以及网页或电脑文件夹数量的分布(Size of WWW Sites and Computer Files)等问题。之所以将城市规模的变动设定为一个布朗运动过程，主要是由于布朗运动过程的图像有时与对数双曲线分布(the Hyperbolic Distribution)图像非常类似(Barndorff-Nielsen，1977)，并且在上尾部分和下尾部分呈现出位序法则的分布特征。同样，在一个考虑地区外部性的一般模型中，Eeckhout(2004)亦证明，城市规模的实际分布的变动主要由地方生产率的冲击和工人流动造成，这从客观上满足了布朗运动的假设条件。本节阐释双帕累托对数正态分布的数学原理主要是基于Reed 和 Jorgensen(2004)的研究。

假定城市规模变动服从布朗运动过程，具体形式如下：

$$dS=\xi Ndt+\kappa Sd\zeta \tag{6-1}$$

其中，t 和 ζ 分别表示时间和与劳动力流动相关的变量，ξ 和 κ 分别表示二者的变动速度。同时，初始状态的 $S(0)=S_0$，并服从对数正态分布，即：

$$\log S_0\sim N(v,\ \tau^2) \tag{6-2}$$

在 T 时期，$S(T)$ 也服从对数正态分布，但是方差和均值与 $\log S_0$ 不同，具体的分布形式是：

$$\log S(T)\sim N[v+(\mu-\sigma^2/2)T,\ \tau^2+\sigma^2 T] \tag{6-3}$$

如果在 T 期之前，观测到的 S 值的概率密度函数是：

$$f_T(t)=\lambda e^{-\lambda t},\ t>0 \tag{6-4}$$

对于已经观测到的 S，存在 $\hat{Y}=\log\hat{S}$ 能表示 S 的实际分布($\hat{Y}$ 服从布朗运动过程)，那么 $\hat{Y}$ 可以用两个随机变量 Z 和 W 表示，其中 $Z\sim N(v,\ \tau^2)$，W 服从偏态拉普拉斯分布，它的概率密度函数是：

$$f_W(\omega)=\begin{cases}\dfrac{\alpha\beta}{\alpha+\beta}e^{\beta\omega},\ \omega\leqslant 0\\[2ex] \dfrac{\alpha\beta}{\alpha+\beta}e^{-\alpha\omega},\ \omega>0\end{cases} \tag{6-5}$$

其中，α 和 β 均大于 0，并且 α 与 β 分别是式(6-6)的特征值。

$$\frac{\sigma^2}{2}z^2+\left(\mu-\frac{\sigma^2}{2}\right)z-\lambda=0 \tag{6-6}$$

在标准正态分布情况下，其累积分布函数 $\Phi(z)$ 可以表示概率密度函数 $\varphi(z)$ 与另一个函数 $R(z)$ 的乘积，从而有：

$$R(z)=\frac{\Phi(z)}{\varphi(z)} \tag{6-7}$$

运用式(6-7)，可以将 $\hat{Y}$ 的概率密度函数表示为：

$$g(y)=\frac{\alpha\beta}{\alpha+\beta}\varphi\left(\frac{y-\nu}{\tau}\right)\left[R(\alpha\tau-(y-\nu)/\tau)+R(\beta\tau+(y-\nu)/\tau)\right] \tag{6-8}$$

此时，可以称式(6-8)为正态拉普拉斯分布(Normal-Laplace Distribution)，记为：

$$Y\sim NL(\alpha,\ \beta,\ \nu,\ \tau^2)$$

Kotz 等(2001)指出，一个随机的拉普拉斯分布变量，可以用两个指数分布偏离变量(Exponentially Distributed Variates)的方差表示出来，故 Y 可以写成：

$$Y\overset{d}{=}\nu+\tau z+E_1/\alpha-E_2/\beta \tag{6-9}$$

其中，E_1 和 E_2 是两个服从指数分布的独立变量。

进而，$\hat{S}$ 的概率密度函数可以写成米尔斯比率(Mills' Ratio)的形式：

$$f(S)=\frac{1}{S}g(\log S) \tag{6-10}$$

令 $\Phi^c(z)=1-\Phi(z)$，并将式(6-8)代入式(6-10)，可以得到：

$$f(S)=\frac{\alpha\beta}{\alpha+\beta}\left[A(\alpha,\ \nu,\ \tau)S^{-\alpha-1}\Phi\left(\frac{\log S-\nu-\alpha\tau^2}{\tau}\right)+S^{\beta-1}A(-\beta,\ \nu,\ \tau)\Phi^c\left(\frac{\log S-\nu+\beta\tau^2}{\tau}\right)\right] \tag{6-11}$$

其中，$A(\theta,\ \nu,\ \tau)=\exp(\theta v+\theta^2\tau^2/2)$，$\theta=\alpha,\ \beta$

此时，S 的分布可以称为双帕累托对数正态分布。记为：$S\sim DPLN(\alpha,\ \beta,\ \nu,\ \tau^2)$。

由于双帕累托对数正态分布的左、右两部分函数均是正态指数分布，并且它们是正态拉普拉斯分布的极限形式，故式(6-11)可以写成：

$$f(S)=\frac{\beta}{\alpha+\beta}f_1(S)+\frac{\alpha}{\alpha+\beta}f_2(S) \tag{6-12}$$

其中，$f_1(S)=\alpha S^{-\alpha-1}A(\alpha,\ \nu,\ \tau)\Phi\left(\frac{\log S-\nu-\alpha\tau^2}{\tau}\right)$，$f_2(S)=\beta S^{\beta-1}A(-\beta,\ \nu,\ \tau)\Phi^c\left(\frac{\log S-\nu+\beta\tau^2}{\tau}\right)$，并且 $f_1(S)$ 和 $f_2(S)$ 分别是 $\beta\to\infty$ 和 $\alpha\to\infty$ 时 $DPLN(\alpha,\ \beta,\ \nu,\ \tau^2)$ 的边缘概率密度函数。

与 $g(y)$ 对应的累积分布函数 $G(y)$ 可以写成：

$$G(y)=\Phi\left(\frac{y-\nu}{\tau}\right)-\varphi\left(\frac{y-\nu}{\tau}\right)\frac{\beta R[\alpha\tau-(y-\nu)/\tau]-\alpha R[\beta\tau+(y-\nu)/\tau]}{\alpha+\beta} \tag{6-13}$$

从而 S 的累积分布函数 $F(S)=G(e^S)$，将其代入式(6-13)：

$$F(S)=\Phi\left(\frac{\log S-\nu}{\tau}\right)-$$

$$\frac{1}{\alpha+\beta}\left[\beta A(\alpha,\ \nu,\ \tau)S^{-\alpha}\Phi\left(\frac{\log S-\nu-\alpha\tau^2}{\tau}\right)+\alpha S^{\beta}A(-\beta,\ \nu,\ \tau)\Phi^{c}\left(\frac{\log S-\nu+\beta\tau^2}{\tau}\right)\right] \tag{6-14}$$

为了验证 *DPLN* 分布在上尾部分和下尾部分的分布特征，当 $S\to\infty$ 和 $S\to 0$ 分别对式(6-11)取极限，得到：

$$f_1(S)\sim\alpha A(\alpha,\ \nu,\ \tau)S^{-\alpha-1}(S\to\infty)；f_2(S)\sim\beta S^{\beta-1}A(-\beta,\ \nu,\ \tau)(S\to 0) \tag{6-15}$$

分别对式(6-15)求积分，可以得到：

$$F_1(S)\sim A(\alpha,\ \nu,\ \tau)S^{-\alpha}(S\to\infty)；F_2(S)\sim A(-\beta,\ \nu,\ \tau)S^{\beta}(S\to 0) \tag{6-16}$$

式(6-16)意味着 S 在上尾部分和下尾部分服从帕累托分布。

在研究城市规模问题时，通常 α 在 1 附近，β 大于 1，此时 S 的均值、方差和协方差分别是：

$$E(S)=\frac{\alpha\beta}{(\alpha-1)(\beta+1)}e^{v+\tau^2/2} \tag{6-17}$$

$$var(S)=\frac{\alpha\beta e^{v+\tau^2/2}}{(\alpha-1)^2(\beta+1)^2}\left[\frac{(\alpha-1)^2(\beta+1)^2}{(\alpha-1)(\beta+2)}e^{\tau^2}-\alpha\beta\right] \tag{6-18}$$

$$Cov(S)=\left[\frac{(\alpha-1)^2(\beta+1)^2}{(\alpha-1)(\beta+2)}e^{\tau^2}-1\right]^{1/2} \tag{6-19}$$

第二节　中国地级市城市规模体系的 DPLN 分布

为了验证双帕累托对数正态分布(DPLN)对中国地级市城市体系的拟合程度，本节参照 Gissen 等(2010)的研究，将 DPLN 的拟合分布与对数正态分布(LN)和实际城市体系进行比较①。这种研究思路主要是基于两个方面原因：第一，DPLN 在数据的上尾部分和下尾部分服从于帕累托分布。在第五章第二节和第四节，1990—2013 年中国地级市城市规模分布和东部、中部及西部三

① 在本节的写作过程中，作者非常感谢德国杜伊斯堡-埃森大学 Mercator 管理学院的 Kristian Giesen 教授，他无私地提供了有关 DPLN 在 R 软件的运行程序。

大地区的帕累托分布检验表明，中国地级市城市规模实际帕累托分布只能在上尾部分拟合实际分布，并且上尾部分满足位序法则；这意味着，与对数正态分布相比，在上尾部分独立进行帕累托检验的 DPLN 能更好地拟合城市规模实际分布。而下尾部分进行帕累托检验，更明晰地提高了 DPLN 对实际城市规模的拟合程度，这是 LN 所不具有的优势：第五章的研究已显示，对数正态分布只能在中间部分较好地拟合城市规模实际分布。第二，LN 能在中间部分较好地拟合城市规模的实际分布，DPLN 在中间部分采取对数正态分布的函数形式，在理论上能够拟合 LN 分布，这表明 DPLN 具备 LN 的优势：描绘城市规模动态变化过程，同时能够调和位序法则、Gibrat 法则的争论，不至于让 Eeckhout(2004)的研究支持 Gibrat 法则一统天下，或 Rosen 和 Resnick(1980)以及 Soo(2005)的跨国研究否定了齐普夫定理。

本节仍选用 1990—2013 年中国地级市的城市人口规模和地域规模数据，分别选取城市总人口、市辖区人口、非农人口和建成区面积四个指标考察中国城市规模是否服从 DPLN。鉴于非农人口数据止于 2008 年，本节分别选取 1990 年、1995 年、2000 年、2004 年和 2008 年 5 个年份的中国地级市非农人口的数据验证 DPLN 与实际分布的拟合程度；城市总人口、市辖区人口和建成区面积三个指标，本节分别选取 1990 年、1995 年、2000 年、2005 年、2010 年和 2013 年 6 个年份的数据验证 DPLN 与实际分布的拟合程度。同样，本书并未对历年中国地级市的样本数据进行截头和去尾处理，在上尾部分和下尾部分选取上，本节将城市规模按照人口或建成区面积大小排列后，选取前 30 个和后 30 个城市，作为上尾部分和下尾部分，该比例占历年城市总数的比例略高于 10%，基本等于齐普夫定理在上尾部分对实际城市规模分布的拟合的城市数量(详细叙述，可以参见第五章第二节)。为了表明 DPLN 比 LN 能更好地拟合城市规模的实际分布，本节还给出 LN 对中国地级市城市规模的拟合曲线。具体如图 6-1 至图 6-4 所示，其中，Empirical 表示中国地级市城市规模的实际分布，DPLN 表示双帕累托对数正态分布的拟合曲线，LN 表示对数正态分布的拟合曲线。

从城市总人口的拟合曲线看，2000 年后的四个图像，DPLN 对当年城市总人口的实际分布拟合程度优于 LN，特别是在中间部分，DPLN 的拟合曲线基本上与城市总人口的实际曲线重合，或者 DPLN 在中间部分的拟合值略小于城市总人口的实际值；相比较而言，LN 的拟合曲线通常与城市总人口的实际曲线发生偏离，向左侧偏离的情形更多，如 1990 年、1995 年、2000 年、2005 年和 2010 年；此时，峰值左侧的部分，LN 的拟合值大于等于城市总人口的实际值；在峰值右侧的部分，LN 的拟合值小于等于城市总人口的实际值。只有 2013 年是右偏情形。在下尾部分，通常情况下，DPLN 比 LN 更好地拟合城市总人口的实际值，DPLN 的拟合曲线几乎与 Empirical 曲线相同，LN 的拟合值会略低于 Empirical 曲线，如 2010 年的拟合曲线，2013 年 LN 的拟合值大于城市规模的实际值。在上尾部分，2013 年 DPLN 和 LN 的拟合曲线低于 Empirical 曲线，并且 DPLN 的拟合值大于 LN 的拟合值，因而，当年 DPLN 能更好地拟合城市规模的实际分布；其他年份，DPLN 和 LN 的拟合值均值大于等于城市总人口的实际值，并且 LN 的拟合值也大于 DPLN 的拟合值，特别是 1990 年和 1995 年 DPLN 的拟合值等于城市总人口的实际值，LN 的拟合值大于 DPLN 的拟合值，这就意味着 DPLN 对城市总人口的拟合程度优于 LN。这么说有些武断：从第五章第三节有关中国地级市 Gibrat 法则的验证结果可以发现，即使 LN 的拟合曲线与实际城市规模发生偏离(左偏或右偏)，城市规模依然可能满足 Gibrat 法则。同时，DPLN 存在一个问题，即在峰值附近它的拟合值会大于 LN 和城市总人口的实际值，因而，至少可以说，DPLN 对实际城市总人口的拟合程度不差于 LN(见图 6-1)。

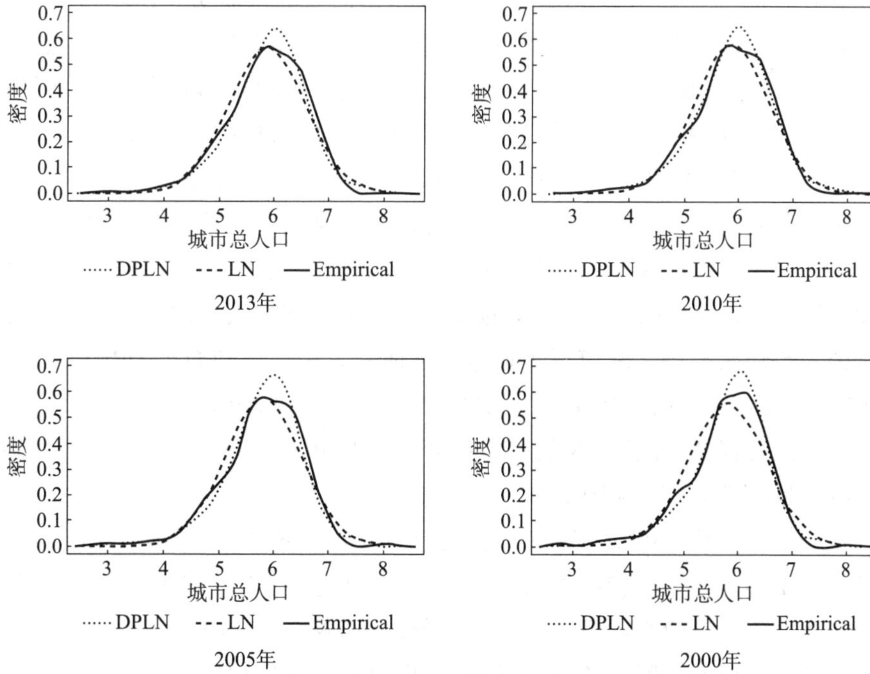

图 6-1　1990—2013 年中国地级市城市总人口的 DPLN 与 LN 分布

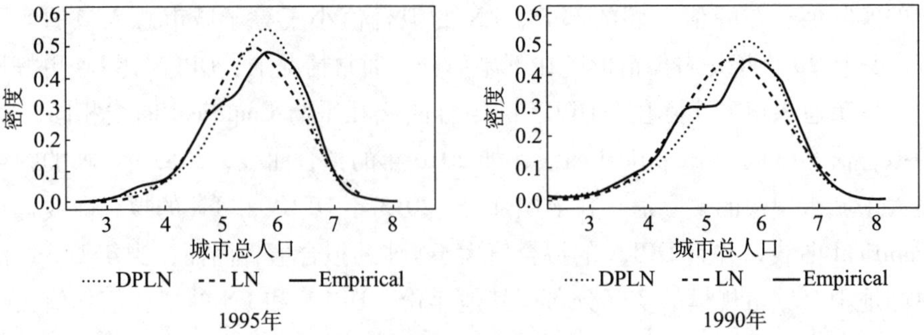

图 6-1　1990—2013 年中国地级市城市总人口的 DPLN 与 LN 分布(续)

从市辖区人口看，在上尾部分，LN 的拟合值小于等于 DPLN 的拟合值，DPLN 的拟合值小于等于市辖区人口的实际值，这个现象普遍存在于 1990—2013 年，这表明 DPLN 在上尾部分的表现优于 LN，能更好地拟合市辖区人口的实际分布。在下尾部分，1990—2013 年，LN 的拟合值大于等于市辖区人口的实际值，DPLN 的拟合值小于等于市辖区人口的实际值；由于 LN 和 DPLN 与市辖区人口实际值的偏离均不是很大，无法直接判断 DPLN 在下尾部分是否优于 LN。在中间部分，LN 的拟合曲线均是向右侧偏离历年市辖区人口的实际分布，并且在峰值右侧，LN 的拟合值大于等于市辖区人口的实际值；在峰值左侧，LN 的拟合值小于等于市辖区人口的实际值。2005 年、2010 年和 2013 年 DPLN 在中间部分几乎完美地拟合了市辖区人口的实际值，因此，这三年它是优于 LN 的。但是 1990 年、1995 年和 2000 年，市辖区人口在峰值右侧出现较大波动，使得 DPLN 的拟合值在部分区域大于市辖区人口的实际值，在部分区域小于市辖区人口的实际值；LN 的拟合值大于等于市辖区人口的实际值。同样，在峰值附近，DPLN 的拟合值大于市辖区人口的实际值，LN 的拟合值与市辖区人口实际值更为接近，从而，无法直接判断出 DPLN 是否优于 LN。总而言之，从图形来看，2005 年、2010 年和 2013 年，DPLN 对市辖区人口的拟合程度是优于 LN 的；1990 年、1995 年和 2000 年，无法直观判断出 DPLN 是否优于 LN(见图 6-2)。

从非农人口看，1990—2008 年，在上尾部分和下尾部分，DPLN 与 LN 曲线几乎是重合的，均能较好地拟合 Empirical 曲线，并且 DPLN 和 LN 的拟合值均小于非农人口的实际值。在中间部分，DPLN、LN 与 Empirical 曲线关系更为复杂，在峰值右侧，LN 的拟合值大于 DPLN 的拟合值，且均大于等于非农人口的实际值；这显示出 DPLN 在峰值右侧比 LN 能更好地拟合非农人口的实际分布。但是在峰值左侧，并不能直接观测到这种结果：除了 1990 年

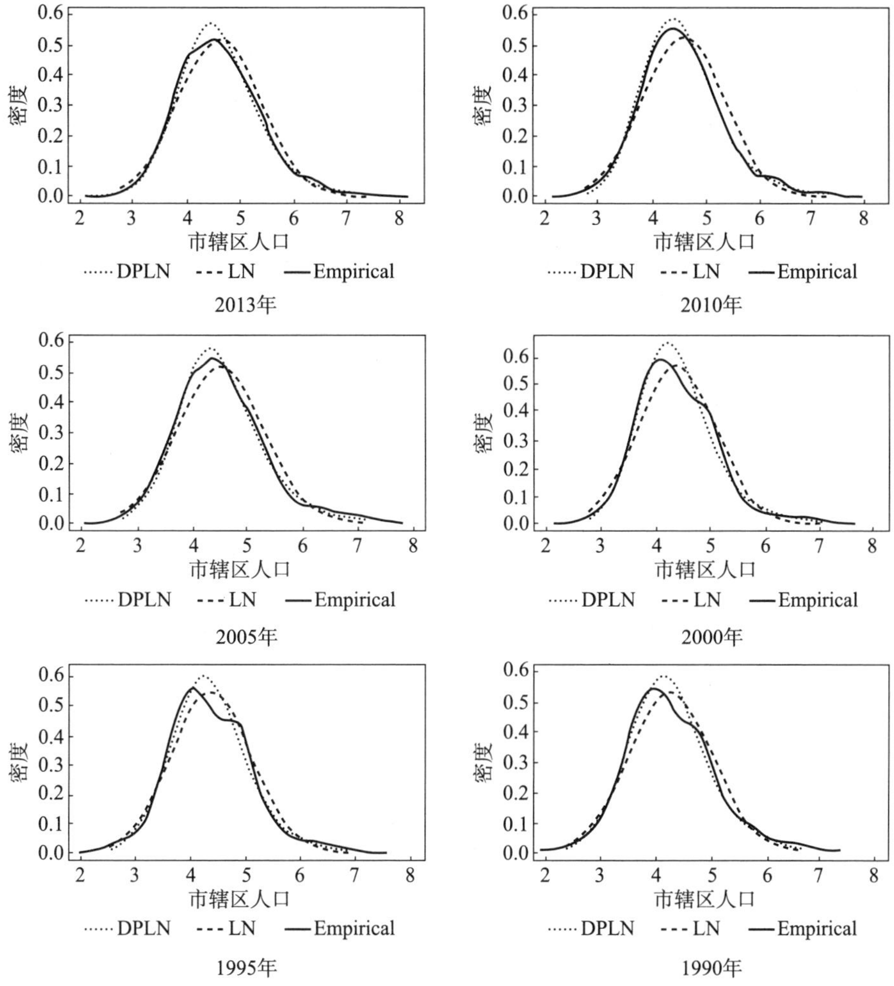

图 6-2　1990—2013 年中国地级市市辖区人口的 DPLN 与 LN 分布

DPLN 和 LN 与非农人口的 Empirical 曲线十分契合外，其他四个年份均存在部分区域内 DPLN 和 LN 的拟合值大于 Empirical 的实际值，但在另一部分区域内 DPLN 和 LN 的拟合值小于 Empirical，这使得无法直接根据 DPLN 曲线和 LN 曲线与 Empirical 曲线来判断，是双帕累托对数正态分布更优，还是对数正态分布更优。同样，在峰值附近，1990—2008 年 LN 的拟合值均小于非农人口的实际值，DPLN 的拟合值在 2004 年和 2008 年小于非农人口的实际值，在 2000 年大于非农人口的实际值，在 1990 年和 1995 年与非农人口实际值几乎相等(见图 6-3)。此时，要判断出 DPLN 和 LN 哪一个能更好地拟合非农人口实际分布，还需要进一步检验，将在下一节进行最大似然估计检验。

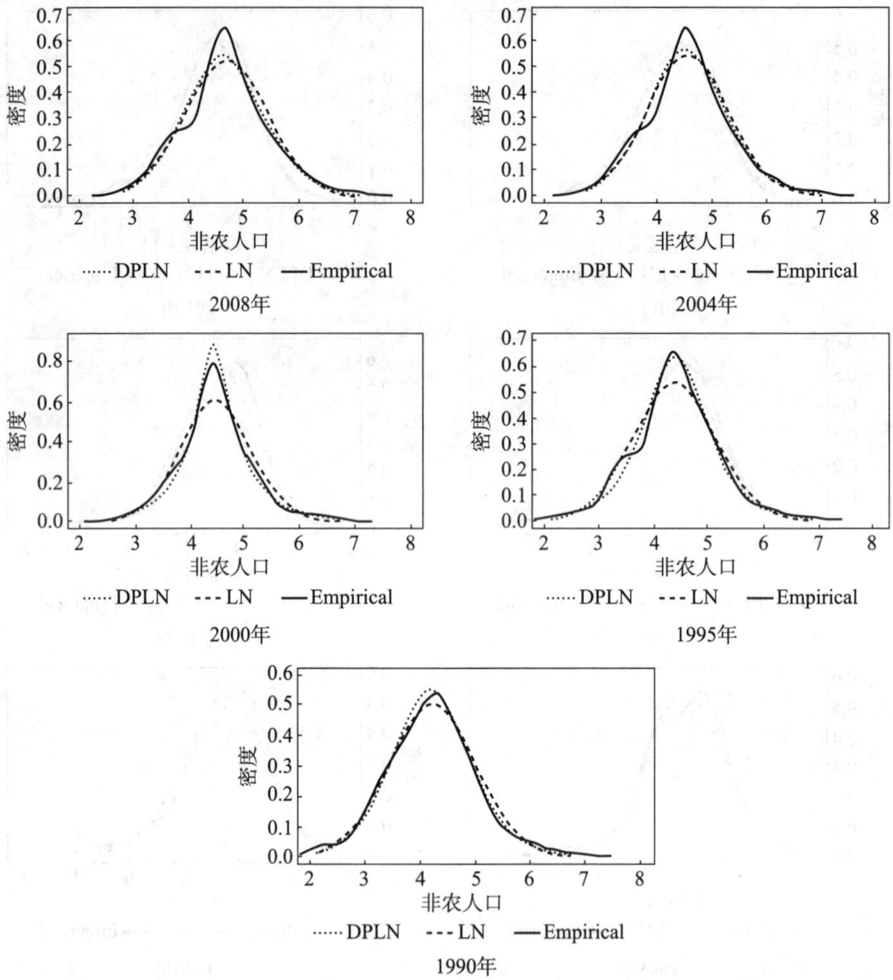

图 6-3　1990—2008 年中国地级市非农人口的 DPLN 与 LN 分布

从建成区面积看，在上尾部分，1990—2013 年 DPLN 和 LN 的拟合值小于建成区面积的实际值，并且 DPLN 的拟合值大于 LN 的拟合值，且均小于建成区面积的实际值；这也可以说，DPLN 比 LN 能更好地拟合建成区面积的实际分布。在下尾部分，1990—2013 年 LN 的拟合值大于 DPLN 的拟合值，并且 LN 的拟合值大于建成区面积的实际值，DPLN 的拟合值小于建成区面积的实际值。2005 年是个例外，DPLN 的拟合值略大于建成区面积的实际值。在中间部分，LN 均是向峰值右侧偏离；除 1990 年，在峰值左侧 DPLN 均能很好地拟合建成区面积的实际分布外，LN 的拟合值则远小于建成区面积的实际值。在峰值右侧，LN 的拟合值大于 DPLN 的拟合值，并且存在部分区域 DPLN 和 LN 的拟合值大于建成区面积的实际值，但在另一部分区域 DPLN 和 LN 的拟合值小于建成区面积的实际值；这就造成直观判断 DPLN 比 LN 更好地拟合建成区面积的实际分布是困难的。在峰值附近，2000 年、2005 年、2010 年和 2013 年 DPLN 的拟合值基本上等于建成区面积的实际值，而 LN 的拟合值均小于建成区面积的拟合值，显示出这四年 DPLN 的表现是优于 LN 的。1990 年和 1995 年 DPLN 的拟合值大于建成区面积的实际值和 LN 的拟合值，而 LN 的拟合值与建成区面积的实际值更为接近，这意味着 LN 是优于 DPLN 的（见图 6-4），进一步的证明在下一节用最大似然估计进行验证。

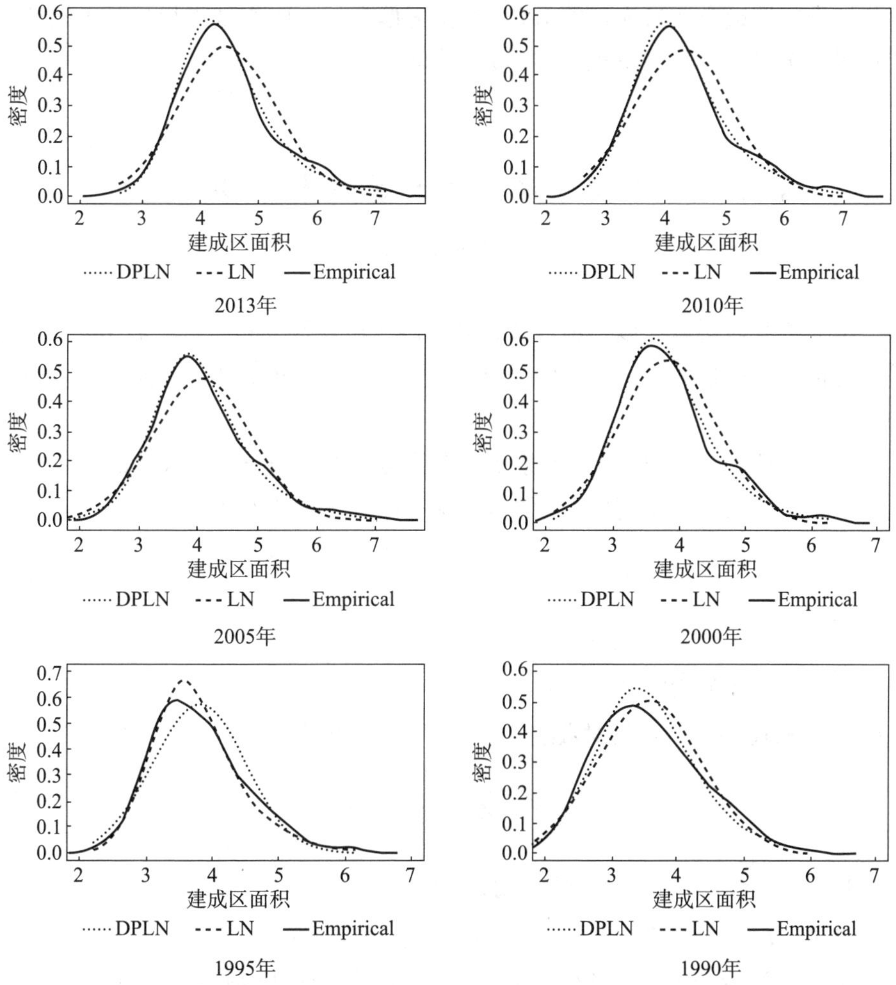

图 6-4　1990—2013 年中国地级市建成区面积的 DPLN 与 LN 分布

综上所述，从图 6-1 至图 6-4，可以发现，不论是城市总人口、市辖区人口、非农人口，还是建成区面积，DPLN 对中国地级市城市规模实际分布的拟合在上尾部分和下尾部分是明显优于 LN 的。在中间部分，1990—2013 年

DPLN 均能在峰值左侧或右侧的区域比 LN 更好地拟合城市规模的实际分布；在部分区域内 DPLN 和 LN 的拟合值大于城市规模的实际值，但在另一部分区域 DPLN 和 LN 的拟合小于城市规模实际值的情形下，无法直观地观测到 DPLN 是否优于 LN。在峰值附近，除 2004 年和 2008 年中国地级市非农人口的图像外，DPLN 的拟合值是大于等于城市规模的实际值；LN 的拟合值是小于等于城市规模的实际值。另外，中国地级市城市总人口的 LN 曲线是向峰值左侧偏离的，中国地级市市辖区人口和建成区面积的 LN 曲线是向峰值右侧偏离的，中国地级市非农人口的 LN 曲线是无偏离的；所有城市规模的 DPLN 曲线均是无偏离的，与城市规模实际分布的峰值一致。

第三节　中国地级市城市规模体系 DPLN 和 LN 分布的最大似然估计

本节主要运用最大似然估计法估计中国城市规模体系 DPLN 和 LN 分布的参数，构建一些指标，用以说明 DPLN 和 LN 哪一种分布更合适描述城市体系的分布问题。

在第二章，只给出了 LN 的累积分布函数，并未直接给出 LN 的概率密度函数，故本节给出城市规模 LN 的概率密度函数，具体形式是：

$$\mathrm{LN}(S)=\frac{1}{S\sigma\sqrt{2\pi}}\exp\left(-\frac{(\log(S)-\mu)^2}{2\sigma^2}\right) \tag{6-20}$$

其中，μ 是 LN 分布的均值，σ 是 LN 分布的标准差。

对城市规模的 DPLN 和 LN 分布进行最大似然估计，其目标函数分别对式(6-11)和式(6-20)进行对数线性化，再加总求极大值。它们的形式分别是：

$$\mathrm{Max.}\ \sum_{i=1}^{I}\log(f(S)) \tag{6-21}$$

$$\mathrm{Max.}\ \sum_{i=1}^{I}\log(LN(S)) \tag{6-22}$$

其中，I 在式(6-21)和式(6-22)中表示城市数量。

本节仍运用 1990—2013 年中国地级市城市规模数据对式(6-21)和式(6-22)进行最大似然估计。为了与第二节的图形保持一致，本节仍选取 1990 年、1995 年、2000 年、2005 年、2010 年和 2013 年中国地级市城市总人口、市辖区人口和建成区面积以及 1990 年、1995 年、2000 年、2004 年和 2008 年非农人口数据分别对式(6-21)和式(6-22)进行估计。具体的估计结果见表 6-1 至表 6-4。

表 6-1 1990—2013 年中国地级市城市总人口 DPLN 和 LN 的最大似然估计

年份	2013		2010		2005		2000		1995		1990	
参数	LN	DPLN	LN	DPLN	LN	DPLN	LN	DPLN	LN	DPLN	LN	DPLN
μ	5.873		5.863		5.82		5.808		5.574		5.487	
σ	0.696		0.689		0.692		0.713		0.803		0.884	
α		5.096		5.076		4.883		4.631		7.537		7.433
β		1.976		2.036		1.884		1.669		1.555		1.376
τ		0.446		0.449		0.406		0.334		0.511		0.547
ν		6.183		6.157		6.146		6.191		6.084		6.079
log(L)	-2002.784	-1995.272	-1975.86	-1986.071	-1958.217	-1948.188	-1804.691	-1789.546	-1395.327	-1390.738	-1254.726	-1250.1
AIC	4009.567	3998.543	3955.72	3946.141	3920.433	3904.376	3613.381	3587.092	2794.654	2789.476	2513.452	2508.199
BIC	4016.9	4013.209	3963.032	3960.765	3927.738	3918.986	3620.518	3601.366	2801.309	2802.788	2519.893	2521.08
LR	15.024		13.579		20.057		30.289		9.178		9.253	
贝叶斯因子	0.158		0.322		0.013		<0.0001		2.095		1.81	
杰弗里标识	中度支持 DPLN		中度支持 DPLN		强烈支持 DPLN		强烈支持 DPLN		支持 LN		支持 LN	

表 6-2　1990—2013 年中国地级市市辖区人口 DPLN 和 LN 的最大似然估计

年份	2013		2010		2005		2000		1995		1990	
参数	LN	DPLN	LN	DPLN	LN	DPLN	LN	DPLN	LN	DPLN	LN	DPLN
μ	4.61		4.566		4.494		4.383		4.357		4.246	
σ	0.77		0.755		0.763		0.702		0.726		0.744	
α		1.78		1.782		1.781		1.838		11.741		1.957
β		5.258		8.942		8.673		14.062		6.779		5.431
τ		0.503		0.502		0.512		0.421		0.72		0.515
ν		4.239		4.117		4.048		3.906		4.409		3.919
log(L)	-1666.809	-1658.738	-1631.329	-1621.345	-1613.356	-1603.717	-1427.369	-1415.734	-1151.206	-1151.107	-993.356	-989.48
AIC	3337.617	3325.476	3266.658	3250.689	3230.711	3215.433	2858.738	2839.467	2306.412	2310.214	1990.712	1986.959
BIC	3344.95	3340.141	3273.97	3265.313	3238.023	3230.057	2865.875	2853.741	2313.115	2323.622	1977.153	1999.841
LR	16.141		19.969		19.278		23.271		0.198		7.753	
贝叶斯因子	0.09		0.013		0.019		0.002		191.234		84457.19	
杰弗里标识	强烈支持 DPLN		强烈支持 DPLN		强烈支持 DPLN		强烈支持 DPLN		支持 LN		支持 LN	

表 6-3　1990—2008 年中国地级市非农人口 DPLN 和 LN 的最大似然估计

年份	2008		2004		2000		1995		1990	
参数	LN	DPLN	LN	DPLN	LN	DPLN	LN	DPLN	LN	DPLN
μ	4. 675		4. 573		4. 486		4. 358		4. 183	
σ	0. 754		0. 731		0. 656		0. 744		0. 791	
α		5. 913		2. 73		2. 009		6. 712		2. 154
β		6. 786		5. 719		2. 232		6. 758		2. 55
τ		0. 72		0. 609		0. 107		0. 716		0. 51
ν		4. 654		4. 382		4. 436		4. 356		4. 11
log（L）	−1667. 939	−1667. 567	−1624. 316	−1623. 105	−1436. 685	−1428. 488	−1156. 646	−1156. 376	−992. 855	−991. 354
AIC	3339. 677	3343. 134	3252. 632	3254. 209	2877. 369	2864. 975	2317. 292	2320. 752	1889. 71	1990. 709
BIC	3334. 996	3357. 772	3259. 944	3268. 833	2884. 506	2879. 248	2323. 966	2334. 16	1996. 15	2003. 59
LR	0. 543		2. 423		16. 394		0. 54		3. 001	
贝叶斯因子	88256. 27		85. 157		0. 072		163. 531		41. 264	
杰弗里标识	支持 LN		支持 LN		强烈支持 DPLN		支持 LN		支持 LN	

表 6-4　1990—2013 年中国地级市建成区面积 DPLN 和 LN 的最大似然估计

年份	2013		2010		2005		2000		1995		1990	
参数	LN	DPLN	LN	DPLN	LN	DPLN	LN	DPLN	LN	DPLN	LN	DPLN
μ	4. 466		4. 291		4. 058		3. 804		3. 793		3. 57	
σ	0. 812		0. 823		0. 836		0. 739		0. 693		0. 787	
α		1. 428		1. 434		1. 486		1. 731		9. 162		1. 729
β		4. 195		7. 582		4. 339		6. 463		7. 148		4. 296
τ		0. 397		0. 457		0. 467		0. 458		0. 674		0. 521
ν		4. 004		3. 724		3. 616		3. 381		3. 827		3. 224
log(L)	-1640. 885	-1626. 788	-1577. 355	-1561. 847	-1515. 147	-1503. 772	-1289. 147	-1280. 068	-998. 068	-997. 687	-878. 687	-876. 585
AIC	3285. 77	3261. 576	3158. 709	3131. 393	3034. 293	3015. 544	2582. 293	2569. 853	2000. 136	2003. 936	1761. 374	1761. 17
BIC	3293. 103	3276. 242	3166. 021	3146. 317	3041. 605	3030. 168	2589. 43	2584. 127	2006. 792	2017. 247	1767. 815	1744. 052
LR	28. 194		31. 016		22. 749		16. 44		0. 2		4. 204	
贝叶斯因子	0. 0002		<0. 0001		0. 003		0. 071		186. 326		<0. 0001	
杰弗里标识	强烈支持 DPLN		强烈支持 DPLN		强烈支持 DPLN		强烈支持 DPLN		支持 LN		强烈支持 DPLN	

在分析城市规模 DPLN 和 LN 最大似然估计结果之前，解释一下最大似然法估计用到的统计指标。在表 6-1 至表 6-4 中，log(L)表示最大似然比的对数值，主要用以构造统计量 AIC、BIC 和 LR。其中，AIC 表示 the Akaike Information Criterion，它的计算公式是：

$$AIC=2k_j-2\log(L_j)，j=LN，DPLN \tag{6-23}$$

BIC 表示 the Schwarz Criterion，它的计算公式是：

$$BIC=k_j{}^*\log(NS)-2\log(L_j)，j=LN，DPLN \tag{6-24}$$

LR 表示似然比检验(the Likelihood-ratio Test)，它的计算公式是：

$$LR=2[\log(L_{DPLN})-\log(L_{LN})] \tag{6-25}$$

用 AIC 和 BIC 判定 DPLN 和 LN 哪一个能够更好地拟合城市规模实际分布，均需要比较 DPLN 和 LN 的 AIC 或 BIC 值，数值较小的方法，在拟合城市规模实际分布方面更优。LR 服从自由度为 2 的卡方分布，在 5%置信水平下，它的临界值是 5.99。LR 检验的原假设是 DPLN 与 LN 无差异，未能显著改善对城市规模实际分布的拟合程度。这意味着，一旦 LR 统计量小于 5.99，就无法拒绝 LR 检验的原假设，LN 拟合城市规模的实际分布的程度比 DPLN 更好。同样，本节参照 Giesen 等(2010)构造了贝叶斯因子(Bayes Factor，BF)，它需要用到 BIC 统计指标，具体的计算公式是：

$$BF\approx\exp\left(\frac{1}{2}BIC_{DPLN}-\frac{1}{2}BIC_{LN}\right) \tag{6-26}$$

与贝叶斯因子相对应的是杰弗里标识(Jeffrey's Scale)，Kass 和 Raferty (1995)的研究表明，贝叶斯因子与杰弗里标识是完全一致的，杰弗里标识能更加直观地给出哪一种方法更优。当 BF 小于 1/10 时，杰弗里标识会强烈支持 DPLN，并认为 DPLN 能更好地拟合城市规模的实际分布。当 1/10<BF<1/3 时，杰弗里标识中等支持 DPLN；当 1/3<BF<1 时，杰弗里标识弱支持 DPLN；当 BF>1 时，杰弗里标识支持 LN。

接下来，分析中国地级市城市规模 DPLN 和 LN 分布最大似然估计的结果。

从城市总人口看，1990—2013 年中国地级市城市总人口 LN 分布拟合值的均值介于 5.487~5.873，这期间中国地级市城市总人口 LN 分布的方差介于 0.689~0.884；同时，1990—2013 年城市总人口 DPLN 分布的 α 和 β 系数均较为稳定，介于 4.631~7.537 和 1.376~2.036；DPLN 分布拟合值的均值 ν 介于 6.079~6.191；方差 τ 介于 0.334~0.547。根据 AIC 和 BIC 统计量均是数值较小，该方法更优的原则，可以发现，2000 年、2005 年、2010 年和 2013 年两个统计指标均支持 DPLN，DPLN 拟合城市总人口的实际分布更加合适。而 1990 年和 1995 年两个指标支持的对象均是不同的，依据 AIC 标准，DPLN 会优于 LN；但是 BIC 准则却支持 LN，这使得无法判别出 1990 年 DPLN 是否比 LN 更优，还需要借助其他统计值指标进行判别。根据 LR 的判定标准，1990—2013 年的 LR 统计量均大于 5.99，这意味着 LR 检验的原假设不成立，DPLN 在所有年份均是优于 LN 的。从贝叶斯因子的大小来看，2000 年、2005 年、2010 年和 2013 年均是小于 1，它们均支持 DPLN 拟合城市总人口实际分布的程度优于 LN，杰弗里标识则进一步表明，2005 年 DPLN 是强烈优于 LN 的；2000 年、2010 年和 2013 年均是中等程度支持 DPLN。相比较而言，1990 年和 1995 年贝叶斯因子分别是 1.81 和 2.095，均大于 1，这表明杰弗里标识是支持 LN 分布的，这两年 LN 分布比 DPLN 分布更合适描绘城市规模的实际分布(见表 6-1)。

从市辖区人口看，1990—2013 年中国地级市市辖区人口 LN 分布用最大似然估计法得到的均值 μ 介于 4.246~4.61，方差 σ 介于 0.702~0.77；最大似然估计法得到的 DPLN 分布的 α 与 β 系数不是那么稳定，1995 年的 α 值为 11.741，其他年份的 α 值则介于 1.78~1.957。1990—2013 年 DPLN 的 β 值介于 5.258~14.062。另外，DPLN 分布拟合值的均值 ν 介于 3.906~4.239；总体上，除了 1995 年，其他年份 ν 的值均小于 μ。1990 年和 2013 年 DPLN 分布拟合值的方差 τ 分别是 0.503 和0.515,这是与理论分布的不符之处；1995—2010 年 τ 的值介于 0.421~0.72。根据 AIC 和 BIC 的判别规则，可以发现，2000—2013 年 DPLN 分布对市辖区人口实际分布的拟合程度优于 LN 分布，1990 年和 1995 年则相反，LN 分布对市辖区人口实际分布的拟合程度优于 DPLN 分布。根据 LR 的检验标准，只有 1995 年的 LR 值为 0.198，小于 5.99；意味着在 5%的置信水平下无法拒绝原假设，LN 分布对市辖区人口实际分布的拟合程度优于 DPLN 分布。1990 年、2000 年、2005 年、2010 年和 2013 年的 LR 值分别是 7.753、23.271、19.278、19.969 和 16.141，均大于 5.99；这表明这 5 个年份 DPLN 分布对市辖区人口实际分布的拟合程度优于 LN 的分布。历年贝叶斯因子大小显示，2000 年、2005 年、2010 年和 2013 年的贝叶斯因子均小于 1/10，对应的杰弗里标识强烈支持 DPLN 优于 LN；1990 年和 1995 年的贝叶斯因子分别是 84457.19 和 191.234，均大于 1，支持 LN 分布优于 DPLN(见表 6-2)。

从非农人口看，1990—2008 年中国地级市非农人口 LN 分布的均值 μ 介于 4.183~4.675，方差 σ 介于 0.656~0.791。1990—2008 年中国地级市非农人口 DPLN 分布的各个参数也均为正值，其中，α 值介于 2.009~6.712；β 值介于 2.232~6.786；DPLN 分布拟合值的均值 ν 介于 4.11~4.654，且均小于历年的 μ；方差 τ 介于 0.107~0.72，且均小于历年的 σ。根据 AIC 和 BIC 的

判别规则，1990 年、1995 年、2004 年和 2008 年均支持 LN 分布对非农人口实际分布的拟合程度优于 DPLN 分布；2000 年 DPLN 分布对非农人口实际分布的拟合程度优于 LN 分布。进一步从 LR 检验看，只有 2000 年 LR 的值为 16.394，大于 5.99，支持 DPLN 分布优于 LN 分布；其他四年的 LR 值均小于 5.99，接受 LR 检验的原假设，支持 LN 分布能更好地拟合非农人口的实际分布。贝叶斯因子的判别结果与 AIC、BIC 和 LR 检验一致，1990 年、1995 年、2004 年和 2008 年的贝叶斯因子分别是 41.264、163.531、85.157 和 88256.27，均大于 1，这四个年份均支持 LN 分布；2000 年的贝叶斯因子为 0.072，小于 1/10；根据杰弗里标识，强烈支持 DPLN 分布能更好地拟合非农人口实际分布（见表 6-3）。

从建成区面积看，1990—2013 年中国地级市建成区面积 LN 分布的均值 μ 介于 3.57~4.466；σ 介于 0.693~0.836。除了 1995 年，建成区面积 DPLN 分布的 α 值较为稳定，介于 1.428~1.731；它在 1995 年的值为 9.162。β 的估计值介于 4.195~7.582；DPLN 分布拟合值的均值 ν 介于 3.224~4.004，其中 1995 年和 2000 年的值小于 μ；其他年份则相反。它的方差 τ 介于 0.397~0.674。根据 AIC 和 BIC 的判别规则，1990 年、2000 年、2005 年、2010 年和 2013 年均支持 DPLN 分布对建成区面积的拟合程度优于 LN 分布；只有 1995 年的数据支持 LN 分布优于 DPLN。LR 检验的结果显示，2000 年、2005 年、2010 年和 2013 年的 LR 值分别是 16.44、22.749、31.016 和 28.194，均大于 5.99，支持 DPLN 分布对建成区面积的拟合程度优于 LN 分布；1990 年和 1995 年的 LR 值均小于 5.99，支持 LN 分布。从贝叶斯因子大小看，2000 年、2005 年、2010 年和 2013 年的贝叶斯因子均小于 1/10，杰弗里标识强烈支持 DPLN；另外，1990 年贝叶斯因子也是小于 1/10，强烈支持 DPLN 分布优于 LN 分布。但是 1995 年的贝叶斯因子是 186.326，大于 1，其相应的杰弗里标识是支持 LN 分布的，LN 分布比 DPLN 分布能更好地拟合建成区面积的实际分布（见表 6-4）。

综上所述，2000—2013 年中国地级市城市总人口、市辖区人口和建成区面积的 DPLN 分布比 LN 更好地拟合实际分布；1990 年和 1995 年 LN 分布能较好地拟合实际分布。对于非农人口，除了 2000 年，其他年份 LN 分布均比 DPLN 分布能更好地拟合实际分布。

最后，还需要证明的是 DPLN 分布能在上尾部分拟合位序法则，将齐普夫定理和 Girbart 法则融合在一起。根据表 6-1、表 6-2 和表 6-4 的估计结果，本节选取 2000 年城市总人口、2005 年市辖区人口和 2013 年建成区面积（除了城市总人口，市辖区面积和建成区面积也可以选取 2000 年以后的其他年份，但本节仅以2005年和2013年为例说明这个问题）拟合出DPLN分布和LN分布上尾部分城市规模，以便比较它们与实际城市规模的偏差。由于2000年、2005年和2013年中国分别有263个、287个和290个地级市，本节选取前43%的地级市（城市总人口样本为113个、市辖区人口和建成区面积均为123个），更清晰地表明DPLN在上尾部分拟合城市规模的实际分布，LN分布在中间部分能较好地拟合实际分布。并且，城市总人口DPLN分布的拟合值按照5%~50%分位点计算得到；城市总人口LN分布按照50%~95%分位点计算得到。市辖区人口DPLN分布的拟合值按照0.1%~50%分位点计算得到；市辖区人口LN分布的拟合值按照50%~99.9%分位点计算得到。建成区面积DPLN分布的拟合值按照1.2%~50%分位点计算得到；建成区面积DPLN分布的拟合值按照50%~98.8%分位点计算得到。这三类城市规模DPLN和LN分布拟合值计算的分位点间隔均为0.004。LN分布的拟合值通过对数正态分布的逆函数计算得到，DPLN分布的拟合值是根据式（6-16）中S→∞时DPLN边缘分布的逆函数计算得到。接下来，将DPLN分布的拟合值和LN分布的拟合值以及实际城市规模按照位序排列，分别做出城市总人口、市辖区人口和建成区面积的图形，具体如图6-5和图6-6所示。其中，城市规模（总人口、市辖区人口和建成区面积）均取得对数值，log（RANK）表示位序的对数值。

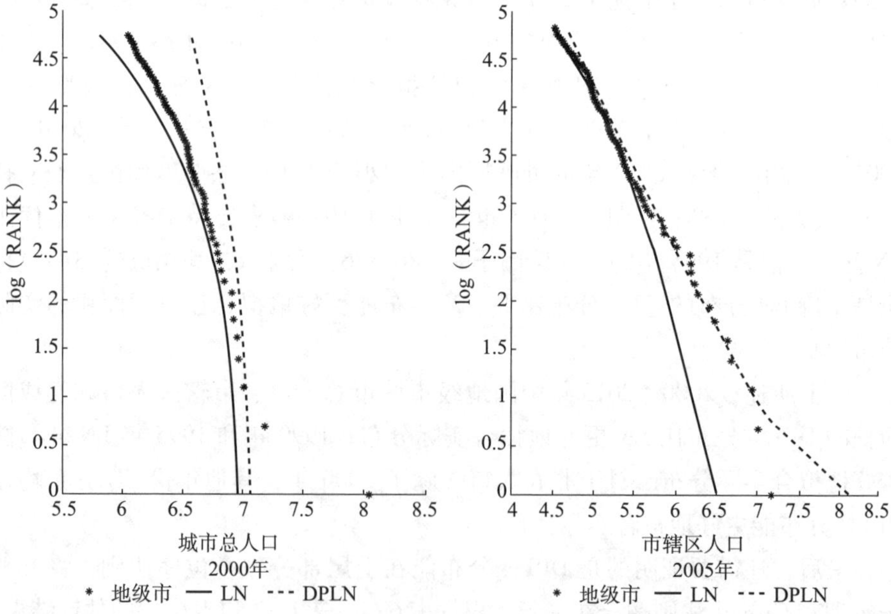

图6-5 中国地级市人口规模的上尾位序

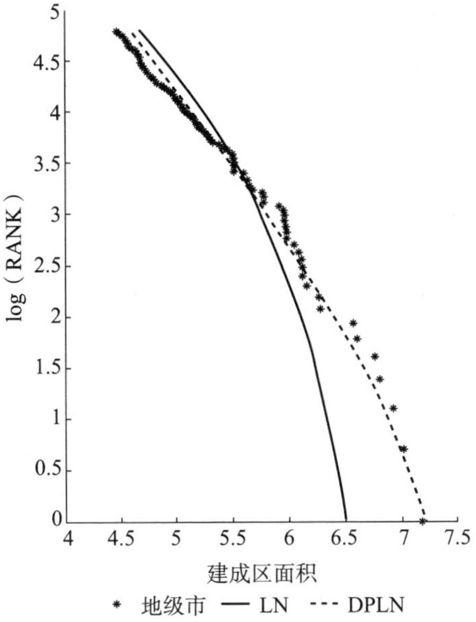

图 6-6　2013 年中国地级市建成区面积上尾位序

从三张图可以看出，DPLN 分布能较好地拟合上尾部分的特征，并满足位序法则，这对 2000 年城市总人口、2005 年市辖区人口和 2013 年建成区面积均是适用的；在三张图中 LN 分布均较好地拟合了城市规模实际分布的中间部分；而 DPLN 分布仅较好地拟合了市辖区人口和建成区面积实际分布的中间部分，拟合城市总人口中间部分的偏差大于 LN 分布。

总之，本节以中国地级市数据，运用最大似然估计法证明了 2000 年以后 DPLN 分布比 LN 分布能更好地拟合城市总人口、市辖区人口和建成区面积的实际分布。2000 年以前 LN 分布会更有效，并且 LN 分布能很好地拟合中国地级市非农人口的实际分布。同样，本节依照 Giesen 等（2010）的研究思路，在较小城市样本下，通过对 2000 年城市总人口、2005 年市辖区人口和 2013 年建成区面积的 DPLN 分布和 LN 分布的拟合，显示出 DPLN 分布在上尾部分仍能满足位序法则，这再次证明了 DPLN 分布能融合齐普夫分布与 Gibrat 法则的特征。

第四节　本章小结

本章首先介绍了双帕累托对数正态分布（DPLN）的数学原理；接下来，运用 1990—2013 年中国地级市城市总人口、市辖区人口、非农人口和建成区面积的数据与 DPLN 分布和对数正态分布(LN)进行拟合，至少从图形上看，DPLN 分布与 LN 分布一样可以拟合城市规模的实际分布。为了进一步比较 DPLN 分布与 LN 分布在拟合城市规模实际分布上更优，本章运用最大似然估计法对 DPLN 分布和 LN 分布进行了参数估计，并参照 Giesen 等(2010)的研究，构建了 AIC、BIC、LR 统计量，贝叶斯因子等检验指标进行判别，结果表明：2000 年以后 DPLN 分布优于 LN 分布，能更好地拟合中国地级市城市总人口、市辖区人口和建成区面积的实际分布。非农人口的实际分布和 2000 年以前的城市规模分布，利用 LN 分布进行拟合会更优。最后，本章以 2000 年城市总人口、2005 年市辖区人口和 2013 年建成区面积的数据为例，通过图像说明了较小城市样本下 DPLN 分布在上尾部分仍满足位序法则，DPLN 分布能融合位序法则与 Gibrat 法则的特征。

第七章

中国城市规模偏差分析

在第五章，1990—2013 年中国地级市的人口规模和地域规模并不能用 Zipf 法则和 Gibrat 法则进行很好的描述，只有在个别年份，Gibrat 法则才能反映不同规模城市的分布，而且 Zipf 法则只能较好地拟合上尾部分城市体系的分布，这就凸显出对城市规模偏差问题的研究意义。González-Val(2011)首次研究了 Zipf 分布与美国实际城市规模的偏差问题，他在 Eeckhout (2004)的研究框架下预测城市体系的 Zipf 分布，进而研究城市规模偏差问题，但是他的计算方法式(7-1)在小样本下存在明显的问题：最小城市规模比较大，城市数量不够多，导致城市规模的偏差估计可能会变小。

$$\ln N^{z}=[\ln M+q\ln S_{\min}-\ln(rank)]/q \tag{7-1}$$

其中，$\ln N^{z}$ 表示位序位 $rank$ 的 Zipf 理论分布规模对数值；M 是城市数量，$\ln S_{\min}$是最小城市规模的对数值；q 是 Zipf 分布的幂指数。城市规模偏差表示为：$\ln N^{z}-\ln S_{i}$。

González-Val(2011)的研究表明，城市人均收入水平、就业在不同行业的分布以及教育水平差异对各城市的规模偏差做出有力解释。

魏守华等(2015)研究了 2012 年中国地级市的城市体系偏差问题，假定城市规模服从 Gibrat 法则，他们在研究中将位序的思想应用到城市规模对数正态分布值的估计式(7-2)，这种方法计算的城市规模偏差比对数正态分布反函数得到预测值略小，从而得到的偏差也会小 0.01 左右(见图 7-1)。

$$\ln N^{G}=\Phi^{-1}\left(\frac{I-rank+1}{I}\right)^{*}\sigma+\mu \tag{7-2}$$

其中，$\ln N^{G}$ 表示城市规模 Gibrat 分布的理论值，$\Phi^{-1}(\cdot)$表示标准正态累积分布函数的反函数，μ 和 σ 分别表示对数正态分布的均值和标准差。城市规模偏差可以表示为 $\ln N^{G}-\ln S_{i}$，需要说明的是，这与魏守华等(2015)原文的表述相反，主要是为了与前文保持一致。

还需要指出的一个问题是，魏守华等(2015)的方法在大样本下会更好。与对数正态累积分布的各分位点相比，在小样本下，它会低估上尾部分和下尾部分城市所对应的累积分布概率；在中间部分高估了城市所对应的累积分布概率；整体而言，在小样本下它会略微增大城市规模，对应的概率平均会减小0.015，如图7-1和图7-2所示。

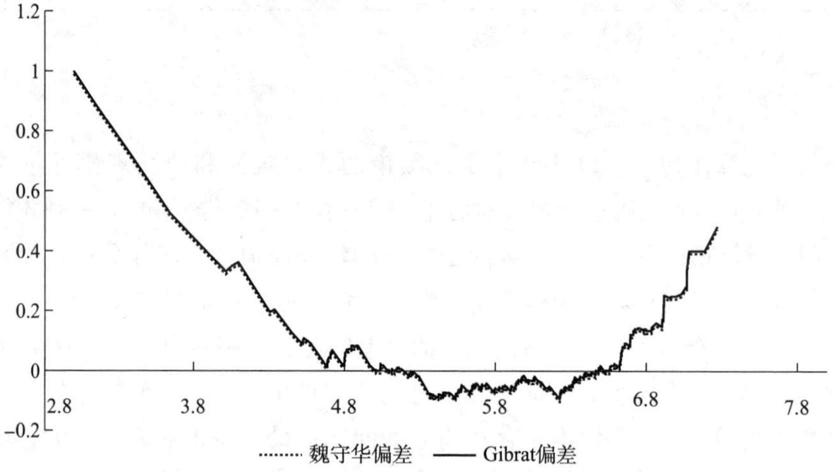

图7-1 2013年中国城市总人口(N1)的Gibrat偏差

注：魏守华偏差利用公式 $\ln N^{G}-\ln S_{i}$ 计算得到；Gibrat偏差是利用对数正态累积分布函数的反函数计算得到，并且N1服从Gibrat分布的均值是5.873，标准差是0.696，见第六章表6-1。

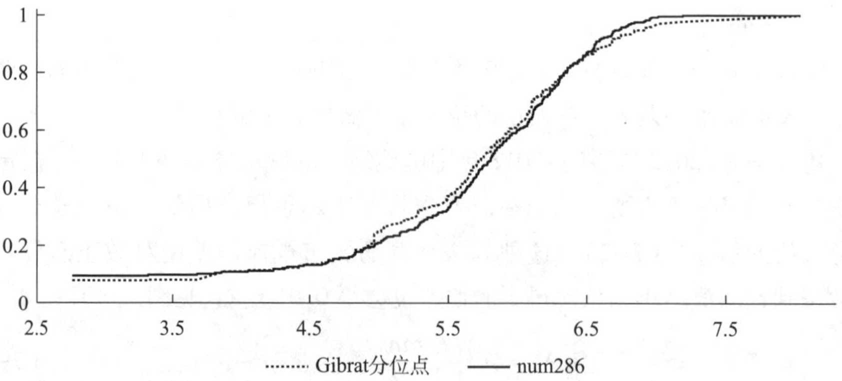

图7-2 2013年不同规模城市(N1)所对应的Gibrat分布分位点

注：num286是根据 $\frac{I-Rank+1}{I}$ 构造的分位点，利用了当年286个地级市城市总人口数据构造；Gibrat分位点是2013年中国地级市N1的对数正态累积分布对应的概率，因而，虚线亦可以表示为N1的Gibrat分布的实际累积分布。

鉴于这些问题，本章采取略微不同的研究思路，将式(2-3)进行变形，得到：

$$\ln N^z = [\kappa - \ln(rank)]/q \tag{7-3}$$

其中，κ 是式(7-3)中的常数项，当 $q=1$ 时，$\kappa=\ln S_1$，即 κ 表示首位城市规模。此时，$\ln N^z-\ln S_i$ 可以表示 Zipf 法则的城市规模偏差。

对于 Gibrat 法则，本章会根据式(5-3)，估计城市规模在 t 期与 $t+1$ 期之间的变化；可以得到 Gibrat 分布的预测值：

$$\ln N^G = \ln S_{it} + \ln S^*_{i\Delta} \tag{7-4}$$

其中，$\ln S^*_{i,\Delta}$ 表示城市规模在 t 期与 $t+1$ 期之间变化的预测值。此时，可以用 $\ln N^G-\ln S_i$ 表示 Gibrat 分布的城市规模偏差。

第一节 中国地级市 Zipf 分布规模偏差

正如前文说言，城市人均收入水平、就业在不同行业的分布以及教育水平差异等因素被用于解释城市规模偏差问题(González-Val，2011)。这些因素实质上可以用来衡量经济集聚程度或者影响经济集聚。教育水平的差异被认为是分类模型和选择模型中最为核心的因素(Behrens et al.，2014)。由于受教育年限的差异，导致劳动者人力资本水平差异，使得劳动者在大城市与小城市之间进行分离：人力资本较高的劳动者将集中在大城市，人力资本较低的劳动者将集中在小城市。Soo(2005)的研究与 Zipf 分布的城市规模偏差问题十分接近，在包含 73 个国家城市数据的样本中，有 53 个(利用 OLS 估计)或 30 个(利用 Hill 估计)国家的数据不支持 Zipf 法则；在对 q 的差异进行解释时，他并不认为新经济地理因素可以较好地解释这个问题。按照 Krugman(1991)和 Fujita 等(1999)提出的新经济地理理论，经济中存在集聚和分散的两种力量，前者如规模报酬递增、外部规模经济、劳动力池等因素；后者如拥堵成本、高租金等因素；但是决定工业经济集聚的最重要因素是规模报酬递增或者外部规模经济以及较低的运输成本或通勤成本；同样，这也是城市形成的重要原因。这意味着工业在整个社会地域内的分散会形成更多的城市，这又与经济集聚的理论不符。Soo(2005)将 q 与 1 的差异归结为政治因素，受 Ades 和 Glaeser(1995)研究的影响，他考虑政治稳定程度和政府独裁程度对 q 的影响，同时，他还控制了其他变量，如总人口、地域面积和 GDP 以及表示洲际的虚拟变量。这些研究虽然可为本章的研究提供一些借鉴，却不完全适用于中国城市规模偏差的研究，主要是一些政治变量的不可得性，如政治稳定程度，可以用于国别比较，却无法在国内进行比较；政府独裁程度同样如此，因此，本章并不能选用这些政治因素研究中国城市规模偏差问题。改革开放前的社会主义建设时期，中国有许多资源型城市得以建立，如大庆、克拉玛依、鞍山、马鞍山等；改革开放后，许多地方政府大力发展房地产业，带动城市经济发展，这一方面带动了中国的城镇化进程，另一方面也扩大了城市的建成区面积。显然，这个过程带有明显的政治色彩：无论是基础设施建设，还是公共服务供给，政府行为都会对城市规模产生显著影响。缘于土地国有和集体所有的性质，土地出让成为政府干预城镇化的主要方法（秦蒙等，2016），2003—2015 年，土地出让面积从 18.68 万公顷增加到 22.14 万公顷，土地出让金额从 5421.3 亿元增加到 2.98 万亿元。在这个过程中，中国形成许多人口规模不等的城市，由此可见，地方政府在中国城市发展历程中扮演很重要的角色。政府的干预可能会造成实际城市体系与 Zipf 法则偏差，故本章拟选取各城市的政府财政支出占 GDP 的比重，来衡量政府对经济发展的干预程度；是否是省会以上城市也对城市发展产生重要影响；在中国城市体系中，可以分为首都、直辖市、副省级城市、省会和普通地级市（未考虑特别行政区香港和澳门，以及与地级市级别相同的民族自治州、地区），省会、副省级城市、直辖市和首都通常是一个地区的政治或经济中心，教育和医疗资源丰富，是地方政府着重发展的城市，因而，它可能会对城市规模偏差产生重要影响。同时，结合 González-Val（2011）和 Soo（2005）的研究，考虑新经济地理因素可能对城市规模偏差的影响，选取制造业的专业化程度、城市产业多样化程度以及工资水平来衡量；另外，还需要加入其他一些控制变量，如各城市的对外开放程度、基础设施水平、公共交通状况、教育水平、医疗水平、城市环境以及污染状况。本章构建如下计量模型以考察哪些因素影响城市实际规模对 Zipf 法则的偏离：

$$\ln N^{t}-\ln S_{it}=c_0+c_1\times INV_{it}+c_2\times MaI_{it}+c_3\times JaI_{it}+c_4\times wagegap_{it}+C\times X+\varepsilon_{it} \quad (7-5)$$

其中，INV_{it}表示 t 期 i 城市政府财政支出占 GDP 的比重；MaI_{it}表示 t 期 i 城市制造业专业化程度；JaI_{it}表示 t 期 i 城市的产业多样化程度；$wagegap_{it}$表示 t 期 i 城市的职工平均工资；X 是一系列控制变量，分别包括各城市的对外开放程度（OPEN）、基础设施水平（ROAD）、公共交通状况（PUB）、教育水平（TEC）、医疗水平（DOCTOR）、城市环境（PARK）、污染状况（O_2S）以及省会以上城市（PRO），c_1、c_2、c_3、c_4 和 C 是相对应的回归系数或系数矩阵，ε_{it}为残差项。

一、变量说明和数据来源

被解释变量是 $\ln N^z-\ln S_{it}$，并且根据式(7-3)预测的 $\ln N^z$，分别选取1997—2013年284个地级市数据，剔除了三沙、拉萨、铜仁、毕节、巢湖和陇南；考察城市总人口(N1)、市辖区人口(N2)、非农人口(N3)和建成区面积(N4)与Zipf分布的偏差。当 $\ln N^z-\ln S_{it}$ 为正时，意味着实际城市规模小于Zipf分布的规模；当 $\ln N^z-\ln S_{it}$ 为负时，则相反。城市人口规模和地域规模数据来自历年《中国城市统计年鉴》。

解释变量主要包括INV、MaI、JaI、OPEN、ROAD、PUB、TEC、DOCTOR、PRAK以及 O_2S 和PRO，其中，INV在前文进行了说明，且表4-5和表4-6分别给出了INV的描述性统计和单位根检验；MaI、JaI、OPEN、ROAD、PUB、TEC、DOCTOR、PRAK以及 O_2S 和PRO在第四章第四节给出了具体的度量和说明，且在表4-16和表4-17中分别给出了它们的描述性统计和单位根检验，在本章不再进行检验。本节仅报告出N1、N2、N3和N4分别计算 $\ln N^z-\ln S_{it}$ 的描述性统计和单位根检验，具体结果见表7-1。

表7-1 中国城市规模Zipf分布偏差的描述性统计和单位根检验

	变量	$\ln N1^z-\ln N1$	$\ln N2^z-\ln N2$	$\ln N3^z-\ln N3$	$\ln N4^z-\ln N4$
统计性描述	观测值	4610	4709	3149	4728
	均值	0.021	-0.012	0.011	-0.013
	标准差	0.455	0.216	0.279	0.224
	最小值	-0.391	-0.303	-0.351	-0.463
	最大值	2.668	1.178	1.502	1.468
单位根检验	原值	-4.799	-31.703	6.961	-7.387
	平稳性	平稳	平稳	不平稳	平稳
	差分*	-32.595	-18.991	-37.802	-25.902
	平稳性	平稳	平稳	平稳	平稳

注：单位根检验结果仅报告了反正态分布的统计量；*表示一阶差分。

从表7-1看出，不论是城市总人口、市辖区人口、非农人口，还是建成区面积，它们对Zipf分布的偏离值均在一阶差分时保持平稳，意味着它们服从I(1)过程，与其他变量一致。

二、三大因素对城市规模偏差的短期影响

本节选择对中国地级市城市规模与Zipf分布偏差的影响因素主要包括政

治因素、公共服务和集聚经济因素三个方面，其中，政治因素包括政府干预程度、是否是省会以上城市；公共服务因素包括城市的教育水平、医疗水平、城市环境和公共交通状况；集聚因素包括城市的制造业专业化程度、产业多样化程度；工资水平、基础设施水平、污染状况和对外开放程度也能在一定程度上反映出城市的经济集聚程度和发展水平。本节利用面板广义 OLS 法研究它们对中国地级市城市规模偏差的影响，能缓解各变量间的序列相关问题，具体回归结果见表 7-2。

表 7-2 全样本三大因素对中国城市规模偏差的短期影响

变量	$\ln N1^z-\ln N1$	$\ln N2^z-\ln N2$	$\ln N3^z-\ln N3$	$\ln N4^z-\ln N4$
INV	-0.047***	0.068*	0.209*	0.288*
	(0.028)	(0.024)	(0.06)	(0.035)
MaI	0.442*	0.032*	0.079*	0.021**
	(0.016)	(0.008)	(0.014)	(0.1)
JaI	0.003*	0.003*	-0.006*	0.002
	(0.002)	(0.001)	(0.001)	(0.001)
wagegap	-0.113***	0.045*	0.039*	0.012**
	(0.007)	(0.004)	(0.008)	(0.005)
OPEN	-0.193*	0.046*	-0.009	0.146*
	(0.039)	(0.013)	(0.03)	(0.025)
ROAD	0.105*	-0.027*	0.053*	-0.024*
	(0.005)	(0.003)	(0.005)	(0.004)
PUB	-0.005*	0.0005	-0.005*	0.0006
	(0.001)	(0.0003)	(0.001)	(0.0004)
TEC	-0.047*	-0.003	-0.07*	-0.01**
	(0.007)	(0.004)	(0.007)	(0.005)
DOCTOR	-0.064*	-0.001**	0.013***	0.055*
	(0.007)	(0.005)	(0.008)	(0.006)
PARK	0.0197*	-0.005*	-0.01*	-0.021*
	(0.004)	(0.002)	(0.003)	(0.003)
O_2S	0.002	0.005*	-0.017*	-0.014*
	(0.002)	(0.001)	(0.002)	(0.002)
PRO	0.344*	0.305*	0.336*	0.251*
	(0.104)	(0.007)	(0.011)	(0.01)

续表

变量	$\ln N1^z-\ln N1$	$\ln N2^z-\ln N2$	$\ln N3^z-\ln N3$	$\ln N4^z-\ln N4$
常数项	1.016*	-0.352*	0.11*	-0.167*
	(0.075)	(0.038)	(0.077)	(0.049)
CHI2	2784.71	2689.45	2229.14	1272.37
观测值	4231	4215	3075	4232

注：*、**、***分别表示在1%、5%和10%置信水平下显著；括号内数值是标准差。

从城市总人口偏差来看，政府干预程度对它的影响是负向的，意味着政府财政支出较多的地区，可能会导致城市总人口偏差缩小，这意味着当城市规模偏差为正时，政府干预会缩小这个偏差，使得城市实际总人口规模增大；当城市规模为负时，可能会强化实际城市规模与Zipf分布之间的偏差；换句话说，只有当城市总人口规模小于Zipf分布的规模时，政府干预程度对缩小这种偏差才有意义。MaI和JaI均对城市总人口偏差产生正向影响，意味着当城市规模小于Zipf分布规模时，这种偏差会被拉大；但是对于规模偏大的城市，可能会有助于降低规模偏差。工资水平、对外开放程度、公共交通状况以及教育水平和医疗水平对城市总人口规模偏差产生负向影响，它们均在10%置信水平下显著。这表明，在城市总人口规模小于Zipf分布规模时，它们会缩小规模偏差，使城市实际规模分布逐渐服从Zipf分布；当城市规模偏大时，却产生相反的效果。基础设施水平、城市环境和是否是省会城市产生了与MaI和JaI类似的效果，当城市总人口规模小于Zipf分布规模时，有助于缩小规模偏差，使城市实际规模分布逐渐服从Zipf分布。城市污染状况对城市总人口偏差的影响虽是正向的，却在10%置信水平下不显著。

从市辖区人口偏差来看，当市辖区人口规模小于Zipf分布规模时，政府干预程度、是否是省会以上城市、制造业专业化程度、产业多样化程度、工资水平、对外开放程度以及公共交通状况均无助于改善这种偏差，它们对市辖区人口偏差的影响是正向的；只有当市辖区人口规模大于Zipf分布规模时，它们才能使城市实际规模分布逐渐服从Zipf分布。此时，基础设施水平、教育水平、医疗水平和城市环境对市辖区人口规模大于Zipf分布规模的城市产生负面的影响，可能会导致它们与Zipf分布的偏离越来越大。

从非农人口偏差看，当非农人口规模小于Zipf分布规模时，政府干预程度、是否是省会以上城市、制造业专业化程度、工资水平、基础设施水平、医疗水平对非农人口偏差的影响是无效的，反而会导致城市规模对Zipf分布的偏离越来越大；当非农人口规模大于 Zipf 分布规模时，它们是有效的。城市产业多样化程度、对外开放程度、公共交通状况、教育水平、城市环境和污染状况均对非农人口规模偏差产生负向影响，只有当非农人口小于 Zipf 分布规模时才更加有效，改善这些因素，能够缩小非农人口规模偏差，缩小规模偏差，使得非农人口实际规模分布逐渐服从 Zipf 分布。

从建成区面积偏差来看，政府干预程度、是否是省会以上城市、制造业专业化程度、产业多样化程度、工资水平、对外开放程度和医疗水平均会对它产生正向影响，意味着只有当城市实际规模大于 Zipf 分布规模时，这些变量才能有效地改善这种偏差状况，使城市实际建成区面积分布逐渐趋近于 Zipf 分布。基础设施水平、教育水平、城市环境和污染状况对建成区面积的偏差影响为负，表明它们只有在城市实际建成区面积小于 Zipf 分布规模时，有助于进一步扩大城市建成区面积，缩小与 Zipf 分布规模的偏差。

为了进一步考察政治经济因素对中国城市规模偏差的影响在东部、中部和西部地区的差异，本节重新利用面板广义最大似然估计对东部、中部和西部地区的数据进行回归，具体的结果见表 7-3。

从表 7-3 的结果看，对于城市总人口与 Zipf 分布规模的偏差而言，制造业专业化程度、工资水平、对外开放程度、基础设施水平和是否是省会以上城市在东部、中部和西部地区的符号是一致的，其中工资水平对城市总人口偏差的影响为负，意味着当实际城市总人口规模小于 Zipf 分布规模时，才能有效地使城市总人口分布更接近 Zipf 分布。其他变量对城市总人口偏差影响为正，意味着当实际城市总人口规模大于 Zipf 分布规模时，才是有效的。同时，产业多样化程度和医疗水平在东部地区对城市总人口偏差的影响为正，在中西部地区的效果相反。当实际城市总人口规模小于 Zipf 分布规模时，教育水平在东部、中部地区能有效地缩小城市总人口偏差，在西部地区却产生相反的效果；城市环境仅在东部地区有效。对于城市总人口大于 Zipf 分布的东部和西部地区城市，污染状况能增大城市总人口偏差，使得它的实际分布更接近于 Zipf 分布；在中部地区则效果相反。

表 7-3　分地区三大因素对中国城市规模偏差的短期影响

变量	$\ln N1^z-\ln N1$			$\ln N2^z-\ln N2$			$\ln N3^z-\ln N3$			$\ln N4^z-\ln N4$		
	东部	中部	西部	东部	中部	西部	东部	中部	西部	东部	中部	西部
INV	0.262**	0.786*	−0.139*	0.144**	0.053	0.069	0.195***	−0.065	0.735*	−0.016	0.038	0.487*
	(0.116)	(0.105)	(0.045)	(0.062)	(0.054)	(0.045)	(0.112)	(0.073)	(0.079)	(0.049)	(0.073)	(0.054)
MaI	0.538*	0.289*	0.271*	0.007	0.016	0.135*	0.042**	−0.045**	0.163*	0.003	0.004	0.041***
	(0.032)	(0.026)	(0.036)	(0.014)	(0.012)	(0.022)	(0.021)	(0.018)	(0.031)	(0.019)	(0.014)	(0.024)
JaI	0.027*	−0.005	−0.024*	0.005*	0.004**	−0.005**	−0.001	0.005**	−0.005***	0.002	0.003	0.007*
	(0.003)	(0.004)	(0.004)	(0.001)	(0.002)	(0.002)	(0.002)	(0.002)	(0.003)	(0.002)	(0.002)	(0.002)
wagegap	−0.137*	−0.097*	−0.003	0.032*	0.058*	0.051*	0.015	0.061*	0.09*	−0.004	0.013	0.054*
	(0.013)	(0.016)	(0.011)	(0.006)	(0.008)	(0.011)	(0.01)	(0.011)	(0.016)	(0.007)	(0.009)	(0.01)
OPEN	0.008	0.601*	0.405***	0.088*	−0.317*	−0.094	0.097*	1.172*	1.046*	0.092*	0.223**	0.768*
	(0.049)	(0.211)	(0.24)	(0.019)	(0.087)	(0.148)	(0.035)	(0.12)	(0.253)	(0.029)	(0.105)	(0.182)
ROAD	0.067*	0.048*	0.073*	−0.008***	−0.062*	−0.039*	0.032*	0.04*	0.042*	−0.025*	−0.019*	−0.074*
	(0.01)	(0.011)	(0.01)	(0.005)	(0.005)	(0.007)	(0.007)	(0.006)	(0.009)	(0.006)	(0.006)	(0.008)
PUB	−0.003*	−0.009*	0.009*	−0.001*	0.004*	0.009*	−0.003*	−0.008*	−0.002	0.001	−0.002**	0.002
	(0.001)	(0.001)	(0.002)	(0.0004)	(0.001)	(0.001)	(0.001)	(0.001)	(0.002)	(0.001)	(0.001)	(0.001)
TEC	0.137*	0.126*	−0.311*	0.085*	0.03*	−0.085*	0.104*	−0.105*	−0.152*	0.017***	−0.039*	−0.006
	(0.015)	(0.018)	(0.016)	(0.006)	(0.007)	(0.007)	(0.011)	(0.009)	(0.011)	(0.009)	(0.009)	(0.009)
DOCTOR	0.097*	−0.162*	−0.03**	−0.018**	−0.033*	0.015**	0.085*	0.024**	−0.063*	0.027**	0.051*	0.063*
	(0.019)	(0.017)	(0.015)	(0.008)	(0.008)	(0.006)	(0.014)	(0.01)	(0.013)	(0.011)	(0.009)	(0.011)

续表

变量	$\ln N1^z-\ln N1$			$\ln N2^z-\ln N2$			$\ln N3^z-\ln N3$			$\ln N4^z-\ln N4$		
	东部	中部	西部	东部	中部	西部	东部	中部	西部	东部	中部	西部
PARK	-0. 011	0. 001	0. 019**	0. 002	-0. 017**	-0. 004	0. 051*	-0. 017*	-0. 059*	0. 034*	-0. 02*	-0. 052*
	(0. 01)	(0. 007)	(0. 008)	(0. 004)	(0. 004)	(0. 005)	(0. 007)	(0. 003)	(0. 007)	(0. 006)	(0. 004)	(0. 007)
O_2S	0. 01***	-0. 031*	0. 022*	-0. 001	-0. 005*	0. 008*	-0. 025*	-0. 022*	-0. 036*	-0. 007**	-0. 017*	-0. 025*
	(0. 006)	(0. 005)	(0. 004)	(0. 002)	(0. 002)	(0. 003)	(0. 004)	(0. 003)	(0. 004)	(0. 003)	(0. 003)	(0. 004)
PRO	0. 18*	0. 451*	0. 237*	0. 279*	0. 428*	0. 176*	0. 159*	0. 359*	0. 175*	0. 261*	0. 299*	0. 203*
	(0. 024)	(0. 024)	(0. 032)	(0. 009)	(0. 013)	(0. 019)	(0. 014)	(0. 017)	(0. 025)	(0. 016)	(0. 017)	(0. 019)
常数项	-1. 891*	0. 777*	2. 516*	-1. 106*	-0. 171**	0. 278*	-2. 362*	0. 315*	1. 614*	-0. 512*	0. 158***	-0. 109*
	(0. 16)	(0. 149)	(0. 149)	(0. 067)	(0. 073)	(0. 103)	(0. 123)	(0. 1)	(0. 164)	(0. 091)	(0. 088)	(0. 098)
CHI2	1368. 91	998. 42	1244. 47	3158. 78	1419. 15	1195. 34	2930. 25	1033. 54	1818. 24	724. 43	451. 46	909. 42
观测值	1569	1522	1140	1522	1523	1140	1141	1122	812	1569	1523	1140

注：*、**、***分别表示在1%、5%和10%置信水平下显著；括号内数值是标准差。

对于市辖区人口偏差而言，政府干预程度、制造业专业化程度、工资水平、基础设施水平和是否是省会以上城市在东部、中部和西部地区的影响是一致的，其中，仅有基础设施水平对市辖区人口偏差产生负向影响；其他四个变量的回归系数为正，并且政府干预程度仅在东部地区显著，为0.144；制造业专业化程度仅在西部地区显著，为0.135。工资水平和是否是省会以上城市在三个地区均显著。同时，医疗水平和污染状况在东部和中部地区影响为负，在西部地区却显著为正；对外开放程度和城市环境在东部地区对市辖区人口偏差影响为正，在中西部地区却相反。多样化程度和教育水平对东部和中部地区市辖区人口偏差的影响均显著为正，在西部地区却为负。公共交通状况在东部地区显著地降低了市辖区人口偏差，在中部、西部地区的影响却显著为负。对于回归系数为正的变量，当市辖区人口规模大于Zipf分布规模时，能有效地缩小偏差，使市辖区人口的实际分布更接近于Zipf分布；回归系数为负的变量，在市辖区人口规模小于Zipf分布规模情况下有效。

对于非农人口偏差而言，工资水平、对外开放程度、基础设施水平、公共交通状况、是否是省会以上城市和污染状况在东部、中部和西部地区的回归系数均是一致的，除污染状况和公共交通状况的回归系数显著为负外，其他四个变量的回归系数符号为正。并且，政府干预程度、制造业专业化程度在中部地区的影响显著为负，在东部和西部地区为显著为正。TEC和PARK仅在东部地区影响为正，在中西部地区影响显著为负。医疗水平在东部和中部地区的影响是一致的，均显著为正，分别是0.085和0.024；在西部地区为-0.063。产业多样化程度在东部和西部地区均为负向影响，在中部地区显著为正。此处，各变量回归系数的正、负含义与上文类似：当非农人口规模大于Zipf分布规模时，回归系数符号为正的变量能有效地缩小偏差，使得非农人口的实际分布更接近于Zipf分布；回归系数为负的变量只有在非农人口规模小于Zipf分布规模情况下才有效。

对于建成区面积偏差而言，MaI、JaI、OPEN、ROAD、DOCTOR、O_2S和PRO七个变量回归系数符号在东部、中部和西部三大地区是一致的，其中ROAD和O_2S的影响显著为负，其他五个变量的影响为正。INV和wagegap仅在西部地区显著为正，在其他地区是不显著的；公共交通状况和教育水平在中部地区的影响显著为负，但是TEC对东部地区建成区面积偏差的回归系数为0.017，并且在10%置信水平下显著。PARK对东部地区建成区面积偏差的回归为0.034，在中西部地区却显著为负。各变量回归系数符号为正或负，与上文含义相同，当建成区面积规模大于Zipf分布规模时，回归系数符号为正的变量能有效地缩小偏差，使建成区面积的实际分布更接近于Zipf分布；回归系数为负的变量只有在建成区面积规模小于Zipf分布规模情况下才有效。与城市总人口、市辖区人口和非农人口偏差相比，集聚经济因素以及工资水平、对外开放程度、污染状况等能更好地解释建成区面积的偏差问题。

三、三大因素对城市规模偏差的动态影响

为了考察政治经济因素对城市规模偏差的动态影响，本节将 $\ln N^z-\ln S_{it}$ 滞后项引入式(7-5)，得到新的计量方程：

$$\ln N^z-\ln S_{it}=c_0+b\times(\ln N^z-\ln S_{it-1})+c_1\times INV_{it}+c_2\times MaI_{it}+c_3\times JaI_{it}+c_4\times wagegap_{it}+C\times X+\varepsilon_{it} \tag{7-6}$$

对式(7-6)进行SYS-GMM回归(剔除了是否是省会以上城市，主要原因在于包含虚拟变量的SYS-GMM回归中，无法进行Sargan检验，检验工具变量的有效性)，进而考察政治经济因素对城市规模偏差的长期影响(见表7-4)。

表7-4　全样本三大因素对城市规模偏差的动态影响

变量	$\ln N1^z-\ln N1$	$\ln N2^z-\ln N2$	$\ln N3^z-\ln N3$	$\ln N4^z-\ln N4$
一阶滞后项	0.865*	0.88*	0.319*	0.16*
	(0.004)	(0.008)	(0.019)	(0.06)
二阶滞后项	0.064*	-0.015*	0.104*	-0.001
	(0.003)	(0.004)	(0.012)	(0.004)
INV	-0.033*	-0.005	-0.53*	0.066**
	(0.007)	(0.004)	(0.048)	(0.027)
MaI	-0.034*	0.031*	0.012	0.007
	(0.004)	(0.007)	(0.017)	(0.019)
JaI	0.0001	-0.001	-0.004***	0.006**
	(0.0001)	(0.001)	(0.002)	(0.003)
wagegap	0.031*	-0.002*	0.062*	0.021*
	(0.002)	(0.002)	(0.007)	(0.005)

续表

变量	$\ln N1^z-\ln N1$	$\ln N2^z-\ln N2$	$\ln N3^z-\ln N3$	$\ln N4^z-\ln N4$
OPEN	0.24*	0.185*	0.109	0.261*
	(0.026)	(0.023)	(0.069)	(0.054)
ROAD	-0.012*	0.004**	0.025*	0.002
	(0.002)	(0.002)	(0.007)	(0.005)
PUB	-0.0004*	0.0003	-0.001	0.002*
	(0.0001)	(0.0002)	(0.001)	(0.0003)
TEC	0.009*	0.032**	0.098*	-0.034**
	(0.002)	(0.002)	(0.018)	(0.014)
DOCTOR	-0.003**	0.001	0.044*	0.046*
	(0.002)	(0.002)	(0.007)	(0.007)
PARK	-0.001	0.002***	0.005	0.007**
	(0.001)	(0.001)	(0.004)	(0.004)
O_2S	0.003*	-0.005*	0.005**	-0.004**
	(0.001)	(0.001)	(0.002)	(0.002)
常数项	-0.293*	-0.316*	-2.133*	-0.374*
	(0.027)	(0.043)	(0.195)	(0.127)
AR(1)	-4.878*	-6.369*	-5.642*	-14.247*
AR(2)	-1.509	-1.301	-1.022	1.317
Sargan	115.359	108.308	68.328	129.581
CHI2	303473.04	23980.87	1699.09	2287.57
观测值	3431	3461	2258	3521

注：*、**、***分别表示在1%、5%和10%置信水平下显著；括号内数值是标准差。

从表7-4可以看出，不论是城市人口规模还是地域规模，城市规模偏差AR(1)检验的Z统计量均是在1%置信水平下显著，AR(2)检验的Z统计量均是在10%置信水平下不显著；意味着工具变量是外生的。Sargan检验也在10%置信水平下不显著，意味着工具变量是有效的。从具体的结果看，对于城市总人口偏差，政府干预程度、制造业专业化程度、基础设施水平、公共交通状况、医疗水平和城市环境因素，长期内均对城市总人口偏差产生负向影响，其中只有PARK对城市总人口偏差影响是不显著的，其他5个变量均在10%置信水平下显著，意味着当城市总人口偏差为正，即城市实际总人口规模小于Zipf分布规模时，这5个变量可以有效地缩小城市总人口规模偏差，使城市总人口实际分布逐渐契合 Zipf 分布。产业化多样程度、工资水平、对外开放程度、教育水平和污染状况对城市总人口偏差的影响是正向的，并且只有产业多样化程度是不显著的，其他四个变量均在 1%置信水平下显著。这表明，当城市总人口偏差为负，即城市实际总人口规模大于 Zipf 分布规模时，这 4 个变量可以有效地增大城市总人口规模偏差，使城市总人口实际分布逐渐契合 Zipf 分布。

从市辖区人口偏差看，长期内政府干预程度、产业多样化程度、工资水平和污染状况四个变量对市辖区人口偏差造成负向影响，但是只有工资水平和污染水平在 1%置信水平下显著，分别为-0.002 和-0.005。这意味着当市辖区人口规模偏差为正，即实际市辖区人口规模小于 Zipf 分布规模时，这两个变量可以有效地缩小城市市辖区人口规模偏差，使得市辖区人口的实际分布逐渐契合 Zipf 分布。政府干预程度和产业多样化程度无助于解释市辖区人口规模偏差，可能原因在于政府支出规模越大，产业多样化程度越高，市辖区人口规模越大。它们会产生一些经济分散的力量，使得政府有动力去建造卫星城，从而抑制大城市市辖区人口规模。长期内制造业专业化程度、对外开放程度、基础设施水平、公共交通状况、教育水平、医疗水平和城市环境均对市辖区人口偏差产生正向影响，其中制造业专业化程度、对外开放程度、基础设施水平、教育水平和城市环境在 10%置信水平下显著，公共交通状况和医疗水平不具有统计显著性，这意味着当市辖区人口规模偏差为负，即实际市辖区人口规模大于 Zipf 分布规模时，这 5 个变量可以有效地增大城市市辖区人口规模偏差，使得市辖区人口的实际分布逐渐契合 Zipf 分布。它们不具有显著性的可能原因在于，公共交通的完善会对市辖区人口产生明显的分流作用，使得更多居民愿意迁移到房租更低、环境更好的郊区居住；长期内医疗水平的完善，会使得城市与郊区的医疗水平差异逐渐缩小，从而提高郊区对城市居民的吸引力，进而分流市辖区人口。

从非农人口偏差来看，政府干预程度、产业多样化程度和公共交通状况对非农人口偏差产生负向影响，并且仅有公共交通状况的回归系数是不显著的，其他两个变量对非农人口偏差的回归系数均在 10%置信水平下显著，分别是-0.53 和-0.004。这表明，当非农人口规模偏差为正，即实际非农人口规模小于 Zipf 分布规模时，这两个变量可以有效地缩小非农人口规模偏差，使得非农人口的实际分布逐渐契合 Zipf 分布。制造业专业化程度、工资水平、对外开放程度、基础设施水平、教育水平、医疗水平、城市环境和污染状况均对非农人口偏差产生正向影响，其中制造业专业化程度、对外开放程度和城市环境三个变量的回归系数不具有统计显著性，其他5个变量在10%置信水平下显著，这意味着，当非农人口规模偏差为负，即实际非农人口规模大于Zipf分布规模时，这两个变量可以有效地拉大非农人口规模偏差，使得非农人口的实际分布逐渐契合Zipf分布。

从建成区面积偏差来看，长期内只有教育水平和污染状况会对建成区面积偏差产生负向影响，并且均在5%置信水平下显著，分别为-0.034和-0.004。这表明，当建成区面积偏差为正，即实际建成区面积小于Zipf分布规模时，这两个变量可以有效地缩小建成区面积偏差，使得建成区面积的实际分布逐渐契合Zipf分布。这两个变量对建成区面积造成负向影响，原因可能在于丰富的教育资源有助于激发城市地域面积扩张的潜力，但是这并不一定能保证城市地域规模的必然扩张，城市地域规模的扩张主要受土地租金、拥堵状况等因素影响。污染状况对建成区面积产生负向影响，原因可能在于受到集聚经济的影响。通常污染程度较高的城市，工业企业会比较多；根据新经济地理理论，工业企业集聚在临近地方，才能更好地发挥外部规模经济，降低企业的生产或销售成本。这可能是污染状况并不会随着城市规模扩张而发生很大变化的原因，从而对建成区面积产生负向影响。长期内政府干预程度、制造业专业化程度、产业多样化程度、工资水平、对外开放程度、基础设施水平、公共交通状况、医疗水平和城市环境对建成区面积偏差产生正向影响，其中制造业专业化程度和基础设施水平不具有统计显著性，原因可能在于制造业专业化程度是一种经济集聚的力量，而城市建成区面积扩张体现为一种产业分散过程；基础设施水平的完善，正契合了建成区面积分散的过程。这表明，当建成区面积偏差为负，即实际建成区面积大于Zipf分布规模时，这7个变量可以有效地扩大建成区面积偏差，使得建成区面积的实际分布逐渐契合Zipf分布。

为了进一步考察东部、中部和西部三大地区政治经济因素对城市规模偏差影响的差异，本书将样本数据按照东部、中部和西部三大地区进行拆分后进行回归，具体的结果见表7-5。

表 7-5 分地区三大因素对城市规模偏差的动态影响

变量	$\ln N1^z-\ln N1$			$\ln N2^z-\ln N2$			$\ln N3^z-\ln N3$			$\ln N4^z-\ln N4$		
	东部	中部	西部	东部	中部	西部	东部	中部	西部	东部	中部	西部
一阶滞后项	0. 756 *	0. 811 *	0. 962 *	0. 737 *	0. 792 *	0. 864 *	0. 339 *	0. 104 *	0. 515 *	0. 285 *	0. 073 *	0. 245 *
	(0. 003)	(0. 002)	(0. 004)	(0. 005)	(0. 005)	(0. 007)	(0. 014)	(0. 019)	(0. 011)	(0. 002)	(0. 004)	(0. 006)
二阶滞后项	0. 121 *	0. 062 *	0. 01 *	-0. 046 *	-0. 094 *	0. 023 *	0. 085 *	0. 109 *	0. 007	0. 014 *	-0. 001	0. 054 *
	(0. 002)	(0. 001)	(0. 003)	(0. 001)	(0. 003)	(0. 006)	(0. 012)	(0. 014)	(0. 011)	(0. 002)	(0. 004)	(0. 005)
INV	-0. 015 *	0. 038 *	0. 007 **	-0. 028 *	0. 087 *	-0. 003	-0. 136 **	-0. 973 *	-0. 49 *	-0. 116 *	0. 24 *	0. 408 *
	(0. 001)	(0. 007)	(0. 003)	(0. 003)	(0. 007)	(0. 003)	(0. 66)	(0. 08)	(0. 031)	(0. 033)	(0. 027)	(0. 022)
MaI	-0. 083 *	-0. 015 *	-0. 02 *	0. 067 *	-0. 018 *	0. 055 *	-0. 035	0. 032	0. 015	-0. 06 *	-0. 052 *	-0. 001
	(0. 003)	(0. 002)	(0. 004)	(0. 006)	(0. 005)	(0. 005)	(0. 024)	(0. 023)	(0. 013)	(0. 008)	(0. 014)	(0. 013)
JaI	-0. 0005	-0. 007 *	-0. 001 *	-0. 001 *	-0. 006 *	0. 002 *	-0. 004	-0. 03 *	0. 001	0. 007 *	-0. 011 *	-0. 004 *
	(0. 0004)	(0. 0003)	(0. 0002)	(0. 0001)	(0. 001)	(0. 0005)	(0. 002)	(0. 003)	(0. 001)	(0. 0005)	(0. 001)	(0. 001)
wagegap	0. 068 *	0. 005 *	-0. 001	-0. 009 *	-0. 019 *	0. 009 *	0. 051 *	0. 129 *	0. 035 *	0. 003 *	0. 021 *	0. 03 *
	(0. 0001)	(0. 001)	(0. 001)	(0. 002)	(0. 001)	(0. 002)	(0. 005)	(0. 009)	(0. 005)	(0. 001)	(0. 004)	(0. 003)
OPEN	0. 349 *	0. 007	0. 142 *	0. 225 *	0. 133 *	1. 391 *	0. 326 *	0. 085	-0. 004	0. 03 ***	0. 188 ***	0. 276
	(0. 01)	(0. 014)	(0. 055)	(0. 011)	(0. 027)	(0. 064)	(0. 052)	(0. 227)	(0. 17)	(0. 016)	(0. 104)	(0. 271)
ROAD	-0. 013 *	-0. 003 *	-0. 002 *	0. 009 *	-0. 14 *	-0. 0001	0. 016 *	0. 032 *	0. 0002	0. 023 *	-0. 023 *	-0. 021 *
	(0. 0004)	(0. 001)	(0. 001)	(0. 002)	(0. 001)	(0. 001)	(0. 006)	(0. 005)	(0. 004)	(0. 003)	(0. 004)	(0. 005)
PUB	-0. 0004 *	-0. 001 *	-0. 001 *	-0. 0002 *	0. 002 *	-0. 001 *	-0. 001 **	0. 0003	0. 004 *	0. 003 *	0. 004 *	-0. 008 *
	(0. 00005)	(0. 0001)	(0. 0002)	(0. 0001)	(0. 0002)	(0. 0001)	(0. 0006)	(0. 001)	(0. 001)	(0. 0001)	(0. 0004)	(0. 001)

续表

变量	$\ln N1^z-\ln N1$			$\ln N2^z-\ln N2$			$\ln N3^z-\ln N3$			$\ln N4^z-\ln N4$		
	东部	中部	西部	东部	中部	西部	东部	中部	西部	东部	中部	西部
TEC	0.064*	0.055*	-0.01*	0.118*	0.086*	0.018*	0.159*	0.083*	0.119*	0.002	0.06*	0.024***
	(0.002)	(0.002)	(0.003)	(0.005)	(0.004)	(0.005)	(0.017)	(0.016)	(0.008)	(0.005)	(0.006)	(0.013)
DOCTOR	-0.039*	-0.006	0.005*	-0.006*	0.019*	-0.001	0.086*	0.119*	0.005***	-0.006***	0.027*	0.056*
	(0.001)	(0.001)	(0.001)	(0.001)	(0.001)	(0.001)	(0.008)	(0.009)	(0.003)	(0.004)	(0.004)	(0.005)
PARK	-0.006*	-0.008*	0.007*	0.006*	0.0002	-0.004*	-0.01**	0.0001	0.019*	0.008*	-0.025*	-0.001
	(0.001)	(0.0004)	(0.0004)	(0.001)	(0.0004)	(0.0005)	(0.005)	(0.004)	(0.002)	(0.002)	(0.002)	(0.003)
O_2S	0.009*	0.003*	0.004*	-0.001*	-0.011*	-0.003*	0.001	-0.02*	0.003***	-0.011*	-0.015*	0.006*
	(0.0003)	(0.0003)	(0.0005)	(0.0003)	(0.0004)	(0.001)	(0.003)	(0.003)	(0.002)	(0.001)	(0.001)	(0.002)
常数项	-0.945*	-0.454*	0.012	-1.238*	-0.652*	-0.247*	-2.902*	-2.81*	-1.687*	-0.142*	-0.564*	-0.928*
	(0.016)	(0.012)	(0.023)	(0.039)	(0.036)	(0.043)	(0.201)	(0.203)	(0.086)	(0.035)	(0.079)	(0.089)
AR(1)	-3.44*	-2.792*	-3.142*	-4.479*	-4.064*	-2.798*	-3.841*	-4.632*	-2.305*	-8.046*	-9.332*	-7.159*
AR(2)	0.314	-1.193	-1.103	-1.028	1.378	-0.43	1.055	-1.589	0.292	1.07	0.332	0.122
Sargan	98.587	98.834	76.592	98.154	94.606	76.075	88.615	87.01	74.576	100.318	99.039	78.586
CHI2	2.25e+06	2.59e+06	1.97e+06	341744.26	140461	80935.81	5241.61	1944.09	13449.82	161786.81	27943.25	33496.76
观测值	1276	1233	922	1224	1278	959	840	824	594	1288	1273	960

注：*、**、***分别表示在1%、5%和10%置信水平下显著；括号内数值是标准差。

从表7-5的结果看，不论是城市人口规模还是地域规模，城市规模偏差AR(1)检验的Z统计量均是在1%置信水平下显著，AR(2)检验的Z统计量均在10%置信水平下不显著；意味着工具变量是外生的。Sargan检验也在10%置信水平下不显著，意味着工具变量是有效的。这表明分地区进行SYS-GMM回归考察三大地区政治经济因素对城市规模偏差的影响是成立的。

从分地区城市总人口偏差来看，长期内政府干预程度、制造业专业化程度、产业多样化程度、对外开放程度、基础设施水平、公共交通状况和污染状况对城市总人口偏差的影响在三大地区的符号是相同的，其中对外开放程度和污染状况对城市总人口偏差的影响在三大地区均是正向的；其他5个变量对城市总人口偏差的影响在三大地区均是负向的。这表明，当城市总人口偏差为正，即城市实际总人口规模小于Zipf分布规模时，政府干预程度、制造业专业化程度、产业多样化程度、对外开放程度和公共交通状况提高或改善可以有效地缩小城市总人口规模偏差，使得城市总人口实际分布逐渐契合Zipf分布。当城市总人口偏差为负，即城市实际总人口规模大于Zipf分布规模时，对外开放程度和污染状况提高或加重可以有效地增大城市总人口规模偏差，使得城市总人口实际分布逐渐契合Zipf分布。长期内工资水平、教育水平、医疗水平和城市环境对城市总人口偏差的影响在三大地区并不一致，其中工资水平和教育水平在东部和中部地区可以有效地扩大城市总人口偏差，医疗水平和城市环境在东部和中部地区显著地缩小了城市总人口偏差，在西部地区的效果却相反，但是工资水平对城市总人口偏差的回归系数在西部地区并不具有统计显著性。

从分地区市辖区人口偏差来看，长期内对外开放程度、教育水平和污染状况对市辖区人口偏差的影响在三大地区是一致的，其中对外开放程度和教育水平对市辖区人口偏差的回归系数为正向，污染状况对市辖区人口偏差的回归系数为负向。这表明，当市辖区人口偏差为正，即市辖区实际人口规模小于Zipf分布规模时，污染状况加剧可以有效地缩小城市总人口规模偏差，使得市辖区人口实际分布逐渐契合Zipf分布。当市辖区人口偏差为负，即市辖区实际人口规模大于Zipf分布规模时，对外开放程度和教育水平提高可以有效地增大市辖区人口规模偏差，使得市辖区人口实际分布逐渐契合Zipf分布。长期内政府干预程度、制造业专业化程度、产业多样化程度、基础设施水平、公共交通状况、医疗水平和城市环境对市辖区人口偏差影响在三大地区不完全相同，其中政府干预程度、制造业专业化程度、公共交通状况和医疗水平在东部和西部地区对市辖区人口偏差的影响是一致的，在中部地区的效果却相反。产业多样化程度和工资水平对市辖区人口偏差的影响在东部和中部地区是负向的，在西部地区却是正向的。基础设施水平对市辖区人口偏差的回归系数仅在东部和中部地区具有统计显著性，并且两个地区的影响相反；城市环境对市辖区人口偏差的回归系数在东部和西部地区具有统计显著性，分别为 0.006 和-0.004。

对于分地区非农人口偏差而言，长期内三大地区政府干预程度、工资水平、基础设施水平、教育水平和医疗水平对非农人口偏差的回归系数符号是一致的，其中政府干预程度对非农人口偏差的影响为负向，其他三个变量回归系数为正向，并且除西部地区基础设施水平的回归系数符号不显著外，其他变量的回归系数均在 10%置信水平下显著。这意味着当非农人口偏差为正，即实际非农人口规模小于 Zipf 分布规模时，政府干预程度的提高可以有效地缩小非农人口规模偏差，使得非农人口实际分布逐渐契合 Zipf 分布。当非农人口偏差为负，即实际非农人口规模大于 Zipf 分布规模时，工资水平、基础设施水平、教育水平和医疗水平提高可以有效地增大非农人口规模偏差，使得城市非农人口实际分布逐渐契合 Zipf 分布。长期内制造业专业化程度、产业多样化程度、对外开放程度、公共交通状况、城市环境和污染状况对非农人口偏差的影响在三大地区并不一致，其中制造业专业化程度、公共交通状况和城市环境在东部地区对非农人口偏差的影响为负，在中部和西部地区的偏差影响为正。产业多样化程度的回归系数仅在中部地区显著为-0.03；对外开放程度的回归系数仅在东部地区显著为 0.326，在中部和西部地区缺乏统计显著性。污染状况的回归系数在中部和西部具有统计显著性，分别是-0.02 和 0.003。

对于分地区建成区面积偏差而言，长期内三大地区制造业专业化程度、工资水平、对外开放程度和教育水平对建成区面积偏差的回归系数符号是一致的，其中制造业专业化程度对建成区面积偏差的影响为负，其他三个变量对建成区面积偏差的影响为正。这表明，当建成区面积偏差影响为正，即实际建成区面积规模小于 Zipf 分布规模时，制造业专业化程度的增加可以有效地缩小建成区面积的规模偏差，使得建成区面积实际分布逐渐契合 Zipf 分布。当建成区面积的规模偏差为负，即实际建成区面积大于 Zipf 分布规模时，工资水平、对外开放程度和教育水平的提高可以有效地增大建成区面积规模偏差，使得建成区面积实际分布逐渐契合 Zipf 分布。长期内三大地区政府干预程度、产业多样化程度、基础设施水平、公共交通状况、医疗水平、城市环境和污染状况对建成区面积偏差的回归系数符号并不一致，其中产业多样化程度、基础设施水平和城市环境在东部地区对建成区面积偏差影响为正，在中部和西部地区对建成区面积偏差影响为负。政府干预程度和医疗水平在东部地区对建成区面积偏差影响为负，在中部和西部地区偏差影响为正，并且均在1%置信水平下显著。公共交通状况在东部和中部地区对建成区面积的偏差影响为正，分别为0.003和0.004，但在西部地区为负。污染状况对建成区面积的偏差影响与公共交通状况正好相反。

四、城市规模偏差的面板 Logit 回归

本节的前两部分研究了政治经济因素对城市规模偏差的影响，发现各变量对城市规模偏差的影响仍取决于城市规模偏差的符号，也就是说实际城市规模大于或小于 Zipf 分布规模对各变量是否起作用至关重要。参考 González-Val(2011)的研究，利用 Logit 模型考察政治经济因素对城市规模偏差的影响，本节最大的差异在于利用的是面板 Logit 模型，而非 González-Val(2011)运用的多元 Logit 模型。具体来看，本书将城市规模偏差为正的城市设为1，城市规模偏差为负的城市设为0，重新对城市总人口偏差、市辖区人口偏差、非农人口偏差和建成区面积偏差进行验证，即验证哪些因素导致了实际城市规模偏小。具体的回归结果见表7-6。

表7-6 全样本城市规模偏差的面板 Logit 回归

变量	$\ln N1^z-\ln N1$	$\ln N2^z-\ln N2$	$\ln N3^z-\ln N3$	$\ln N4^z-\ln N4$
INV	11.403*	4.7*	-2.899	1.318*
	(2.082)	(2.084)	(3.025)	(0.79)
MaI	-1.116***	-0.904*	0.982	-0.086
	(0.639)	(1.129)	(0.806)	(0.307)
JaI	-0.081***	-0.024	0.069	-0.124*
	(0.064)	(0.074)	(0.074)	(0.034)
wagegap	0.512***	-0.382	1.462*	1.52*
	(0.308)	(0.284)	(0.48)	(0.155)
OPEN	-2.923**	-3.904*	-0.485	-0.277
	(1.13)	(1.129)	(1.349)	(0.685)
ROAD	-0.174	0.063	0.225	-0.323*
	(0.217)	(0.221)	(0.317)	(0.116)
PUB	0.014	0.001	-0.01	-0.004
	(0.017)	(0.016)	(0.019)	(0.01)
TEC	2.023*	2.436*	-1.766*	-0.203
	(0.486)	(0.507)	(0.543)	(0.178)
DOCTOR	-0.505	-1.981*	0.678	0.485*
	(0.329)	(0.416)	(0.461)	(0.169)
PARK	-0.105	-0.028	0.255	-0.066
	(0.165)	(0.172)	(0.184)	(0.092)

续表

变量	$\ln N1^z-\ln N1$	$\ln N2^z-\ln N2$	$\ln N3^z-\ln N3$	$\ln N4^z-\ln N4$
O_2S	-0.529*	-0.467*	-0.284*	-0.091***
	(0.103)	(0.108)	(0.131)	(0.049)
PRO	10.904*	15.642*	10.071*	0.877*
	(1.401)	(1.255)	(1.196)	(0.288)
常数项	-18.699*	-7.026	-6.918	-13.836*
	(4.638)	(4.398)	(5.183)	(1.7)
CHI2	197.15	226.22	147.28	267.92
对数似然值	-1096.07	-877.376	-714.714	-2101.969
观测值	4143	4215	3075	4210

注：*、**、***分别表示在1%、5%和10%置信水平下显著；括号内数值是标准差。

从表7-6可以看出，对于城市总人口规模偏差而言，政府干预程度、制造业专业化程度、产业多样化程度、工资水平、对外开放程度、教育水平、污染状况和是否是省会以上城市对城市总人口规模偏小具有显著影响，基础设施水平、公共交通状况、医疗水平和城市环境对城市总人口规模偏小的解释力较弱，其中政府干预程度、工资水平、教育水平和是否是省会以上城市对城市总人口规模偏小具有积极影响，它们的回归系数分别是11.403、0.512、2.023和10.904，意味着这四个变量提高了城市总人口规模偏小的概率，并且政府干预程度和是否是省会以上城市对城市总人口规模偏小的概率的影响大于工资水平和教育水平。制造业专业化程度、产业多样化程度、对外开放程度和污染状况对城市总人口规模偏小的概率有负向影响，它们的回归系数分别是-1.116、-0.081、-2.923和-0.529，这意味着集聚因素会降低城市总人口规模偏小的概率，与经济集聚程度较高的城市，城市总人口规模较大的实事相契合；沿海对外开放程度较高的城市，城市总人口规模也较大。

从市辖区人口规模偏差来看，政府干预程度、制造业专业化程度、对外开放程度、教育水平、医疗水平、污染状况和是否是省会以上城市对市辖区人口规模偏小具有显著影响，产业多样化程度、工资水平、基础设施水平、公共交通状况和城市环境对市辖区人口规模偏小的概率不具有显著影响。其中政府干预程度、教育水平和是否是省会以上城市对市辖区人口规模偏小的概率具有积极影响，它们的回归系数分别是4.7、2.436和15.642，这意味着市辖区人口规模偏小主要受到政府因素或政治因素的影响，通常情况下，省会以上城市和政府支出规模较大的城市，会集中更多的公共服务资源，在现有的户籍管理体制下，会限制外来人口进入城市的社会保障体系，从而导致城市的实际市辖区人口规模小于Zipf分布规模，导致市辖区人口规模偏小。

制造业专业化程度、对外开放程度、医疗水平和污染状况对市辖区人口规模偏小具有负向影响，它们的回归系数分别是-0.904、-3.904、-1.981 和-0.467，显示出这四个变量降低了市辖区人口规模偏小的概率，与上文类似，经济集聚因素和公共服务提高了城市对劳动力和居民的吸引力，使得市辖区人口的数量大于 Zipf 分布的规模，从而降低了市辖区人口规模偏小的概率。

从非农人口规模偏差来看，仅有工资水平、教育水平、污染状况和是否是省会以上城市对非农人口偏小具有显著影响，其中工资水平和是否是省会以上城市对非农人口偏小有积极影响，它们分别为 1.462 和 10.071；教育水平和污染状况对非农人口偏小具有消极影响，分别为-1.766 和-0.284。这表明，工资水平和 PRO 提高了非农人口规模偏小的概率，意味着省会以上城市和工资水平较高的城市的实际规模要小于 Zipf 分布的规模。教育水平和污染状况降低了非农人口规模偏小的概率，意味着公共服务水平高、经济发展程度较高的城市，通常会吸引更多劳动者从事非农活动，进而导致城市的非农人口数量大于 Zipf 分布的规模。最后，需要指出，政府干预程度、制造业专业化程度、产业多样化程度、对外开放程度、基础设施水平、公共交通状况、医疗水平和城市环境对非农人口规模偏小不具有显著解释力。

从建成区面积规模偏差来看，政府干预程度、产业多样化程度、工资水平、基础设施水平、医疗水平、污染状况和是否是省会以上城市对建成区面积偏小具有显著影响，其中政府干预程度、工资水平、医疗水平和是否是省会以上城市对建成区面积偏小产生积极影响，它们的回归系数分别是 1.318、1.52、0.485 和 0.877；产业多样化程度、基础设施水平和污染状况对建成区面积偏小产生消极影响，这表明前四个变量会提高建成区面积偏小的概率，其中政府干预程度和工资水平的作用更大；后三个变量降低了建成区面积偏小的概率。这意味集聚经济对城市的地域面积影响更为明显，不论是省会以上城市，还是政府支出规模较大的城市，均具有较高的工资水平，会导致城市的地域规模具有更快的扩张速度，使得这些城市集中更多的公共资源，可能会导致实际的城市地域规模大于 Zipf 分布规模。产业多样化程度、道路面积和污染状况，势必与城市的多种产业扩张、企业布局和基础设施完善相配，造成城市规模的快速扩张，使得城市的实际地域规模大于 Zipf 分布规模，例如工业园区、高新区密集分布的城市。最后，需要指出，制造业专业化程度、对外开放程度、公共交通状况和城市环境对建成区面积偏小不具有显著影响。

接下来，本节继续探讨政治经济因素对分地区城市规模偏差为 1 的影响，仍运用面板 Logit 方法，具体回归结果见表 7-7。

表 7-7　分地区城市规模偏差的面板 Logit 回归

变量	$\ln N1^z-\ln N1$			$\ln N2^z-\ln N2$			$\ln N3^z-\ln N3$			$\ln N4^z-\ln N4$		
	东部	中部	西部	东部	中部	西部	东部	中部	西部	东部	中部	西部
INV	2.493	10.152**	25.044*	0.419	-3.382	8.592**	5.337	7.996	-15.099*	0.779	1.344	2.284***
	(5.346)	(4.11)	(5.432)	(3.195)	(5.066)	(3.512)	(6.54)	(8.79)	(5.651)	(1.399)	(2.096)	(1.184)
MaI	-2.31**	-0.613	-0.578	-3.708*	-0.146	2.296	1.77	-0.321	1.565	1.298**	-1.022***	-0.609
	(1.036)	(0.622)	(1.788)	(1.254)	(0.637)	(1.81)	(1.233)	(1.370)	(1.978)	(0.606)	(0.587)	(0.63)
JaI	-0.051	-0.21***	-0.143	-0.046	0.063	0.1	0.092	-0.075	-0.04	-0.097***	-0.15**	-0.097
	(0.079)	(0.124)	(0.161)	(0.114)	(0.154)	(0.162)	(0.091)	(0.213)	(0.213)	(0.057)	(0.065)	(0.064)
wagegap	1.133**	-0.452	2.221*	0.67	0.469	-0.451	0.23	1.858	2.586*	1.553*	2.119*	1.07*
	(0.569)	(0.643)	(0.744)	(0.606)	(0.762)	(0.571)	(0.367)	(1.374)	(0.708)	(0.257)	(0.325)	(0.308)
OPEN	-1.603	-54.308*	13.726	-2.346***	-20.509	17.864***	3.528**	-16.685	-67.104*	0.617	2.764	0.578
	(1.296)	(14.615)	(8.923)	(1.405)	(15.612)	(9.531)	(1.559)	(14.225)	(21.862)	(0.841)	(4.232)	(5.412)
ROAD	0.617***	-0.115	-2.183*	1.368*	0.055	-2.178*	1.336*	0.56	-1.682***	-0.434**	-0.651*	-0.011
	(0.355)	(0.41)	(0.755)	(0.479)	(0.483)	(0.628)	(0.477)	(0.831)	(0.651)	(0.207)	(0.222)	(0.195)
PUB	-0.017	0.174*	0.269*	-0.037***	0.202*	0.256*	-0.017	-0.059	0.027	0.002	-0.041	-0.047
	(0.021)	(0.057)	(0.097)	(0.019)	(0.063)	(0.09)	(0.022)	(0.132)	(0.117)	(0.011)	(0.032)	(0.035)
TEC	4.611*	-0.81	-0.907	4.423*	0.339	0.898	0.232*	-3.148**	-2.056***	0.245	0.035	-0.652**
	(0.916)	(1.13)	(0.672)	(1.021)	(1.346)	(0.591)	(1.018)	(1.454)	(1.181)	(0.344)	(0.323)	(0.289)
DOCTOR	-0.79	-0.091	1.968*	-2.723*	-3.051*	-0.274	0.241*	3.339*	-0.725	0.14	0.534***	0.546**
	(0.571)	(0.676)	(0.65)	(0.798)	(0.953)	(0.784)	(0.74)	(1.172)	(0.999)	(0.336)	(0.305)	(0.263)

续表

变量	$\ln N1^z-\ln N1$			$\ln N2^z-\ln N2$			$\ln N3^z-\ln N3$			$\ln N4^z-\ln N4$		
	东部	中部	西部	东部	中部	西部	东部	中部	西部	东部	中部	西部
PARK	-1.108*	-0.914*	1.237*	-1.131*	-1.268*	1.026*	0.215	-0.301	0.178	0.271	-0.07	-0.245
	(0.351)	(0.328)	(0.386)	(0.411)	(0.413)	(0.364)	(0.381)	(0.513)	(0.348)	(0.181)	(0.164)	(0.149)
O_2S	-0.539*	-0.268	-0.595**	-0.771*	-0.025	-0.055*	-0.115	-0.624***	-1.133*	-0.049	-0.017	-0.176***
	(0.144)	(0.179)	(0.294)	(0.182)	(0.193)	(0.278)	(0.185)	(0.362)	(0.368)	(0.082)	(0.086)	(0.092)
PRO	8.654*	21.036*	1.963	15.291*	24.434*	5.416	6.054*	18.413*	3.427	0.239	0.912	1.572*
	(1.649)	(3.247)	(2.455)	(2.6)	(3.184)	(2.055)	(1.941)	(3.018)	(2.837)	(0.444)	(0.587)	(0.555)
常数项	-44.223*	25.227**	-25.3*	-25.516*	17.857	-5.17	-20.812*	-16.592	23.782*	-19.131*	-20.258*	-5.098***
	(8.68)	(11.12)	(7.841)	(9.787)	(12.428)	(6.709)	(10.036)	(15.805)	(10.203)	(3.3)	(3.291)	(2.992)
CHI2	95.77	67.73	112.7	87.84	85.47	54.26	69.95	77.89	43.42	114.17	127.83	47.34
对数似然值	-421.76	-357.72	-234.01	-351.17	-278.54	-188.76	-308.18	-193.52	-159.63	-762.9	-716.78	-599.88
观测值	1528	1520	1095	1552	1523	1140	1141	1122	812	1552	1521	1137

注：*、**、***分别表示在1%、5%和10%置信水平下显著；括号内数值是标准差。

从表 7-7 可以看出，对于分地区城市总人口规模偏小而言，制造业专业化程度、工资水平、基础设施水平、教育水平、城市环境、污染状况和是否是省会以上城市对东部地区城市总人口规模偏小具有显著影响，其中工资水平、基础设施水平、教育水平和是否是省会以上城市四个变量对东部地区城市总人口偏小具有积极影响，它们的回归系数分别是 1.133、0.617、4.611 和 8.654；制造业专业化程度、城市环境和污染状况对东部地区城市总人口偏小具有负向显著影响，它们的回归系数分别是-2.31、-1.108 和-0.539。政府干预程度、产业多样化程度、对外开放程度、公共交通状况和医疗水平对东部地区城市总人口规模偏小不具有显著解释力。对于中部和西部地区城市总人口规模偏差而言，政府干预程度和公共交通状况具有显著正向影响；是否是省会以上城市仅对中部地区城市总人口规模偏小具有正向影响，为 21.036。可见，政治因素对中部地区城市总人口规模偏小的重要影响。同时，产业多样化程度、对外开放程度和城市环境对中部地区城市总人口规模偏小具有负向影响，其中对外开放程度对中部地区的城市发展具有更重要的意义，对外开放程度越高的中部城市，其总人口规模超过 Zipf 分布规模的概率越大。制造业专业化程度、工资水平、基础设施水平、教育水平、医疗水平和污染状况对中部地区城市总人口规模偏小不具有显著解释力。对于西部地区城市总人口规模偏小的概率，工资水平、医疗水平和城市环境均具有显著正向影响，分别为 2.221、1.968 和 1.237；基础设施水平和污染程度对它有显著负向影响，分别为-2.183 和-0.595。另外，MaI、JaI、OPEN 和 TEC 对西部地区城市总人口规模偏差为正不具有显著影响。

对于分地区市辖区人口规模偏小而言，只有教育水平和是否是省会以上城市对东部地区市辖区人口规模偏小产生积极影响，它们的回归系数分别为 4.423 和 15.291；制造业专业化程度、对外开放程度、公共交通状况、医疗水平、城市环境和污染状况均对东部地区市辖区人口规模偏小具有负向显著影响，意味着这 6 个变量降低了东部地区市辖区人口规模偏小的概率，换言之，它们会增强东部地区城市对劳动者和居民的吸引力，因而东部地区市辖区人口规模可能会大于 Zipf 分布规模。另外，产业多样化程度和工资水平对东部地区市辖区人口规模偏小不具有显著影响。对中部地区市辖区人口规模偏小而言，只有公共交通状况、医疗水平、城市环境和是否是省会以上城市四个变量具有显著影响，其中公共交通状况和 PRO 对中部地区市辖区人口规模偏小的回归系数为正，分别为 0.202 和 24.434；医疗水平和城市环境的回归系数为负，分别是-3.051 和-1.268；意味着前两个变量提高了中部地区市辖区人口规模偏小的概率，后两个变量降低了中部地区市辖区人口规模偏小的概率。INV、MaI、JaI、wagegap、OPEN、ROAD、TEC 和 O_2S 对中部地区市辖区人口规模偏小不具有显著解释力。对于西部地区市辖区人口规模偏小而言，政府干预程度、对外开放程度、基础设施水平、公共交通状况、城市环境和污染状况均具有显著影响，其中政府干预程度、对外开放程度、公共交通状况和城市环境具有积极影响，提高了西部地区市辖区人口规模偏小的概率；基础设施水平和污染状况对它有负向影响，降低了对西部地区市辖区人口规模偏小的概率。制造业专业化程度、产业多样化程度、工资水平、教育水平、医疗水平和是否是省会以上城市对西部地区市辖区人口规模偏小不具有显著影响。

对于分地区非农人口规模偏小而言，政治经济因素解释力较弱，只有对外开放程度、基础设施水平、教育水平、医疗水平和是否是省会以上城市对东部地区非农人口偏小具有显著影响，并且它们的回归系数均为正，意味着这 5 个变量提高了东部地区非农人口规模偏小的概率。其他的变量对东部地区非农人口规模偏小不具有显著影响。对于中部地区非农人口规模偏小，教育水平、医疗水平、污染程度和是否是省会以上城市对它具有显著解释力，它们的回归系数分别是-3. 148、3. 339、-0. 624 和 18. 413，意味着 PRO 提高了中部地区非农人口偏小的概率，TEC 和 O_2S 降低了中部地区非农人口偏小的概率。INV、MaI、JaI、wagegap、OPEN、ROAD、PUB 和 PARK 对中部地区非农人口规模偏小的回归系数不显著。对于西部地区非农人口规模偏小而言，政府干预程度、工资水平、对外开放程度、基础设施水平、教育水平和污染状况对它有显著影响，除工资水平的回归系数为正外，提高了西部地区非农人口规模偏小的概率；其他四个变量的回归系数均为负，降低了西部地区非农人口规模为正的概率。另外，MaI、JaI、PUB、DOCTOR、PARK 和 PRO 对西部地区非农人口规模偏小不具有显著影响。

对于分地区建成区面积偏小而言，仅有制造业专业化程度、产业多样化程度、工资水平和基础设施水平对东部地区建成区面积偏小具有显著影响，其中 MaI 和 wagegap 的回归系数为正，提高了东部地区建成区面积偏小的概率；后两个的回归系数为负，降低了东部地区建成区面积偏小的概率。表明经济集聚对东部地区建成区面积偏小具有重要的解释力；其他变量对东部地区建成区面积偏小不具有显著影响。同样，制造业专业化程度、产业多样化程度、工资水平和基础设施水平在中部地区也具有显著影响，并且医疗水平对中部地区建成区面积规模偏差也具有正向影响，不过 MaI 对中部地区建成区面积偏小的影响为负。政府干预程度、对外开放程度、公共交通状况、教育水平、城市环境、污染状况和是否是省会以上城市对建成区面积偏小不具有显著影响。对于西部地区建成区面积偏小而言，政府干预程度、工资水平、教育水平、医疗水平、污染状况和是否是省会以上城市对它有显著影响，其中政府干预程度、工资水平、医疗水平和是否是省会以上城市的回归系数为正，分别是2.284、1.07、0.546和1.572；教育水平和污染状况对西部地区建成区面积偏小的回归系数为负，分别是-0.652和-0.176；前四个变量提高了西部地区建成区面积偏小的概率，后两个变量的效果则相反。制造业专业化程度、产业多样化程度、对外开放程度、基础设施水平、公共交通状况和城市环境对西部地区建成区面积偏小不具有显著影响，这意味着集聚经济在西部地区城市并未得到很好发展，同时，对外开放程度较低、基础设施和公共服务不完善导致西部地区的建成区面积还有很大的发展空间。

综上所述，本节考察了全国和分地区政治经济因素对城市规模偏差的短期和长期影响，发现短期内政治因素、公共服务因素和集聚经济因素对全国城市规模偏差有较强的解释力，分地区来看，除了城市环境，政治因素、公共服务因素和集聚经济因素能较好地解释三大地区的城市总人口规模偏差；对于三大地区市辖区人口规模偏差而言，短期内政府干预程度和城市环境的解释力较差，其他因素能较好地解释三大地区市辖区人口规模偏差。对于非农人口规模偏差而言，短期内产业多样化程度和工资水平对东部地区非农人口规模偏差的影响是不显著的，其他政治因素、公共服务因素和集聚经济因素对东部地区均显著，并且它们能较好地解释短期中部和西部地区非农人口规模偏差。对于建成区面积规模偏差而言，短期内公共服务因素和集聚经济因素能较好地解释东部和中部地区的建成区面积规模偏差，但是制造专业化程度、产业多样化程度、政府干预程度以及公共交通状况对它们的短期影响是不显著的，在西部地区这些因素均显著，意味着政治因素、公共服务因素和集聚经济因素能较好地解释西部地区建成区面积规模偏差。最后需要指出的是，短期内各变量对城市规模偏差的影响受制于城市规模偏差为正数或负数，当城市规模偏差为正时，只有回归系数为负的变量才能缩小实际城市规模与Zipf分布规模的偏差，回归系数为正的变量效果则相反；当城市规模偏差为负时，只有回归系数为正的变量才能缩小实际城市规模与Zipf分布规模的偏差，回归系数为负的变量效果则相反。就全国而言，短期内大多数公共服务因素对城市规模偏差的影响为负，政治因素和集聚经济因素对城市规模偏差影响为正。分地区而言，短期内政治因素对三大地区的城市规模偏差影响基本是正向的，公共服务因素和集聚经济因素中的产业多样化程度、对外开放程度、基础设施水平和教育水平在部分地区对城市规模偏差的影响为正，与全国样本的效果相反。

长期内政治因素、公共服务因素和集聚经济因素仍能较好地解释全国城市规模偏差，但是产业多样化程度无助于解释城市总人口规模偏差和市辖区人口规模偏差的动态变化。长期内分地区城市规模偏差的回归结果类似，仍可以用这三大类因素进行解释，只有工资水平、对外开放程度和基础设施水平等经济集聚因素对部分地区城市规模偏差动态变化不具有显著解释力。同样，长期内各变量对城市规模偏差动态变化的解释力取决于城市规模偏差的符号，当城市规模偏差为正时，只有回归系数为负的变量才能缩小实际城市规模与长期 Zipf 分布规模的偏差，回归系数为正的变量效果则相反；当城市规模偏差为负时，只有回归系数为正的变量才能缩小实际城市规模与长期 Zipf 分布规模的偏差，回归系数为负的变量效果则相反。就全国而言，长期内政治因素对城市总人口规模偏差、市辖区人口规模偏差和非农人口规模偏差影响为负，对建成区面积规模偏差影响为正。长期内集聚经济因素和公共服务因素对市辖区人口规模偏差、非农人口规模偏差和建成区面积规模偏差影响为正，部分因素长期内对城市总人口规模偏差的效果相反。但是长期内产业多样化程度对市辖区人口规模偏差、非农人口规模偏差和建成区面积规模偏差的影响为负，污染状况对市辖区人口规模偏差和建成区面积规模偏差影响为负。分地区来看，长期内政治因素对城市规模偏差的影响并不是确定的，对于城市总人口规模偏差和建成区面积规模偏差，在多数地区是正向的；对于市辖区人口规模偏差和非农人口规模偏差，几乎显著为负向效果。长期内公共服务因素对城市总人口规模偏差在东部和中部地区负向影响显著，但是它们对市辖区人口规模偏差、非农人口规模偏差和建成区面积规模偏差的影响以正向为主，除了西部地区的市辖区人口规模偏差和医疗水平在部分地区的长期影响。集聚经济因素中，长期内制造业专业化程度和产业多样化程度在三大地区对城市规模偏差产生显著的负向影响，工资水平、对外开放程度和公共交通状况对城市规模偏差的影响也多为正向，基础设施水平和污染状况对三大地区的建成区面积规模偏差影响为负。

最后，本节通过面板 Logit 模型考察哪些因素是影响城市规模偏小的因素。就全国而言，政治因素和部分集聚经济因素能较好地解释城市规模偏小，其中政治因素对城市规模偏差的影响显著为正，制造业专业化程度和对外开放程度仅对城市总人口规模偏小和市辖区人口规模偏小具有消极影响，产业多样化程度仅对城市总人口规模偏小和建成区面积偏小产生负向影响。工资水平对城市总人口规模偏小、市辖区人口规模偏小和建成区面积偏小产生积极影响；教育水平仅对城市总人口和市辖区人口规模偏小具有正向影响；污染状况对城市规模偏小具有负向影响。此外，基础设施水平对建成区面积规模偏差具有负向影响。当变量的回归系数为正，意味着提高了城市规模偏小的概率；当变量回归系数为负，降低了城市规模偏小的概率。分地区来看，政治因素对西部地区城市规模偏差解释力较强，并且是否是省会以上城市对三大地区城市总人口规模偏小、市辖区人口规模偏小和非农人口规模偏小具有显著正向影响。污染状况和城市环境对城市总人口规模偏小和市辖区人口规模偏小产生显著负向影响，此外，对外开放程度、基础设施水平和医疗水平对中部和西部地区城市总人口规模偏小和市辖区人口规模偏小、西部地区非农人口规模偏小以及东部和中部地区建成区面积偏小具有较好解释力。集聚经济因素仅对东部地区城市总人口规模偏小、市辖区人口规模偏小和中部、东部地区建成区面积偏小产生显著影响。

第二节　中国地级市 Gibrat 分布规模偏差

虽然 Eeckhout（2004）证明了 Gibrat 分布能很好地描述大样本下城市规模的分布状况，但是小样本下 Gibrat 分布不是完全成立的，特别是上尾部分和下尾部分。历年中国地级市数据呈现这个特征，在本书的第五章得到体现，这就凸显出研究 Gibrat 分布规模偏差的重要意义。魏守华等（2015）用多元 Logit 回归方法研究了 2011 年中国地级市 Gibrat 分布规模偏差问题，发现集聚经济因素和公共服务因素对不同偏差规模城市有重要影响。本节拟选用政治因素、集聚经济因素和公共服务因素研究面板数据下 Gibrat 分布规模偏差的决定问题。因此，构建如下计量模型：

$$\ln N^G-\ln S_{it}=e_0+e_1\times INV_{it}+e_2\times MaI_{it}+e_3\times JaI_{it}+e_4\times wagegap_{it}+E\times X+\varepsilon_{it} \quad (7-7)$$

其中，各变量的含义与第一节相同，X 是一系列控制变量，分别包括各城市的对外开放程度（OPEN）、基础设施水平（ROAD）、公共交通状况（PUB）、教育水平（TEC）、医疗水平（DOCTOR）、城市环境（PARK）、污染状况（O_2S）以及是否是省会以上城市（PRO），e_1、e_2、e_3、e_4 和 E 为相对应的回归系数或系数矩阵，ε_{it}为残差项。

一、变量说明和数据来源

被解释变量是 $\ln N^G-\ln S_{it}$，根据式（7-4）预测了 $\ln N^G$，分别选取 1997—

2013 年 253 个地级市数据，剔除了运城、鄂尔多斯、乌兰察布、巴彦淖尔、呼伦贝尔、松原、台州、池州、宣城、抚州、荆州、黄冈、揭阳、云浮、防城港、贺州、来宾、崇左、眉山、广安、达州、巴中、资阳、丽江、思茅、临沧、商洛、庆阳、定西、陇南、固原、中卫、巢湖、铜仁、毕节、拉萨和三沙。分别考察了城市总人口（N1）、市辖区人口（N2）、非农人口（N3）和建成区面积（N4）与 Gibrat 分布规模偏差。当 $\ln N^G-\ln S_{it}$ 为正时，意味着实际城市规模小于 Gibrat 分布规模；当 $\ln N^G-\ln S_{it}$ 为负时，意味着实际城市规模大于 Gibrat 分布规模。城市人口规模和地域规模数据来自历年《中国城市统计年鉴》。需要说明的是，$\ln N^G-\ln S_{it}$ 是以 1990 年为基期开始预测的，换言之，设定 1990 年各城市的实际规模与 Gibrat 分布规模相同，受限于污染程度数据始于 1997 年，因而，选取了 1997—2013 年的数据检验中国地级市 Gibrat 分布规模偏差问题。

解释变量和控制变量主要包括 INV、MaI、JaI、OPEN、ROAD、PUB、TEC、DOCTOR、PRAK 以及 O_2S 和 PRO，其中，INV 在第四章第三节进行了描述，表 4-5 和表 4-6 中分别给出了 INV 的描述性统计和单位根检验；MaI、JaI、OPEN、ROAD、PUB、TEC、DOCTOR、PRAK、O_2S 和 PRO 在表 4-16 和表 4-17 中分别给出它们的描述性统计和单位根检验，本节不再进行检验。本节仅报告出 N1、N2、N3 和 N4 分别计算 $\ln N^G-\ln S_{it}$ 的描述性统计和单位根检验，具体结果见表 7-8。

表 7-8　中国地级市 Gibrat 分布规模偏差的描述性统计和单位根检验

变量		$\ln N1^G-\ln N1$	$\ln N2^G-\ln N2$	$\ln N3^G-\ln N3$	$\ln N4^G-\ln N4$
描述性统计	观测值	4027	4299	2733	4295
	均值	-0.404	-0.089	-0.234	-0.157
	标准差	1.053	0.841	0.696	1.197
	最小值	-3.953	-2.762	-2.6	-5.514
	最大值	1.504	4.205	1.216	5.779
单位根检验	原值平稳性	21.029 不平稳	14.573 不平稳	13.633 不平稳	13.158 不平稳
	差分*平稳性	-9.008 I(1)	-4.264 I(1)	-5.168 I(1)	-9.967 I(1)

注：单位根检验结果仅报告了反正态分布的统计量；* 表示一阶差分。

从表 7-8 可以看出，城市总人口、市辖区人口、非农人口和建成区面积的 Gibrat 分布规模偏差均在一阶差分时平稳，服从 I(1)过程，与其他变量也均服从 I(1)过程。

二、三大因素对中国地级市 Gibrat 分布规模偏差的影响

本节仍遵循第一节的研究范式，从政治因素、集聚经济因素和公共服务因素三类指标探讨中国地级市 Gibrat 分布规模偏差问题，运用面板广义 OLS 方法进行回归，以避免各变量可能存在多重共线性；分别检验了这三大因素对中国地级市城市总人口、市辖区人口、非农人口和建成区面积 Gibrat 分布规模偏差的影响，具体结果见表 7-9。

表 7-9 全样本三大因素对中国地级市 Gibrat 分布规模偏差的影响

变量	$\ln N1^G-\ln N1$	$\ln N2^G-\ln N2$	$\ln N3^G-\ln N3$	$\ln N4^G-\ln N4$
INV	-1.923*	-0.166	-0.92*	-1.301*
	(0.143)	(0.105)	(0.154)	(0.147)
MaI	-0.465*	0.087*	-0.262*	0.007
	(0.037)	(0.023)	(0.033)	(0.045)
JaI	-0.055*	0.003	-0.006***	0.027*
	(0.004)	(0.003)	(0.004)	(0.005)
wagegap	0.109*	-0.177*	-0.036**	-0.273*
	(0.017)	(0.014)	(0.015)	(0.023)
OPEN	0.614*	-0.452*	0.08	-1.381*
	(0.065)	(0.08)	(0.051)	(0.112)
ROAD	0.152*	0.182*	-0.009	0.148*
	(0.015)	(0.01)	(0.012)	(0.016)
PUB	-0.008*	-0.017*	-0.001	0.01*
	(0.002)	(0.001)	(0.001)	(0.002)
TEC	-0.549*	-0.035**	-0.492*	-0.613*
	(0.016)	(0.015)	(0.018)	(0.021)
DOCTOR	0.303*	0.201*	0.313*	0.597*
	(0.018)	(0.016)	(0.021)	(0.023)
PARK	0.216*	0.055*	0.254*	0.361*
	(0.011)	(0.008)	(0.011)	(0.015)
O_2S	0.018*	0.018*	0.06*	0.075*
	(0.006)	(0.005)	(0.006)	(0.008)
PRO	0.012	0.581*	0.12*	0.72*

续表

变量	$\ln N1^{G}-\ln N1$	$\ln N2^{G}-\ln N2$	$\ln N3^{G}-\ln N3$	$\ln N4^{G}-\ln N4$
	(0.021)	(0.021)	(0.018)	(0.031)
常数项	-0.363**	-1.526*	0.302***	-0.988*
	(0.175)	(0.124)	(0.156)	(0.216)
CHI2	6910.71	4364.08	4202.18	7622.87
观测值	3078	3859	2716	3859

注：*、**、***分别表示在1%、5%和10%置信水平下显著；括号内数值是标准差。

从表7-9看，对于城市总人口Gibrat分布规模偏差而言，除了是否是省会以上城市的回归系数不具有统计显著性外，其他变量的回归系数均在10%置信水平下显著，其中INV、MaI、JaI、PUB和TEC对城市总人口的规模偏差产生负向影响，它们的回归系数分别为-1.923、-0.465、-0.055、-0.008和-0.549；意味着当城市总人口偏差为正，即实际城市总人口规模小于Gibrat分布规模时，这5个变量能有效地缩小城市总人口规模偏差，促使城市总人口规模分布趋近于Gibrat分布。工资水平、对外开放程度、基础设施水平、医疗水平、城市环境和污染状况对城市总人口规模偏差影响为正，它们的回归系数分别是0.109、0.614、0.152、0.303、0.216和0.018；意味着当城市总人口规模偏差为负，即实际城市总人口规模大于Gibrat分布规模时，这6个变量能提高城市总人口规模偏差，缩小偏差的绝对值，使得城市总人口分布趋近于Gibrat分布。

对于市辖区人口Gibrat分布规模偏差而言，政府干预程度和产业多样化程度对它的回归系数不显著，其他变量均在10%置信水平下显著；其中制造业专业化程度、基础设施水平、医疗水平、城市环境、污染状况和是否是省会以上城市对市辖区人口规模偏差的影响为正，它们的回归系数分别是0.087、0.182、0.201、0.055、0.018和0.581；这表明，当市辖区人口规模偏差为负，即实际市辖区人口规模大于Gibrat分布规模时，这6个变量能提高市辖区人口规模偏差，缩小偏差的绝对值，使得市辖区人口分布趋近于Gibrat分布。工资水平、对外开放程度、公共交通状况和教育水平对市辖区人口规模产生负向影响，它们的回归系数分别是-0.177、-0.452、-0.017和-0.035；意味着，当市辖区人口偏差为正，即实际市辖区人口规模小于Gibrat分布规模时，这4个变量能缩小市辖区人口规模偏差，使得市辖区人口分布趋近于Gibrat分布。

对于非农人口Gibrat分布规模偏差而言，对外开放程度、基础设施水平和公共交通状况对它的回归系数不具有统计显著性，其他变量在10%置信水平下显著，其中政府干预程度、制造业专业化程度、产业多样性程度、工资水平和教育水平对非农人口规模偏差产生消极影响，它们的回归系数分别为-0.92、-0.262、-0.006、-0.036和-0.492；医疗水平、城市环境、污染状况和是否是省会以上城市对非农人口规模偏差产生积极影响，它们的回归系数分别是0.313、0.254、0.06和0.12；这意味着，当非农人口偏差为正，即实际非农人口规模小于Gibrat分布规模时，前5个变量能缩小非农人口规模偏差，使得非农人口分布趋近于Gibrat分布。当非农人口规模偏差为负，即实际非农人口规模大于Gibrat分布规模时，后4个变量能扩大非农人口规模偏差，缩小偏差的绝对值，使得非农人口分布逐渐服从Gibrat分布。

对于建成区面积Gibrat分布规模偏差而言，仅有制造业专业化程度回归系数不显著，其他变量的回归系数均在10%置信水平下显著，其中政府干预程度、工资水平、对外开放程度和教育水平对它产生消极影响，它们的回归系数分别是-1.301、-0.273、-1.381和-0.613；JaI、ROAD、PUB、DOCTOR、PARK、O_2S和PRO对非农人口规模偏差产生积极影响，它们的回归系数分别是0.027、0.148、0.01、0.597、0.361、0.075和0.72；这表明，当建成区面积偏差为正，即实际建成区面积小于Gibrat分布规模时，前4个变量能有效地缩小建成区面积规模偏差，使得建成区面积逐渐趋近于Gibrat分布。当建成区面积规模偏差为负，即实际建成区面积大于Gibrat分布规模时，后7个变量能拉大建成区面积规模偏差，使得建成区面积逐渐趋近于Gibrat分布。

最后需要说明的是，政府干预程度、公共交通状况、工资水平和教育水平等因素能降低城市规模Gibrat分布偏差的原因在于，这些因素激发了城市经济发展的潜力，有利于吸引劳动者到该城市就业和定居，不断增加城市人口，缩小实际城市规模与Gibrat分布规模的偏差。集聚经济因素对市辖区人口和建成区面积Gibrat分布规模偏差的影响十分显著，特别是一些省会城市和副省级城市以及制造中心，这些地方由于工业企业的集中，污染程度较重，因此要逐步优化医疗资源和推进公园绿地建设，使得这些城市潜在规模大于实际规模；同时，由于省会城市和副省级城市自身人口规模较大，极易形成一些卫星城，以缓解庞大的人口压力、交通拥堵状况和环境压力，抑制这些城市规模的不断扩张，使得实际城市规模与Gibrat分布规模逐渐趋近。

接下来，本节仍是采用面板广义OLS方法讨论东部、中部和西部三大地区政治经济因素对城市规模Gibrat分布规模偏差的影响。具体回归结果见表7-10。

表 7-10　分地区政治经济因素对中国地级市 Gibrat 分布规模偏差的影响

变量	$\ln N1^G-\ln N1$			$\ln N2^G-\ln N2$			$\ln N3^G-\ln N3$			$\ln N4^G-\ln N4$		
	东部	中部	西部	东部	中部	西部	东部	中部	西部	东部	中部	西部
INV	-0.569**	-4.037*	0.206	-0.155	-1.383*	0.538*	0.87*	-2.161*	-0.675*	0.272	-3.195*	-2.924*
	(0.278)	(0.294)	(0.191)	(0.247)	(0.179)	(0.154)	(0.268)	(0.281)	(0.235)	(0.289)	(0.347)	(0.249)
MaI	-0.191*	-0.439*	-0.753*	-0.074	0.186*	-0.083	-0.412*	-0.123*	-0.324*	-0.479*	0.538*	-0.154
	(0.059)	(0.054)	(0.075)	(0.049)	(0.036)	(0.066)	(0.056)	(0.046)	(0.066)	(0.092)	(0.081)	(0.097)
JaI	-0.018*	-0.003	-0.092*	0.019*	0.015*	-0.03*	0.006	-0.007	-0.053*	0.086*	-0.012	-0.059*
	(0.005)	(0.009)	(0.005)	(0.005)	(0.005)	(0.006)	(0.005)	(0.008)	(0.006)	(0.008)	(0.009)	(0.01)
wagegap	0.218*	0.148*	-0.256*	-0.172*	-0.154*	-0.229*	0.03	-0.112*	-0.095*	-0.399*	-0.218*	-0.035
	(0.024)	(0.034)	(0.034)	(0.026)	(0.023)	(0.029)	(0.021)	(0.035)	(0.029)	(0.038)	(0.046)	(0.033)
OPEN	0.234*	2.284*	-0.942***	-0.489*	-0.12	-1.634*	0.269*	-0.315	-0.286	-0.577*	-2.65*	-3.203*
	(0.071)	(0.468)	(0.533)	(0.102)	(0.202)	(0.621)	(0.064)	(0.318)	(0.376)	(0.129)	(0.461)	(0.759)
ROAD	-0.044**	0.22*	0.467*	0.177*	0.209*	0.213*	-0.183*	0.193*	0.272*	0.058***	0.276*	0.257*
	(0.022)	(0.024)	(0.031)	(0.023)	(0.018)	(0.025)	(0.018)	(0.022)	(0.025)	(0.031)	(0.028)	(0.034)
PUB	-0.015*	0.028*	-0.005	-0.02*	-0.016*	0.008**	-0.009*	0.008*	0.012*	-0.002	0.022*	0.049*
	(0.002)	(0.004)	(0.003)	(0.002)	(0.002)	(0.004)	(0.002)	(0.003)	(0.003)	(0.003)	(0.004)	(0.005)
TEC	-0.083*	-1.125*	-0.439*	-0.127*	-0.471*	0.453*	-0.476*	-0.752*	-0.332*	-0.498*	-0.601*	-0.537*
	(0.029)	(0.044)	(0.022)	(0.029)	(0.026)	(0.026)	(0.027)	(0.034)	(0.027)	(0.05)	(0.041)	(0.035)
DOCTOR	0.219*	0.274*	0.336*	0.229*	0.403*	0.129*	0.602*	0.232*	0.218*	0.614*	0.619*	0.491*
	(0.034)	(0.042)	(0.024)	(0.036)	(0.029)	(0.032)	(0.033)	(0.033)	(0.032)	(0.055)	(0.047)	(0.039)

续表

变量	$\ln N1^G-\ln N1$			$\ln N2^G-\ln N2$			$\ln N3^G-\ln N3$			$\ln N4^G-\ln N4$		
	东部	中部	西部	东部	中部	西部	东部	中部	西部	东部	中部	西部
PARK	0.114*	0.264*	-0.027	0.103*	0.131*	-0.079*	0.228*	0.337*	0.068*	0.507*	0.371*	0.159*
	(0.009)	(0.02)	(0.021)	(0.021)	(0.013)	(0.02)	(0.017)	(0.014)	(0.017)	(0.03)	(0.024)	(0.028)
O_2S	0.013	0.068*	0.024**	0.002	0.013***	-0.012	0.015***	0.088*	0.077*	0.027***	0.026**	0.191*
	(0.009)	(0.011)	(0.011)	(0.009)	(0.008)	(0.009)	(0.009)	(0.011)	(0.01)	(0.015)	(0.013)	(0.015)
PRO	-0.107*	0.444*	0.052	0.674*	0.695*	0.181*	-0.08*	0.277*	0.065**	0.538*	0.769*	0.635*
	(0.03)	(0.049)	(0.034)	(0.038)	(0.048)	(0.037)	(0.026)	(0.038)	(0.031)	(0.045)	(0.069)	(0.063)
常数项	-3.443*	3.618*	1.531*	-1.055*	0.233*	-3.982*	-1.198*	2.165*	-0.296	-1.382*	-1.929*	-2.923*
	(0.26)	(0.309)	(0.321)	(0.27)	(0.21)	(0.26)	(0.244)	(0.284)	(0.308)	(0.471)	(0.401)	(0.378)
CHI2	704.73	3160.76	2876.04	1619.84	1596.26	2607.08	1078.3	3289.72	2204.12	2509.07	2664.65	3405.55
观测值	1433	1367	898	1522	1426	911	1049	1010	657	1522	1426	911

注：*、**、***分别表示在1%、5%和10%置信水平下显著；括号内数值是标准差。

从表7-10的结果看，对于分地区城市总人口Gibrat分布规模偏差而言，东部地区的回归结果最接近全国数据的回归结果，仅有是否是省会以上城市对东部地区城市总人口规模偏差的符号为负，与全国的结果相反，其他变量回归系数符号与表7-9中结果完全一致。同样，制造业专业化程度、产业多样化程度、教育水平、医疗水平和污染状况对三大地区城市总人口规模偏差的影响是一致的，其中MaI、JaI和TEC对三大地区城市总人口规模偏差的影响为负，TEC和O_2S对三大地区城市总人口规模偏差的影响为正。此外，政府干预程度、工资水平和对外开放程度在东部和中部地区对城市总人口规模偏差的影响是一致的，在西部地区产生相反的影响。ROAD和PRO在中部和西部地区对城市总人口规模偏差产生显著的正向影响，在东部地区的影响为负。公共交通状况仅在东部和中部地区对城市总人口规模偏差产生显著影响，并且效果相反，它们的回归系数分别是-0.015和0.028。同样，对于回归系数为正的变量，当城市总人口偏差为正时才有效；当回归系数符号为负时，则相反。

对于分地区市辖区人口Gibrat分布规模偏差而言，中部地区的回归结果与全国数据得到的结果完全一致，如果不考虑东部地区制造业专业化程度对市辖区人口规模偏差的影响不显著，那么东部地区的回归结果将与全国数据的结果一致。意味着政府干预程度、工资水平、对外开放程度、公共交通状况和教育水平对东部和中部地区的市辖区人口规模偏差产生负向影响；产业多样化程度、基础设施水平、医疗水平、城市环境、污染状况和是否是省会以上城市对东部和中部地区市辖区人口规模偏差产生正向影响。相比较而言，wagegap、OPEN、ROAD、DOCTOR和PRO对西部地区市辖区人口规模偏差的影响与东部和中部地区一致，INV、MaI、JaI、PUB、TEC、PARK和O_2S与东部和中部地区的回归系数符号相反。同样，各变量回归系数为正或负的含义与全国的一致：当市辖区人口偏差为正时，回归系数为负的变量能缩小实际市辖区人口规模与Gibrat分布规模的偏差，使市辖区人口分布趋于Gibrat分布。当市辖区人口规模偏差为负时，回归系数为正的变量起作用。

对于分地区非农人口Gibrat分布规模偏差而言，中部和西部地区许多变量的回归结果与全国数据保持一致，其中政府干预程度、制造业专业化程度、产业多样性程度、工资水平和教育水平对中部和西部地区的非农人口规模偏差产生负向影响；医疗水平、城市环境、污染状况和是否是省会以上城市对中部和西部地区非农人口规模偏差产生正向影响。OPEN、ROAD和PUB对中部和西部地区的回归系数符号与全国相反，其中OPEN对中部和西部地区非农人口规模偏差产生负向影响，ROAD 和 PUB 对中部和西部地区非农人口规模偏差产生正向影响。相比较而言，东部地区 MaI、OPEN、ROAD、PUB、TEC、DOCTOR、PARK 和 O_2S 对非农人口规模偏差的影响与全国一致，JaI、wagegap 和 PRO 的回归系数符号与全国相反。这意味着政治经济因素对三大地区非农人口规模偏差的影响差异主要是由于政治因素和集聚经济因素造成的。各变量回归系数的符号含义与全国一致：回归系数为正的变量，仅当非农人口规模偏差为负时，缩小实际非农人口规模与 Gibrat 分布规模的偏差，使得非农人口分布趋近于 Gibrat 分布；回归系数为负的变量，仅当非农人口偏小时起作用。

对于分地区建成区面积 Gibrat 分布规模偏差而言，工资水平、对外开放程度、基础设施水平、公共交通状况、教育水平、医疗水平、城市环境、污染状况和是否是省会以上城市对三大地区建成区面积规模偏差的回归系数符号与全国保持一致，其中工资水平、对外开放程度、教育水平对三大地区建成区面积规模偏差产生消极影响；基础设施水平、医疗水平、城市环境、污染状况和是否是省会以上城市对三大地区建成区面积规模偏差产生积极影响。INV、MaI 和 JaI 回归系数的差异是造成政治因素和集聚经济因素对三大地区建成区面积规模偏差的重要原因，其中中部地区 INV 和 MaI 回归系数符号、东部地区产业多样化程度回归系数符号与全国保持一致，如果仅考虑显著性，西部地区 INV 的回归系数符号与中部地区一致；东部地区的 MaI 回归系数符号和与中部地区相反；西部地区的 JaI 回归系数符号与东部地区相反。同样，各变量回归系数符号在三大地区的含义与全国一致：回归系数为正的变量，仅当建成区面积规模偏差为负时，缩小实际建成区面积与 Gibrat 分布规模的偏差，使得建成区面积分布趋近于 Gibrat 分布；回归系数为负的变量，仅当建成区面积偏差为正时起作用。

三、中国地级市 Gibrat 分布规模偏差的面板 Logit 回归

由于假定城市规模服从 Gibrat 分布，各个城市规模变化是成比例的，无法进行动态面板回归。同时，上文的研究亦发现各变量能否缩小城市规模偏差取决于城市规模偏差为正或为负。因此有必要探讨城市规模偏差为正或为负是由哪些因素决定的，本节仍是参考魏守华等(2015)的研究，选用 Logit 模型；鉴于本节选用的面板数据，无法采用多元 Logit 模型，故采用面板 Logit 模型，其中将城市规模偏差为正时，即城市规模偏小时设定为 1，将城市规模偏差为负时设定为 0。本节分别考察了政治经济因素对城市总人口 Gibrat 分布规模偏小、市辖区人口 Gibrat 分布规模偏小、非农人口 Gibrat 分布规模偏小和建成区面积 Gibrat 分布规模偏小的影响。具体结果见表 7-11。

表 7-11 全样本城市 Gibrat 分布规模偏差的面板 Logit 回归

变量	$lnN1^G-lnN1$	$lnN2^G-lnN2$	$lnN3^G-lnN3$	$lnN4^G-lnN4$
INV	-2.198	-4.776***	-1.098	-0.744
	(4.261)	(2.815)	(3.835)	(2.422)
MaI	-0.529	3.274*	0.331	-0.072
	(1.01)	(0.818)	(0.846)	(0.88)
JaI	-0.131	0.214*	0.031	-0.369*
	(0.103)	(0.078)	(0.047)	(0.092)
wagegap	1.609*	0.781**	1.074**	2.84*
	(0.474)	(0.312)	(0.488)	(0.424)
OPEN	-0.276	3.132*	9.317*	-4.555**
	(2.12)	(1.139)	(1.948)	(2.251)
ROAD	0.649***	0.409	-0.55	-0.995*
	(0.385)	(0.278)	(0.338)	(0.329)
PUB	-0.065**	0.207*	0.063*	-0.035**
	(0.029)	(0.021)	(0.032)	(0.018)
TEC	-0.753	0.163	-2.714*	-1.54*
	(0.599)	(0.375)	(0.638)	(0.553)
DOCTOR	0.79	1.376*	-0.867	2.424*
	(0.639)	(0.411)	(0.537)	(0.494)
PARK	-0.334	-1*	1.052*	1.092*
	(0.297)	(0.23)	(0.331)	(0.306)
O_2S	0.667*	0.122	0.272	0.307***
	(0.189)	(0.137)	(0.171)	(0.165)
PRO	0.98	8.443*	16.245*	13.25*
	(0.696)	(1.094)	(1.385)	(0.897)
常数项	-21.29*	-21.774*	12.19**	-41.596
	(5.36)	(3.49)	(6.086)	(4.883)
CHI2	87.97	359.77	274.49	507.12
对数似然值	-326.372	-446.445	-598.481	-561.152
观测值	3708	3859	2716	3859

注：*、**、***分别表示在1%、5%和10%置信水平下显著；括号内数值是标准差。

从表 7-11 的结果看，从城市总人口 Gibrat 分布规模偏小来看，政府干预程度、制造业专业化程度、产业多样化程度、对外开放程度、教育水平、医疗水平、城市环境和是否是省会城市对它的回归系数并不具有统计显著性；工资水平、基础设施水平、公共交通状况和污染状况对城市总人口规模偏小的影响具有统计显著，其中工资水平、基础设施水平和污染程度对城市总人口规模偏小的回归系数分别是 1.609、0.649 和 0.667；公共交通状况对城市总人口规模偏小的回归系数是-0.065；这意味着城市工资水平提高、改善基础设施水平和污染程度提高（经济发展更快或新建企业）均会增大城市总人口规模偏小的概率；完善公共交通网络可能会降低城市总人口规模偏小的概率。

从市辖区人口 Gibrat 分布规模偏小来看，政府干预程度、制造业专业化程度、产业多样化程度、工资水平、对外开放程度、公共交通状况、医疗水平、城市环境和是否是省会以上城市对它有显著影响，其中政府干预程度和城市环境的回归系数分别是-4.776 和-1；制造业专业化程度、产业多样化程度、对外开放程度、公共交通状况、医疗水平和是否是省会以上城市对市辖区人口规模偏小的影响为正；同时，基础设施水平、教育水平和污染状况对市辖区人口规模偏差的影响不显著。这意味着扩大政府的财政支出规模和增加城市公园绿地面积，能降低市辖区人口规模偏小的概率，原因在于这两个因素可能会增强城市在生产或生活方面的便利，吸引更多的劳动力或居民到该城市就业或生活，降低了市辖区人口规模与 Gibrat 分布规模的偏差。集聚经济的发展和公共服务的改善同样会提高市辖区人口规模偏小的概率。

从非农人口 Gibrat 分布规模偏小来看，只有工资水平、对外开放程度、公共交通状况、教育水平、城市环境和是否是省会以上城市对它产生显著影响，其中工资水平、对外开放程度、公共交通状况、城市环境和是否是省会以上城市对非农人口规模偏小的影响为正，分别是 1.074、9.317、0.063、1.052 和 16.245；教育水平对非农人口规模偏小的影响为负，它的回归系数是-2.714；政府干预程度、制造业专业化程度、产业多样化程度、基础设施水平、医疗水平和污染状况对非农人口规模偏差的影响不显著。这意味着提高城市工资水平、扩大对外开放程度、改善公共交通状况、增加城市公园绿地面积以及省会以上城市均会提高市辖区人口规模偏小的概率。而丰富教育资源能降低非农人口规模偏小的概率。

从建成区面积 Gibrat 分布规模偏小来看，产业多样化程度、工资水平、对外开放程度、基础设施水平、公共交通状况、教育水平、医疗水平、城市环境、污染状况和是否是省会以上城市对建成区面积偏小具有显著影响，其中产业多样化程度、对外开放程度、基础设施水平、公共交通状况和教育水平对建成区面积规模偏小产生消极影响，它们的回归系数分别是-0.369、-4.555、-0.995、-0.035 和-1.54；工资水平、医疗水平、城市环境、污染程度和是否是省会以上城市对建成区面积规模偏小产生积极影响，它们的回归系数分别是 2.84、2.424、1.092、0.307 和 13.25；同时 INV 和 MaI 对建成区面积规模偏小不具有显著影响。这意味着，提升城市产业多样化水平、提高对外开放程度、完善基础设施、改善公共交通和丰富教育资源，会降低建成区面积规模偏小的概率；提高工资水平、丰富医疗资源、增加城市公园绿地面积、增大城市污染状况和设定为省会城市或副省级城市，会提高建成区面积规模偏小的概率。

接下来，本部分仍选用面板 Logit 方法继续讨论分地区城市规模 Gibrat 分布规模偏小的影响因素。具体结果见表 7-12。

表 7-12 分地区城市 Gibrat 分布规模偏差的面板 Logit 回归

变量	$\ln N1^G-\ln N1$			$\ln N2^G-\ln N2$			$\ln N3^G-\ln N3$			$\ln N4^G-\ln N4$		
	东部	中部	西部	东部	中部	西部	东部	中部	西部	东部	中部	西部
INV	-12.665	4.525	15.063	-22.611***	-7.401	3.655	-7.803	-39.85*	-15.293**	-8.984	-9.783	7.407
	(45.138)	(18.149)	(9.633)	(11.739)	(6.617)	(5.971)	(7.071)	(13.431)	(6.993)	(12.299)	(8.232)	(4.795)
MaI	0.103	0.168	-3.369	3.631	5.285*	-0.288	-0.97	5.519**	0.528	1.781	4.458**	-3.604***
	(8.069)	(2.42)	(3.026)	(2.673)	(1.997)	(2.194)	(1.119)	(2.461)	(2.317)	(1.591)	(2.118)	(1.907)
JaI	0.318	0.128	0.189	0.662**	-0.157	0.272	0.072	-0.984*	-0.23	0.116	-0.961*	-0.77*
	(0.62)	(0.366)	(0.313)	(0.264)	(0.178)	(0.225)	(0.068)	(0.258)	(0.199)	(0.124)	(0.243)	(0.197)
wagegap	4.934	2.356***	3.194	7.882*	-0.817	-1.827	0.363	4.78*	-0.295	3.622*	3.657*	4.518*
	(4.421)	(1.414)	(1.523)	(1.374)	(1)	(1.116)	(0.769)	(1.528)	(0.83)	(1.226)	(1.261)	(1.079)
OPEN	13.459	84.992*	57.48*	3.064	-55.903*	-0.754	5.469*	20.397	21.654	-1.957	-3.394	-37.143
	(29.638)	(22.296)	(17.96)	(2.237)	(17.977)	(17.656)	(2.166)	(13.141)	(15.128)	(3.286)	(14.579)	(22.834)
ROAD	0.078	-1.348	2.212*	-2.735*	1.236***	0.695	-0.562	-0.85	0.799	-0.219	0.768	-3.353*
	(3.078)	(1.19)	(0.849)	(0.832)	(0.687)	(0.828)	(0.454)	(1.035)	(0.89)	(0.65)	(0.934)	(0.903)
PUB	-0.213***	0.324**	-0.104	0.4*	0.088	0.217	0.003	0.138	0.127	-0.063	0.062	0.223
	(0.12)	(0.144)	(0.129)	(0.074)	(0.086)	(0.181)	(0.039)	(0.101)	(0.149)	(-0.046)	(0.08)	(0.168)
TEC	-17.849**	-2.557	-3.322*	-2.139	3.613	2.667**	-0.71	-2.152	-3.983*	-0.937	-1.566	1.728
	(8.695)	(2.548)	(1.145)	(1.929)	(1.051)	(1.354)	(1.126)	(1.627)	(1.186)	(1.258)	(1.438)	(1.404)
DOCTOR	-7.032	-2.489	0.822	3.827***	-0.83	1.329	-0.907	-0.146	1.205	1.178	3.519*	3.998*
	(6.396)	(1.967)	(1.04)	(1.476)	(0.983)	(0.899)	(0.869)	(1.411)	(1.001)	(1.032)	(1.171)	(1.426)

续表

变量	$\ln N1^G-\ln N1$			$\ln N2^G-\ln N2$			$\ln N3^G-\ln N3$			$\ln N4^G-\ln N4$		
	东部	中部	西部	东部	中部	西部	东部	中部	西部	东部	中部	西部
PARK	14.019**	3.07**	-1.85*	-2.695*	-0.964***	0.1	1.06*	4.039*	0.429	0.559	1.763**	0.182
	(5.919)	(1.43)	(0.673)	(0.806)	(0.503)	(0.528)	(0.468)	(0.863)	(0.665)	(0.593)	(0.73)	(0.743)
O_2S	6.391*	0.027	0.82***	0.087	-0.083	0.084	0.097	0.25*	1.348*	0.251	0.719***	-1.16*
	(2.413)	(0.488)	(0.433)	(0.362)	(0.292)	(0.34)	(0.222)	(0.462)	(0.39)	(0.28)	(0.374)	(0.421)
PRO	29.446	8.098	4.776*	7.084*	43.403	-1.439	8.994*	88.023	14.409*	16.669*	82.565	31.267*
	(136.914)	(11.297)	(1.724)	(1.509)	(1472.002)	(2.439)	(2.269)	(9.07e+07)	(2.999)	(2.701)	(74692)	(2.084)
常数项	37.196	3.763	-18.708	-47.94**	-23.847**	-31.101**	3.942	-45.908*	4.557	-47.342*	-67.169*	-71.778*
	(85.593)	(23.572)	(14.638)	(19.688)	(11.172)	(13.599)	(11.489)	(15.856)	(10.594)	(13.708)	(14.006)	(13.736)
CHI2	139.91	39.44	85.27	178.21	57.37	17.57	57.3	57.63	61.46	109.03	62.87	392.73
对数似然值	-85.654	-122.314	-95.17	-191.545	-147.466	-71.894	-294.351	-147.607	-116.893	-223.079	-194.187	-112.868
观测值	1443	1367	898	1522	1426	911	1049	1010	657	1522	1426	911

注：*、**、***分别表示在1%、5%和10%置信水平下显著；括号内数值是标准差。

从表 7-12 的结果可以看出，对于城市总人口 Gibrat 分布规模偏小而言，在东部地区仅有公共交通状况、教育水平、城市环境和污染状况对它产生显著影响，其他变量对东部地区城市总人口规模偏小的影响不具有统计显著性。同时，公共交通状况和教育水平对东部地区城市总人口规模偏小的回归系数分别是-0.213和-17.849；城市环境和 O_2S 对东部地区城市总人口规模偏差的影响分别是 14.019 和 6.391。相比较而言，在中部地区，工资水平、对外开放程度、公共交通状况和城市环境对城市总人口规模偏小具有显著正向影响；其他变量对中部地区城市总人口偏小影响是不显著的。在西部地区对外开放程度、基础设施水平、教育水平、城市环境、污染状况和是否是省会以上城市对城市总人口规模偏小具有显著影响，其中教育水平和城市环境对西部地区城市总人口规模偏小具有消极影响；OPEN、ROAD、O_2S 和 PRO 对西部地区城市总人口规模偏小具有积极影响。政府干预程度、制造业专业化程度、产业多样化程度、工资水平、公共交通状况和医疗水平对西部地区城市总人口规模偏小的影响是不显著的。各变量回归系数符号的含义是：回归系数为正的变量，提高了三大地区城市总人口规模偏小的概率；回归系数为负的变量，降低了三大地区城市总人口规模偏小的概率。特别需要强调的是教育资源和城市环境对东部地区城市发展的重要意义以及对外开放程度对中部、西部地区城市发展的意义。

从市辖区人口规模偏小来看，政治经济因素仅较好地解释了东部地区市辖区人口规模小的状况，对于中部和西部地区市辖区人口规模偏小的解释力较弱。政府干预程度、产业多样化程度、工资水平、基础设施水平、公共交通状况、医疗水平、城市环境和是否是省会以上城市对东部地区市辖区人口规模偏小产生显著影响，其中政府干预程度、基础设施水平和城市环境对东部地区市辖区人口规模偏小产生消极影响，它们的回归系数分别是-22.611、-2.753 和-2.695。JaI、wagegap、PUB、DOCTOR 和 PRO 对东部地区市辖区人口规模偏小的影响均为正，分别是 0.662、7.882、0.4、3.827 和 7.084；MaI、OPEN 以及教育水平和污染状况对东部地区市辖区人口规模偏小的影响不显著。相比较而言，西部地区仅教育水平对市辖区人口规模偏小产生显著正向影响，其他变量的回归系数均是不显著的。中部地区制造业专业化程度和基础设施水平对市辖区人口规模偏小产生正向影响，对外开放程度和城市环境对市辖区人口规模偏小产生消极影响。各变量回归系数的含义是：当三大地区各变量回归系数符号为正时，提高了该地区市辖区人口规模偏小的概率；当三大地区各变量回归系数符号为负时，降低了该地区市辖区人口规模偏小的概率。对于市辖区人口规模而言，政府干预程度、工资水平和是否是省会以上城市对东部地区城市有重要意义；中部地区城市的市辖区人口规模更多受到对外开放程度的影响。

对于非农人口规模偏小而言，东部地区只有对外开放程度、城市环境和是否是省会以上城市对非农人口规模偏小产生显著正向影响，分别是5.469、1.06和8.994；其他变量对东部地区非农人口规模偏小的影响不显著。中部地区非农人口规模偏小主要受经济集聚因素影响，政府干预程度、制造业专业化程度、产业多样化程度、工资水平、城市环境和污染状况对它均产生显著影响，其中政府干预程度、产业多样化程度对中部地区非农人口规模偏小产生消极影响；制造业专业化程度、工资水平、城市环境和污染状况对非农人口规模偏小产生积极影响。在西部地区，政府干预程度和教育水平对非农人口规模偏小产生消极影响；污染状况和是否是省会以上城市对非农人口偏小产生积极影响；其他变量对它的影响不具有统计显著性。这表明在西部地区省会以上城市扮演着更为重要的角色，非农人口也主要集中在省会城市以及政府支出规模较大的城市。三大地区各变量回归系数的含义是：回归系数为正的变量，提高了三大地区市辖区人口规模偏差为1的概率；回归系数为负的变量，降低了三大地区市辖区人口规模偏小的概率。

对于建成区面积规模偏小的而言，在东部地区政治经济因素对建成区面积规模偏小的解释力较弱，仅工资水平和是否是省会以上城市产生显著正向影响，其他变量不具有统计显著性。在中部和西部地区集聚经济因素均能较好地解释建成区面积规模偏小的原因，但是各因素在两个地区的效应不完全一致。其中制造业专业化程度和污染状况在中部地区对建成区面积规模偏小产生积极影响，在西部地区的效果相反。产业多样化程度、工资水平和医疗水平在中部和西部地区的效果相同；此外，城市环境对中部地区建成区面积规模偏小的影响为1.763；基础设施水平和是否是省会以上城市对西部地区建成区面积规模偏小的影响分别是-3.353和31.267。各变量回归系数的含义是：回归系数为正的变量，会提高三大地区建成区面积规模偏小的概率；回归系数为负的变量，降低了三大地区建成区面积规模偏小的概率。需要强调的是，省会城市和工资水平对东部和西部地区城市建成区面积的重要影响；对于中部地区城市而言，集聚经济因素影响更为明显，特别是制造业的集聚和工资水平的提高。

综上所述，就全国而言，城市人口和建成区面积Gibrat分布规模偏差主要受到政治因素、集聚经济因素和公共服务因素影响，其中，政府支出规模越大的城市，倾向于降低城市人口和建成区面积Gibrat分布规模偏差；省会或副省级以上城市会有较大的城市规模偏差。同样，基础设施水平、医疗水平、城市环境、污染状况也会倾向于增大城市规模偏差；丰富的教育资源、完善的公共交通条件和较高的工资水平会降低城市规模偏差。但是制造业专业化程度、产业多样化程度、对外开放程度对城市规模偏差的影响存在差异，集聚经济因素对城市总人口规模偏差和非农人口规模偏差的影响为负，对市辖区人口规模偏差和建成区面积规模偏差的影响为正。对外开放程度与集聚经济因素的影响正好相反。分地区来看，集聚经济因素和教育水平对三大地区城市总人口规模偏差产生消极影响；医疗水平、城市环境和污染状况产生积极影响，政治因素和基础设施水平在东部、中部、西部地区对城市总人口规模偏差的影响相反，工资水平和对外开放程度在东部、中部与西部地区影响相反。对于市辖区人口规模偏差而言，政治因素、公共服务因素和集聚经济因素是造成三大地区效果差异的重要原因，仅有基础设施水平、工资水平、对外开放程度、医疗水平和是否是省会以上城市对它的影响在三大地区相同。对于非农人口而言，公共服务因素在三大地区的效应基本相同，政治因素和集聚经济因素在三大地区效应的不同可能是造成非农人口规模偏差存在差异的重要原因。对于建成区面积规模偏差而言，政治因素、集聚经济因素和公共服务因素在三大地区的作用基本是类似的，只有制造业专业化程度、产业多样化程度和政府干预程度对建成区面积规模偏差的影响在三大地区之间存在差异。

政治经济因素并不能很好地解释全国城市规模偏小的现象。它们只能较好地解释市辖区人口规模偏小的情形。整体而言，城市规模偏小主要受城市工资水平、对外开放程度、公共交通状况、城市环境和是否是省会以上城市的影响；对于非农人口和建成区面积规模偏小而言，集聚经济因素影响更为明显。分地区来看，政治经济因素对三大地区城市总人口规模偏小的解释力较差，仅部分集聚经济因素和公共服务因素对三大地区城市总人口规模偏小产生显著影响。在东部地区公共交通状况、教育水平、城市环境和污染状况对城市总人口规模偏小有显著影响。中部地区的城市总人口规模偏小主要受到对外开放程度和城市环境影响，西部地区城市总人口规模偏小主要受到对外开放程度、基础设施水平、教育水平和是否是省会以上城市影响。从分地区市辖区人口规模偏小来看，政治经济因素对东部地区市辖区人口规模偏小有很高的解释力，政府干预程度、集聚经济因素和公共服务因素对东部地区市辖区人口规模偏小有重要影响。在中部地区市辖区人口规模偏小主要受到制造业专业化程度和对外开放程度的影响。西部地区市辖区人口规模偏小仅教育水平对它产生显著影响。从分地区非农人口规模偏小来看，集聚经济因素较好地解释了中部地区非农人口规模偏小的原因，在东部地区非农人口规模偏小主要受到对外开放程度和是否是省会以上城市的影响，在西部地区主要受到政府财政支出规模和是否是省会以上城市的影响。从分地区建成区面积规模偏差来看，医疗水平、城市环境和污染程度以及集聚经济因素对中部和西部地区建成区面积偏小产生显著影响，在东部地区仅有是否是省会以上城市对它产生显著影响，其他集聚经济因素和公共服务因素解释力较差。

第三节 中国地级市 DPLN 分布规模偏差

根据第六章的内容，2000 年以后城市总人口、市辖区人口和建成区面积利用 DPLN 分布(与 Gibrat 分布相比)能更好地描述城市规模的实际分布。但是从 DPLN 分布拟合城市总人口、市辖区人口和建成区面积的图像(图 6-1 至图 6-4)看，在图像的中间部分，DPLN 分布对应的概率密度值通常大于实际城市规模的概率密度值，这就使得研究中国地级市 DPLN 分布规模偏差具有重要的理论意义。因此，本节以 2000 年、2005 年和 2013 年的城市总人口、市辖区人口和建成区面积为例，考察它们 DPLN 分布的累积分布函数，以便比较它们的累积概率密度与理论上的位序概率密度差异。

本节根据式(6-14)画出 2013 年、2005 年、2000 年的城市总人口、市辖区人口和建成区面积的 DPLN 分布累积分布图，具体如图 7-3 至图 7-5 所示。

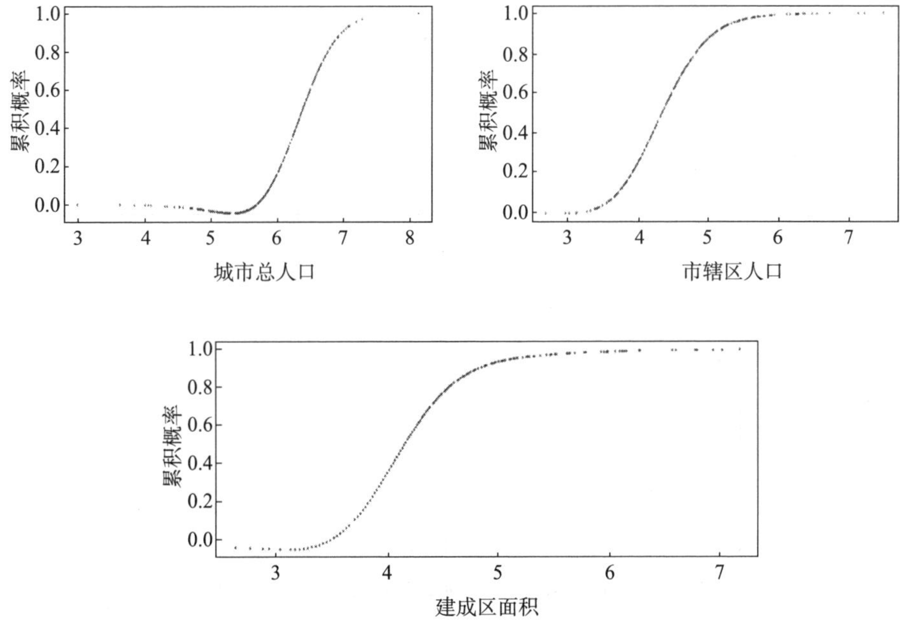

图 7-3 2013 年中国城市规模 DPLN 分布累积分布图

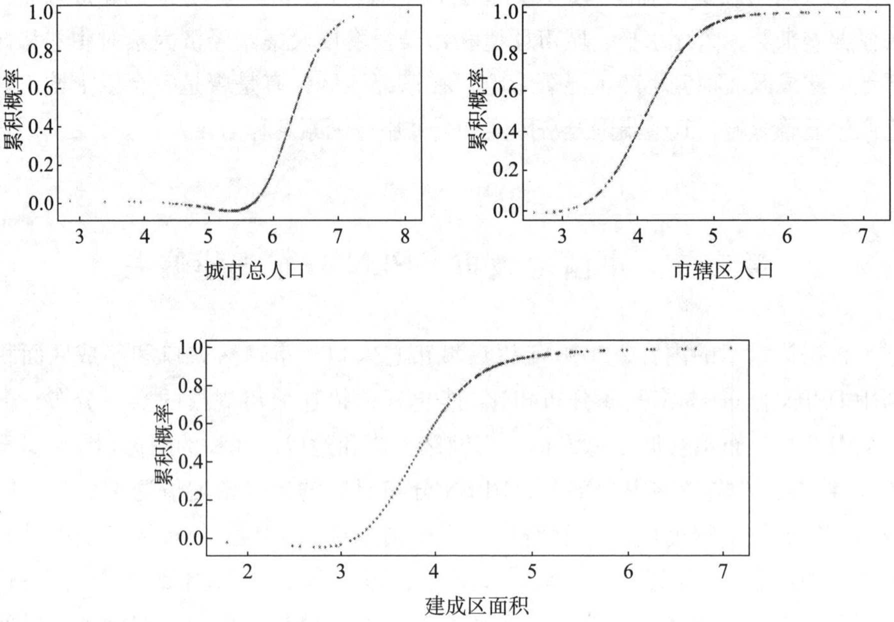

图 7-4　2005 年中国城市规模 DPLN 分布累积分布图

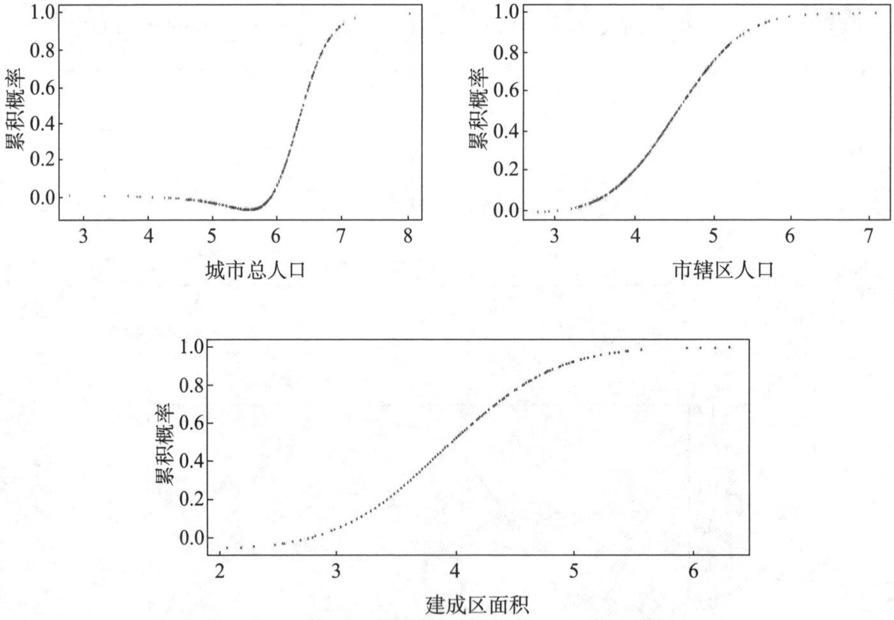

图 7-5　2000 年中国城市规模 DPLN 分布累积分布图

从图 7-3 到图 7-5 可以看出，从 2000—2013 年，城市总人口 DPLN 累积分布图并未发生很大改变，在一些中小城市所对应的累积分布概率，出现下降的情况，且呈现出减缓的趋势，这就值得发问：DPLN 分布适合用于描述小样本下城市总人口的分布吗？相比较而言，市辖区人口和建成区面积的 DPLN 累积分布均呈现出单调递增的态势。另一个疑惑是，比较表 6-1、表 6-2 和表 6-4，这三个年份城市总人口、市辖区人口和建成区面积 DPLN 分布的极大似然估计值，发现这三个年份城市总人口 DPLN 分布的极大似然估计值中，上尾部分的参数估计值(α)大于下尾部分的参数估计值(β)，这也是与市辖区人口和建成区面积 DPLN 分布极大似然估计值最大的差异。这就成为城市总人口 DPLN 分布可能不会优于 Gibrat 分布的原因。

另一个原因是与理论上位序累积概率密度有关，如果要满足位序法则，同时服从于对数正态分布，魏守华等(2015)所采用的方法($I-rank+1$)/I 能有效地拟合大样本对数正态分布的累积概率密度。既然 DPLN 分布兼具位序法则和 Gibrat 分布的特征，在大样本特征下，魏守华等(2015)采取的方法亦应当是有效的。第六章的内容已经验证了小样本下 DPLN 分布能更好地描述 2000 年以后城市总人口、市辖区人口和非农人口的实际分布，那么($I-rank+1$)/I 计算的累积概率密度应当十分接近真实的累积分布概率。但是与实际的情况相反，在小样本中，城市规模 DPLN 分布实际分布概率要大于($I-rank+1$)/I 计算的概率，特别是市辖区人口和建成区面积，并且这是合理的。具体如图 7-6 至图 7-8 所示。

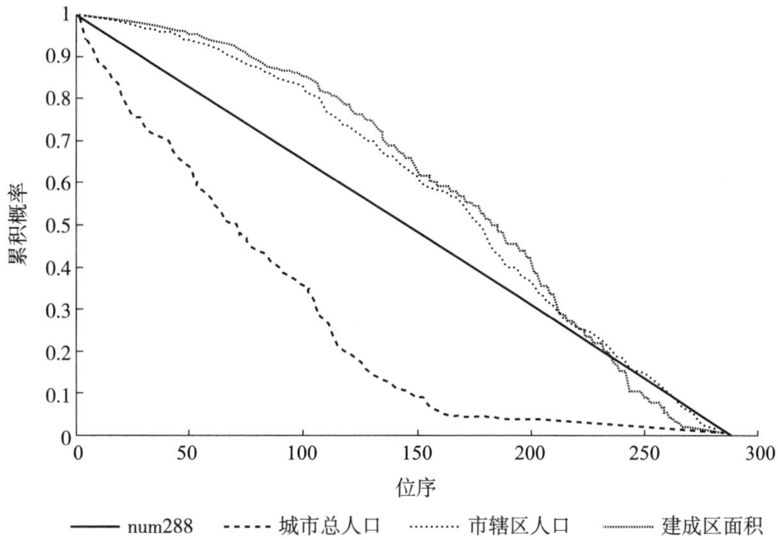

图 7-6 2013 年城市规模 DPLN 分布的累积概率密度

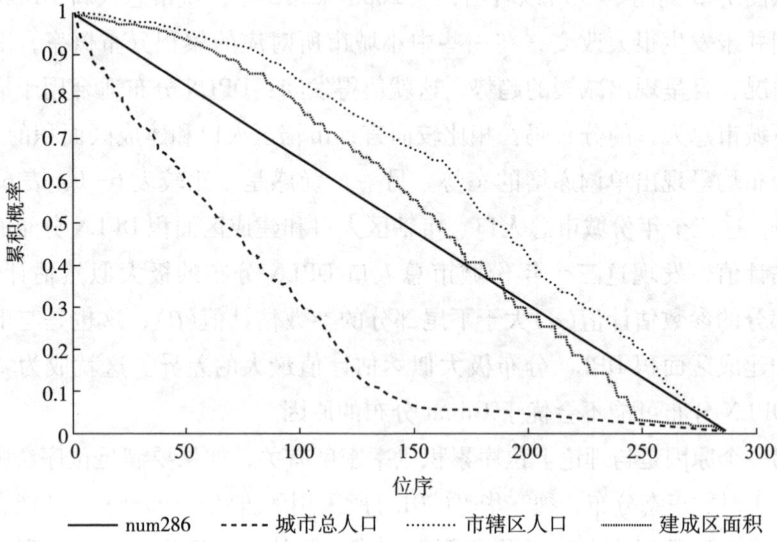

图 7-7　2005 年城市规模 DPLN 分布的累积概率密度

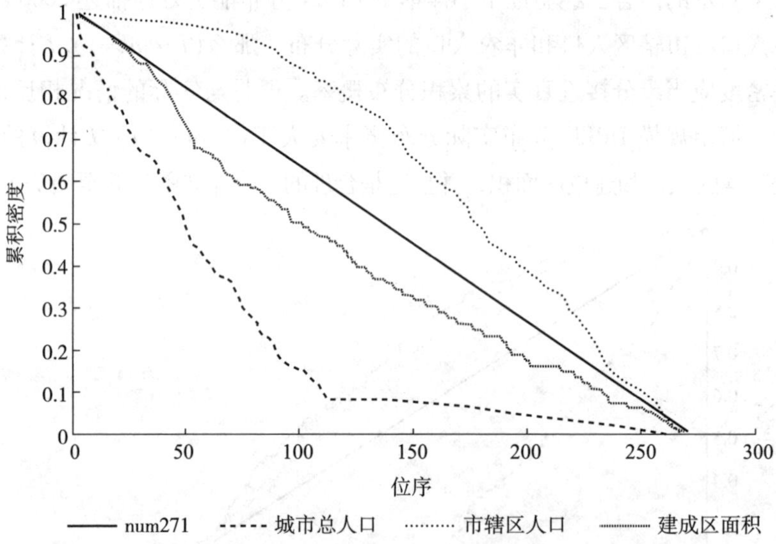

图 7-8　2000 年城市规模 DPLN 分布的累积概率密度

在图 7-6 到图 7-8 中，num288、num286 和 num271 分别根据（$I-rank+1)/I$ 计算得到的，分别对应的 I 是 288、286 和 271，也就是城市数量。从这三幅图可以发现，小样本下城市总人口 DPLN 分布的实际累积分布概率远小于（$I-rank+1)/I$ 计算的概率；而市辖区人口和建成区面积（2000 年除外）

DPLN 分布通常情况下会大于$(I-rank+1)/I$计算的概率，但是在上尾部分和下尾部分更为接近$(I-rank+1)/I$计算的概率。这就决定了用$(I-rank+1)/I$方法研究城市规模 DPLN 分布规模偏差是有缺陷的，这种方法在小样本下存在很严重的偏差。并且，实际城市总人口 DPLN 分布累积分布概率小于$(I-rank+1)/I$计算的概率，可能是造成城市总人口 DPLN 分布最大似然估计中上尾部分的幂指数 α 大于下尾部分的幂指数 β 的原因之一，从而，2000 年以后城市总人口分布服从于 DPLN 分布可能是不成立的。

总之，上述分析再次印证：2000 年以后中国地级市市辖区人口和建成区面积能利用 DPLN 分布进行很好的描述，而支持小样本下城市总人口 DPLN 分布的观点不会成立，并且$(I-rank+1)/I$计算位序分布概率，无法在小样本下研究 DPLN 分布的规模偏差问题，原因在于方法本身造成了分布概率偏差。

第四节　本章小结

本章利用政治因素、集聚经济因素和公共服务因素对短期内和长期内中国城市规模 Zipf 分布偏差和 Gibrat 分布偏差的原因进行了解释。无论是 Zipf 分布规模偏差，还是 Gibrat 分布规模偏差，在全国层面，这三个因素在短期内和长期内均能对它们进行较好的解释。分地区来看，这三类因素对东部、中部和西部地区城市规模的短期影响和长期影响存在较为明显的差异。由于城市规模偏差存在明显的正负值差异，使得各因素对城市规模偏差的效果受此影响；因而，本章还利用面板 Logit 模型对城市规模偏小的状况进行了验证，发现城市规模 Zipf 分布偏小主要受到政治因素和部分集聚经济因素影响，这在全国层面和分地区层面均成立；城市规模 Gibrat 分布偏小几乎不受政治因素的显著影响，工资水平、对外开放程度、公共交通状况、城市环境和是否是省会以上城市等公共服务因素对它有显著影响。最后，本章考察了城市规模 DPLN 分布的规模偏差问题，发现大样本下满足 Gibrat 法则和位序法则的概率生成机制$(I-rank+1)/I$，无法拟合小样本下 DPLN 分布的累积分布概率；同时这也印证了城市总人口服从 DPLN 分布是不成立的。

第八章

结论和政策建议

第一节　主要结论

中国的城镇化进程是影响21世纪全球经济发展的两大事件之一，它不仅是世界城镇化进程的重要组成部分，也是中国经济转型升级的持久动力。同时，新型城镇化战略的提出和中国经济进入“新常态”，使得本书研究具有重要的现实意义。城市规模和空间结构分布是城市经济学研究领域的两个主要问题，因此研究城市规模体系演进问题，具有重要的理论意义。

城市规模主要是指城市人口规模和地域规模，本研究在分析世界城市人口分布状况和中国城市分布状况的基础上，利用新经济地理理论，探讨了城市规模体系满足Zipf法则与Gibrat法则的形成机制，分别从自然因素、工资差异和集聚经济三个视角研究了城市规模的影响因素，并运用城市总人口、市辖区人口、非农人口和建成区面积四个指标考察了中国城市规模体系是否服从Zipf分布、Gibrat分布和DPLN分布；进而探讨城市规模偏差问题，主要结论如下：

第一，农业和战争是城市兴起的驱动力，王权和宗教也是影响城市规模的重要因素，河流的运输功能在城市发展中扮演着重要角色。进入工业社会以来，城市职能和产业结构对城市规模的影响在增强，经济集聚因素逐渐成为城市规模的主要决定因素。从自然因素看，自然因素对城市人口规模仍有较强的解释力，降水量、日照时数、1月份平均气温、7月份平均气温、地形、粮食产量、距海岸线距离和海拔能解释56.3%~63.4%的不同城市的人口规模差异；城市地域规模受自然因素影响较弱，主要受到地形、距海岸线距离和粮食产量的影响。从工资差异看，不论是短期效应还是长期效应，在全国层面，城乡工资差异、教育水平和城市环境均能增强城市和市辖区对迁移人口的吸引力。分地区来看，短期内工资差异在东部、中部和西部地区均对城市迁移人口产生正向影响，但在中部和西部地区并不显著；长期内只在西部地区的影响保持一致，东部和中部地区的影响正好相反。引入房地产市场后，房价显著地阻碍了市辖区人口规模的不断扩大。从集聚经济因素看，在全国层面，短期内制造业专业化程度提高，降低了城市总人口规模和市辖区人口规模，但能增加非农人口规模；在长期内，均显著降低了城市人口规模；城市产业多样化程度对城市总人口的短期效应为正，长期效应则相反；在短期和长期内均降低了市辖区人口规模，提高了非农人口规模。在分地区层面，短期内制造业专业化程度提高，降低了东部地区的城市规模；对中部地区的影响并不具有统计显著性；不过，显著降低了西部地区的城市总人口规模和增加了非农人口规模。长期内，制造业专业化程度提高，反而会降低三大地区的城市总人口规模和非农人口规模；在东部地区和中部地区对市辖区人口产生正向影响；在西部地区产生相反影响。短期内产业多样化程度提高对三大地区的城市总人口和非农人口均产生正向影响，对中部和西部地区市辖区人口产生的负向影响不具有统计显著性。长期内产业多样化程度提高对东部地区城市人口规模产生正向影响；对中部和西部地区的城市人口规模产生不利影响。此外，本书还利用交通拥堵指数考察通勤成本对城市规模的影响，发现全天拥堵延时指数和高峰拥堵延时指数的增大，均会对市辖区人口产生不利影响。并且，在考虑通勤成本之后，城市专业化程度的提高会继续扩大市辖区人口规模。

第二，中国城市规模体系并不满足 Zipf 法则与 Gibrat 法则。在全国层面，无论是城市总人口、市辖区人口、非农人口还是建成区面积衡量的城市规模体系均不满足 Zipf 分布，但是上尾部分，中国城市规模分布能较好地用 Zipf 分布进行描述，并且在多数年份中国城市规模帕累托分布的幂指数大于 1。根据 Zipf 分布计算的首位城市规模要远大于实际城市首位规模，除城市总人口的首位城市规模偏差在 2000 年以后较为稳定外，市辖区人口和非农人口的首位城市规模均呈现出下降趋势。建成区面积的首位城市规模则呈现出递增趋势。同样，中国城市规模体系也无法用 Gibrat 法则准确描述，从截面图形看，它能在中间部分很好地拟合城市规模实际分布，在上尾部分和下尾部分会产生较大偏差。利用面板数据对中国城市体系 Gibrat 分布检验结果显示，2000—2013 年中国城市规模 Gibrat 分布的β_0系数要小于 1990—1999 年的β_0系数，这表明第二个时期中国城市体系与 Gibrat 分布更为接近。分地区来看，三大地区城市总人口、市辖区人口、非农人口和建成区面积帕累托分布的幂指数几乎均是大于 1 的，不满足 Zipf 法则。三大地区城市体系 Gibrat 分布的 β_0系数很少为 0，只有 2000—2013 年中部地区城市总人口和非农人口的 β_0系数为 0，这表明，多数年份利用 Girat 分布描述中国城市体系分布存在一定偏差。另外，本书还分别检验了 1990—2013 年、1990—1999 年和 2000—2013 年三个时间段各省份的城市体系是否服从于 Gibrat 分布，结果并不支持 Gibrat 分布。同样，对这三个时间段长三角、珠三角、京津冀和长江中游城市群的城市体系进行 Gibrat 分布检验，结论亦不支持，不同时间段各城市群 Gibrat 分布的 β_0系数均不为 0。

第三，DPLN 分布兼具 Gibrat 分布与 Zipf 分布的特征，在中间部分，具有 Gibrat 分布的形式；在上尾和下尾部分，满足帕累托分布特征。因而，本书亦对中国城市体系是否满足 DPLN 分布进行检验，通过绘制各年 DPLN 分布的图像和最大似然估计法证明：DPLN 分布并不能完美描绘中国城市规模分布，但它能较好地描述 2000 年以后市辖区人口和建成区面积的实际分布。城市总人口和非农人口用 LN 分布(Gibrat 分布)描述更为合适。

第四，三种城市规模体系并不能很好地拟合中国城市规模分布，研究造成中国城市规模体系偏差的原因十分必要，本书从政治因素、集聚经济因素和公共服务因素三个方面进行解释。由于政府在中国城镇化进程中扮演的重要角色，本书突出强调了政治因素和公共服务因素对城市规模偏差的解释。具体来看，不论是在短期内，还是长期内，这三大因素均能较好地解释全国层面城市规模 Zipf 分布偏差和 Gibrat 分布偏差。分地区来看，这三类因素对东部、中部和西部地区城市规模的短期影响和长期影响存在较为明显的差异，短期内制造业专业化程度和产业多样化程度主要对中部地区的市辖区人口规模偏差和建成区面积规模偏差产生正向影响，对其他地区的城市总人口规模偏差和非农人口规模偏差产生负向影响；长期内，这个效应会基本相反。考虑到(无论是 Zipf 分布偏差，还是 Gibrat 分布偏差)城市规模偏差正负值的差异，导致各变量实际效果的差异，本书还利用面板 Logit 模型对城市规模偏小的状况进行了检验，发现在全国层面和分地区层面，城市规模 Zipf 分布偏小主要受到政治因素和部分集聚经济因素影响；城市规模 Gibrat 分布偏小几乎不受政治因素的显著影响，工资水平、对外开放程度、公共交通状况、城市环境和是否是省会以上城市对它有显著影响。最后，探讨了一下 DPLN 分布的偏差问题，发现城市总人口按照(I-$rank$+1)/I 法产生的分位概率与其累积密度函数图像存在矛盾，并且城市总人口 DPLN 分布的累积密度函数图像存在一个下降的过程，因而，它可能不适合用 DPLN 分布进行描述。

第二节 政策建议

根据本研究的描述性统计和主要结论，可以提出如下政策建议：

第一，促进区域经济协调发展，关键要在中西部地区建设一些核心的特大城市和超大城市。尽管2000年以来，西部地区地级市数量增长很快，但是特大城市和超大城市的数量并未增加；中部地区的特大城市数量也较为稳定，加之，这两个地区的特大城市和超大城市数量远小于东部地区，因此其在区域经济协调发展过程中，缺乏特大城市和超大城市的带动，难以对周边形成巨大的辐射带动作用。中西部地区以重庆、成都、西安、武汉、郑州、长沙、合肥、哈尔滨和长春等特大城市为核心，以南昌、太原、贵阳、兰州等一些城市为次级中心，以承接东部地区产业专业为突破口，发挥比较优势，利用丰富的能源和资源，促进经济快速发展。扩大中西部地区的对外开放程度，增强对外商直接投资的吸引力。经过30多年的改革开放，中国经济发展取得伟大成就，但是无法回避外商直接投资主要集中在东部地区，特别是珠三角、长三角和京津冀城市群，对区域经济协调发展造成巨大挑战的现状。并且，本研究表明，对外开放程度甚至对东部地区的城市规模产生负向影响，这就促使中西部地区需要扩大对外开放程度，增强经济发展的外部动力。

第二，改革户籍制度，实现农民工市民化；稳定房价，满足低收入群体的住房需求。长期来看，工资差异无益于城市和市辖区迁移人口的增加，这可能是受到户籍制度的约束。农民工市民化有利于扩大城市的实际规模，提高集聚经济的收益，特别是在劳动力匹配和增大市场潜力方面，有助于改变城市经济增长结构从投资驱动的经济增长方式转变成以消费驱动为主的经济增长方式。同时，稳定房价，为居民的城镇化创造有利条件。住房问题是城镇化过程中不可回避的问题。要避免城市贫民窟的出现，不仅需要大力发展商品房市场，更需要政府提供公共住房，只有满足新迁入城市居民的住房需求，才能保证市辖区人口的稳定和增长。

第三，摆正政府在中国城镇化进程中的地位。政府的主要职能是提供公共服务，完善教育、医疗、城市环境和交通等公共服务，促进不同地区公共服务均等化。中国城市规模偏差的研究表明，短期内政府投资、省会城市、副省级城市等均会对城市规模产生积极影响，但这会导致教育资源、医疗资源和财税资源过度集中在少数省会城市和副省级城市，不利于其他城市的兴起和发展。因而，政府应尽可能在区域范围内提供均等的公共服务，而不是干预城镇化过程，促使中国的城镇化进入良性循环。公共服务对城市规模和城市规模偏差产生重要影响，这就要求教育和医疗资源要在不同地区、不同城市之间进行平均分配，而不是集中在少数超大城市和特大城市。虽然经济发展要求城市规模尽可能大，且存在城市“大者恒大”的现象，但仍然需要平衡不同规模城市间的教育、医疗等公共服务资源。加大向中西部地区教育、医疗资源的倾斜力度，特别是在中高等教育方面，创建一批重点高校，遏制中西部地区人才不断外流的现象发生。交通拥堵会对城市规模产生显著的负向影响，甚至产生逆城镇化现象。中国城市内部的交通拥堵状况却十分严重，特别是在超大城市和特大城市。需要完善公交、地铁甚至城际铁路，建设卫星城，合理解决超大城市和特大城市的人口集中问题。

第四，避免出现集聚经济过热现象，合理建设产业园区。城市专业化对城市人口规模的影响更多体现为一种短期效应，在长期内无法促进城市规模扩大。盲目地建设产业园区，提高某些产业的专业化程度，可能会导致产业衰落后的“空心化”现象。产业在不同经济发展水平的地区之间转移是一个历史过程，随着技术进步和消费结构升级，城市经济逐渐转变为以第三产业为主导的经济形态，导致城市专业化程度降低。因而，需要合理制定产业规划，发挥比较优势，在产业发展的过程中进行产业换代和升级。

第三节　研究展望

本书研究了中国城市规模体系的演进状况，并从自然因素、工资差异和集聚经济三个视角探讨了城市规模的决定因素；再进一步利用政治因素、集聚经济因素和公共服务因素对城市规模与 Zipf 分布和 Gibrat 分布的偏差进行解释。本研究仍存在一些不足和缺陷，这需要笔者在未来进行研究。

第一，本研究以中国地级市为研究对象，检验了城市规模体系是否服从于 Zipf 分布、Gibrat 分布和 DPLN 分布。虽然结论并不支持中国城市规模体系服从于 Zipf 分布和 Gibrat 分布，但是在城市规模体系形成 Zipf 分布与 Gibrat 分布的理论模型中，均要求城市最小规模趋近于 0，这需要扩大城市样本，需要利用县级数据，甚至乡镇级数据进行验证，这是笔者未来可以拓展的研究方向之一。

第二，对城市规模的解释方面，本研究并未从微观视角进行验证。劳动力流动的分类模型和选择模型正是基于企业和就业的微观数据进行这方面的研究，以考察人力资本水平差异对城市规模的影响，这需要笔者进行尝试。

第三，DPLN 分布能较好地描述市辖区人口和建成区面积的分布状况。随着中国户籍制度改革和城镇化进程的推进，城市总人口与市辖区人口的缺口在减小，可能会改变城市总人口的实际分布。用 DPLN 分布考察城市常住人口的分布以及普查人口的分布将更具有现实意义。

第四，从历史文化角度考察城市规模的影响因素，仍缺乏实证研究的支持。从历史文化名城、建城时间以及通商开埠等历史视角进行研究，有助于更全面地考察城市的形成和发展。

第五，网络城市是研究城市最优规模的一个较新的领域，在本研究中，并未涉及网络城市的实证研究，需要更进一步的探索。

参考文献

英文参考文献

[1]ALEXEEV M., CONRAD R.. The elusive curse of oil[J]. Review of Economics and Statistics, 2009(91): 586-598.

[2]ANDERSON G., GE Y.. The size distribution of Chinese cites[J]. Regional Science and Urban Economics, 2005(35): 256-276.

[3]ARNOTT R.. Unpriced transport congestion[J]. Journal of Economic Theory, 1979(21): 294-316.

[4]ARNOTT R.. Optimal taxation in a spatial economy with transport costs [J]. Journal of Public Economics, 1979(11): 307-334.

[5]ARNOTT R.. Optimal city size in a spatial economy[J]. Journal of Urban Economy, 1979(61): 65-89.

[6]AU C., HENDERSON V.. Are Chinese too small? [J]. Review of Economic Studies, 2006(73): 316-333.

[7]AUERBACH F.. Das gesetz der bevölkerungskonzentration[J]. Petermanns Geographische Mitteilungen, 1913(59): 73-76.

[8] AUTY R.. Sustaining development in mineral economies: the resource curse thesis[M]. London: Routledge Press, 1993.

[9]AUTY R.. The political economy of resource-driven growth[J]. European Economic Review, 2001(82): 839-846.

[10] BARNDORFF-NIELSEN O.. Exponentially decreasing distributions for the logarithm for particle size[J]. Proceedings of the Royal Society A, 1977(353): 401-419.

[11]BATISSE CÉCILE. Dynamic externalities and local growth: a panel data analysis applied to Chinese provinces[J]. China Economic Review, 2002(13): 231-251.

[12]BEE M., RICCABONI M., Schiavo S. The size distribution of US cities: not Pareto, even in the tail[J]. Economics Letters, 2013(120): 232-237.

[13]BEHRENS K., DURANTON G., Robert-Nicoud.. Productive cities: sorting, selection and agglomeration[J]. Journal of Political Economy, 2014(122): 507-553.

[14]BERLIANT M., FUJITA M.. Dynamics of knowledge creation and transfer: the two persons case[J]. Institute of Economic Research, 2006.

[15]BERRY B. J. L.. City-size distributions and economic development[J]. Economic Development and Cultural Change, 1961(9): 573-587.

[16]BLANK A., SOLOMON S.. Power laws in cities population, financial markets and internet sites (scaling in systems with a variable number components)[J]. Physica A, 2000(287): 279-288.

[17]BOSKER M., BRAKMAN S., GARRETSEN H., SCHRAMM M. A century of shocks: the evolution of German city size distribution 1925-1999[J]. Regional Science and Urban Economics, 2008(38): 330-347.

[18]BOSKER M., DEICHMANN U., ROBERTS M. Highways and Hukou: the impact of China's spatial development policies on urbanization and regional inequality[J]. China Economic Review, 2012(27): 109-130.

[19]BRUCKNER J. K., ZENOU Y.. Harris-Todaro models with a land market[J]. Regional science and Urban Economics, 1999(29): 317-339.

[20]BURNS L. S.. The urban income distribution: a human capital explanation[J]. Regional Science and Urban Economics, 1976(5): 465-482.

[21]CAI F., WANG D.. Migration as marketization: what can we learn from China's 2000 census data? [J]. The China Review, 2003(3): 73-93.

[22] CHAMPERNOWNE G.. A model of income distribution [J]. The Economic Journal, 1953(63): 318- 351.

[23] CICCONE A., HALL R.. Productivity and the density of economic activity[J]. American Economic Review, 1996(86): 54-70.

[24]CINGANO F., SCHIVARDI F.. Identifying the sources of local productivity growth[J]. Journal of European Economic Association, 2004(2): 720-742.

[25]CORDÓBA J. C.. A Generalized Gibrat's law[J]. International Economic Review, 2008(49): 1463-1468.

[26]CORDÓBA J. C.. On the distribution of city sizes[J]. Journal of Urban Economics, 2008(63): 177-197.

[27]CORDEN M., NEARY P.. Booming sector and de-industrialization in a

small open economy[J]. Economic Journal, 1982(92): 825-848.

[28] DAVIS D, . DINGEL J.. A spatial knowledge economy[R]. NBER working paper, 2012, No. 181188.

[29] DENG X., HUANG J., ROZELLE S., UCHIDA E.. Growth, population and industrialization, and urban land expansion of China[J]. Journal of Urban Economics, 2008(63): 96-115.

[30] DENISE P., FRANGOIS MORICONI-EBRARD. City size distributions and metropolisation [J]. GeoJournal, 1997(43): 307-314.

[31] DEVADOSS S., LUCKSTEAD J.. Size distribution of US lower tail cities [J]. Physica A, 2014(444): 158-162.

[32] DEVADOSS S., LUCKSTEAD J., DANFORTH D., AKHUNDJANOV S.. The power law distribution for lower tail cities in India[J]. Physica A, 2016 (442): 193-196.

[33] DURANTON G., PUGA D.. Nursery cities: urban diversity, process innovation and the life cycle of products[J]. American Economic Review, 2001(42): 219-256.

[34] EATON J., ECKSTEIN Z.. Cities and growth: theory and evidence from France and Japan [J]. Regional Science and Urban Economics, 1997 (27): 443-474.

[35] EECKHOUT J.. Gibrat's law for (All) cities[J]. American Economic Review, 2004(94): 1429-1451.

[36] EECKHOUT J., PINHEIRO R., SCHMIDHEINY K.. Spatial sorting [J]. Journal of Political Economy, 2014(122): 554-620.

[37] ELLMAN M.. Natural gas, restructuring and re-industralisation: the Dutch experience of industrial policy[J]. Oil or Industry, Academic Press, 1981: 149-166.

[38] ENRIQUE P.. Distribution of city sizes in Mexico during the 20th century [J]. Chaos, Solitons & Fractals, 2015(4): 64-70.

[39] EVANS W.. A pure theory of city size in an industry economy[J]. Urban Studies, 1972(9): 49-77.

[40] FLAHERTY B.. An economic theory of homelessness and housing[J]. Journal of Housing Economics, 1995(4): 13-49.

[41] FLEMMING S.. UK macro-policy response to oil price shocks of

1974-74 and 1979-80[J]. European Economic Review, 1982(18): 223-234.

[42]FU S.. Smart café cities: testing human capital externalities in the Boston metropolitan area[J]. Journal of Urban Economics, 2007(61): 86-111.

[43]FUJITA M.. Spatial patterns of urban hrowth: optimum and market[J]. Journal of Urban Economics, 1976(3): 209-241.

[44]FUJITA M., KRUGMAN P.. When is the economy monocentric?: Von Thunen and Chamberlin unified[J]. Regional Science and Urban Economics, 1995(25): 505-528.

[45]FUJITA M., Krugman P.. The new economic geography: past, present and the future[J]. Regional Science, 2004(83): 149-164.

[46]FUJITA M., KRUGMAN P., VENABLES A J.. The spatial economy: cites, regions and regional growth[M]. Cambridge: Cambridge University Press, 1999.

[47]FUJITA M., THISSE F.. Does geographical agglomeration foster economic growth? And who gains and losses from it? [J]. The Japanese Economic Review, 2003(54): 121-145.

[48]GABAIX X.. Zipf's law for cities: an explanation[J]. Quarterly Journal of Economics, 1999 (114): 739-767.

[49]GABAIX X.. Zipf's law and the growth of cities[J]. American Economic Review, 1999 (89): 129-132.

[50]GABAIX X., IBRAGIMOV R.. Rank-1/2: a simple way to improve the OLS estimation of tail exponents[J]. Journal of Business Economics and Statistics, 2011(29): 24-39.

[51]GABAIX X., IOANNIDES Y.. The evolution of city size distributions[J]. Handbook of Urban and Regional Economics Vol. 4, Amsterdam: Elsevier Science, 2004.

[52]GANGOPADHYAY K., BASU B.. City size distributions for India and China[J]. Physica A, 2009(388): 2682-2688.

[53]GAO T.. Regional industrial growth: evidence from Chinese industries [J]. Regional Science and Urban Economics, 2004(34): 101-124.

[54] GLAESER E., KALLAL H., SCHEINKMAN J., SHLEIFER A.. Growth in cities[J]. Journal of Political Economy, 1992(100): 1126-1152.

[55]GLAESER E., SCHEINKMAN J., SHLEIFER A.. Economic growth in a cross-section of cities[J]. Journal of Monetary Economics, 1995(36): 117-143.

[56] GIESEN K. , SUEDEKUM J. . City age and city size[J]. European Economic Review, 2014(71): 193-208.

[57] GIESEN K. , ZIMMERMANN A. , SUEDEKUM J. . The size distribution across all cities—double Pareto lognormal strikes[J]. Journal of Urban Economics, 2010(68): 129-137.

[58] GIOVANNI J. D. , LEVCHENKO A. A. , R RANCIÈRE. . Power laws in firm size and openness to trade: measurement and implications[J]. Journal of International Economics, 2011(85): 42-52.

[59] GÓMEZ-DÉNIZ E. , CALDERÍN-OIEDA E. . On the use of the Pareto ArcTan distribution for describing city size in Australia and New Zealand [J]. Physica A, 2015(436): 821-832.

[60] GONZÁLEZ R. , LANNASPA L. , SANZ-GRACIA. . Gibrat's law for cities, growth regressions and simple size[J]. Economics Letters, 2013(118): 367-369.

[61] GREGORY G. . Some implication of the growth of the mineral sector[J]. Australian Journal of Agricultural Economics, 1976(20): 71-91.

[62] GUGLER J. . The urbanization of the third world[M]. Oxford: Oxford University, 1988.

[63] GUPTA P. , HUTTON P. . Economics of scale in local government services [J]. Royal Commission on Local Government in England Study, 1968(3).

[64] HARDOY J. , SATTERTHWAITE D. . Small and intermediate urban centers: their role in national and regional development in the third world[J]. Boulder: Westview Press, 1986.

[65] HARRIS J. R. , TODARO M. P. . Migration, unemployment and development: a two-sector analysis[J]. American Economic Review, 1970(60): 126-142.

[66] HARRY O. . The Ranis-Fei model of economic development: comment [J]. American Economic Review, 1963(53): 448-552.

[67] HARVEY J. . The economics of real property[M]. London: Macmillan Press, 1981.

[68] HAWORTH C. , LONG J. , Rasmussen D. . Income distribution, city size and urban growth [J]. Urban Studies, 1978(15): 1-7.

[69] HENDERSON V. . Optimum city size: the external dis-economy question [J]. Journal of Political Economy, 1974(82): 373-388.

[70] HENDERSON V. . The sizes and types of cities[J]. American Economic

Review, 1974(64): 640-656.

[71]HENDERSON V.. Efficiency of resource usage and city size[J]. Journal of Urban Economics, 1986(19): 47-70.

[72]HENDERSON V.. Externalities and industrial development[J]. Journal of Urban Economics, 1997(107): 252-284.

[73]HENDERSON V., Becker R.. Political economy of city sizes and formation[J]. Journal of Urban Economics, 2000(48): 453-484.

[74]HENDERSON V., KUNCORO A., TURNER M.. Industrial development in cities[J]. Journal of Political Economy, 1995(103): 1067-1085.

[75]HERTEL T., ZHAI F.. Labor market distortions, rural-urban inequality and the opening of China's economy[J]. Economic Modeling, 2006(23): 76-109.

[76] HIRSCH B.. Income distribution, city size and urban growth: a final re-examination[J]. Urban Studies, 1982(19): 71-74.

[77]HOTEL M.. Employment effects of an increased oil price in an economy with short-run labor immobility[J]. The Scandinavian Journal of Economics, 1981(83): 269-276.

[78] IOANNIDES Y., SKOURAS S.. US city size distribution: robustly Pareto, but only in the tail[J]. Journal of Urban Economics, 2013(73): 18-29.

[79] JACOBS J.. The economy of cites [M]. New York: Random House Press.

[80]JEFFERSON M.. The law of the primate city[J]. Geographical Review, 1939(29): 226-232.

[81]JIANG B., JIA T.. Zipf's law for all the natural cities in the United States: a geospatial perspective[J]. International Journal of Geographical Information Science, 2011(25): 1269-1281.

[82] KANEMOTO Y.. Theories of urban externalities [J]. Amsterdam: North-Holland Press, 1980.

[83]KASS R., RAFERTY A.. Bayes factor[J]. Journal of the American Statistical Association, 1995(90): 773-795.

[84]KNIGHT J., DENG Q., LI S.. The puzzle of migrant labor shortage and rural labor surplus in China[J]. China Economic Review, 2011(22): 585-600.

[85]KOTZ S., KOZUBOWSKI J., PODGÓRSKI K.. The Laplace distribution and generalizations [M]. Boston: Birkhäuser Press, 2001.

[86]KRUGMAN P.. Confronting the mystery of urban hierarchy[J]. Journal of the Japanese and International Economics, 1996(10): 399-418.

[87]KRUGMAN P., RAUL LIVAS E.. Trade policy and the third world metropolis[J]. Journal of Development Economics, 1996(49): 137-150.

[88]LEVY M.. Gibrats's Law for (all) cities: comment[J]. American Economic Review, 2009(99): 1672-1675.

[89]LEWIS W.. Economic development with unlimited supplies of labour[J]. Manchester School of Economic and Social Studies, 1954(22): 139-191.

[90]LONG J., RASMUSSEN D., HAWORTH C.. Income inequality and city size[J]. Review of Economics and Statistics, 1971(59): 244-246.

[91]LUCKSTEAD J., DEVADOSS S.. Do the world's largest cities follow Zipf's and Gibrat's law[J]. Economic Letters, 2014(25): 182-186.

[92]LUCIEN BENGUIGUI, EFRAT BLUMENFELD-LIEHERTHAL. Beyond the power-a new approach to analyze city size distributions[J]. Computers, Environments and Urban Systems, 2007(3): 648-666.

[93]MADRAZO L., KEMPEN R.. Social change and spatial re-division: understanding China's new urban fragmentations[C]. Explaining Divided Cities in China Geofrum, 2012: 158-168.

[94]MALEVERGNEY, PISARENKOV, SORNETTE D. Testing the Pareto against the lognormal distributions with the uniformly most powerful unbiased test applied to the distribution of cities[J]. Physical Review E, 2011(83): 36-111.

[95]MARSHALL A.. Principle of economics[M]. London: Macmillan Press, 1890.

[96]MATSUYAMA K.. Agricultural productivity comparative advantage and economic growth [J]. Journal of Economic Theory, 1992(65): 317-334.

[97]MCGEE T.. The future of urbanization in developing countries[J]. Third World Planning Review, 1994(16): 3-16.

[98]MCKINNON R.. International transfers and non-traded commodities: the adjustment problem [R]. Washington D. C.: Agency for International Development, 1976.

[99]MURRY B.. Metropolitan interpersonal income inequality[J]. Land Economics, 1969(45): 121-125.

[100]NAKAMURA R.. Agglomeration economies in urban manufacturing in-

dustries: a case of Japanese cities[J]. Journal of Urban Economics, 1985(17): 108-124.

[101]NORD S.. An empirical analysis of income inequality and city size[J]. Southern Economic of Journal, 1980(46): 863-872.

[102]NORD S.. Income inequality and city size: an examination of alternative hypotheses for large and small cities[J]. The Review of Economics and Statistics, 1980(62): 502-508.

[103]PALIVOS T., WANG P.. Spatial agglomeration and endogenous growth [J]. Regional Science and Urban Economics, 1996(26): 645-669.

[104]PENG L., THIBODEAU T.. Risk segmentation of American homes: evidence from Denver[J]. Real Estate Economics, 2013(41): 569-599.

[105] PÉREZ-CAMPUZANO E., GUZMÁN-VARGAS., ANGULO-BROWN F.. Distributions of city sizes in Mexico during the 20th century[J]. Chaos, Solitons & Fratals, 2015(73): 64-70.

[106]PIORE M., SABEL C.. The second industrial divide: possibilities for prosperity[M]. New York: Basil Blackwell, 1989.

[107]POTTER R. B., LLOYD-EVANS S.. The city in the developing world [M]. Harlow: Addison Wesley Longman Press, 1998.

[108]RAHMAN A.. Agglomeration economies, types and sizes of cites[J]. Journal of Urban Economics, 1990(27): 25-45.

[109]RANIS G., FEI J.. A theory of economic development[J]. American Economic Review, 1961 (51): 553-565.

[110] REED J.. On the rank size distribution for human settlements [J]. Journal of Regional Science, 2002(42): 1-17.

[111]REED J., Jorgensen M.. The double Pareto-lognormal distribution—a new parametric model for size distribution[J]. Communications in statistics-theory and methods, 2004(33): 1733-1753.

[112]RENAUD B.. National urbanization policy in the developing countries [M]. Oxford: Oxford University Press, 1994.

[113]RICHARDSON H. W.. Regional growth theory[M]. London: MacMillan, 1973.

[114]RICHARDSON H. W.. Regional and urban economics[M]. New York: Penguin Press, 1978.

[115]ROED-LARSEN E.. Are rich countries immune to the resource curse? evidence from Norway's management of its oil resource[G]. Statistics Norway Discussion Paper, unpublished manuscript, 2003.

[116]ROED-LARSEN E.. Escaping the resource curse and the Dutch disease [J]. American Journal of Economics and Sociology, 2006(65): 605-640.

[117]RONDINELLI D.. Administrative decentralization and area development planning in East Africa: implications for US Aid Policy[M]. Madison: University of Wisconsin Regional Planning and Area Development Project, 1980.

[118]ROSEN K. T., RESNICK M.. The size distribution of cities: an examination of the Pareto law and primacy[J]. Journal of Urban Economics, 1980(8): 165-186.

[119]ROSSI-HANSBERG E., WRIGHT M.. Urban structure and growth[J]. Review of Economic Studies, 2007(74): 597-624

[120]ROZENFELD D., RYBSKI D., GABAIX X., MAKSE A.. The area and population of cites: new insights from a different perspective on cities[J]. American Economic Review, 2011 (101): 2205-2225.

[121]RUPERT P., WASMER E.. Housing and labor market: time to move and aggregate unemployment[J]. Journal Monetary Economics, 2012(59): 24-36.

[122]SACHS D., WARNER M.. Natural resource abundance and economic growth[R]. NBER working paper, 1995, No. 5398.

[123]SACHS D., WARNER M.. Fundamental sources of long-run growth [J]. American Economic Review, 1997(87): 144-182.

[124]SACHS D., WARNER M.. The big push, natural resource booms and growth[J]. Journal of Development Economics, 1999(59): 43-76.

[125]SACHS D., WARNER M.. Natural resource and economic development: the curse of natural resources[J]. European Economic Review, 2001(45): 827-838.

[126]SALA-I-MARTIN X.. I just ran two million regressions[J]. American Economic Review, 1997(87): 178-183.

[127]SEGAL D.. Are there returns to scale in city size? [J]. Review of Economic Statics, 1976(58): 339-350.

[128]SHUKLA V., STARK O.. On agglomeration economies and optimal migration[J]. Economics Letters, 1985(18): 297-300.

[129]SIMON H.. On a class of skew distribution functions[J]. Biometrika,

1955(42): 425-440.

[130] SINGER H.. The "courbe des populations", a parallel to Pareto's law [J]. The Economic Journal, 1936(46): 254-263.

[131]SOLOW R.. Congestion cost and the use of land for streets[J]. Bell Journal of Economics, 1973 (4): 602-618.

[132]SOO K.. Zipf' s law for cities: a cross-country investigation[J]. Regional Science and Urban Economics, 2005(35): 239-263.

[133]SOUTHALL A.. Small towns in Africa development[Z]. Africa, 1979, Special Issue.

[134] SUTTON J.. Gibrat's legacy[J]. Journal of Economic Literature, 1997 (35) : 40-59.

[135]TOBIAS K.. The curse of natural resources in the transition economics [J]. Economics of Transition, 2004(3): 399-426.

[136]TODARO P.. A model of labor migration and urban unemployment in less developed countries[J]. American Economic Review, 1969(59): 138-148.

[137] WATTS M.. Islamic Modernity' s? Citizenship, civil society and Islamism in Nigerian city[J]. Public Culture, 1996(8): 251-290.

[138]XU K.. Barriers to labor mobility and international trade: the case of China[J]. China Economic Review, 2004(29): 107-125.

[139]ZHOU S., DAI J., BU J.. City size distribution in China 1949 to 2010 and the impact of government policies[J]. Cites, 2013(32): 551-557.

[140]ZIPF G.. Human behavior and the principle of least effort reading[M]. Boston: Addison-Wesley Press, 1949.

中文参考文献

[1]阿诺德·汤因比．历史研究[M]．郭小凌，王皖强，译，上海：上海人民出版社，2010.

[2]埃比尼泽·霍华德．明日田园城市[M]．金经元，译，北京：商务印书馆，2000.

[3]安虎森，邹璇．最优城市规模选择与农产品贸易成本[J]．财经研究，2008，34(7)：75-87.

[4]奥斯瓦尔德·斯宾格勒．西方的没落[M]．张兰平，译，西安：陕西人民出版社，2008

[5]蔡昉，都阳，王美艳．户籍制度与劳动力市场保护[J]．经济研究，

2001(12)：41-49+91.

[6]蔡昉，都阳，王美艳．劳动力流动的政治经济学[M]．上海：三联书店，2003.

[7]柴彦威，刘天宝，塔娜，等．中国城市单位制研究的一个新框架[J]．人文地理，2013，28(4)：1-6.

[8]柴彦威，郭文伯．中国城市社区管理与服务的智慧化路径[J]．地理科学进展，2015(4)：466-472.

[9]常兆忠．《政治经济学批判》序言、导言注释[M]．西安：陕西人民出版社，1999.

[10]陈安平．中国经济增长的产业分布、空间结构与城乡收入差距[J]．管理评论，2013，25(11)：23-32+84.

[11]陈刚强，许学强．中国入境旅游规模空间分布变化及因素分析[J]．地理科学，2011，24(5)：613-619.

[12]陈广桂．房价、农民市民化成本和我国的城镇化[J]．中国农村经济，2004(3)：43-47.

[13]陈柳钦，黄坡．产业集群与城镇化分析——基于外部性视角[J]．西华大学学报(哲学社会科学版)，2007，26(2)：16-20.

[14]陈启尤．中国人口资料[J/OL]．百度文库，2005，http：//wenku.baidu.com/link？url=Q6YkBf-DdnFWSJ6VPf0fDqBRfLnK44i8gmhaUmVeZeS4WVtXe79BLvxkwaoaP73Z2FmzwdSexKCIL-P725NVCTeR4IIHeKYsRh6xUXJIdPc7.

[15]陈钊，陆铭．从分割到融合：城乡经济增长与社会和谐的政治经济学[J]．经济研究，2008(1)：21-32.

[16]代合治．中国城市规模分布类型及其形成机制研究[J]．人文地理，2001(5)：40-43+57.

[17]邓智团，樊豪斌．中国城市人口规模分布规律研究[J]．中国人口科学，2016(4)：48-60+127.

[18]丁菊红，王永钦，邓可斌．中国经济发展存在“资源之咒”吗[J]．世界经济，2007，30(9)：38-46.

[19]董艳梅，朱英明．高铁建设能否重塑中国的经济空间布局——基于就业、工资和经济增长的区域异质性视角[J]．中国工业经济，2016(10)：92-108.

[20]范剑勇．城镇化推进速度的地区差异：基于产业集聚视角的分析[J]．江海学刊，2008(2)：77-81+238.

[21]方创琳．中国城市发展方针的演变调整与城市规模新格局[J]．地理研究，2014(4)：674-686.

[22]方创琳．中国城市群研究取得的重要进展与未来发展方向[J]．地理学报，2014，69(8)：1130-1144.

[23]方创琳，马海涛．新型城镇化背景下中国的新区建设与土地集约利用[J]．中国土地科学，2013(7)：2+6-11.

[24]方颖，纪衎，赵扬．中国是否存在“资源诅咒”[J]．世界经济，2011(4)：144-160.

[25]费孝通．小城镇，大问题[J]．江海学刊，1984(1)：6-26+36.

[26]高波，范馨，王英杰．快速城镇化背景下中国公共教育供给之殇：一个财政分权视角[J]．郑州大学学报(哲学社会科学版)，2015(4)：76-82.

[27]高波，许春招，李勇刚．房价波动、户籍歧视与城市失业[J]．产业经济研究，2014(3)：81-90.

[28]高洁，徐凯，肖荣阁，等．从“资源诅咒”看资源型城市可持续发展[J]．资源与产业，2011(3)：1-6.

[29]戈登·柴尔德．城市革命[M/OL]．百度文库，1950，http：//wenku. baidu. com/link？url=r333sW6bHScEF1ZDty3aY_ l4B0Kk9jznqbnnd-Ty3Ldjb30lyuhMlwEtfRx6AMkSL2p8gN1jj_ Eb4X-NhXFuT70fvvNRIv0K7wbM6CPlg5m.

[30]葛立成．产业集聚与城镇化的地域模式——以浙江省为例[J]．中国工业经济，2004(1)：56-62.

[31]顾朝林，李阿琳．从解决“三农问题”入手推进城乡发展一体化[J]．经济地理，2013(1)：138-141+148.

[32]顾朝林．世界和国家发展的超大趋势[J]．未来与发展，2014(3)：2-7.

[33]郭军华．中国城镇化对城乡收入差距的阈值效应——基于我国省际面板数据的实证研究[J]．山西财经大学学报，2009(11)：23-29.

[34]何一民．近代中国衰落城市：一个被忽视的重要研究领域[J]．四川师范大学学报(社会科学版)，2007，34(4)：122-129.

[35]胡晨光，程惠芳，陈春根．产业集聚的集聚动力：一个文献综述[J]．经济学家，2011(6)：93-101.

[36]胡援成，肖德勇．经济发展门槛与自然资源诅咒——基于我国省际层面的面板数据实证研究[J]．管理世界，2007(4)：12-23+171.

[37]胡兆量．大城市发展规律探讨[J]．城市问题，1984(3)：18-22.

［38］霍晓英．论新型城镇化战略与城市公共服务供给的制度研究［J］．改革与战略，2014（7）：91-94.

［39］江静，刘志彪．世界工厂的定位能促进中国生产性服务业发展吗［J］．经济理论与经济管理，2010（3）：62-68.

［40］焦克源，张彦雄，张婷．后金融危机时期“民工荒”问题解析——基于哈里斯·托达罗模型的证解［J］．经济管理，2011（9）：167-173.

［41］焦张义．房价、生态环境质量与最优城市规模［J］．南方经济，2012，30（10）：63-73.

［42］柯善咨，赵曜．产业结构，城市规模与中国城市生产率［J］．经济研究，2014，49（4）：76-88+115.

［43］卡斯特尔．网络社会的崛起［M］．夏铸九，等，译，北京：社会科学文献出版社，2006。

［44］劳昕，沈体雁，孔赟珑．中国城市规模分布实证研究——基于微观空间数据和城市聚类算法的探索［J］．浙江大学学报（人文社会科学版），2015（2）：120-132.

［45］李栋，何英磊，王大树．我国城乡收入差距分析［J］．技术经济与管理研究，2014（7）：95-98.

［46］李桂平，李明生．城镇化进程中人口流动模式与社会政策创新［J］．求索，2004（9）：41-42.

［47］李金滟，宋德勇．专业化、多样化与城市集聚经济——基于中国地级单位面板数据的实证研究［J］．管理世界，2008（2）：25-34.

［48］李伶俐，谷小菁，王定祥．财政分权、城镇化与城乡收入差距［J］．农业技术经济，2013（12）：4-14.

［49］李顺毅．城市体系规模结构与城乡收入差距——基于中国省际面板数据的实证分析［J］．财贸研究，2015，26（1）：9-17.

［50］李晓春．农民工输出地“民工荒”成因的经济学分析［J］．南京大学学报（哲学·人文科学·社会科学），2006（4）：115-121.

［51］李郇，洪国志，黄亮雄．中国土地财政增长之谜——分税制改革、土地财政增长的策略性［J］．经济学（季刊），2013（3）：1141-1160.

［52］梁琦．分工、集聚与增长［M］．北京：商务印书馆，2009.

［53］梁琦，陈强远，王如玉．户籍改革、劳动力流动与城市层级体系优化［J］．中国社会科学，2013（12）：36-59+205.

[54]刘长生，郭小东，简玉峰．能源消费对中国经济增长的影响研究——基于线性与非线性回归方法的比较分析[J]．产业经济研究，2009(1)：1-9.

[55]刘军，王佳玮，杨浩昌．产业聚集对城乡居民收入差距的影响——基于中国省级面板数据的实证研究[J]．农村经济，2015(5)：44-49.

[56]刘晓峰，陈钊，陆铭．社会融合与经济增长：城镇化和城市发展的内生政策变迁[J]．世界经济，2010(6)：60-80.

[57]刘易斯·芒福德．城市发展史：起源、演变和前景[M]．宋俊岭，倪方彦，译，北京：中国建筑工业出版社，2005.

[58]陆铭．玻璃幕墙下的劳动力流动——制度约束、社会互动与滞后的城镇化[J]．南方经济，2011(6)：23-27.

[59]陆铭，陈钊．城镇化、城市倾向的经济政策与城乡收入差距[J]．经济研究，2004(6)：50-58.

[60]吕薇，刁承泰．中国城市规模分布演变特征研究[J]．西南大学学报（自然科学版），2013(6)：136-141.

[61]吕炜，高飞．城镇化，市民化与城乡收入差距——双重二元结构下市民化措施的比较与选择[J]．财贸经济，2013(12)：38-46+93.

[62]马静．我国城乡结合部公共服务供给的现实问题与财政对策——基于山东省的调研分析[J]．财政研究，2013(3)：41-45.

[63]马志强，张蕾．城市现代化视野下我国政府公共服务供给研究[J]．行政论坛，2011(6)：10-13.

[64]麦克·道格拉斯．中国城镇化与城市政策与亚洲经验的比较研究[J]．陈军余，译，载自张秉忱，陈吉元，周一星，编著，中国城镇化道路宏观研究[M]．哈尔滨：黑龙江人民出版社，1991.

[65]曼瑟·奥尔森．集体行动的逻辑[M]．陈郁，郭宇峰，李崇新，译，上海：格致出版社，上海三联书店，上海人民出版社，2011.

[66]毛广雄．高新技术产业集聚的城镇化响应与反馈机制研究[J]．世界地理研究，2006，15(1)：9-15.

[67]孟可强．中国的三大都市圈：辐射范围及差异[J]．南方经济，2011，(29)2：3-15.

[68]宁越敏．构建与世界对接的城市研究体系——评《中国城市转型研究》[J]．南京社会科学，2014(4)：154-156.

[69]宁越敏．中国城镇化特点、问题及治理[J]．南京社会科学，2012(10)：19-27.

[70]欧阳志刚．中国城乡经济一体化的推进是否阻滞了城乡收入差距的扩大[J]．世界经济，2014(2)：116-135.

[71]秦尊文．小城镇偏好探微——兼答陈美球同志之商榷[J]．中国农村经济，2004(7)：66-72.

[72]单晓娅，王婷．贵州城镇化与产业集聚的相关性实证分析[J]．贵州大学学报(社会科学版)，2015，33(2)：103-108.

[73]邵帅，范美婷，杨莉莉．资源产业依赖如何影响经济发展效率？——有条件资源诅咒假说的检验及解释[J]．管理世界，2013(2)：32-63.

[74]邵帅，齐中英．西部地区的能源开发与经济增长——基于“资源诅咒”假说的实证分析[J]．经济研究，2008(4)：147-160.

[75]邵帅，杨莉莉．自然资源丰裕、资源产业依赖与中国区域经济增长[J]．管理世界，2010(9)：26-44.

[76]盛运来．流动还是迁移——中国农村劳动力流动过程的经济学分析[M]．上海：上海远东出版社，2008.

[77]苏红键，赵坚．产业专业化、职能专业化与城市经济增长——基于中国地级单位面板数据的研究[J]．中国工业经济，2011(4)：25-34.

[78]孙洪哲，刘琦．城镇化与产业集聚互动机制研究[J]．中国青年政治学院学报，2011，30(2)：136-142.

[79]孙文凯，白重恩，谢沛初．户籍制度改革对中国农村劳动力流动的影响[J]．经济研究，2011(1)：28-41.

[80]孙晓华，郭玉娇．产业集聚提高了城市生产率吗？——城市规模视角下的门限回归分析[J]．财经研究，2013，39(2)：103-112.

[81]覃成林，桑曼乘．城市网络与城市经济增长[J]．学习与实践，2015(4)：5-11+2.

[82]覃成林，种照辉．高速铁路发展与铁路沿线城市经济集聚[J]．经济问题探索，2014(5)：163-169.

[83]谭锐．住房投资性需求与中国城市规模扩张——基于空间均衡模型的分析[J]．经济评论，2013(5)：31-41.

[84]汪段泳，朱农．中国城镇化发展决定因素的地区差异[J]．中国人

口·资源与环境，2007，17(1)：66-71.

[85]王建康，谷国锋，姚丽．城镇化进程、空间溢出效应与城乡收入差距——基于2002-2012年省级面板数据[J]．财经研究，2015(5)：55-66.

[86]王小鲁．城镇化与经济增长[J]．经济社会体制比较，2002(1)：23-32.

[87]王小鲁．中国城镇化路径与城市规模的经济学分析[J]．经济研究，2010(10)：20-32.

[88]魏守华，周山人，千慧雄．中国城市规模偏差研究[J]．中国工业经济，2015(4)：5-17.

[89]吴晓忠．城镇化水平及其对城乡收入差距的影响研究[J]．内蒙古大学学报(哲学社会科学版)，2014(5)：59-65.

[90]吴福象，段巍．新型城镇化中被拆迁户的福利补偿机制研究[J]．中国工业经济，2015(9)：21-36.

[91]武彦民，杨峥．土地财政与最优城市规模[J]．经济与管理研究，2012(3)：29-38.

[92]徐康宁，王剑．自然资源丰裕程度与经济发展水平关系的研究[J]．经济研究，2006，41(1)：78-89.

[93]徐盈之，赵永平．新型城镇化、地方财政能力与公共服务供给[J]．吉林大学社会科学学报，2015，55(5)：24-35+171-172.

[94]闫永涛，冯长春．中国城市规模分布实证研究[J]．城市问题，2009(5)：14-18.

[95]杨莉莉，邵帅，曹建华．资源产业依赖对中国省域经济增长的影响及其传导机制研究——基于空间面板模型的实证考察[J]．财经研究，2014，40(3)：4-16.

[96]杨志明．中国城市"资源诅咒"现象的实证检验——基于资源利用效率传导机制视角[J]．北京理工大学学报(社会科学版)，2013，15(4)：28-33+41.

[97]佚名．世界上大城市有多少个[J]．经济地理，1981(2)：77.

[98]余吉祥，周光霞，段玉彬．中国城市规模分布的演进趋势研究——基于全国人口普查数据[J]．人口与经济，2013(2)：44-52.

[99]约翰·里德．城市[M]．郝笑丛，译，北京：清华大学出版社，2010.

[100]张东阳，彭志远．城镇化、对外开放与城乡收入差距关系研究[J].

内蒙古财经学院学报，2013(4)：24-32.

[101]张丽丽，郑江淮．国外总部经济研究进展与述评[J]．上海经济研究，2011(4)：89-195+124.

[102]张耀宇，陈会广，宋璐怡，等．基于城市规模的地方政府土地财政行为差异研究[J]．自然资源学报，2015(10)：1653-1663.

[103]赵可，徐唐奇，李平，等．不同经济发展阶段下城市用地扩张与土地财政收入关系研究——基于264个城市的实证[J]．华中农业大学学报(社会科学版)，2015(4)：95-100.

[104]赵焘．西部地区城镇化与城乡收入差距关系实证研究[J]．统计与决策，2014(16)：132-135.

[105]赵伟，张萃．中国制造业区域集聚与全要素生产率增长[J]．上海交通大学学报(哲学社会科学版)，2008，16(5)：52-56+64.

[106]赵祥．公共服务、劳动力流动与产业集聚——兼论片面城镇化政策对产业集聚的影响[J]．华东经济管理，2014，28(8)：74-80.

[107]赵忠．中国的城乡移民——我们知道什么，我们还应该知道什么？[J]．经济学(季刊)，2004，3(3)：517-536.

[108]郑长德．自然资源的“诅咒”与西部地区的经济发展[J]．西南民族大学学报(自然科学版)，2007，32(6)：1248-1256.

[109]中国经济增长前沿课题组，张平，刘霞辉．城镇化、财政扩张与经济增长[J]．经济研究，2011(11)：4-20.

[110]周春山，边艳．1982~2010年广州市人口增长与空间分布演变研究[J]．地理科学，2014，34(9)：1085-1092.

[111]周春山，代丹丹．珠江三角洲城镇化转型研究[J]．热带地理，2015(3)：343-353.

[112]周春山，叶昌东．中国特大城市空间增长特征及其原因分析[J]．地理学报，2013，68(6)：728-738.

[113]周浩，余壮雄，杨铮．可达性、集聚和新建企业选址——来自中国制造业的微观证据[J]．经济学(季刊)，2015(3)：1393-1416.

[114]周靖祥．中国农村劳动力流动研究进展[J]．中国劳动经济学，2010(6)：214-244.

[115]周伟林．企业选址，集聚经济与城市竞争力[J]．复旦学报(社会科学版)，2008(6)：94-100.

[116]周晓唯，王辉．土地财政与城市扩张的相关性分析——基于新制度经济学的视角[J]．经济与管理，2010，24(7)：46-50.

[117]周一星．城镇依靠记忆而延续建筑融于地理而孕育——汪芳有关地理建筑、城市记忆的系列英文专著评介[J]．地理学报，2016，71(10)：1867-1869.

[118]朱英明，杨斌，周晓丽，等．产业集聚困境研究：回顾与展望[J]．经济评论，2011(2)：145-151.

[119]朱英明．中国城市规模演化及其关键问题研究——基于产品质量阶梯模型的视角[J]．城市，2008(10)：8-12.

重要术语索引

后 记

四载寒暑，金陵醉梦。碧海丹心，求取功名。无心尘垢，欲立琼身。扶余渺渺，浩瀚苍苍。学海泛舟，伏波弄影。而立之年，达此之远。彼岸花开，摇曳嫣嫣。只许经年，忘川流连。修身之始，安在若恤。浮华秋夜，迷幻月明。丹桂香郁，暮色烟霞。秋冥源自紫霞烟，残荷见断玄武园。钟山神道落秋红，碧水云烟绕帝陵。不见枫红，不见霜雪。栖霞山远，香火日盛。闻江阴高阁，凭栏阅余阔。江水汇流，复如蛇矶黄鹤，壮阔天高。崔颢之赞，冠绝天下。

金陵诗词多迷醉，南朝寺庙犹可追溯。秦淮河畔，游人如织。中秋上元，熙熙攘攘，接踵擦肩。江月何曾照旧人，山河映月。河畔游人依旧，未见文庙寒暑易变。曾经风月无边桥，残存旧梦。六朝拾事，倾覆笑谈。梅园香嗅，莫愁红瘦。雨花台埋忠烈骨，石头城数英雄事。恰如升庵词，滚滚长江东逝水，浪花淘尽英豪。

姑射山遥，无觅循径。姝女窈窕，无妄尘心。星枢鹊桥连河汉，夜色月明照归人。自古两难全，如来与卿相，玄心妙法，两不相负。秋意正浓，最美莫过枫红。北雁传书，天高海阔莫相忘。

生命如歌，四季变换。月圆是诗，月缺是画。到头来，莫过于荣耀秋菊，华茂春松。求学之路，至此而止。师恩之情，铭感肺腑。高波先生，悉心教导，引至学海之路。渡人之行，恩泽无际。

德高为师，学高为范。感谢南大众师长：洪银兴、范从来、沈坤荣、葛扬、吴福象、安同良、皮建才、郑东雅、卢翠翠、孙宁华、巫强、从丛、魏守华、张谊浩、王宇。增广见识，拓宽视野。

学海无涯，无不有缺。感谢朱英明教授(答辩委员会主席)和答辩委员会各位老师对本论文提出的真知灼见与修改建议。

薪火相传，同门之谊。感谢众师兄师姐师弟师妹：博后师兄厉伟，李智，张鹏，朱正，崔宝玉，杨辉；博士师兄师姐张明之，毛丰付，赵奉军，王辉龙，骆祖春，靳卫东，吴向鹏，孙建波，张志鹏，李燕燕，程瑶，任健，李祥，陈健，李勇刚，李伟军，王猛，周航，关劲峤；同门及师弟师妹：李萌，黄妍妮，符瑞武，樊学瑞，孔令池，郑建锋，罗小刚，李雨，王璟，许春招，甘信宇，笵馨，陈亚妮，周哲，荀冰雪，徐璇莹，许宪宪，齐玉祥，陈一凡。鼓励支持，探讨交流，游乐之谊，不敢相忘。

同窗情谊，相续长存。陈氏潇潇，仿如前世之缘，将近且远。无有妄想之念，却话饕餮之事。李鹏与汪敏，吾之室友，共探学海奋进之路。张苏秋，居室之第四人也，常来常往。殷军，林思宇，刘新宇，张淦，赵施迪，酒友也，欢畅散尽，奔赴黔沪宁三地，何日再聚，共饮一杯?感谢刘傲琼，郑丹青，宋春合，张贺，查华超，友善之意。其他同窗，相聚是缘，离散是缘，未尽感怀。

挚友之助，谢意难言。赵永辉，郭杰振，马丽娜，师大同窗，十年之谊，密切相连。感谢于静静，相识于湘大，相知于两个南大，多探讨学术思想。感谢刘颜，湘大与南大的共同校友，共游梅花山，明孝陵景致。此外，感谢钱国军，邓若冰，葛阳琴等朋友的鼓励之意。

父母之恩，永世不忘。少年远游，未曾尽孝。父王廷民，母郭桂莲，长久支持与鼓励。父母之愿：不求闻达天下，但求安康平淡。心若眷属，定能福寿。

王英杰

2022 年 5 月于南园